ALPENVEREINSJAHRBUCH
BERG 2011

ZEITSCHRIFT BAND 135

Titelbilder (von links): »Eis- und Felstechnik« Inszenierung im Alpinen Museum. Foto, um 1920; Archiv des Deutschen Alpenvereins, München; Profi on the Rocks. Angela Eiter ist eine von immer mehr werdenden Kletterern, die vom Klettern leben. Foto: Christian Pfanzelt; Westwand des Nameless Tower. Foto: Franz Hinterbrandner; An einem der zahlreichen Seen auf dem Weg zur Kaltenberghütte. Foto: Helmut Kober
Bild oben: »Sonnenschutz mal anders«. Foto: Alexander Münch
Bild Seite 2/3: Robert Jasper führt über einen Steilaufschwung aus Anraumschnee. Endlose Weite – Menschenleere – man kommt sich ganz klein und verlassen vor. Foto: Ralf Gantzhorn
Bild Seite 7: Am Gipfel des Hochkranz, zwischen Loferer Steinbergen und Berchtesgadener Alpen. Foto: Walter Theil
Bild Seite 8/9: Auf dem Weg zur Kaltenberghütte über den Paul-Bantlin-Weg. Archiv Kober

Alpenvereinsjahrbuch

BERG 2011

Zeitschrift Band 135

Jahrbuch-Redaktion
Walter Theil

Jahrbuch-Beirat

Andrea Händel, DAV
Georg Hohenester, DAV
Gerold Benedikter, OeAV
Oskar Wörz, OeAV
Franz Mock, AVS

Herausgeber
Deutscher Alpenverein, München
Österreichischer Alpenverein, Innsbruck
Alpenverein Südtirol, Bozen

INHALT

Top-Thema: Alpine Kultur – Alpine Museen

Monika Gärtner/ **Friederike Kaiser**	Die Geschichte des Alpinen Museums	12
Christine Kopp/ **Martin Scharfe**	Aufgabe und Zukunft der Alpinen Museen	30
Gottfried Fliedl	Wie kommt der Berg ins Museum? – ein subjektiver Reisebericht	38

Monika Gärtner/ **Friederike Kaiser/** **Claudia Richartz/** **Stefan Ritter/** **Martina Sepp**	Alpinismusgeschichte in Objekten	54
Freia Oliv	Ein Blick hinter die Museumskulissen	64

Ingrid Runggaldier/ **Florian Trojer**	Wie die Berge in die Stadt kamen	72
Friederike Kaiser	Der Alpenverein wandert nicht nur	76
Veronika Raich	Der Berg allein ist nicht genug	78
Barbara Weiß	Ausstellungsplanung JDAV: Was in uns vorgeht	80
Jürgen Winkler	Museum, überall Museum	86

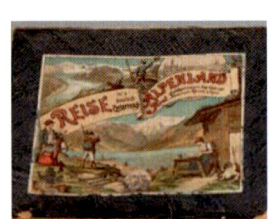

Bergsport Heute

Christoph Höbenreich	Skiexpedition in der Wüste Namib	96
Robert Jasper	»La Odisea de Magellanes« – Monte Sarmiento	104
Thomas Bucher	Kletterszene – die junge Generation kommt	114
Dennis Cramer	Mit Kindern wandern – Entlang der Suonen im Wallis	122
Johanna Stöckl	Thomas und Alexander Huber – Eternal Flame	132
Iris Kürschner	Hüttentrekking in den Ostalpen	142
Gaby Funk	Über Dörte Pietron und ihre Träume vom Bergsteigen	150

Kultur und Wissenschaft

Stefanie Geiger	Hemingway und das Verwall	160
Josef Goldberger	Der Schnee – ein Blick in die Zukunft	166

AV-JAHRBUCH BERG 2011

Thorsten Schüller	Doping im Bergsport	172
Hannes Künkel	Wegeforschung im Himalaya	182
Karin Steinbach Tarnutzer	Helmut Ditsch – Naturerfahrung in der Malerei	198
Christian Rauch	›Cultural hideaways‹ in den Ammergauer Alpen	204

ALPINE GESCHICHTE

Albrecht Kittler	Rudolf Kauschka: Vom Isergebirge in die Alpen	214
Rollo Steffens	Arrivederci Lino Lacedelli (Erstbesteiger des K2)	222
Ingeborg Schmid-Mummert	Bergsteigerdörfer im Großen Walsertal	228
Ingrid Runggaldier Moroder	Paula Wiesinger Steger: Porträt einer Vielseitigen	238
Robert Steiner	›Tote auf Urlaub‹ – zur tragischen Geschichte der österreichischen Schutzbundalpinisten	242

KARTENGEBIET/GEBIETSTHEMA: VERWALL

Helmut Kober	Willkommen im Verwall	254
Ingo Nicolay	Der Patteriol im Verwall – ein Tourenbericht	268

FORUM ALPENVEREIN

Martin Roos	Windelträger im Gebirge: der Baby-am-Berg-Boom	276
Max Bolland	Alpine Chronik 2009/10: Auf der Suche nach dem Besonderen	284
Claudia Kern	MS on the rocks – Klettern mit Multiple Sklerose	296
Petra Wiedemann	JDAV – Jugendliche und Ehrenamt	304
Walter Theil/ Jürg Meyer	Alpinismustagung 2010 in Bad Boll: Herausforderung Klimawandel: Alpinismus und Klimaschutz	310
Walter Theil	Sanierung klassischer Kletterrouten. Ein Gespräch mit Alexander Huber und Prof. Dr. Heinz Röhle	314

KARTENBEILAGE: Verwallgruppe 1:50.000

Vorwort

VON WALTER THEIL

»Wozu brauchen wir Museen?« Schon Generationen bildungsgeplagter Schulklassen stellten sich insgeheim diese Frage, wenn die Klassenfahrt auf ihren kulturellen Höhepunkt zustrebte. Ökonomisch motivierte Vereinsfunktionäre und Kulturpolitiker greifen sie gerne auf, um in Zeiten klammer Kassen Kunst und Kultur auf einen marktwirtschaftlich funktionierenden Kurs zu bringen. Mit aufwändigen Megaevents und gesponserten Supershows wird dann auf Publikumsjagd gegangen. Und für die Google-Jünger unserer Tage ist längst klar, dass das Internet, der virtuelle Web-Raum, das Museum der Zukunft ist. Wo sonst lassen sich Dinge so leicht dem Publikum präsentieren; denn nur hier gilt: alles – schnell – jederzeit – überall.

Diesen drei Gefahrenmomenten: Desinteresse, Marktorientierung und digitale Konkurrenz im virtuellen Netz, haben sich die heutigen Museumskonzepte zu stellen. Durch moderne Ausstellungsformen muss das Museum ein Raum für Emotionen und Erlebnisse werden, kein Haus der Belehrung. Aber Besucherhöchstzahlen und Gewinnmaximierung können nicht primäres Ziel der Museen sein, denn es hat mehr zu leisten, als nur Eventagentur zu sein. Das Kerngeschäft umfasst: Sammeln, Bewahren, Forschen, Ausstellen, Vermitteln. Nicht das bloße »So-sein«, sondern das »Für-uns-sein« der Dinge gilt es zu thematisieren. Und letztendlich ist ganz besonders darauf hinzuweisen, dass wir in Museen auf reale, sinnlich erfahrbare Dinge – und auf wirkliche Menschen treffen. Museen sind der Ort, wo konkrete Gegenstände Bedeutung erfahren und Zusammenhänge anschaulich gemacht werden können.

Der Bergsteiger weiß um die Bedeutung des Konkreten. Die Natur lässt sich nicht fiktiv erfahren, der Berg ist gegenständlich. Die Exponate der alpinen Museen sind die Erinnerung an den Jahrhunderte langen Umgang des Menschen mit dem Gebirge.

Das Alpine Museum des Deutschen und Österreichischen Alpenvereins und seine Nachfolgemuseen in Innsbruck und München feiern 2011 ihren 100. Geburtstag. Grund genug, diesem Ereignis das TOP-Thema des Jahrbuchs zu widmen. Ausgewiesene Fachleute schildern in mehreren Beiträgen die abwechslungsreiche Entwicklungsgeschichte dieser Museumsinstitutionen von den Anfängen bis zum heutigen Tag und lassen uns einen Blick in die Sammlungen und hinter die Kulissen von Ausstellungen werfen. Aus ganz unterschiedlichen Perspektiven werden kulturelle Aktivitäten in den Sektionen sowie persönliche Erwartungen und Eindrücke zum Thema Museum vorgestellt. Der für unser Thema grundlegenden Frage: »Wie kommt der Berg ins Museum?« ist Gottfried Fliedl nachgegangen. Sein Essay nimmt uns mit auf eine anregende und bilderreiche Reise quer durch mehrere alpine Museen.

Die spannende Kombination von Aktivität, Kultur und Reflexion hat den Alpinismus schon immer ausgezeichnet – und dieses Beziehungsgeflecht unterstreichen auch die diesjährigen Beiträge. Beispielhaft dafür das Porträt des Malers und Bergsteigers Helmut Ditsch, der seine Naturerfahrung auf die Leinwand (und ins Museum) brachte und der mit seinen monumentalen realistischen Landschaftsbildern über die nur abbildende Fotografie hinausweist.

Thomas und Alexander Huber, Robert Jasper und Dörte Pietron sind bekannte Namen, die für alpinistische Kreativität und sportliche Spitzenleistungen in den großen Bergen der Welt stehen. Und dass wir bei der nachwachsenden Klettergeneration mit Überraschungen rechnen dürfen, deutet Thomas Bucher in seinem Szeneporträt an.

Abenteuer lassen sich aber auch anders erleben: Beim Hüttentrekking im Gesäuse und Glocknergebiet, beim Wandern mit Kindern entlang der Suonen im Wallis oder bei einer außergewöhnlichen Skiexpedition in der Wüste Namib.

Oder beim Suchen versteckter Kleinode im Dunstkreis der Märchenschlösser Ludwigs II. in den Ammergauer Alpen.

Und das Himalaya-Wegeforschungsprojekt von Hannes Künkel zeigt, dass Abenteuerliches auch bei Unternehmungen mit wissenschaftlicher Fragestellung nicht fehlen muss.

Im alpinhistorischen Teil würdigen wir große Namen und prägende Ereignisse der Vergangenheit, die es verdient haben, nicht in Vergessenheit zu geraten: Rudolf Kauschka, Kletterer, Lyriker und Rodelweltmeister aus dem Isergebirge, Lino Lacedelli, der erst kürzlich, im November 2009, verstorbene Erstbesteiger des K2 und Paula Wiesinger Steger, eine vielseitige Sportlerin und eine der stärksten Kletterinnen ihrer Zeit. An ein nahezu unbekanntes Kapitel tragischer Bergsteigergeschichte erinnert der nachdenklich stimmende Beitrag »Tote auf Urlaub«, über das Schicksal österreichischer Bergsteiger während der Stalin-Ära im sowjetischen Exil.

Das Jahrbuch widmet sich aber auch tagesaktuellen Fragen sowie sensiblen und kontrovers diskutieren Themen: Doping am Berg, der Baby-am-Berg-Boom, das Klettern mit Multiple Sklerose, die Bedeutung des Ehrenamtes bei Jugendlichen und die Sanierung alpiner Klassiker sind Gegenstand informativer Beiträge. Wohl über den Tag hinaus wird uns die Frage des Klimawandels beschäftigen, wie die Alpinismustagung 2010 in Bad Boll gezeigt hat.

Max Bolland macht sich in der Alpinen Chronik wieder auf die Suche nach dem Besonderen und analysiert und kommentiert in gewohnt zuverlässiger und pointierter Weise die alpine Szene.

Das Gebiets- und Kartenthema Verwall zeigt, dass auch eine eher beschauliche und vom Massentourismus noch weitgehend verschont gebliebene Gebirgsregion durch eine hervorragende Hütten- und Wegeinfrastruktur abwechslungsreiche Unternehmungen anzubieten hat und für vielfältige bergsteigerische Eindrücke und Erlebnisse zu sorgen weiß. Ein Pluspunkt, den – wie uns der Beitrag »Der alte Mann und die Berge« vermittelt – schon Ernest Hemingway zu schätzen wusste.

Das Jahrbuch als »Langzeitgedächtnis der Alpenvereine« (O. Wörz) versammelt Erfahrungen, Erlebnisse und Aktivitäten und ist – ebenso wie die alpinen Museen – unverzichtbar, um für zukünftige Generationen Erinnerung zu bewahren.

Alpine Kultur – Alpine Museen

TOPTHEMA

Monika Gärtner

Friederike Kaiser

Christine Kopp

Martin Scharfe

Gottfried Fliedl

Claudia Richartz

Stefan Ritter

Martina Sepp

Freia Oliv

Ingrid Runggaldier

Florian Trojer

Veronika Raich

Barbara Weiß

Jürgen Winkler

Das Alpine Museum
Ein Haus für die »gewaltige Entwicklung des Alpinismus«

VON MONIKA GÄRTNER UND FRIEDERIKE KAISER

Am Anfang des Alpinen Museums stand ein kleiner Streit. Ein Wortwechsel auf der Generalversammlung in Innsbruck im Juli 1907 darüber, wer als erster die Idee zur Gründung einer solchen Institution gehabt habe. Kontrahenten waren Dr. Karl Arnold, Vorsitzender der Sektion Hannover, der im Januar 1907 in den Mitteilungen des Deutschen und Österreichischen Alpenvereins (DuÖAV) ausführlich den Antrag zur Errichtung eines Alpinen Museums darlegte, Hofrat Adolf Ritter von Guttenberg von der Wiener Sektion Austria, der für sein Mitglied Dr. Adolf Forster beanspruchte, schon weit vor Arnolds Artikel im Freundeskreis über solch ein Projekt diskutiert zu haben und schließlich Ludwig Schütte, Zweiter Vorsitzender der Sektion Nürnberg, der bereits auf der Hauptversammlung 1904 die Anregung zu einem Museum des Alpenvereins gegeben haben wollte.[1] So sehr man auch über die Profilierungssucht einzelner Würdenträger des Alpenvereins schmunzeln mag, zeigt diese Begebenheit doch, welche Bedeutung man der Gründung eines Museums durch den Alpenverein zumaß. Dazu passt auch, dass die Delegierten der Generalversammlung des DuÖAV ein Jahr später, am 18. Juli 1908 in München, einstimmig den Beschluss fällten, ein Alpines Museum zu errichten.

Dokumentation von »Eigenart und Ursprünglichkeit der alpenländischen Landschaft«

Dr. Karl Arnold und Dr. Adolf Forster hatten beide im Vorfeld des Antrages auf der Hauptversammlung des Alpenvereins eine schriftliche Ideenskizze über das von ihnen vorgeschlagenen Alpine Museum angefertigt.[2] Beide waren sich über die Themen und die Zielsetzung eines solchen Hauses recht einig. So sollte es alles enthalten, »was den Alpenwanderer in bezug auf Sport, Verkehr, Land und Leute in den Deutschen Alpen interessiert«[3]. Entsprechend standen im Mittelpunkt der Konzeptionen alpenkundliche Abteilungen, in denen Geologie, Geografie, Flora, Fauna aber auch volkskundliche Aspekte des Alpenraums vorgestellt werden sollten. Zudem müsse das Museum »touristische« Informationen über die Technik des Bergsteigens, die Entwicklung des Alpinismus sowie die Darstellung der Tätigkeit des Alpenvereins enthalten.

Zentraler Anlass für Arnold wie für Forster war eine retrospektiv-bewahrende Aufgabe, wie sie sich viele Heimat- und Geschichtsvereine der Zeit stellten. Beide wollten die ursprüngliche, seit dem Beginn der Erschließung durch den Tourismus

Das Alpine Museum des DuÖAV in München, um 1920. Foto: Photographische Kunstanstalt Jaeger & Goergen.
Archiv des Deutschen Alpenvereins, München

Alpines Museum, Gartenfront um 1915.
Archiv des Deutschen Alpenvereins, München

stark veränderte Alpenregion dokumentiert wissen: »Mit der Ausdehnung des Alpinismus schwindet aber immer rascher die Eigenart und Ursprünglichkeit der alpenländischen Landschaft, wie auch die Urwüchsigkeit der Alpenbewohner. Es ist daher beinahe schon höchste Zeit, an eine Sammlung zu schreiten, die darstellen soll, wie die Ostalpen und insbesondere das Arbeitsgebiet des Deutschen und Österreichischen Alpenvereins waren vor dem Beginne der Erschließung derselben durch eben diesen, jetzt so mächtigen Verein und seine Schwestervereine«.[4]

Wichtiges Argument für ein Museum war zudem der Bildungsauftrag, den sich der Alpenverein in seiner Satzung selbst gegeben hatte, nämlich »die Kenntnis der Alpen Deutschlands und Österreichs zu erweitern und zu verbreiten, sowie ihre Bereisung zu erleichtern«.[5] Gegenüber der jährlich erscheinenden Zeitschrift, die schon bisher die Mitglieder des Alpenvereins über neue wissenschaftliche Erkenntnisse in der Alpenregion und bergsteigerische Entwicklungen informierte, sollte das alpine Museum zusätzliche Bevölkerungsschichten ansprechen: »Die ›Zeitschrift‹, bisher das stolzeste Werk unseres Vereins, wird, da sie ja nur in die Hände der Alpenvereinsmitglieder gelangt, in den weiteren Schichten des deutschen Volks nicht zu einem solchen Ruhmesblatte für den Verein werden wie das Museum, das auch den der Alpenwelt noch nicht Nähergetretenen fesseln und zur Anerkennung unserer Tätigkeit veranlassen wird.«[6]

Anlass für das Interesse des Alpenvereins an einem eigenen Museum dürfte nicht zuletzt das im Jahr 1905 gegründete Schweizerische Alpine Museum in Bern gewesen sein, das von der Sektion Bern des Schweizer Alpenclubs initiiert worden war. Hier war die »Museumswürdigkeit« des Themas Alpinismus im deutschen Sprachraum handgreiflich belegt. Entsprechend

Schenkungsurkunde der Stadt München vom 18.7.1908. Darin überträgt die Stadt München das Café Isarlust auf der Praterinsel dem DuÖAV mit der Auflage, dort das geplante Alpine Museum einzurichten.
Archiv des Deutschen Alpenvereins, München

berichtete der Schweizer Alpenclub stolz in seiner Chronik, »dass der Zentralausschuß des D. & Ö.A.V. […] die Errichtung eines alpinen Museums […] nach den Prinzipien und nach dem Vorbild unseres Museums« plane.[7] Schon in den Jahren zuvor hatten sich Museen verstärkt einem breiten Spektrum naturwissenschaftlicher und kulturgeschichtlicher Themen geöffnet, in das sich auch die Wissenschaften, die sich mit der Alpenregion beschäftigen sowie der Alpinismus einordnen ließen. Nur als Beispiele seien genannt das 1889 eröffnete Naturhistorische Museum in Wien, das 1891 gegründete Freilichtmuseum Skansen in Stockholm – Vorbild für viele weitere volkskundliche Museen in ganz Europa – sowie das 1906 in München eröffnete Deutsche Museum mit der Präsentation von Meisterwerken der Technik und der Naturwissenschaften.

Innsbruck oder München?
Das Alpine Museum wird realisiert

Schon seit Beginn der Diskussion um ein Alpines Museum spielte die Standortfrage eine zentrale Rolle. Favoriten waren die Städte München und Innsbruck. Beide waren verhältnismäßig alpennah und zentral gelegen. Ein zusätzlicher Pluspunkt für Innsbruck war die Lage direkt in den Bergen, für München die verkehrstechnisch bessere Erschließung, die Attraktivität der Stadt sowie die Größe der Sektionen. Beide Kommunen zeigten sich sehr an dem neuen Museum interessiert und boten dem Alpenverein die kostenlose Nutzung einer Immobilie an. Die Stadt Innsbruck stellte ein ehemaliges Schulgebäude in nächster Nähe zur Maria-Theresien-Straße in Aussicht,[8] die Stadt München das leerstehende Ausflugslokal Isarlust auf der Praterinsel[9]. Nicht zuletzt wegen der Attraktivität der Isarlust mit ihrer besonderen Lage zwischen zwei Isararmen und der Möglichkeit, das Gebäude bei Bedarf zu erweitern, entschieden sich die Delegierten der DuÖAV-Generalversammlung im Juli 1908 für diesen Standort.[10]

Nach dem Beschluss ein Alpines Museum einzurichten, wurde noch im November des Jahres ein Spendenaufruf an die Sektionen des Alpenvereins geschickt.[11] Im Januar 1909 übergab die Stadt München die Isarlust dem Alpenverein[12] und im April setzte der Zentralausschuss des Alpenvereins, der aus Vertretern der Sektionen bestand und alle weitreichenderen Entscheidungen im Verein fällte, eine Arbeitsgruppe zur inhaltlichen Konzeption ein.[13] Dieser gehörten neben mehreren Funktionären des Alpenvereins renommierte Wissenschaftler an, die dem Alpenverein nahe standen.

Prof. Dr. Karl Giesenhagen, Botaniker an der Tierärztlichen und der Technischen Hochschule München, der Innsbrucker Geograf Prof. Dr. Franz von Wieser, der Innsbrucker Biologe Prof. Dr. Karl Wilhelm von Dalla Torre, der in Wien lehrende Geograf Dr. Eugen Oberhummer, der Münchner Geologe Prof. Dr. August Rothpletz sowie der Geodät und Ordinarius der Technischen Hochschule München Dr. Sebastian Finsterwalder verständigten sich zusammen mit Ludwig Schuster, Zweiter Vorsitzender des DuÖAV, Dr. Robert Rehlen, Referent für Hütten- und Wegebau, Carl Müller, Mitglied des Zentralausschusses, und Dr. Johannes Emmer, Generalsekretär des Vereines, auf ein grundsätzliches Programm für das Alpine Museum. Es enthielt die Schwerpunkte »Alpinistik-Vereinsgeschichte, Wissenschaftliches, Volkskunde, Kunst« sowie »Reliquien & Kuriositäten«. Als besonders wichtig wurden dabei die Themen »Alpinistik-Vereinsgeschichte« mit der Darstellung der Tätigkeiten des Alpenvereins und der Bergsteiger sowie das Kapitel »Wissenschaftliches« mit der Gletscherforschung, zoologischen Schautafeln und einem alpinen Schaugarten erachtet. Zudem strebte die Arbeitsgruppe an, die Entwicklung der alpinen Landschaftsmalerei in Gemälden darzustellen. Die Volkskunde blieb vorerst hintan gestellt, da hier bereits viele öffentlich zugängliche Sammlungen existierten. »Reliquien & Kuriositäten«, unter denen beispielsweise Erinnerungsstücke an einzelne Bergsteiger verstanden wurden, sollten nur als Beigabe im Museum ausgestellt und nicht systematisch gesammelt werden.

Auch der Auftrag und die Zielgruppe des Museums wurden definiert. In Abgrenzung zu den zahlreichen bereits vorhandenen Sammlungen sollte im Alpinen Museum in erster Linie der »Besucher der Alpen« angesprochen werden, dem die »characteristische[n] Eigentümlichkeiten der Alpenwelt in ihren Hauptzügen in leichtverständlicher und eindringlicher Form zur Anschauung zu bringen« sind. Erst an zweiter Stelle stand »die Sammlung allen Materials, das für spezielle Interessenten, also namentlich für wissenschaftliche Forschungszwecke, von Bedeutung ist«. Weitere Eingrenzungen bildeten die Konzentration auf das Hochgebirge sowie den deutsch-österreichischen Alpenraum. In der Folge dieser Beratung erklärten sich die einzelnen Wissenschaftler auch bereit, jeweils die Konzeptionen für die Ausstellungskapitel in ihren Fachgebieten zu übernehmen.

Umbauarbeiten des Gebäudes, das Sammeln sowie die Aufstellung von Objekten kennzeichneten die nächsten Jahre.[14] Die ausgestellten Objekte wurden durch den Alpenverein angekauft und beauftragt, beruhten aber auch zu einem großen Teil auf Spenden, beispielsweise der Sektionen. Die österreichischen und bayerischen Herrscherhäuser und Ministerien mit ihren angegliederten Museen überließen dem Museum zudem Doubletten aus ihren Sammlungen.[15]

Als Leiter des Hauses wurde 1911 Carl Müller (1865-1946) bestellt[16], Mitglied des Zentralausschusses des DuÖAV, der sich schon seit den ersten Anträgen zur Gründung des Museums intensiv um die Belange der neuen Institution gekümmert hatte.[17] Er setzte sich im Zentralausschuss für die Errichtung eines Museums ein und trug die positive Stellungnahme des Ausschusses der Hauptversammlung vor.[18] Müller führte auch die Verhandlungen mit der Stadt München zur kostenlosen Überlassung des Cafés Isarlust und koordinierte zudem die Samm-

Eingangshalle des Alpinen Museums, 1911. Foto: Kester & Co. München.
Zu sehen ist noch der Blumenschmuck zur Einweihung des Museums.
Archiv des Deutschen Alpenvereins, München

lung und Aufstellung der Objekte. Der zukünftige Museumsleiter hatte dabei weder von der Ausbildung noch von seinem bisherigen beruflichen Werdegang her mit Museen zu tun; er war studierter Jurist und als Landgerichtsrat tätig. Privat war er jedoch sehr an Kunst und Architektur interessiert. Müller war eng mit dem Alpenverein verbunden. Er war 1899 der Sektion Bayerland beigetreten, die das Bergsteigen »schärferer Richtung« vertrat, kletterte in den Dolomiten und im Wilden Kaiser, gehörte zusätzlich zu den frühen Münchner Skifahrern und war auch sonst auf diversen Gebieten sportlich tätig. Dem Zentralausschuss des DuÖAV gehörte Müller von 1907 bis 1909 an und dem Verwaltungsausschuss, der die laufenden Geschäfte des Alpenvereins betreute, 1910/11 und von 1921 bis 1928.

*»Eis- und Felstechnik«
Inszenierung im Alpinen
Museum, um 1920.*
Archiv des Deutschen
Alpenvereins, München

Gut zweieinhalb Jahre nach dem Beschluss, ein Museum zu gründen, konnte das Haus am 17. Dezember 1911 mit einem umfangreichen Festprogramm unter Anwesenheit von mehreren Mitgliedern der königlichen Familie, Vertretern der bayerischen Ministerien, des Münchner Oberbürgermeisters Wilhelm von Borscht sowie zahlreichen Gremienmitgliedern des Alpenvereins eröffnet werden.[19]

Alpenkunde und Alpenvereinsmarketing

Entsprechend der Vorüberlegungen der wissenschaftlichen Arbeitsgruppe, den Besuchern einen Überblick über die Besonderheiten der Alpenwelt zu vermitteln, kam alpenkundlichen Aspekten in der neuen Ausstellung eine große Bedeutung zu. Dabei spielten Geografie, Geologie, Flora und Fauna die entscheidende Rolle. Der Museumsführer von 1912 berichtet über eine geologische Sammlung im Außenbereich, die »nach und nach in zirka 100 Stücken alle wichtigeren Gesteinsformationen der Alpen« darstellen sollte, diverse Reliefs, eine Bergwerksausstellung mit Mineralien sowie eine botanische Sammlung mit Pflanzen des hochalpinen Raumes, die ab 1913 mit einem Alpinum im Außenbereich korrespondierte. Hingewiesen wird zudem auf »den ganz bescheidenen Anfang einer volkskundlichen Sammlung«, unter anderem mit Trachtenpuppen aus dem Grödner Tal, eine »alpine Tiergruppe« und Zoologisches wie in Spiritus eingelegte Schlangen. Die Gletscherforschung, die besonders eng mit dem Alpenverein verbunden war, präsentierte sich mit einer Reihe von Reliefs und Gemälden, die die Gletscherbewegungen in den Alpen und den Hochgebirgen der Welt deutlich machten.

Ein weiterer Bestandteil der Ausstellung waren die Darstellung der Geschichte und der Aktivitäten der Alpinisten. Mit Entwicklungsreihen von Ausrüstungsgegenständen sowie Schaubildern mit statistischem Material, beispielsweise über die Zunahme der Marmolata-Besteigungen in den Jahren 1897 bis 1910, wurde dies deutlich gemacht. Die Präsentation von Hütten- und Wegebau sowie der Alpenkartografie zeigten zudem die Aktivitäten des Alpenvereins. Bis 1916 wurde insbesondere dieses Kapitel von Museumsleiter Müller stärker didaktisch aufbereitet. Die finanziellen Aufwendungen des Alpenvereins wurden von einem »[…] Block aus nachgemachten Rollen von je 1000 Mark in 20 Markstücken gebildet, der die Summe von 8 348 615 Mark darstellt […]«[20], die der Deutsche und Oesterreichische Alpenverein seit seinem Bestehen für Weg- und Hüttenbauten in den Ost-Alpen bis zum Jahre 1911 ausgegeben hatte.[21] Die Bedeutung des Alpenvereins machte Müller ganz alpinistisch anhand verschiedener Gipfel deutlich: »[…] vergleicht man seinen Bestand an Mitgliedern mit der Höhe des höchsten Berges der Welt, des Gaurisankar (8840 m), so wäre für den nächstgroßen alpinen Verein, die Naturfreunde, nicht der Montblanc oder die Zugspitze, sondern etwa der Schafberg (1780 m) zum Vergleiche heranzuziehen.«[22]

Die Ausstellung erstreckte sich über insgesamt sieben Räume im Erdgeschoss und im ersten Obergeschoss. Die thematische Vielfalt der Sammlungen und eine fehlende räumliche Abgrenzung sorgten für eine wenig geordnete Aufstellung ohne stringenten inhaltlichen roten Faden. Als Beispiel sei das Treppenhaus herausgegriffen: Dort drängten sich Seilknoten und Ausrüstungen für Abseiltechniken, eine Wegetafel, ein mineralogischer Hammer Hermann von Barths, 65 Fotografien und Farbdrucke von Alpenpflanzen, historische Panoramen, Landkarten und eine Sammlung von siebzig Arten von Berghummeln.[23]

Die Darstellungen und Objekte selber erschlossen sich dem Besucher offensichtlich teilweise nur mit Schwierigkeiten. Auch wenn das Museum sich entsprechend der Aussagen der wissenschaftlichen Arbeitsgruppe vor allem an Laien, den »Besucher der Alpen« richten wollte, gelang der Spagat zwischen Wissenschaft und Öffentlichkeit für heutige Begriffe oft nur ungenügend. So erfolgte die Erläuterung der Gesteinsblöcke im Garten ausschließlich im Fachjargon, ohne Zusammenhänge und Besonderheiten für Nicht-Wissenschaftler aufzubereiten. Der 1930 herausgegebene Museumsführer wollte diese Lücke offensichtlich schließen. So erklärt er beispielsweise das Besondere eines Insektentableaus: »Auf einer Karte Europas sind 70 Hummeln, typische Bergtiere aufgespießt, womit die ‚regionalen Konvergenzerscheinungen' demonstriert werden sollen, Auftreten gleicher Färbungen bei morphologisch verschiedenen Arten usw., der sogenannte Melanismus usw., ganz abgesehen davon, daß der Laie staunen wird, wenn er von 70 Hummelarten hört, wo für ihn doch meist Hummel Hummel ist.«[24]

Tiergruppe im Hauptsaal des Alpinen Museums, um 1920.
Archiv des Deutschen Alpenvereins, München

Revolution und aktuelle Themen im Alpinen Museum

Die ersten Jahre seines Bestehens verliefen für das Alpine Museum unspektakulär. Der Erste Weltkrieg und die Inflation danach ließen wenig Spielraum für große Aktivitäten. Im Mai 1919 geriet das Museum jedoch in die bayerischen Revolutionswirren. Kurz zuvor, am 7. April, war in München von Arbeiter- und Soldatenräten eine Räterepublik ausgerufen worden. Die nach Bamberg emigrierte bayerische Staatsregierung schlug diese mit Hilfe der Reichswehr und rechtsgerichteten, völkisch orientierten Freikorps Anfang Mai blutig nieder. Das Alpine Museum befand sich direkt an der Frontlinie, so dass sich hier am 1. Mai »Nachts 11 ½ Uhr […] ein Offizier mit 40 Mann« einquartierte.[25] Museumsleiter Müller bezog entsprechend der politischen

Orientierung des Alpenvereins eindeutig Position für eine bürgerlich-konservative Ordnung und unterstützte die Reichswehr, die im Auftrag der Exilregierung operierte, nach Kräften: »Bereitwilligst wurde ihnen [den Soldaten] sofort Obdach und so weit als möglich auch warme Labung gewährt«. In den nächsten Tagen umsorgten sie die »Hausmeisters Eheleute […] aufopfernd«. Selbst um die alpine Bildung der Männer sorgte sich Müller – mit einer Führung durch das Museum.

Kuppelsaal im Alpinen Museum, um 1920.
Archiv des Deutschen Alpenvereins, München

Schaubild zum Rückgang des stengellosen Enzians für die Jahre 1920 bis 1925, um 1925.
Archiv des Deutschen Alpenvereins, München

Trotz der schwierigen wirtschaftlichen Lage wuchsen die Sammlungen in den 1920er Jahren an. Ein Großteil der Sektionen trat dem Verein der Freunde des Alpinen Museums bei[26], der – bereits am 4. Januar 1913 in Wien gegründet – »alsbald eine Mitgliederzahl von 115 Sektionen, des Gesamtvereins und 220 Personen mit rund 4000 Mark an jährlichen Mitglieder«[27] zu verzeichnen hatte und genauso wie Einzelpersonen dem Museum unter anderem Reliefs und Gemälde spendete. Das Prinzip auf eine möglichst große Vollständigkeit der Sammlungen hinzuarbeiten, wie zum Beispiel »alle Minerale der Ostalpen« ausstellen zu wollen, trieb die Museumsleitung jedoch zunehmend in eine Sackgasse. Die Anzahl der ausgestellten Objekte wuchs innerhalb von zwanzig Jahren auf achttausend, die der Reliefs auf beinahe hundert an. Auch deswegen war eine Erweiterung des Museums unumgänglich, die allerdings schon vor dem Ersten Weltkrieg geplant war. 1926 konnte die nördliche Terrasse des Hauses überbaut und damit ein zusätzlicher Ausstellungssaal mit 120 Quadratmetern Grundfläche gewonnen werden. In den folgenden beiden Jahren kamen zwei weitere Räume im Untergeschoss hinzu.[28]

Die verbesserte Raumsituation entzerrte die Präsentation der Bestände und ermöglichte eine systematischere Aufstellung der Reliefs. Zudem konnten erstmals nach 15 Jahren neue Themen im Alpinen Museum ausgestellt werden. Reliefs von Mount Everest, aus dem Pamir sowie dem Uschba im Kaukasus veranschaulichten die Ziele aktueller Expeditionen in außereuropäische Gebirge, so die Besteigungsversuche am höchsten Berg der Welt durch die Briten in den Jahren 1921, 1922 und 1924 und die vom Alpenverein unterstützten Expeditionen in den Pamir in den Jahren 1913 und 1928. Zusätzlich erhielt die Darstellung des Skifahrens mehr Platz, um die Gleichberechtigung des »alpinen Skilaufs mit den sommerlichen Hochturen« zu dokumentieren. Auch der zunehmende Einsatz des Alpenvereins für den Naturschutz wurde mit Reliefs von den neu ausgewiesenen Naturschutzgebieten am Königssee (1921) und im Karwendel (1928) verdeutlicht.

Besonders große Aufmerksamkeit widmete Museumsleiter Müller jedoch dem Verlust der Hütten des Alpenvereins in Südtirol. Nach dem Ersten Weltkrieg waren sie durch den italienischen Staat besetzt und enteignet worden. Für den Alpenverein war dies von ebenso einschneidender Bedeutung wie die Auflösung der Südtiroler Sektionen. Der Verlust von Südtirol wurde in zahlreichen Reden der Alpenvereinsfunktionäre sowie in den Publikationen des Alpenvereins beklagt. Die Sektionen veranstalteten Vortragsabende und organisierten Reisen nach Südtirol, um die deutschsprachige Bevölkerung zu unterstützen.²⁹ Müller beteiligte sich an diesen Aktionen mit dem Erwerb von Gemälden mit Südtiroler Motiven und dem Auftrag für eine Inszenierung aller enteigneten Hütten: »[…] zwei wirksame Gemälde von Rudolf Reschreiter »Die Königsspitze« und die »Guglia di Brenta« sowie einige kleinere Darbietungen mahnen die Besucher an die herrliche Bergwelt in Südtirol und das beklagenswerte Schicksal unserer deutschen Brüder dortselbst. Die Vorführung aller geraubten (105) Hütten in zierlichen Modellen ist im Fortschreiten und wird nach Vollendung diesen schmerzlichen Verlust stets beredt vor Augen führen.«³⁰

Nach der Machtübernahme in Deutschland im Januar 1933 durch die Nationalsozialisten war das Ausstellungskapitel Südtirol allerdings politisch nicht mehr opportun. Das nationalsozialistische Deutschland hatte mit dem verbündeten, faschistischen Italien den Verbleib Südtirols bei Italien vereinbart. Aufgrund von Beschwerden italienischer Besucher änderte Museumsleiter Müller die Beschriftung des Reliefs der enteigneten Hütten mit dem vorwurfsvollen Namen »Geraubte Stadt« in »Verlorene Stadt«.³¹ Nach einer Beschwerde des italienischen Generalkonsulates im Sommer 1937 wurde durch eine abermals neue Beschriftung, nämlich »91 Schutzhütten, welche der D.u.Oe Alpenverein durch die Friedensverträge einbüßte«, nicht mehr Italien, sondern die Siegermächte des Ersten Weltkrieges als Schuldige für den Hüttenverlust verurteilt.³² Nach einem strengen Verweis des Alpenvereinsführers und Reichsstatthalters für Österreich, Dr. Arthur Seyss-Inquart³³, der im Februar 1939 das Museum besuchte, wurde das ganze Ausstellungskapitel dann umgehend entfernt.³⁴

Didaktische Elemente, die sich zur Museumseröffnung maximal auf das Anheben eines Bergreliefs mittels Kurbel beschränkten, fanden in den 1920er Jahren verstärkt Einzug: Eine Kulisse in Saalhöhe ließ Bergsteigerpuppen verschiedene »Eis- und Felstechniken« üben, nachträglich eingebaute Dioramen zeigten vier verschiedenen Alpenlandschaften. Trotzdem blieb die Ausstellungsgestaltung im Vergleich zu anderen »großen, hellen, spärlich bestückten« Ausstellungen in den benachbarten großen Museen »ein wenig älplerisch, ein wenig münchnerisch«.³⁵ Eine didaktische Hilfe bildete aber auch ein neuer Museumsführer, der 1930 erschien und bezeichnenderweise nicht durch den Museumsleiter, sondern den bekannten Alpinschriftsteller Walter Schmidkunz verfasst worden war. Schmidkunz nahm dem unbedarften Publikum die Scheu vor abstrakten, wissenschaftlichen Themen, indem er viele bildliche Vergleiche brachte und beispielsweise in der Geologie die ausgestellten Steine zu Subjekten machte: »Gesteine sehen Dich an – blaßrosa, ‚bibelskäsweiße', geschwürrote, pergamentgelbe und aschgraue […] Die vielen […] Blöcke bringen die Gesteinsarten zur Anschauung, aus denen unsere Berge aufgebaut sind.«³⁶

Eine Ausstellung des Alpenvereins, die abseits von München durch ihre Qualität Furore machte, war 1927 die »Grosse Alpine Kunstausstellung«³⁷ im Wiener Künstlerhaus. Unter dem Motto »Die Alpen im Bilde vom XV. Jahrhundert bis zur Gegenwart« stellte der Deutsche und Österreichische Alpenverein gemeinsam mit der ständigen Delegation der Künstlervereinigungen Künstlerhaus, Secession,

»Die geraubte Stadt«. Relief mit Modellen der Schutzhütten, die nach dem Ersten Weltkrieg enteignet wurden, um 1930. Archiv des Deutschen Alpenvereins, München

Stollen im Marmolata-Gletscher während des Ersten Weltkrieges. Inszenierung im Alpinen Museum, um 1935.
Archiv des Deutschen Alpenvereins, München

Hagenbund und Kunstschau aus. Unter die prominenten Leihgeber wie die Albertina, die Österreichische Galerie, das Kunsthaus Zürich und die Nationalgalerie Berlin reihte sich das Alpine Museum in München ein. So wurde eine einzigartige Schau alpiner Künstler von Dürer bis Segantini im Rahmen der Jahreshauptversammlung in Wien präsentiert.

Alpenkrieg und Schicksalsberg der Deutschen

Die neue Stimmung im nationalsozialistischen Deutschland seit Hitlers Regierungsantritt im Januar 1933 spiegelte sich bald auch im Alpinen Museum wieder. So berichtete Museumsleiter Müller im Juli 1933, dass er die Bildnisse von Hindenburg und Hitler im Museum habe aufhängen lassen und den Sammelaktionen »Förderung der Nationalen Arbeit« und »Opfer der Arbeit« aus Museums- und privaten Mitteln Geld gespendet hätte.[38]

Bedeutsamer als diese Huldigungen an die neuen Machthaber war eine programmatische Umgestaltung des Museums in wichtigen Bereichen. So wurde im Sommer 1934 die »kriegsgeschichtliche Abteilung« durch eine neue Präsentation aufgewertet. Zwar hatte Müller schon während des Ersten Weltkrieges damit begonnen, Sammlungen zum Gebirgskrieg anzulegen[39],

doch erst jetzt wurde dieses Thema dem Besucher in einer aufwändigen, lebensgroßen Inszenierung eines Unterstandes in der Marmolatagruppe nahe gebracht. Die Neuaufstellung entsprach den aktuellsten museumsdidaktischen Methoden, wie sie in der 1925 eröffneten Bergwerksausstellung im Deutschen Museum mit großem Echo angewendet worden waren. Um die Inszenierung des Unterstandes gruppierten sich Schautafeln, Gemälde und weitere Dokumente über die militärischen Stellungen und die Leistungen der Alpinisten. Die Bemühungen Müllers um eine zeitgemäße Themenwahl und die Darstellung der Bedeutung des Bergsteigens für den neuen Staat hatte Erfolg. Eine ganze Reihe von Zeitungen berichtete ausführlich über die Neuaufstellung und der Völkische Beobachter urteilte: »Überaus lehrreich gestalten sich die Darstellungen über den ›Weltkrieg im Innern der Gletscher‹. [...] Was diese Helden dort oben [...] leisteten, das ist überwältigend in seiner soldatischen Größe und seinem vaterländischen Opfergeist.«[40]

Museumsbesucher vor dem Relief des Nanga Parbats.
Münchener Neueste Nachrichten vom 9.7.1937.

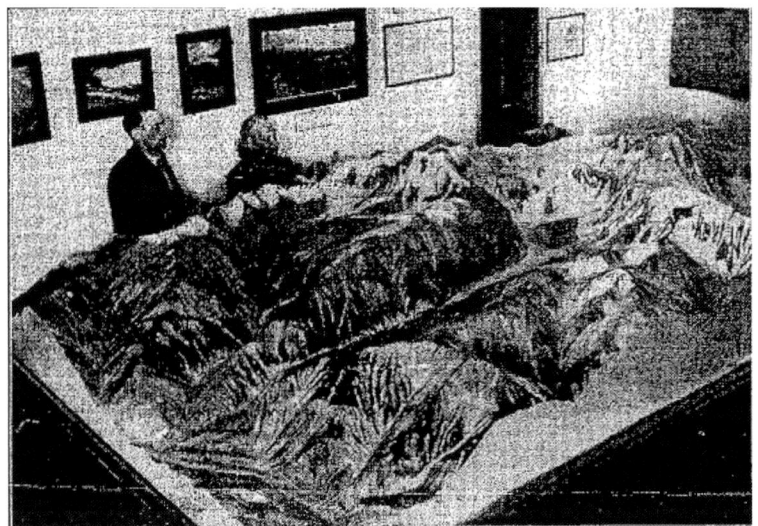

Dem zweifellos populärsten bergsteigerischen Thema der 1930er Jahre, nämlich den Besteigungsversuchen am Nanga Parbat durch deutsche und deutsch-österreichische Expeditionen in den Jahren 1931, 1934 und 1937, widmete sich eine zweite große Neuaufstellung. In beispiellosen Medienkampagnen waren die alpinistischen Leistungen am »Schicksalsberg der Deutschen« zu Heldentaten für den Nationalsozialismus stilisiert worden. Als 1936 mit der Überdachung der zweiten Terrasse des Alpinen Museums ein neuer Saal gewonnen werden konnte, wurde dieser den deutschen »Auslandsbergfahrten« gewidmet. Im Zentrum stand nicht nur inhaltlich, sondern auch räumlich der Nanga Parbat mit einem eigens angefertigten, aufwändig gestalteten Relief von 10 Quadratmetern Größe. Bronzetafeln und Bilder gedachten der auf den Expeditionen verunglückten Bergsteigern »als eine würdige Gedenkstätte ihres Lebens und ihrer Tat«.[41]

Das Alpine Museum bekommt einen neuen Museumsleiter

Die Gestaltung des Saales für Auslandsbergfahrten war die letzte große Aktion Carl Müllers. Nach 25 Jahren als Museumsleiter trat er 72jährig mit Ende des Jahres 1937 zurück. Nachfolger war der bisherige Leiter der Bibliothek, der ausgebildete Bibliothekar Dr. Hermann Bühler (1900-1963), der sein neues Amt zusätzlich zur Bibliotheksleitung übernahm.[42] Gleichzeitig installierte der Verwaltungsausschuss einen Museumsausschuss, der Bühler beratend zugeordnet war. Dieser bestand aus dem Südamerikaforscher und Direktor der Bayerischen Staatssammlungen Prof. Dr. Hans Krieg (1888-1970), dem Vorstandsmitglied des Vereins der Freunde des Alpinen Museums Franz Schmitt sowie dem Bergsteiger und Hauptausschussmitglied Dr. Walter Hartmann. Besonders am Herzen lag dem Verwaltungsausschuss und der neuen Museumsleitung eine bessere Besucherorientierung des Hauses mit einer »lebensvollen Darstellung der reichhaltigen Bestände«. Bühler ließ die Sammlungen neu und mit einer schärferen Konzentration auf einzelne Themen hängen. Erstmals wurden dafür auch größere Teile der Bestände ins Depot verbannt.[43]

Regelmäßige Sonderausstellungen wie »Auf Willo Welzenbachs Spuren« – Welzenbach war einer der verunglückten Bergsteiger der Nanga Parbat-Expedition 1934 – über

Das am 7.9.1943 und 25.4.1944 zerstörte Alpine Museum, 1948.
Stadtarchiv München

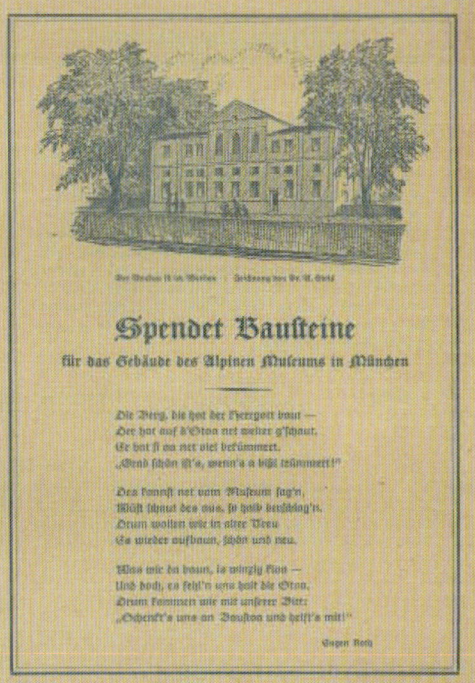

Handzettel mit dem Aufruf »Spendet Bausteine für das Gebäude des Alpinen Museums in München«. April 1949.
Archiv des Deutschen Alpenvereins, München

Plakat zur »Ersten Alpinen Kunstausstellung«, 1950.
Archiv des Deutschen Alpenvereins, München

Blick in Raum eins der Dauerausstellung des Alpinen Alpenvereins, 1996. Foto: Wilfried Bahnmüller.
Alpines Museum des Deutschen Alpenvereins, München

»den Berg in der Briefmarke« oder einzelne Gebirgsgruppen sowie eine variable Gestaltung der Dauerausstellung sollten eine zusätzliche Attraktivität für die Besucher herstellen. Bühler hatte bereits in der Bücherei des Alpenvereins mit regelmäßigen Sonderausstellungen eine gute öffentliche Resonanz erreicht. Zusätzlich senkte er die Eintrittspreise um die Hälfte und änderte die Besuchszeiten.

Der Kriegsausbruch 1939 schränkte die Aktivitäten des Alpinen Museums in München stark ein. Sonderausstellungen konnten nicht mehr realisiert werden, stattdessen beteiligte sich das Museum mit Führungen für Verwundete, Insassen von Wehrmachts-Genesungsheimen und den Angehörigen der Heeresschulen an der Unterstützung des Militärs.[44] Immerhin konnte Bühler 1941 aber noch einen aktualisierten Führer des Museums herausbringen.[45]

Schon beim ersten Bombenangriff der Alliierten auf München in der Nacht vom 19. auf den 20. September 1942 wurde das Museum getroffen, die Schäden waren aber relativ gering. Sofort begann die Direktion mit der Auslagerung der Bestände, so dass bei weiteren Treffern am 7. September 1943 und 25. April 1944, die das Gebäude beinahe vollständig zerstörten, von den Sammlungen nur noch die nicht mehr transportierbaren Großreliefs im Haus waren.[46]

Nach Ende des Krieges war nicht nur das Alpine Museum eine Ruine, sondern auch die weitere Geschichte des Alpenvereins völlig unklar. In Bayern blieb der Alpenverein verboten und wurde erst 1948 wieder ins Leben gerufen. Ein deutschlandweiter Verband entstand erst 1950.[47] In Österreich konnte der Alpenverein zwar kontinuierlich weiterarbeiten, musste aber einen mehrere Jahre dauernden Rechtsstreit um seinen Bestand und den der Sektionen führen. An eine Organisation wie den ehemaligen transnationalen Alpenverein war nicht mehr zu denken.

Nach langer Pause: Das Alpine Museum des Deutschen Alpenvereins

Mit der Wiedergründung des Alpenvereins in Bayern im Jahr 1948 begann der Wiederaufbau des Museumsgebäudes.[48] Zahlreiche Alpenvereinsmitglieder und insbesondere die Jugendgruppen beteiligten sich an den Aufräum- und Bauarbeiten.[49] Nach Plänen des Architekten Wolfgang Rothenbücher entstand ein stark vereinfachter, fast klassizistischer Bau, der kaum noch an das ehemalige Schlösschen in Rokokoformen erinnerte. Doch auch wenn das Gebäude auf der Praterinsel allmählich wieder erstand, kam es nicht zu einer Wiedereröffnung des Museums. Die Bestände waren großenteils nach Österreich ausgelagert worden, wo sie nicht zugänglich waren, der Rest der Objekte bis auf wenige Ausnahmen zerstört. So verlagerte der neu entstandene Alpenverein hierhin seine Verwaltungs- und Versammlungsräume sowie die Bibliothek.[50] Nur noch einige »Alpine Kunstausstellungen« Anfang der 1950er Jahre in anderen Räumlichkeiten knüpften an die Museums- und Ausstellungstradition des Deutschen und Österreichischen Alpenvereins an.[51]

Erst seit 1996 ist der Deutsche Alpenverein wieder Träger eines Museums. Auslöser war ein Konflikt mit der Stadt München. Durch Überprüfung der alten Verträge war 1992 festgestellt worden, dass dem Alpenverein das Haus auf der Praterinsel nur zur Einrichtung eines Museums kostenlos übergeben worden war, nicht jedoch für die Nutzung als Verwaltungsgebäude.[52] Aufgrund dieser Situation entwarf der damalige Referent für Öffentlichkeitsarbeit und Kultur, der Mathematiker, Kommunikationswissenschaftler und Ausstellungsgestalter Dr. Helmuth Zebhauser das Konzept eines »alpinen Kommunikationszentrums« im Alpenvereinshaus auf der Praterinsel, nachdem er vorher bereits die Einrichtung des Alpinmuseums in Kempten, an dem der Alpenverein als Leihgeber beteiligt ist, verantwortlich mitplante. Neben dem Museum im Erdgeschoss sollten weitere Bestandteile die Bibliothek des Deutschen Alpenvereins, die Alpine Auskunft, die Büros des Sicherheitskreises und »Kommunikationsräume« sein. Im Juni 1993 wurde das Alpine Museum in dieser Form von der DAV-Hauptversammlung in Kaiserslautern beschlossen.

Im Museum, das 1996 eröffnet wurde, machten Zebhauser und die Museumsleiterin Maike Trentin-Meyer die Ideengeschichte des Alpinismus zum Thema. Aufgrund der Raumnot – die Dauerausstellung muss sich mit etwa zweihundert Quadratmetern Ausstellungsfläche begnügen –, werden mit wenigen »Bohrkernen« Markstenie der Geschichte vorgestellt, die das Verhältnis der Menschen zum Gebirge in den letzten zweihundert Jahren wesentlich prägten. Dazu gehören die Erstbesteigung des Mont Blanc im Jahre 1786 und die ersten Expeditionen in das außereuropäische Hochgebirge durch Alexander von Humboldt genauso wie die Verbreitung des Skilaufs zu Beginn des zwanzigsten Jahrhunderts und die Popularisierung von Skifahren und Klettern durch die Filme Arnold Fancks, Luis Trenkers und Leni Riefenstahls Ende der 1920er und zu Beginn der 1930er Jahre.

Plakat zur Ausstellung: *Hast du meine Alpen gesehen? Eine jüdische Beziehungsgeschichte«, April 2010 bis Februar 2011.*
Alpines Museum des Deutschen Alpenvereins, München

In der Ausstellung »Mit der Nase in die Berge. Alpine Duftgeschichte(n)«, die von 2006 bis 2008 im Alpinen Museum des DAV gezeigt wurde, konnten die Besucher anhand zahlreicher Düfte die Berge erschnuppern.
Foto: Monika Bürner, 2008

Erstmals in einer Ausstellung wurde den Besuchern auch die antisemitische und nationalsozialistische Vergangenheit des Alpenvereins aufgezeigt. Grundlage für die Dauerausstellung bildete die Sammlung von Fritz Schmitt (1905-1986), dem ehemaligen Schriftleiter und Herausgeber der Mitteilungen des Deutschen Alpenvereins, welche mit rund tausend Gemälden, Grafiken und Skulpturen nach seinem Tod im Jahr 1986 an den Deutschen Alpenverein ging. Hinzu kamen einige wenige Bestände aus der ehemaligen Bibliothek des Deutschen und Österreichischen Alpenvereins. Seit den 1980er Jahren war die Sammlung zudem durch Ankäufe und Aufrufe zu historischen Ausrüstungsgegenständen systematisch erweitert worden.

Von Anfang an war geplant, regelmäßig Sonderausstellungen zu veranstalten. Ein ehrgeiziges Programm von mehreren solcher Ausstellungen pro Jahr sollte für eine gleichbleibende Attraktivität des Hauses sorgen. Zusammen mit der schon beim Aufbau des Museums in Kempten und München tätigen Kuratorin und späteren Museumsleiterin Maike Trentin-Meyer, konnten unter anderem Ausstellungen zu den Brüdern Schlagintweit, dem Bergsteigermaler Ernst Platz und zur Geschichte der Gebirgskartografie realisiert werden.

Veränderungen in der Ausrichtung von Museum und Archiv ergaben sich im Jahr 2000. Trentin-Meyer verließ das Museum zum Dezember 1999; mit ihr legte auch Zebhauser sein Amt als Museumsbeauftragter des Deutschen Alpenvereins nieder. Danach bekam das Haus unter der Museumsleiterin Friederike Kaiser eine in Teilen andere Ausrichtung. Durch Sonderausstellungen mit einem breiten alpinen Themenspektrum wurde das Museum für ein großes Publikum attraktiv. Zielgruppenspezifische Angebote unter anderem für Kinder und Jugendliche, die seit 2001 durch eine fest angestellte Museumspädagogin erarbeitet werden, gehen in die gleiche Richtung. Ausstellungen wie »Heidi. Mythos, Marke, Medienstar«, »Gletscher im Treibhaus. Eine fotografische Zeitreise in die alpine Eiswelt«, »Aufwärts! Berge, Begeisterung und der Deutsche Alpenverein 1945 bis 2007« sowie die aktuelle Schau »Hast Du meine Alpen gesehen? Eine jüdische Beziehungsgeschichte« bringen inzwischen 15.000 Besucher jährlich ins Haus.

Das Alpenverein-Museum des Oesterreichischen Alpenvereins in Innsbruck

Ein Großteil der Sammlungen des Alpinen Museums, insbesondere zahlreiche Reliefs und Gemälde, sowie die grafische und Laternbild-Sammlung konnten vor der Bombardierung des Hauses in München nach Tirol ausgelagert[53] und damit gerettet werden[54].

Bereits 1947 formulierte Helmut Gams, Botaniker an der Universität Innsbruck, eine Denkschrift »Innsbruck braucht ein Alpeninstitut«.[55] Sein Plan sah einen Neubau mit einem Alpeninstitut samt Alpenmuseum neben der Universitätsbibliothek am Inn vor.

1958 kam eine weitere Idee ins Spiel. Das Zeughaus sollte als »Alpinmuseum« endlich die Lücke in der Tiroler Museumslandschaft mit einem naturwissenschaftlichen Museum zum alpinen Lebensraum schließen. Die Ideen wurden wegen Geldknappheit und fehlender Unterstützung durch die Öffentlichkeit nicht weiter verfolgt. Und die Alpenvereine hatten anderes zu meistern. In Tirol sollten erst in den 1970er Jahren die zwischengelagerten Sammlungen ausgepackt und über eine Präsentationsmöglichkeit in Innsbruck nachgedacht werden.

Eine erste Ausstellung der übersiedelten Bestände fand 1973 auf Initiative des Sonderbeauftragten für Kultur und ehrenamtlichen Museumsleiters Ernst Bernt im Palais Thurn und Taxis in der Maria-Theresien-Straße statt. Durch sein stetes Eintreten für eine ständige Ausstellungsfläche entschied der Alpenverein unter dem Vorsitz von Louis Oberwalder und Gedeon Kofler 1977 im neu errichteten Alpenvereinshaus ein dauerhaftes Alpenverein-Museum einzurichten. Standort war die Wilhelm-Greil-Straße, nachdem zuvor der Baugrund des OeAV an der Triumphpforte für das unter den Nationalsozialisten geplante Haus der Bergsteiger eingetauscht worden war.[56] 1987 erschien ein Bildband der Journalistin Christine Schemmann mit dem klingenden Titel »Schätze und Geschichten des Alpinen Museums Innsbruck«, in dem kurzweilig »Geschichten« über das »Heimweh nach der Vergangenheit« zu lesen sind. Die Sammlung fand keinen Anschluss zur Aktualität mehr, der Alpenverein sah sich mehr als Retter der Bestände.

In den 1990er Jahren konnte die zeitgenössische Kunst in einer ambitionierten

Initiative im Alpenverein-Museum Einzug finden. Vom Alpenverein organisierte Malersymposien fanden regelmäßig im Alpinzentrum Rudolfshütte in den Hohen Tauern statt und brachten zwei Gruppenausstellungen mit dem Titel »weissee«[57] im Alpenverein-Museum hervor.

1993 baute der Alpenverein unter der Museumsleiterin Verena Habel das gesamte 3. Stockwerk des Bürogebäudes zu einer modernen Dauerausstellung mit dreihundert Quadratmetern Fläche um. Zusätzlich erhielt er für die Inventarisierung der Kunstsammlung und ein neues Ausstellungskonzept Unterstützung durch ein vom Bund gefördertes Projekt. Im Katalog-Vorwort des ersten Vorsitzenden des Alpenvereins Dr. Christian Smekal sind die Anliegen folgendermaßen beschrieben: »Seit seinen Anfängen hat sich der Alpenverein immer als Kunstverein verstanden, der der kulturellen Vielfalt und Entwicklung der Alpenländer sein Augenmerk zugewendet hat.« Der Schwerpunkt sollte die »herausragende Kunstsammlung, die der OeAV gerne der Öffentlichkeit zugänglich macht«, sein. Der Katalog beschreibt den Charakter der neuen Ausstellung: »Die Neuaufstellung folgt nun einer historischen Linie, wobei das Hauptaugenmerk auf die Bilder gelegt wird.«[58] Anhand der alpinen Kunst wurde in sieben Räumen Alpingeschichte erzählt. Die Gestaltung der Ausstellung glich einer Galerienhängung: Grafiken und Gemälde, Historische Karten und Ausrüstungsgegenstände veranschaulichten als Quellen die Geschichte des Alpinismus und Alpenvereins. Reliefs waren in reduzierter Anzahl in das inhaltliche Konzept integriert.

1997 übernahm Monika Gärtner die Museumsleitung. Das Land Tirol verlieh 1998 dem Alpenverein-Museum auf Grund der »modernen Präsentation« und der »engagierten Besucherbetreuung« den »Tiroler Museumspreis«. Tatsächlich waren bis zu einem Drittel aller Besucher jährlich durch personelle Vermittlung in Form von Führungen, Exkursionen, Bildergesprächen und museumspädagogischen Programmen betreut worden.

Mehrere thematisch und gestalterisch interessante Ausstellungen zu kulturhistorischen Themen verschafften dem räumlich, finanziell und thematisch bescheidenen Museum Aufmerksamkeit. Eine Ära der fruchtbaren Zusammenarbeit mit dem Innsbrucker Büro Rath & Winkler, Büro für Museum und Bildung[59] begann. Unter Initiative von Dr. Georg Kaser, dem für Kultur, Kartografie und Wissenschaft zuständigen Sachwalter wurde gemeinsam die erste kulturgeschichtliche Ausstellung des Alpenvereins zur Mediengeschichte der Postkarten kreiert: »Schöne Grüße! Die 3 Zinnen oder Eine kleine Geschichte über den Blick aufs Gebirge«[60]. Diese Ausstellung sowie die nächste Produktion »Rundum Berge. Faltpanoramen oder Der Versuch alles sehen zu können«[61], eine Ausstellung, die sich erstmals mit den Alpinen Panoramen beschäftigte, »wanderten« von Innsbruck weiter nach München, St. Pölten, Schruns im Montafon und zweisprachig zum Südtiroler Alpenverein nach Bozen, Sterzing, Toblach, Niederdorf und Bruneck. Die im Rahmen des Internationalen Jahres der Berge 2002 entwickel-

Die Wiedereröffnung des Alpenverein-Museums in Innsbruck als bedeutender Schritt für den Oesterreichischen Alpenverein. Vorsitzender Louis Oberwalder bei der Eröffnungsrede am 2. Juni 1977. Fotoalbum, 1977. Alpenverein-Museum Innsbruck

Das Alpenverein-Museum nach dem Umbau 1993 in der Wilhelm-Greil-Straße. Foto: Oesterreichischer Alpenverein, Nikolaus Schletterer, 1994

Bild oben: Ausstellung »vertikal. Die Innsbrucker Nordkette. Eine Ausstellung in der Stadt«. Ein Pavillon und Blickstationen lockten 40.000 Neugierige während des Sommers 2002 an den Inn. Foto: Stecher, zeichen und räume / Matt

Bild unten: Ausstellung »Berge, eine unverständliche Leidenschaft« in der Hofburg Innsbruck. Sie ist noch bis 2012 zu sehen. Die Frage einer zukünftigen Ausstellungsfläche für das Alpenverein-Museum in Innsbruck ist noch ungewiss. Foto: West, 2008

te Ausstellung »vertikal. Die Innsbrucker Nordkette. Eine Ausstellung in der Stadt«[62] hatte nur eine Bergkette zum Thema, an der die Nutzungsgeschichte von Innsbruck und der Nordkette erzählt wurde. Die im öffentlichen Stadtraum errichtete Ausstellung samt Pavillon und Blickstationen entlang des Inns erreichte über 40.000 Besucherinnen und Besucher.

30 Jahre hatte das Alpenvereinshaus in der Wilhelm-Greil-Straße seinen Sitz, 2008 zog die Vereinsverwaltung des OeAV in ein neues Gebäude im Stadtteil »am Tivoli«, wo für das Museum Arbeitsräume und ein modernes Depot für die Museumsbestände zur Verfügung stehen. Für den ab 2002 für Museum, Kultur und Kartografie zuständigen Vizepräsidenten Dr. Oskar Wörz hieß die neue Funktion von Beginn an eine Menge von Aufgaben und eine sehr intensive Zusammenarbeit mit Museum, Archiv, den Fördergebern, Kooperationspartnern und einem internationalen Ausstellungsteam.

Als vorläufiger Ersatz für die verloren gegangene Ausstellungsfläche im alten Alpenvereinshaus zeigt das Alpenverein-Museum seit 2008 bis 2012 in Kooperation mit der Burghauptmannschaft in der Hofburg Innsbruck die große Sonderausstellung[63] mit dem Titel »Berge, eine unverständliche Leidenschaft«[64].

Den ersten Geburtstag der Ausstellung, die bis dahin bereits 50.000 Besucher zählte, beging der Alpenverein gemeinsam mit der von der Museumsakademie Universalmuseum Joanneum veranstalteten Fachtagung »Der Berg im Zimmer«. Hundert Teilnehmer und Teilnehmerinnen diskutierten Spielarten und Konzepte eines künftigen ›alpinen‹ Museums.

Die Ausstellung »Berge, eine unverständliche Leidenschaft«, die mit ihrer Laufzeit von fünf Jahren als ›semipermanentes Museum‹ und als eine Option auf ein dauerhaftes Museum verstanden werden kann, wurde bereits doppelt ausgezeichnet. Sie wurde für den Europäischen Museumspreis 2010 nominiert und erhielt den Tiroler Museumspreis 2009 verliehen.

Die Alpenverein-Ausstellung wurde vom Europäischen Museumsforum für ihre innovative und publikumswirksame Präsentation, die in jeder Hinsicht hohe Qualität in der Präsentation der Sammlung für ein großes Publikum und seine poetische Erzählweise ausgezeichnet. Laut Meinung der internationalen Jury leistete die Alpenverein-Ausstellung einen wichtigen Beitrag zur Darstellung der Naturbeziehung des Menschen in all ihren gesellschaftlichen, wissenschaftlichen und philosophischen Aspekten. »Die hohe Qualität der Objekte aus der fast 150jährigen Geschichte des Oesterrichi-

schen Alpenvereins verbunden mit einem innovativen pädagogischen Konzept sind dafür die wesentlichen Erfolgsfaktoren«, freute sich Dr. Christian Wadsack, Präsident des Oesterreichischen Alpenvereins.

„Berge, eine unverständliche Leidenschaft", eine Ausstellung, die sich auf besondere Weise mit dem Bergsteigen als Phänomen für Körper, Geist und Seele auseinandersetzt, wurde vom Land Tirol »für seine besondere kuratorische Sorgfalt, gestalterische Qualität, die Qualität der wissenschaftlichen Grundlagenarbeit sowie die Zusammenarbeit mit anderen Einrichtungen« mit dem Tiroler Museumspreis 2009 ausgezeichnet.

Die Verleihung war mit der Präsentation einer Publikation verbunden, die die Ausstellung vorstellt, diskutiert und evaluiert und die das Thema in drei Sichtweisen – ethnologisch, alpinistisch, psychoanalytisch – analysiert.[65] Das Buch dokumentiert das Projekt, seine Entstehung, seine Realisierung und die Diskussionen, die es ausgelöst hatte. Die Collage aus Bildern, Interviews, Zitaten, Kritiken, literarischen und wissenschaftlichen Texten verlässt ausgetretene Pfade der Ausstellungsdokumentation und macht Lust auf eine Fortsetzung der Diskussion – als eine Inspiration für die Museums- und Ausstellungspraxis.

Die Ausstellung ist noch bis Ende 2012 täglich geöffnet. Bis dahin muss ein dauerhafter Ort für eine Ausstellungsfläche des Alpenverein-Museums im Zentrum von Innsbruck gefunden werden.

Bild oben: Die erste Seilbahnfahrt hören. Der Alpenverein begrüßte bisher 150.000 BesucherInnen in »Berge, eine unverständliche Leidenschaft«. Alpenverein-Museum Innsbruck
Foto: West, 2008

Bild unten: Die Ausstellung »Berge, eine unverständliche Leidenschaft« wird doppelt prämiert: Nominierung zum Europäischen Museums Award 2010 und zum Tiroler Museumspreis 2009. Die Tiroler Landesrätin Palfrader überreicht den Preis. (v. l.) Christian Wadsack (Präsident Österreichischer Alpenverein), Gabriele Rath (Rath & Winkler Büro für Museum und Bildung), Tiroler Kulturlandesrätin Beate Palfrader, Monika Gärtner (Leiterin Alpenverein-Museum) und Oskar Wörz (Vizepräsident für Kultur & Museum Österreichischer Alpenverein).
Foto: Alpenverein-Museum / Raich, 2010

Kooperationen der beiden Museen der Alpenvereine in Österreich und Deutschland

Die Zukunft für die Museen und die Kulturarbeit des Deutschen Alpenvereins und des Oesterreichischen Alpenvereins liegen in einer intensiven Zusammenarbeit. Gemeinsam wurde in den letzten Jahren die bessere Bewahrung und Erfassung der Sammlungen und Archivalien vorangetrieben. Im Rahmen des gemeinsam und zusammen mit dem Alpenverein Südtirol als drittem Partner initiierten EU-Projektes Historisches Alpenarchiv[66] konnten die Sammlungen fachgerecht umgebettet und erschlossen werden. Unter der Website www.historisches-alpenarchiv.org sind sie heute für jedermann recherchierbar. Bis Ende 2011 wird, wieder in Zusammenarbeit zwischen dem Deutschen Alpenverein, dem Oesterreichischen Alpenverein und dem Alpenverein Südtirol, ein Forschungsprojekt zur Geschichte des Deutschen und Österreichischen Alpenvereins in den Jahren 1919 bis 1945 erarbeitet. Ein Buch sowie eine Ausstellung werden Ende 2011 die wissenschaftlichen Ergebnisse präsentieren und damit auch den 100. Geburtstag des Alpinen Museums würdig begehen.

[1] Protokoll der 34. Generalversammlung des DuÖAV zu Innsbruck am 14.7.1907. München 1907, S. 24-26.
[2] Arnold, Karl. Die Gründung eines Museums des D. u. Ö. Alpenvereins, in: Mitteilungen DuÖAV, 28.2.1907, S. 45-47 und Forster, A. E. Die Gründung eines alpinen Museums. Sonderdruck zur Generalversammlung des DuÖAV 1907.
[3] Arnold 1907, S. 45.
[4] Forster 1907.
[5] Fassung von 1876, zit. n. Arnold 1907, S. 45.
[6] Arnold 1907, S. 45.
[7] Chronik, VII Sektion Bern, in: Jahrbuch des Schweizer Alpenclubs, 1907-1908, S. 484.
[8] Protokoll der 35. Generalversammlung des DuÖAV zu München am 18.7.1908, S. 40. München 1908.
[9] Schreiben des Stadtmagistrates München, Oberbürgermeister Wilhelm v. Borscht, an den Zentralausschuss des DuÖAV v. 10.7.1907. OeAV Historisches Archiv, KUL 1.2.
[10] Arnold 1907; Forster 1907 sowie Protokoll der 35. Generalversammlung des DuÖAV zu München am 18.7.1908, S. 40-43. München 1908.
[11] Zentralausschuss DuÖAV. Vertrauliches Rundschreiben Nr. 3, November 1908. OeAV Hist. Archiv, KUL 1.1.
[12] Schreiben des Stadtmagistrates München an Zentralausschuss DuÖAV v. 23.1.1909. OeAV Hist. Archiv, KUL 1.2.
[13] Protokoll der Sitzung v. 25.4.1909 zur Aufstellung eines Museumsprogrammes. OeAV Hist. Archiv, KUL 1.4.
[14] S. Berichte von Carl Müller in den Protokollen der Generalversammlungen 1910-1914.
[15] MNN, 19.12.1911.
[16] Protokoll der Hauptversammlung des DuÖAV zu Graz am 10.9.1912, S. 45. Wien 1912
[17] Zu Carl Müller s. Manuskript zu Müllers Leben anlässlich seines 70. Geburtstags von Max Rohrer. OeAV Hist. Archiv, KUL 1.17.
[18] S. Protokoll Generalversammlung DuÖAV 1907, S. 24-25.
[19] S. Artikel »Eröffnung des Alpinen Museums« in den Münchner Neueste Nachrichten, 19.12.1911 sowie Einladung und Programm zur Eröffnung des Alpinen Museums am 17.12.1911. OeAV Hist. Archiv, KUL 1.5.
[20] Müller, Karl. Führer durch das Alpine Museum des Deutschen und Oesterreichischen Alpenvereins in München. München 1916. S.17
[21] Müller, Karl. Das Alpine Museum, in: Zeitschrift des Deutschen und Österreichischen Alpen-Vereines, 1912, S. 23.
[22] Müller, Karl. Führer durch das Alpine Museum des Deutschen und Oesterreichischen Alpenvereins in München. München 1916. S.17
[23] Müller, Karl. Ein Rundgang durch das Alpine Museum, 1912, S. 18.
[24] Schmidkunz, Walter. Das Alpine Museum des Deutschen und Oesterreichischen Alpenvereins in: Deutsche Alpenzeitung, München, 1930, S. 241.
[25] Bericht von Müller an den Verwaltungsausschuss DuÖAV, 12.5.1919.
[26] Jahresbereicht 1924/25
[27] Müller, Karl. Das Alpine Museum. In: Zeitschrift des Deutschen und Österreichischen Alpen-Vereines, 1919.
[28] Hier und im folgenden s. Jahresbericht des Verwaltungsausschusses DuÖAV 1924/1925, in: Mitteilungen, 30.9.1925, Nr. 18, S. 227; Jahresbericht des Verwaltungsausschusses DuÖAV 1925/1926, in: Mitteilungen, 31.7.1926, Nr. 14, S. 159; Jahresbericht des Verwaltungsausschusses DuÖAV 1926/1927, in: Mitteilungen, 15.9.1927, Nr. 17, S. 195; Jahresbericht des Verwaltungsausschusses DuÖAV 1927/1928, in: Mitteilungen, 31.7.1928, Nr. 7, S. 109; Münchner Zeitung, 12.12.1931.
[29] Beispiele: Jeder Besuch Südtirols bedeute »eine nationale Tat«. Flugblätter der Sektion Neumark sollten für Reisen nach Südtirol werben. Schreiben der Sektion Neumark an den Verwaltungsausschuss DuÖAV, 13.1.1925. Archiv DAV, BGS 1 SG 215/3. Fahrtenbericht der Jugendgruppe der Sektion Rheinland-Köln über ihre Reise nach Südtirol im Herbst 1935. Archiv DAV, BGS 1 SG 257/4.
[30] Jahresbericht des Verwaltungsausschusses DuÖAV 1926/27, in: Mitteilungen, 15.9.1927, Nr. 17, S. 195.
[31] Schreiben von Carl Müller an den Hauptausschuss DuÖAV v. 26.7.1933. OeAV Hist. Archiv, KUL 1.27.
[32] Schreiben des Italienischen Generalkonsulates an den DuÖAV, 31.7.1937 und Schreiben v. Carl Müller an den Verwaltungsausschuss DuÖAV, 7.9.1937. OeAV Hist. Archiv, KUL 1.27.
[33] Arthur Seyß-Inquart (1892-1946), seit 1939 stellvertretender Generalgouverneur von Polen und seit 1940 Reichskommissar für die besetzten Niederlande wurde 1946 im Nürnberger Kriegsverbrecherprozess für seine Verbrechen in Polen und den Niederlanden, vor allem wegen seiner Verantwortung für die Judendeportationen, Geiselerschießungen und Unterdrückungsmaßnahmen gegen die Bevölkerung zum Tode verurteilt und am 16. Oktober 1946 hingerichtet.
[34] Schreiben v. Hermann Bühler an den Verwaltungsausschuss DuÖAV, 27.2.1939. OeAV Hist. Archiv, KUL 1.27.
[35] Schmidkunz, Walter. Das Alpine Museum des Deutschen und Oesterreichischen Alpenvereins in: Deutsche Alpenzeitung 1930, S. 229.
[36] Schmidkunz, Walter. Das Alpine Museum des Deutschen und Oesterreichischen Alpenvereins in: Deutsche Alpenzeitung 1930, S. 232
[37] Grosse Alpine Kunstausstellung, Die Alpen im Bilde vom XV. Jahrhundert bis zur Gegenwart. Künstlerhaus, Wien, 1927.
[38] Schreiben v. Carl Müller an den Hauptausschuss DuÖAV, 26.7.1933. OeAV Hist. Archiv, KUL 1.27.
[39] Schreiben v. Carl Müller an den Hauptausschuss DuÖAV, 7.7.1915 und 11.7.1915.
[40] Völkischer Beobachter, 27.6.1934. Weitere Berichte in: Bayerischer Kurier, 27.6.1934; München-Augs-

[40] burger Abendzeitung, 27.6.1934; Münchner Neueste Nachrichten, 27.6.1934; Bayerische Staatszeitung, 28.6.1934.

[41] Artikel »Den Helden vom Himalaja«, Münchener Zeitung, 16.7.1937. Weitere Artikel u. a. in Münchner Neueste Nachrichten, 9.7.1937 und 16.7.1937; Völkischer Beobachter, 16.7.1937.

[42] Jennewein, Alfred. Das Alpine Museum am Beginn eines neuen Entwicklungsabschnittes, in: Mitteilungen DuÖAV, Nr. 3, 1.3.1938, S. 58-59 und Schreiben v. Dinkelacker an Jennewein, 13.8.1937. OeAV Hist. Archiv, KUL 1.23.

[43] U. a. Artikel »Das Alpine Museum wird erneuert«, Münchner Neueste Nachrichten, 3.3.1938; »Umstellung im Alpinen Museum beendet«, Völkischer Beobachter, 15.5.1938.

[44] Jahresbericht DAV 1939/40, in: Mitteilungen DAV, Juli 1940, S. 169; Jahresbericht DAV 1941/42, in: Mitteilungen DAV, März 1942, S. 100.

[45] Bühler, Hermann. Führer durch das Alpine Museum in München. München 1941.

[46] Schriftverkehr zwischen Hermann Bühler und Verwaltungsausschuss DAV, besonders die Schreiben Bühlers vom 30.10.1942, 7.9.1943, 22.2.1944, 25.4.1944. OeAV Hist. Archiv KUL 1.38.

[47] Grundlegend zur Nachkriegsgeschichte des DAV: Mailänder, Nicholas. Im Schatten der Geschichte. Die »Wiedergründung« des Deutschen Alpenvereins, in: Deutscher Alpenverein (Hrsg.). Deutscher Alpenverein (Hrsg.). Aufwärts! Berge, Begeisterung und der Deutsche Alpenverein 1945 bis 2007. Begleitbuch zur Ausstellung im Alpinen Museum des Deutschen Alpenvereins, 19.7.2007-23.3.2008, S. 14-33.

[48] Grundlegend zu diesem Kapitel: Kaiser, Friederike. Geschichte mit Pausen. Museen und Ausstellungen des Deutschen Alpenvereins, in: Deutscher Alpenverein (Hrsg.). Aufwärts! Berge, Begeisterung und der Deutsche Alpenverein 1945 bis 2007. Begleitbuch zur Ausstellung im Alpinen Museum des Deutschen Alpenvereins, 19.7.2007-23.3.2008, S. 254-261.

[49] Hübel, Paul. Es geht um unsere Kulturstätten, in: Mitteilungen Landesarbeitsgemeinschaft Bayern, 1948, H. 1, S. 9-10.

[50] Aufruf »Helft zum Wiederaufbau unseres Museumsgebäudes«, Juni 1949. Archiv DAV, BGS 2 SG 25.

[51] Zu den Kunstausstellungen s. die dazu erschienenen Kataloge: Alpenverein e. V. I. Ausstellung Alpiner Kunst, Katalog zur Ausstellung beim Berufsverband Bildender Künstler, München 1950; Deutscher Alpenverein e. V. II. Ausstellung Alpiner Kunst, Katalog zur Ausstellung beim Berufsverband Bildender Künstler, München 1951; Deutscher Alpenverein e. V. Dritte Alpine Kunstausstellung 1954, Katalog zur Ausstellung im Alten Rathaus 1954.

[52] Mitteilungen DAV, 1992, H. 5, S. 333.

[53] Mirrione, Sabine. Entstehung, Verwendung und Bedeutungswandel von Reliefs. Die Reliefsammlung des Alpenverein-Museums Innsbruck. Diplomarbeit, Innsbruck 2009.

[54] Grundlegend zu diesem Kapitel: Gärtner, Monika. Zur Geschichte des Österreichischen Alpenverein-Museums, in: Gottfried Fliedl, Gabriele Rath, Oskar Wörz (Hg), Der Berg im Zimmer, Genese, Physiognomie und Kritik einer Ausstellung, Edition Museumsakademie Joanneum, Band 1, 2010 und Gärtner, Monika. Die Alpinen Museen der Alpenvereine Österreich – Deutschland – Schweiz, in: Mitteilungen des Oesterreichischen Alpenvereins, 2004 H.3.

[55] Tratz, E. P. . Gedanken zur Errichtung eines Alpenmuseums in Innsbruck, in: Die Pyramide, H. 3, Jg. 6, 1958.

[56] Achrainer, Martin: Innsbruck als Sitz des Alpenvereins und das nie gebaute »Haus der Bergsteiger«, in: Berg 2008, Alpenvereinsjahrbuch des OeAV, DAV, AVS, S. 236-241

[57] weißsee Malersymposien Alpinzentrum – Rudolfshütte 1992 – 1994. Katalog zur Ausstellung, 16 Abb. 40S., Eigenverlag 1994 und
weißsee2 – Höchstes Atelier der Alpen. Malersymposium 1995-1999. KunstKartenBox, 17 Abb., Text. Eigenverlag, 1999.

[58] Habel, Verena, Praxmarer, Inge. Alpenverein-Museum Katalog, Hg. Oesterreichischer Alpenverein, Eigenverlag, 1994, 162 S.

[59] Rath Gabriele: Das Gerüst für den Aufstieg, in: Fliedl Gottfried, Rath Gabriele, Wörz Oskar (Hg.). Der Berg im Zimmer. Zur Genese, Gestaltung und Kritik einer innovativen kulturhistorischen Ausstellung. transcript. Bielefeld 2010

[60] Holzer, Anton. Die Bewaffnung des Auges. Die Drei Zinnen oder Eine kleine Geschichte vom Blick auf das Gebirge. Begleitendes Buch zur Ausstellung. 45 Abb. 124 S. Turia + Kant Wien 1997.

[61] Rundum Berge. Faltpanoramen oder der Versuch alles sehen zu können. Faltpanorama mit einem Essay von Anton Holzer und literarischen Text von Bodo Hell zur gleichnamigen Ausstellung 2001; in deutscher, englischer und italienischer Sprache erhältlich.

[62] vertikal. Die Innsbrucker Nordkette Eine Ausstellung in der Stadt. Stadt-Berg-Wanderbuch zur gleichnamigen Ausstellung, in deutscher, englischer und italienischer Sprache erhältlich; Band 11 der Reihe »Naturkundliche Führer Bundesländer«

[63] Larcher, Markus, Nachbaur, Petra, Wörz, Oskar. Berge, eine unverständliche Leidenschaft, in: Berg 2009, Alpenvereinsjahrbuch des OeAV, DAV, AVS, S. 196 – 208

[64] Felsch, Philipp, Gugger, Beat, Rath Gabriele (Hg.). Berge, eine unverständliche Leidenschaft, Buch zur Ausstellung des Alpenverein-Museums in der Hofburg Innsbruck, Folio Verlag, Wien/Bozen 2007

[65] Fliedl Gottfried, Rath Gabriele, Wörz Oskar (Hg.). Der Berg im Zimmer. Zur Genese, Gestaltung und Kritik einer innovativen kulturhistorischen Ausstellung. transcript. Bielefeld 2010

[66] Gärtner, Monika, Kaiser, Friederike. Alpengedächtnis online, in: Berg 2008, Alpenvereinsjahr¬buch des OeAV, DAV, AVS, S. 174 – 180.

Die Zukunft der Alpinen Museen
Begegnungsstätte, Berggeschichte – was erwarten Bergsteiger?

VON CHRISTINE KOPP

*Klettern in der Hofburg. Jeden Sonntag ist für Familien in der Ausstellung »Berge, eine unverständliche Leidenschaft« der Eintritt frei.
(c) Alpenverein-Museum Innsbruck*

Eins vorweg: Damit Bergsteiger in ein Alpines Museum gehen, sollte es regnen. Zudem ist der Standort wichtig; das zu besuchende Museum sollte sich genau an jenem Ort befinden – etwa in Chamonix oder Cortina –, wo sich der bei schlechtem Wetter gerade etwas unterbeschäftigte Alpinist aufhält ...

Diese Ergebnisse hat eine kleine Umfrage unter Bergsteigern, -führern, und -autoren ergeben. Frauen inklusive, in allen Kategorien. Im Klartext: Alpinisten gehen offenbar wenig in Alpine Museen, ausser a) das Wetter sei grässlich, sie würden b) dort von Berufs wegen zu einem Anlass eingeladen oder sie seien c) in einem so vorgerückten Alter, dass Zeit für anderes bleibt als für echte Gipfel und Grate. Einer der Befragten, 70-jährig, gibt allerdings Auskunft, er sei noch zu jung für den Besuch eines Alpinen Museums ... Vielleicht mutet diese Bestandsaufnahme übertrieben oder sarkastisch an, aber sie scheint der Wirklichkeit ziemlich zu entsprechen. Und die Bergsteiger schämen sich deswegen kaum.

Die Frage ist nun: Sind diese Ergebnisse wenig schmeichelhaft für die sich damit als Kulturbanausen entpuppenden Bergsteiger oder für die Alpinen Museen, die für erstere offenbar nach Mief und Muff riechen, weshalb sie schon gar nicht daran denken, mal nachzuschauen, ob dem noch so sei? Und weiss man bei den Alpinen Museen um diesen Zustand? Offenbar schon, wie Monika Gärtner schreibt, Leiterin des Alpenverein-Museums des OeAV: »›Aktive‹ Menschen sehen schönes Wetter fast immer als Berg-, schlechtes als Museums-Wetter.« Urs Kneubühl, bis September 2011 Direktor des Schweizerischen Alpinen Museums (SAM): »Interessant, dass man kein schlechtes Gewissen hat, wenn man die Alpinen Museen nicht kennt. Das heisst, dass man darauf verzichtet, die Chancen dieser Museen und Plattformen zu benutzen, sei es auch nur für eine Sitzung oder Vereinsversammlung.« Er ergänzt ferner, dass das Angebot des SAM auch für Aktive »da ist, es fehlt jedoch an den

Möglichkeiten zur Bekanntmachung (Finanzen!). Wir stellen aber fest, dass die ›aktive‹ Bevölkerung ›keine Zeit‹ und ein veraltetes Museumsbild hat. Wer das nicht mehr hat, geht gerne ein paar Mal im Jahr in die attraktiven Museen.« Und woraus besteht dieses Angebot? »Tagungen, Sitzungen, szenische und Familien-Führungen, Kindergeburtstage, Museumsnacht, Materialausleihe, Museumsshop, Sektionsbibliothek, Vorträge, Workshops, Vernissagen, Filme, Apéros usw.« Bergsteiger-Happy-Hour im Museum? Das wäre also möglich? Und nur wir Alpinisten, die eine Einkehr nach unseren Touren bekanntlich so sehr schätzen, wissen nichts davon?

Zu unserer Verteidigung nochmals Monika Gärtner: »›Aktive‹ Menschen sind nach unserer Erfahrung beim Erleben von Neuem ›aktiver‹, d.h. auch wenn sie normalerweise keine Museen besuchen, sind sie für alles offen, was ihnen dort begegnet. (...) Die Objekte und Geschichten des Museums sind für diese Leute sehr oft Impuls, sich an eigene, weit zurückliegende Ereignisse zu erinnern. AlpinistInnen haben eine eigene Lesart der Museums-Dinge, durch ihre Praxis abseits des üblichen Bildungskanons (z. B. der kunsthistorischen Epochen).« Ja, und wir sind eben oft Praktiker. Was braucht es also, dass wir Bergsteiger in die Alpinen Museen gehen?

Grundsätzlich: Die Zeiten der starren, konventionell aufgemachten Dauerausstellungen sollten vorbei sein – und sind es zumeist auch, wie die neuen Schauen der Museen beweisen. Dennoch fehlt es meiner Meinung nach oft an Flexibilität, die Ausdruck in kleineren Ausstellungen finden könnte (Kneubühl erwidert: »die kleine kostengünstige Ausstellung gibt es nur in Ausnahmefällen, sonst würden wir sie schon längstens machen!«). Oder in anderen Anlässen, die auf die Bergsteiger ausgerichtet und in wenig Zeit organisiert werden könnten. Dieses Problem spricht ein Fotograf an: ihm sei einmal gesagt worden, die Planung für Fotoausstellungen sei über zehn Jahre ausgebucht. War oder ist dem wirklich so, fehlt natürlich jeder Raum für Improvisation.

Kommen wir zu konkreten Anregungen: Emil Zopfi wünscht sich »wenig Bekanntes aus der Alpingeschichte, kontroverse Themen wie Gipfelkreuze, Bergsteigen und Politik, Betrug am Berg, Kletterethik usw.; begleitend dazu Veranstaltungen, Lesungen, Filme, Diskussionen«. Peter Fuchs möchte mehr »Ausstellungen zur Geschichte des Alpinismus (z. B. Technik gestern und heute, Geschichte der Besteigung eines Bergs oder Massivs, Biografien berühmter Bergsteiger) und unbedingt aktuelle Themen, die in der Szene kontrovers diskutiert werden (Soloklettern, Klima, sanfter Tourismus, Clean Climbing versus Kompressorrouten, Helikopter-Bergsteigen).« Dieser Wunsch nach lebendiger Alpingeschichte in verdaubarem Mass äussern viele – etwa die Vorstellung eines Pioniers, eines Bergführers, die Geschichte einer Hütte, eines Bergdorfs oder eines Verbandes, die Dokumentation eines bergsteigerischen Höhepunktes. Dazu Markus Stadler: »Aufarbeitung alpinistischer Epochen und/oder Themen mit Originalexponaten (Fotos, Bilder, Ausrüstung, Literatur) und Filmen; Epochen z. B. Pionierzeit an den hohen Bergen der Alpen, Entwicklung des Felskletterns vor dem Ersten Weltkrieg; Erstbesteigung eines Berges (Grosse Zinne, Matterhorn, Totenkirchl, 8000er), Vorstellung eines Bergsteigers oder Beleuchtung eines Bergvolkes (abgelegenes Alpendorf, Sherpas, Kaukasusvolk).«

Das Bedürfnis nach überschaubarer Alpingeschichte, die mit »Filmen und Podien« aufgearbeitet wird, äussert auch Dres Schild, der aus Schweizer Sicht Themen vorschlägt wie Melchior Anderegg, Michel Vaucher oder die Entwicklung der Lawinenkunde mit dem »Lawinenpapst« Werner Munter. Emanuel Wassermann: »Entwicklung des Klettersports in den letzten 30 Jahren, Alpingeschichte eingebettet im gesellschaftlichen Kontext (Unterschiede in verschiedenen Kulturen, tickt ein koreanischer Bergsteiger anders als ein polnischer?).« Und Michael Pause: »In einem Alpinen Museum möchte ich die Entwicklung des Lebens in den Bergen sehen, und zwar vorrangig aus der Perspektive des Bergsteigers. Ich erwarte eine museumspädagogisch und –didaktisch moderne Art der Darstellung. Vorbildlich war für mich die von Helmuth Zebhauser konzipierte Form des Alpinen Museums des DAV, das einen grossartigen ideengeschichtlichen Ansatz hatte. (...) Problematisch sind oft die kleineren Sammlungen in ›Bergsteigerzentren‹, wo die Exponate mit viel Lokalpatriotismus, aber erkennbar ohne Fachmann zusammengestellt wurden.«

Fassen wir zusammen. Erstens: Wir Bergsteiger möchten mehr Ausstellungen, umrahmt von Gesprächen, Podien oder Filmbeiträgen, zur Geschichte des Alpinismus – auch »nur« zu einzelnen Gipfeln oder Bergsteigern (oder Bergsteigerinnen!) – und zur Entwicklung verschiedener bergsportlicher Aspekte. Seit fast zehn Jahren besteht ein intensiver Austausch zwischen DAV, OeAV, AVS (ohne Museum) und SAC, aus denen einige gemeinsame Projekte entstanden sind. Dennoch: Warum »wandern« einzelne kleine Ausstellungen nicht von Land zu Land? Und warum verpasst man Gelegenheiten wie, im Mai 2010, das 50-Jahre-Jubiläum der Erstbesteigung des Dhaulagiri – aus Schweizer Sicht ein Höhepunkt der Alpingeschichte? Viele Protagonisten – allen voran Max Eiselin, der Expeditionsleiter, und Kurt Diemberger – leben noch und sind geistig und körperlich fit, es gibt hervorragende Film- und Fotodokumente, die Geschichte der Besteigung war durch die Mitnahme des Kleinflugzeugs Yeti besonders originell, und das Thema hätte zweifelsohne sehr viele Schweizer Bergsteiger interessiert... Warum macht man nicht Kooperationen – ein grosser Dhaulagiri-Anlass im Casino Bern zu einem Eintrittspreis von 15 bis 20 Euro, drei Gehminuten vom Schweizerischen Alpinen Museum entfernt, mit einem inbegriffenen Gratiseintritt ins SAM, wo man wiederum Originaldokumente, -ausrüstung und Blechschrott des am Berg gebliebenen Yeti zeigt und Dhaulagiri-Filmabende macht?

Laut Urs Kneubühl kämpfte man in Bern in den letzten Jahren um das finanzielle Überleben des SAM, was die Arbeit extrem erschwerte – in der Schweiz gibt es ja keine EU-Gelder, wie sie z. B. bei der Realisierung des auch für Bergsteiger interessanten historischen Alpenarchivs der Museen München und Innsbruck und dem Alpenverein Südtirol zur Verfügung standen ... Kneubühl ergänzt: »Die Alpinen Museen sind mit den bestehenden Aufgaben und Erwartungen vollständig überlastet.« Allein schon für diese »traditionellen« Aufgaben – Sammeln, Bewahren, Forschen, Vermitteln – haben aber die Alpinen Museen laut Kneubühl und Gärtner zu wenig finanzielle und personelle Sicherheiten und Ressourcen. Ja. Einverstanden. Aber warum forciert man nicht Wege, die durchaus mehr Richtung Kommerz gehen dürften, wenn es der Sache dient? Um beim Dhaulagiri-Jubiläum zu bleiben: Suchen der Zusammenarbeit mit der Firma Pilatus Porter (Herstellerin des erwähnten Yeti), mit Ausrüstungsfirmen von damals, die es noch gibt, Eiselin Sport, Tourismus- und Bergsteigerfirmen, die heute den Dhaulagiri kommerziell anbieten wie Kobler & Partner, wie das SAM in Bern selbst domiziliert?

Das zweite Ergebnis aus den Antworten der Befragten, und das, was ich mir selbst am meisten wünschte: Die Alpinen Museen sollten sich zu Foren, Informations- und Begegnungsstätten entwickeln, die auch die Bergsteiger stärker ansprechen würden. Vielleicht, wie es Gudrun Weikert sagt, müsste dazu aber als erstes das Wort »Museum« verschwinden und einem anderen Namen, etwa Haus der Berge, Platz machen.

Der informative Aspekt beginnt auf der Homepage. Und da ärgert man sich schon, wenn man sich – wie etwa beim DAV-Museum der Fall – hinter Portalen verirrt. Anders etwa das Museo della Montagna in Turin, wo man über die Homepage auch nach Bergfilmen der integrierten, tollen Cineteca della Montagna suchen kann.

Begegnungsorte: Bereits finden viele Anlässe in den Museen statt; warum aber organisiert man nicht vermehrt Vorträge und Diskussionen, Theater-, Musik- und Sagenvorführungen, Filmabende mit Auswahlen von Bergfilmfestivals, Bergbuchvernissagen und –lesungen. Wie Emil Zopfi schreibt: »Ein solches Forum fehlt heute; ein Alpines Museum könnte sich als ein Ort für lebendige Auseinandersetzung mit kulturellen und gesellschaftspolitischen Fragen im Zusammenhang mit Bergen und Bergsteigen profilieren.« Derweil organisiert Zopfi seinen Bergliteraturtag in Amden, weitab des SAM in Bern …

Zum Forum würde gehören: eine attraktive Kaffeebar (das Café des DAV-Museums ist ein Schritt in diese Richtung) mit Internet, wo Berglinks (Zusammenarbeit mit Zeitschriften, Institutionen wie der Schweiz. Stiftung für Alpine Forschung, Meteodiensten, Ausrüstungsfirmen, Tourismusbüros, Berginfo-Homepages, den Bergführer- und allen anderen Bergverbänden, Bergsportgeschäften) aufbereitet sind und Bergzeitschriften aufliegen; eine Art kleines ›Office de Montagne‹ im neu zu schaffenden Haus der Berge, mit Konsumations-Rabatt für Vereinsmitglieder! Vielleicht sind das wirtschaftlich gesehen nicht ausgereifte Vorschläge – aber sie entsprechen dem, was sich offenbar viele Bergsteiger in Zukunft von den Alpinen Museen erhoffen. Und dies ist das Thema dieses Beitrags.

Urs Kneubühl sagt, dass nur rund zehn Prozent aller Einnahmen aus den Eintritten kommen. Also ist es eigentlich, zynisch gesagt, völlig egal, ob wir Bergsteiger in die Alpinen Museen gehen oder nicht. Aber schade ist es doch, dass wir aneinander vorbeileben, dass wir Bergsteiger mit den Alpinen Museen allzuoft nur verstaubte Pickel und Hanfseile verbinden, die wir auch in Privatstuben oder Berghütten sehen können.

Auf, ihr Museen, in die Zukunft! Pflegt eure Vergangenheit – Sammlungen, Archive –, macht sie den Bergsteigern zugänglich und lasst sie nicht in euren Kellern verrotten.

Aber schaut auch die Gegenwart an: Werdet lebendiger mit auf die Bergsteiger ausgerichteten Anlässen, macht häufig wechselnde, kleinere Ausstellungen, pflegt die Wissenschaft und vergesst das Bodenständige nicht, zeigt Bergfilme! Macht Alpenvereins-Apéros und eine Bar nach italienischem Muster mit Infostationen und derart guten Cappuccini, Kuchen, Panini und Bier, dass auch wir Bergsteiger – die den Museen finanziell und ideell helfen könnten und sollten – nach unserem Training in der Kletterhalle hier vorbeikommen und so einen neuen Zugang zu unseren geliebten Bergen finden, den wir bis ins hohe Alter begehen können. Viel Glück euch Häusern der Alpen, Maisons de la Montagne und Case della Montagna, den Bergsteiger-Begegnungsstätten der Zukunft!

Sich treffen, diskutieren und faulenzen im Garten des Alpinen Museums in München.
(c) Alpines Museum des DAV, München

»Rucksackdepot«
– Gedanken zu Aufgabe und Zukunft der Alpinen Museen

von Martin Scharfe

Seit 2007 verfügt das Alpenverein-Museum des OeAV über ein modernes Depot.
Foto: Oesterreichischer Alpenverein/Norbert Freudenthaler

Ein Lager des Überlebenswichtigen

Jede Alpinistin, jeder Alpinist weiß, was ein Rucksackdepot ist. Wenn man sich vor dem allerletzten Anstieg seiner Sache und des Wetters sicher ist; wenn man die Zeit im Griff hat; wenn man das Ziel deutlich vor sich sieht und weiß, dass der ›Gipfelsturm‹ kein bloßes Abenteuer mehr ist: dann entledigt man sich des schwersten Gepäcks, verstaut es an sicherer Stelle, zu der man bald wieder beschwingt zurückkehren will, und geht das Ziel an. So leicht man nun den Aufstieg angeht ohne den schweren Rucksack, so erleichtert ist man dann doch auch, wenn man ihn nach der kurzen Gipfeltour wieder vorfindet und schultern kann; denn er enthält alle wichtigen Überlebensmittel.

Ein solches Rucksackdepot ist auch das Alpine Museum – und zwar in doppelter Hinsicht: in einem vordergründigen Sinne und in einem hintergründigen. Denn zum einen ist das Museum ein Depot für leibhaftige historische Rucksäcke und ihre Inhalte, für allerlei handfeste Zeugen und Zeugnisse der verwickelten Geschichte des Alpinismus. Zum andern aber können wir es auch als geistiges Depot verstehen, in welchem das kulturelle Erbe des Alpinismus sicher verwahrt wird, damit es uns – als ›Überlebensmittel‹ der anderen, der höheren Art – Auskunft gebe über unser Herkommen, und damit es uns und künftigen Nutzern helfe beim Verstehen der Gegenwart und beim Planen der Zukunft. Das ist der Sinn einer Auseinandersetzung mit den historischen Leistungen einer kulturellen Tendenz, die ihr Selbstverständnis über ihr Interesse an den Bergen definiert hat.

Die kulturelle Leistung und das kulturelle Erbe des Alpinismus

Ein umfänglicheres und allgemeineres Interesse an den Bergen, das über die direkte Nutzung der Boden- und Naturschätze hinausgeht und über die Frage, wie die Alpen als Verkehrshindernis überwunden werden könnten, begann sich in Europa (und hier zunächst nur bei einzelnen Mitgliedern der städtischen Eliten!) erst etwa seit der Mitte des 18. Jahrhunderts zu bilden – als generelle Neugierde auf eine bis dahin als unbekannt geltende Welt. Es verwundert uns heute nicht mehr, dass es Maler, Dichter, dann insbesondere Wissenschaftler aller Disziplinen und endlich auch Reiseschriftsteller waren, welche jene europäische Kulturrevolution in Gang setzten, beförderten und trugen, die wir heute den frühen Alpinismus nennen. Die Faszination, die von dieser Bewegung ausging – als einer neuen Kampagne zur letzthinnigen Aneignung der Erde! –, wurde ganz sicher nicht zuletzt auch genährt durch eine Eigentümlichkeit der Bergbegeisterung: sie verwirklichte nämlich den ursprünglichen biblischen Schöpfungsbefehl Gottes (»Machet euch die Erde untertan!«) im eigentlichen Wortsinne – die Bergreisenden hatten selbst noch die höchsten Gipfel mit eigenen Beinen *unter* sich zu bringen. Das heißt erstens: Die neue Tendenz der kulturellen Inbesitznahme der Erde war von Anfang an (und das macht sie historisch einzigartig!) untrennbar verlötet mit einer Neubesinnung auf den Leib als Grundlage unseres Lebens und unserer Erlebensmöglichkeiten – auf Krankheit und Gesundheit des Leibes, auf seine Fähigkeiten und Fertigkeiten. Umgekehrt aber und zweitens hebt sich der Alpinismus von anderen leibbetonten Tendenzen (wie Wander- und Sportbewegung) dadurch ab, dass in allen seinen Aktionen jener Welteroberungstrieb mitvibrierte und bis heute (und noch im ödesten Rekordversuch!) mitschwingt.

Nicht nur dem frühen Alpinismus, sondern dem Alpinismus insgesamt kommt also das Verdienst zu, durch die Öffnung und Demokratisierung der Bergnatur weiten Kreisen der Bevölkerung ganz neue, exquisite Naturgenüsse (ja überhaupt erst einmal die Berge als *Genuss*-Möglichkeit!) erschlossen und kulturelle Formen erfunden und entwickelt zu haben (wir denken beispielsweise ans Bergwandern, ans Klettern, ans Schilaufen aller Art), mit deren Hilfe die Leistungs- und Erfahrungsmöglichkeiten des Leibes und des Kopfes geübt, gestärkt und überprüft werden können. Erfahrung und Genuss der äußeren Natur im Schauen, im Hören, im Empfinden bilden also stets eine untrennbare Einheit mit Erfahrung und Genuss der eigenen, der Leibes-Natur (auch in der asketischen Anstrengung, ja sogar noch oder gerade besonders in der Selbstquälerei) – in der Beherrschung von Fels und Eis, von Höhe und Grat, von Steilheit, Glätte, Wand und Abgrund, von Hitze und Kälte, Hunger und Durst.

Solche Erfahrungs- und Genussmöglichkeiten geschaffen und die kulturellen Formen dafür in über zweihundertjähriger Bemühung erfunden und entwickelt zu haben: das ist die kulturelle Leistung des Alpinismus; und alles, was von diesen Bemühungen zeugt, was Anlass ist zum Lob dieser Anstrengungen oder zu ihrer Kritik (wir denken heute mehr denn je an die Naturzerstörung als Kehrseite der Naturerschließung!), gehört zum kulturellen Erbe des Alpinismus – und der Alpenvereine als der bedeutendsten gesellschaftlich institutionalisierten Organisationsform des Alpinismus.

Die Weisheit der Großväter

Die Verantwortlichen des seinerzeit noch jungen Alpenvereins, die fast durchweg aus dem Bildungsbürgertum stammten, hatten von Anfang an begriffen, dass es eine Pflicht sei, Entstehung und Fortgang, Konflikte und Projekte, Verluste und Gewinne der in die Wirklichkeit umgesetzten kulturellen Idee Alpinismus zu dokumentieren. Sie schufen also umgehend eigene Publikationsorgane (zum Beispiel die Mitteilungen des Österreichischen Alpenvereins, 1863, die Zeitschrift des Deutschen Alpenvereins, 1870, die Mitteilungen des DÖAV, 1875), die nicht nur der Kommunikation dienten – vor allem dem Erfahrungsaustausch und der Aushandlung des Selbstverständnisses –, sondern zugleich auch der Speicherung dieser Kommunikation; wer will, kann leicht nachlesen, was exakt vor einem Jahrhundert die Vereinsmitglieder bewegte und erregte. Die nicht gedruckten Texte indessen – Schriftverkehre, Protokolle, Entwürfe – bildeten das Archiv, aus dessen Beständen zum Beispiel derzeit die komplexe Geschichte der Alpenvereine in Südtirol, Österreich und Deutschland zwischen 1919 und 1945 rekonstruiert wird.

Eine weitere wichtige Institution des kulturellen Erbes war und ist die Bibliothek, die insbesondere als Tresor der gesammelten alpinen und alpinistischen Erfahrungen Bedeutung hatte und hat – gerade auch deshalb, weil ältere Bücher (etwa über alpinistische Techniken, über empfohlene Ausrüstung und Ernährung oder über bergmedizinisches Wissen) nicht aussortiert wurden, obwohl sie in den Augen fortschrittsorientierter Praktiker veraltet waren: sie dienten aber fortan als Gefäße für das Gedächtnis der alpinen Idee und Praxis. Insoweit war die Institution Bibliothek eng verwandt mit der Institution Museum, die sich freilich einem anderen Sektor des kulturellen Erbes verpflichtet weiß als Hort der dinglichen Zeugen und Zeugnisse: Bilder, Modelle, Ausrüstungsgegenstände, Erinnerungsstücke und dergleichen mehr zu sammeln und der Öffentlichkeit zu präsentieren ist seine Aufgabe – eine Aufgabe allerdings, deren Bedeutung und Tragweite nicht gleich von allen Mitgliedern des Alpenvereins begriffen werden konnte; die Idee, schrieb Carl Müller (der erste Leiter des Alpinen Museums in München) im Rückblick, habe anfangs bei den meisten Mitgliedern noch »keinen Anklang« gefunden. Doch rund vier Jahrzehnte nach der Gründung des Österreichischen und des Deutschen Alpenvereis (und nach der Vereinigung der beiden Vereine) hatte sich die Idee durchgesetzt: der organisierte Alpinismus bedürfe einer Stätte, in der die Sachzeugen seiner Herkunft und Geschichte geschützt aufzubewahren und zugleich dem interessierten Publikum vorzuführen seien. Am 18. Juli 1908 beschloß die Münchner Generalversammlung die Errichtung eines eigenen Museums (der erwähnte Carl Müller nennt das Datum den eigentlichen »Geburtstag des Alpinen Museums«), am 17. Dezember 1911 wurde es eröffnet.

Ein Irrweg

Die Skeptiker aber sind nicht ausgestorben. Sie geben sich als Sachwalter der Demokratie aus und streuen hinter vorgehaltener Hand, im Museum würden die kostbaren Beiträge der Mitglieder unnütz vertan. Man möchte wünschen, dass sie begreifen, wie zukunftswichtig für eine Idee die prinzipielle und kritische Auseinandersetzung mit ihrer eigenen Geschichte ist.

Die Museumsnörgler glauben zudem seit Jahren Rückenwind zu erhalten von einer ökonomistischen Tendenz, die alles unter den Vorbehalt der Rechnung stellt, unsere Gesellschafts- und Kulturverhältnisse zum ›Markt‹ erklärt und die Kultur zum ›Produkt‹. Das freilich ist eine falsche Tendenz (wie Goethe gesagt hätte), das ist ein Irrweg. Das Gedächtnis, das kulturelle Erbe einer Idee oder einer Bewegung muss sich nicht ›rechnen‹ – *es ist einfach da*, es ist ein Schatz, der auf uns gekommen ist, den wir geerbt haben, und den es zu hüten und zu bewahren, den es vorzuzeigen und zu bedenken gilt.

Die Bestände des Museums sind also kein ›Kapital‹, das ›arbeiten‹ und sich vermehren muss – es ist eine Verkennung der kulturellen Sphäre, wenn dem Museum abverlangt wird, es müsse sich ›rentieren‹, oder wenn die Güte der aufbewahrten Schätze und die Arbeitsleistung der Mitarbeiterinnen und Mitarbeiter an der Zahl der Besucher und an der Summe der Eintrittsgelder gemessen wird. Natürlich ist eine hohe Besucherzahl erfreulich – doch sie ist kein Maßstab für die Güte des Schatzes. Natürlich ist es wichtig, schon die Kinder mit dem Museum vertraut zu machen – doch wäre zu erörtern, ob das pädagogisierte Museum nicht zugleich auch längst schon Symptom eines ökonomisch instrumentalisierten Museums ist. Natürlich ist es schön, wenn Eintrittsgelder und Katalogverkaufszahlen ein Sümmchen hergeben – doch ist das Alpenvereinsmuseum deshalb noch lange keine ›Geschäftssparte‹ des Alpenvereins. Denn das Museum ist nichts dem Alpenverein Äußerliches: es ist vielmehr er selbst, es ist seine von den Mitgliedern historisch hergestellte kulturelle Identität in dinglich-materieller Gestalt.

Schatz und Schatzwächteramt

Es ist selbstverständlich, dass der alpinistische Schatz – das ›Rucksackdepot‹ in zweierlei Hinsicht! – der professionellen Schatzwächter bedarf, die ihn in wissenschaftliche Obhut nehmen, und denen die Möglichkeit gegeben ist, ihn auf Dauer zu präsentieren – und zwar sowohl auf anregende Weise als auch in angemessenem Gewand und stets eingedenk der einfachen Grundtatsache, dass die Einzigartigkeit des Museums auf der dinglichen, auf der greifbaren Wirklichkeit seiner Objekte beruht. Die Faszination, die von den ruhig daliegenden Objekten ausgeht, wird in dem Maße wachsen, in dem in unserer Gesamtkultur die Fiktion und das Mediale, das Virtuelle und das Flüchtige zunehmen; es ist leicht vorherzusagen, dass es eine Sehnsucht nach der Rückkehr der Dinge geben wird.

Weniger leicht prognostizieren läßt sich indessen die künftige Finanzierung des alpinistischen Schatzwächteramts. So sehr der Schatz selbst die dinglich gewordene Identität des Alpenvereins ist, so sehr zeigt doch schon einfache historische Beobachtung, dass alpinistisches Interesse und alpinistische Praxis längst über die Grenzen der Vereinsorganisation hinausgeflutet sind: Bouldern, Klettern, Bergwandern, Trekking, Mountainbiking, Schilaufen, Schneeschuhwandern sind schon seit geraumer Zeit Aktivitäten, die sich in der Gesamtgesellschaft verwurzeln – so wie auch die kulturelle Chance von Erfahrung, Erlebnis, ja Genuss der Bergnatur und des sich in ihr betätigenden Leibes von den Vorreitern, die sie innerhalb der alpinistischen Vereine entwickelt haben, längst der Gesamtheit übergeben worden ist. So wäre also am Ende die wohlbegründete Forderung aufzustellen, die Erinnerung an die Geschichte des Alpinismus müsse ein über ökonomische Partialinteressen erhabenes gesamtgesellschaftliches Anliegen sein.

Die Ausstellung »Ungeheuer – zauberhaft. Märchen, Sagen und Geschichten aus den Alpen«, die 2008 bis 2010 im Alpinen Museum des DAV gezeigt wurde, greift wesentlich auf Objekte aus der Museumssammlung, Archiv und Bibliothek zurück.
Foto: Lutzenberger und Lutzenberger, 2009

Wie kommt der Berg ins Museum?
Spielarten der Musealisierung

VON GOTTFRIED FLIEDL

Alle Fotos – soweit nicht anders angegeben – vom Autor

Saussures ›Preis‹, eine »beträchtliche Summe«, wie es in der Beschriftung heißt. Alpines Museum München

1802 erweiterte das Teylors-Museum Haarlem seine Mont-Blanc-Sammlung, in der sich auch ein Relief des Gebirges erhalten hat, um einen Stein, den (wie die Beschriftung uns sagt) Saussure vom Gipfel abgebrochen hat.

Im ersten Text der Dauerausstellung des Alpinen Museum München wird die Montblanc-Besteigung mit Montgolfiere-Flug, Dampfmaschine, Kants Metaphysik der Naturwissenschaften und der Französischen Revolution zum zivilisatorischen Schlüsselereignis.

Eines der ältesten musealen Veranschaulichungsmedien für Berge: das Relief. So kommen die Berge, wie hier im Alpinen Museum in Bern, am Spektakulärsten ins ›Zimmer‹.

1 Aufbruch

Gleich zu Beginn des Rundganges durch das Alpine Museum in München liegt in einer Vitrine ein Geldbeutel aus dem einige Münzen herauskullern. Das war der vom Schweizer Naturforscher Horace Bénédicte de Saussure 1760 ausgesetzte Preis für die erste Besteigung des höchsten Berges der Alpen, des Mont Blanc.

Saussure hatte eben den Doktortitel der Naturwissenschaften erhalten und war zwanzig Jahre alt. Mit 47 wird er selbst auf dem Gipfel des Mont Blanc stehen, nur ein Jahr, nachdem der Berg erstmals erstiegen wurde. Es war dies die erst dritte dokumentierte Ersteigung des Gipfels.

Diese Ereignisse gelten als Ursprung des Alpinismus und als eine Zäsur in der Wahrnehmung der Bergwelt wie der Natur überhaupt. Aber Saussures Preisgeld galt weder sportlichem Ehrgeiz noch irgendeiner Rekordsucht und auch nicht allein der Bergerfahrung um ihrer selbst willen. Seine Motive waren wissenschaftlicher Natur. Mit seiner Initiative begann die vielfältige Erforschung der Bergwelt. Doch eine nachhaltige Konsequenz seiner Ambitionen war die scheinbar von allen Zwecken freie Anstrengung in die Berge zu gehen, Gipfel, wie man so sagt, zu ›erobern‹ oder zu ‚bezwingen', also etwas zu tun, was zur irritierenden, zunächst buchstäblich unbeschreiblichen, später organisierbaren, kultivierbaren, beschreib- und wiederholbaren Erfahrung sui generis wurde.

Wir würden ja nie auf die Idee kommen, dem in Bozen im ewigen Museumsgrab ruhenden ›Mann aus dem Eis‹, vulgo ›Ötzi‹, alpinistischen Ehrgeiz zuzuschreiben. Der Passquerung, die für ihn tödlich verlief, ästhetische oder psychische Erfahrung als Motiv zu unterstellen, käme uns nie in den

Sinn. Was er ›dort oben‹ wollte, werden wir nie wissen, worin wir uns aber sicher wissen, ist, dass die besondere ›Leiberfahrung‹ (Martin Scharfe) des Steigens auf den Berg, das Wandern, Klettern, die ›Eroberung‹ der Gipfel um ihrer selbst willen eine ›Erfindung‹ des Zeitalters der Aufklärung und ein Phänomen der Moderne ist. ›Ötzi‹ wird schon seine Gründe gehabt haben, aber das waren sicher ganz andere als die heutigen.

Das Revolutionäre des Aufbruchs in die Berge wird im Museum in München sinnfällig mit einer Gegenüberstellung eines anderen Aufbruchs in die Vertikale dargestellt: die erste ›Luftschifffahrt‹ eines Ballons.

Die Erstbesteiger des Mont Blanc und danach bald Saussure selbst, machten eine verstörende und sprachlich kaum fassbare Erfahrung. »Es kam mir vor«, schrieb er über einen der Besteigungsversuche, »als wenn ich das Weltall überlebt hätte und nun seinen Leichnam zu meinen Füßen ausgestreckt sähe.« (Zit. n. M. Scharfe)

Die Mont Blanc Besteigung ist selbstverständlich nicht die erste Gipfelbesteigung. Verschiedene scheinbar ›zwecklose‹ Besteigungen sind durch die Neuzeit hindurch dokumentiert, aber sie blieben vereinzelt und, da sie meist kaum literarisch signifikant dokumentiert sind (mit der großen Ausnahme der Schilderung Petrarcas, die auch ein Text der verstörten Erfahrung ist), fast vergessen. Im Alpinmuseum in Kempten findet man solche frühen ›Höhenmenschen‹ aufgezählt. Aber welche Rolle spielt hier der Erinnerungszufall, wie viele nicht schriftlich überlieferte ähnliche frühalpinistische Wagnisse könnte es gegeben haben?

Die Zäsur, die die Besteigung des Mont Blanc bildet, bezieht sich also auf die Entstehung des Alpinismus und der wissenschaftlichen Erforschung der Bergwelt wie auf die Verwandlung der Berge zur »besonderen Landschaft«. Man darf aber nicht annehmen, dass zuvor nicht Menschen in den Bergen gelebt, gearbeitet, Kriege geführt, Siedlungen angelegt hätten. Namentlich im Alpinen Museum in Kempten bekommt man von diesem ›Leben in den Bergen‹ einen guten Eindruck. Die Kulturgeschichte vom ›Heiligen Berg‹, die Geschichte der Wallfahrten in hochalpinem Gelände, die Migrationsströme im alpinen Bereich etwa während der Völkerwanderung, die neuzeitlichen Kriegszüge und vieles andere geben eine Vorstellung davon, dass ›immer schon‹ Menschen in den Bergen waren – aber eben sehr selten nur der Berge wegen. Reisende und Pilger, Krieger und Kaufleute mussten, wenn sie von Nord nach Süd oder umgekehrt unterwegs waren, die Alpen zumindest durchqueren und sie waren auf Menschen angewiesen, die ihnen mit Nahrung, Unterkunft, Transportmitteln und Wegkenntnissen aushalfen.

Gelegentlich findet man in alpinen Museen die ›Bergbewohner‹, das alter ego der Bergbesteiger. Der Status, der ihnen verliehen wird, etwa im Alpinen Museum in Bern, ist freilich merkwürdig: dicht gedrängt in einer Vitrine erweckt die Figurinengruppe den Eindruck einer rätselhaften Spezies, der allein noch im Museum Überlebenszeit gesichert werden kann. Aus der Perspekti-

So wird der Mont Blanc noch nach der Mitte des 19. Jahrhunderts gesehen. Patschner/ Ullrich: Die Calotte des Montblanc; 1864

Bergbewohner vor 700.000 Jahren, »Il primo Italiano«. Alpines Museum Kempten

Zum Leben im Schneewittchensarg verdammt. Was das ›Bild‹ sagen will: in den Bergen war es karg und hart. Und: heute ist es besser.

Der ›heilige Berg‹, der freistehende, pyramidenförmige, ›architektonische‹ Gipfel in der Sternengloriole. Paramountain. Das Übermatterhorn.

Der heilige Berg, der Olymp, in einer Darstellung der frühen Neuzeit. Hier kommt nicht der Berg zum Museum, sondern das Museum zum Berg. Die Götterversammlung wird von den Musen begleitet, die im Gesang und Tanz die Zivilisationsgeschichte präsent machen. Diese kollektive memoriale Aufgabe wird dazu führen, dass wir für die moderne Gedächtnisinstitution das abgeleitete Wort ›Museum‹ verwenden. Alpines Museum Kempten

Dieser Kupferstich von Belsazar Hacquet aus dem Jahr 1782 gilt als erste Abbildung des Großglockners.

Säntis Relief im Gletschergarten Luzern.

2 Bilder

Mit der Herausbildung der »unverständlichen Leidenschaft Bergsteigen« in den letzten Jahrzehnten des 18. Jahrhunderts entwickelte sich die Bildwürdigkeit der Bergwelt. Zunächst als Abstraktion der Kartografie und als Haptik des Reliefs – beides emanzipierte sich aus dem militärischen Zweck. Reliefs, Instrumente frühester touristischer Veranschaulichung und älteste alpine Exponate sind bis heute eine der wenigen Möglichkeiten, die räumlich-physische Qualität der Bergwelt im Museum zu repräsentieren, wenn auch im Diminutiv. Das Kleine und das Große sind etwas, was im Museum generell eine besondere Anziehung ausübt, und da die Musealisierung der Alpen mit dieser Dialektik von Riesenhaftigkeit und notwendiger Miniaturisierung unausweichlich zu tun hat, kommen Relief und Landkarte dem Wunsch der Übersichtlichkeit, der Überschaubarkeit und des Habhaftwerdens besonders entgegen. Erst jetzt treten einzelne Berge aus der bis dahin stereotypen und summarischen Darstellung von ›Bergwelt‹ hervor, bekommen ihre uns heute selbstverständlich erscheinende physiognomische Unverwechselbarkeit, wie das Matterhorn oder der Großglockner.

Diese Frühgeschichte der Visualisierung kann man nirgendwo so gut studieren, wie im sogenannten Gletschergarten in Luzern. Vom eigentlichen Museum sind mir die Reliefs in lebhafter Erinnerung. Sie scheinen zu den frühesten zu gehören, die von Teilen der (Schweizer) Alpen gemacht wurden und man sieht den ältesten an, dass sie mehr wie aus Knetmasse in bildhauerischer Arbeit, denn als Resultat exakter Messung und Konstruktion entstanden sind. Der Künstler als Demiurg, der die Alpen mit seinen Händen erschafft, wie Gott die Welt. Reliefs dienten der Planung von Feldzügen und militärischen Vorkehrungen und sie halfen eine neue Art des gleichsam gestalthaften Landesbewusstseins zu schaffen. Militär und Hoteliers, Krieg und Tourismus, das waren zwei mächtige Mediatoren

ve des Alpinismus scheint der ›Bergheimische‹ ein, einem ethnologischem Blick unterworfener, vom Aussterben bedrohter und rätselhaft-fremder Stamm zu sein. Die luxuriöse Erfahrung des von Erwerbsarbeit auf Zeit befreiten Bergsteigers lässt das durch Arbeit vermittelte Verhältnis zur Natur, zum Berg, fremd erscheinen, exotisch.

Auf die heutigen ›Bergbewohner‹, die Skilehrer und Kellner, die Förster und Tourismusmanger, die Liftbetreiber und Busunternehmer, die Hüttenwirte und Finanzberater, bin ich nirgends gestoßen. Die jüngste und nachhaltigste Transformation der Beziehung zu den Bergen, die ›Industrialisierung‹ der Erlebnisse, die Technisierung für den Massentourismus, die Organisation der Freizeit, der Austausch ganzer Gewerbe durch neue, das alles sucht man vergebens.

der Entwicklung der Vermessung und Darstellung der Bergwelt.

Die Reliefs sind ein Höhepunkt des Luzerner Gletschergartens, der wohl einer der ältesten Orte ist, wo der Versuch unternommen wurde, die Berge zu thematisieren und zu visualisieren. Das aber nicht in der Form des klassischen Museums, sondern als Hybrid aus ›Naturwunder‹ (Gletschertöpfe), Alpengarten, Schweizerhaus, Diorama in der Sennhütte, Aussichtswarte und orientalischem Spiegelkabinett (!). Er ist eine Art Themenpark oder Erlebnismuseum avant la lettre, ein privates, kommerzielles und popularisierendes Unternehmen, das Wissenschaft, Schaustellung, Erdgeschichte und Heimatkunde auf ebenso liebenswürdige wie tollkühne Weise zusammenhält.

Weg und Höhe, Gipfel und Rast, Beschwernis und Gefahr, alles das, was ›Bergerfahrung‹ ausmacht, scheint schlichtweg museal nicht reproduzierbar, es sei denn bloß metaphorisch wie der markierte Weg mit An- und Abstieg, der das Ausstellungscurriculum »Berge eine unverständliche Leidenschaft« in der Innsbrucker Hofburg bildet.

3 Messners Berge

Der Architekt Werner Tscholl hat das Messner Mountain Museum auf Burg Sigmundskron buchstäblich als anspruchsvolle Rundwanderung mit beträchtlichen Höhenunterschieden gestaltet. Wer hier nicht schummelt und Abkürzungen wählt und die Sammlung nicht nur aus dem Augenwinkel würdigt, kommt kaum unter drei Stunden um den ›Museumsberg‹ herum. Dafür kann er von verschiedensten Punkten aus das 360°-Panorama genießen, ein ›Bild‹, das kein Museum sonst zu bieten hat. Das größte der »Messner Mountain Museen« zeichnet sich durch eine bemerkenswerte Gespaltenheit aus. Eine Architektur auf hohem Niveau beherbergt eine Sammlung, deren Präsentation nicht gerade Vertrautheit mit den Standards des professionellen Ausstellungsmachens verrät und die ganz auf Messner selbst, seine alpinen Eroberungen und Erfahrungen wie auch – anders kann man's nicht sagen – Weltsicht abgestimmt ist.

Die denkbare zukünftige Steigerung ist, nicht den Berg ins Zimmer, sondern das Museum zum Berg zu bringen. Manche Museen deuten diese Möglichkeit gewissermaßen virtuell an, mit inszenierten Aus- und Fernblicken, oder der Integration eines Stück Naturraumes oder besser gesagt von ›Spuren‹ von Natur, wie die Reste der Vergletscherung (Gletschertöpfe), die im Gletschergarten in Luzern zu sehen sind. Reinhold Messner ist vermutlich der erste, der das Museum nicht nur zum Berg macht (Sigmundskron), sondern mit ihm zum Berg geht. Einige seiner im Cluster Messner Mountain Museum zusammengefassten Projekte liegen buchstäblich im schwer zugänglichen hochalpinen Gelände. Sie sind nicht nur Schauräume, sondern auch Zeichen, die den Berg und die Wahrnehmung des Berges neu akzentuieren.

Der nächste Schritt, der definitiv und explizit aus dem Museum heraus und auf den Berg hinaufführt, ist der der künstlerischen Intervention. Ich möchte nicht behaupten,

Am Gipfel. Posenprobe. Martin Kippenberg. »Berge. Eine unverständliche Leidenschaft«, Innsbruck. – »Der Mann, der hinaufgelangt ist, befindet sich in der Situation desjenigen, der alles erreicht hat, was er begehrt. Seine Situation muß notwendigerweise unbefriedigend sein.« Edward Whymper.

Messner Mountain Museum Sigmundskron.

Messner Mountain Museum Sigmundskron.

Der panoramatische Alpenblick: Aussicht vom Alpinen Museum Turin.

Antony Gormley: Horizon Field

Ein Herr Bonatti vor dem Zelt. Messner Mountain Museum Sigmundskron. Nicht nur bei Reinhold Messner beliebt: Puppen, wenn auch nicht besonders lebensnah, so doch ein Ersatzkörper. Museologisch-historisch aus den Effigies, Mannequins usw. ableitbar, die im Totenkult den sterblich-organischen durch einen unsterblich-sozialen Leib, künstlich hergestellt, ersetzten.
Foto: Monika Gärtner

Messner Mountain Museum. Ein Heimatidyll, so komprimiert, dass es auch als ironisches Environment durchgehen könnte. Ländlicher Leseabend, mit dem Rücken zum Berg, griffbereite Skier neben dem Lesetisch, ein Steigbaum, der das Entkommen aus dem ›Studiolo‹ ermöglichen soll...?
Foto: Georg Tappeiner

dass Antony Gormleys eben begonnen Installation »Horizon Fields« von einhundert Eisenplastiken in Vorarlberger Alpinregionen eine Weiterentwicklung des oder Alternative zum Museum ist. Aber sie macht mich hellhörig, für die Wiederaufnahme und Neuformulierung von Themen, die im Alpinismus und damit auch in seiner konventionellen Musealisierung zentral sind: der Körper, die Körpererfahrung, der (eigene) Körper als nicht beherrschbare Natur, die Dichotomie von Natur und Kultur und der Versuch ihrer Aufhebung. Nicht ausgeschlossen, dass von solchen ‚Interventionen' Inspirationen auf einen offeneren Museumsbegriff übergreifen, auch um den Preis seiner Auflösung, wie ihn Antony Gormley ja beabsichtigt.

Messners nach dessen Bergkarriere durchaus überraschende zweite als Museumsgründer hat schon ein halbes Dutzend Museen hervorgebracht. Das Land fördert diese Entwicklung, mit der eine beachtliche private Parallelstruktur zu den Landesmuseen entsteht (die wohl einmal vom Land übernommen werden muss, wenn man nicht die Schließung der Museen riskieren will). Das öffentliche Interesse wird von Messner und der Politik definiert, von ihm als Monumentalisierung seiner Person – seit je her waren Museen Verewigungsagenturen des individuellen Selbst –, von der Politik als touristische Infrastruktur und partiell auch als Medium der Geschichtspolitik: in Sigmundskron ist ein Gebäude der Zeitgeschichte gewidmet mit dem Schwerpunkt einer prononciert interpretierten dissidenten Autonomie.

Messner scheint die Inhalte und die Gestaltung seiner Museen strikt selbst zu kontrollieren, in einem Ausmaß, das nicht nur bei alpinen Museen ziemlich ungewöhnlich ist. Noch ungewöhnlicher ist das Ausmaß seines Engagements. Wenn ich den Blick auf andere Museumstypen erweitere, fällt mir kaum ein vergleichbares Beispiel ein. Allenfalls die Gründerdynamik des Kölner Schokoladefabrikanten Ludwig, der seit den 60er-Jahren Museums- und Sammlungspolitik im nahezu globalen Maßstab versuchte.

Alle messnerschen Museen kann man aber auch wohlwollend als Denkmäler seiner Bergbegeisterung wenn nicht -besessenheit sehen, die er mit einer – vorsichtig gesagt – museologischen Unschuld – aber durchaus nicht unsympathisch uns allen anbietet.

4 Die Distanziertheit des Sehenswürdigen

Die meisten alpinen Museen sind aber weit weg vom Berg, städtische Institutionen, die einst das bürgerliche Publikum mit den Sensationswerten des Hochalpinismus bedient haben. Der distanzierte Blick, die ›gefahrlose Besichtigung‹, das ist ein Strukturmerkmal von Museen. Das Alpine Museum in Turin bedient das auf unikale Weise: von seinem Dach aus hat man immerhin ein grandioses Panorama der Alpen vor Augen. Wo auch das nicht möglich war, wo der Besucher nicht zum Berg gebracht werden konnte, oder wollte, da musste der Berg zum Besucher kommen. Illusionsmaschinen wie Panoramen, Dioramen oder 3-D-Fotografie ermöglichen das. Unweit des Luzerner Gletschergartens hat sich ein solches Haus der Dioramen seit dem Ende des 19. Jahrhunderts erhalten, das Alpineum.

Die scheinbare völlige Zweckfreiheit des ›Bergsteigens‹ bringt neue Bildwelten hervor, die die frühen Erfahrungen begleiten und interpretieren und auch den Unbeteiligten eine Ahnung von den ›Schrecken des Eises und der Finsternis‹ vermitteln sollen. Die Vogelschau auf die Reliefs, der neue panoramatische Blick, die ›Aussichten‹, den die Veduten und Ansichtskarten verbreiten, werden nach und nach den neuen und massenhaften ›Aufbruch‹ in die Berge begleiten, aber auch stimulieren.

So wie mit dem Massentourismus generell Blicke formiert, Sehenswürdigkeiten selektiert (der berühmte Baedekersche Stern) und Reiseerlebnisse standardisiert werden, so richtet auch das Bild den Berg zurecht, schafft Wiedererkennbarkeit, Signifikanz und Attraktion. Das Matterhorn, ein Inbegriff vom ›Berg an sich‹, das lange Zeit in den Bergdarstellungen eine nur durch Bezeichnung identifizierbare Erhebung unter vielen ist, wird nun zum eye catcher, Logo, Gadget, Identitätssymbol im nationalen Maßstab. Die These, dass die Entdeckung der Physiognomie des Matterhornes von der ›Wiederentdeckung‹ der Pyramiden während Napoleons Feldzügen in Ägypten ausgelöst wurde, ist so schön, dass ich sie ohne jede Plausibilitätsprüfung anzunehmen bereit bin. Die tief im Bildgedächtnis Europas verankerte kristalline Form des ägyptischen Grabbaues, eines ›ethnopolitischen Identitätssymbols‹ (Jan Assmann) wurde im kollektiven Gedächtnis reaktiviert und auf den Berg *an sich* übertragen. Allerdings auch auf die Toblerone-Schokolade.

Die Bilder, jene im Kopf oder die auf dem Papier, die Urlaubsdias, die illustrierten Prospekte, die Werbeplakate, die Ansichtskarten, die Fotoalben, Die Faltpanoramen, die man zu hunderten in den Museen findet, dokumentierten nicht nur, sie mobilisieren die Sehnsucht nach dem Berg, den Wunsch, in die Berge wiederzukehren, ein neues Abenteuer zu suchen. Auch das ein Aufbruch, ein sich auf den Weg begeben – an dessen Ende wieder Bilder stehen werden.

Als wir die Ausstellung »Berge. Eine unverständliche Leidenschaft« konzipierten, wurden – im ersten Raum gezeigte – Bergbilder zum Stoff der Imagination des Aufbruchs, auch zum Aufbruch zur Ausstellungswanderung. Die suggestiv naturalistischen Gemälde des Bergmalers Compton und eine Auswahl aus den zigtausenden Dias der sogenannten Laternbildsammlung des Alpenvereins illustrieren die Leidenschaft nach der Höhe. Aus der Laternbildsammlung konnten sich Mitglieder des Alpenvereins Diavorträge zusammenstellen,

Matterhorn-Relief von Xaver Imfeld. Alpines Museum Bern. Das »schönste Relief vom schönsten Berg der Welt«.

Einige Beispiele aus der tausende Bilder umfassenden »Laternbildsammlung« des Österreichischen Alpenvereins. »Berge. Eine unverständliche Leidenschaft«, Innsbruck

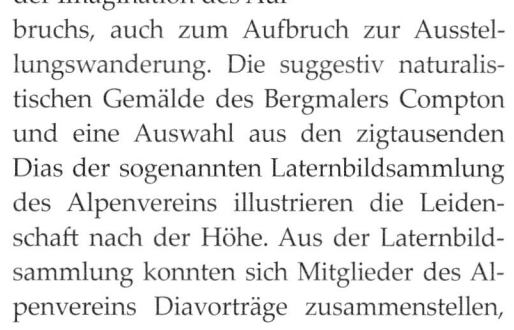

Der ultimative »Aufstieg«. Albert Heims erste Ballonfahrt über den Alpen lässt »den Verstand still stehen«.

als Resumé einer Erfahrung, wohl aber auch als Initiation einer neuen Bergbegehung.

Die medial vielfältige Bildwürdigkeit der Berge ist eine der Bedingungen für die Musealisierung der Berge und des Bergsteigens, die andere, die Sammlung der ›Reste‹, all dessen, was man nicht dem Vergessen oder dem Verschleiß überlassen wollte, sondern aufbewahrte, sammelte und schließlich ausstellte.

5 Aufstieg mit und ohne Hilfe

Wenn ein (mögliches) Thema in einschlägigen Museen unterrepräsentiert ist, dann sind das die Mühen des Auf- und Abstiegs, der ›Alltag‹ des Alpinisten. Über physiologische Effekte, philosophische Reflexionen, über die Wonnen der Hüttenrast, praktische Routenbeschreibungen – da lässt sich ja noch etwas erfahren, aber wie soll man die Einförmigkeit eines stundenlangen Anmarsches vermitteln? Die lohnende Aussicht, der Preis des Gipfels, selbst der zu jähe Rückweg als Sturz sind Themen, aber wer gibt schon zu, wie langweilig es sein kann, Stunde um Stunde einen Hang steil zu durchqueren, wenn das Ziel, eine Hütte, eine Scharte, schon zum Greifen nah scheinen?

Der Aufstieg wird entweder hinter seiner Thematisierung als personalisierter Heroismus versteckt (*Messner ohne Sauerstoff, Bubendorfer mit bloßen Händen in viereinhalb Stunden...*) oder in seine Einzelteile zerlegt: Weganlagen, Hüttenbau, Nächtigen, Rasten, Kartografie, Markierungen, Ausrüstung, Hilfsmittel, Bekleidung.

Am ›Urtext‹ des Erklimmens von Bergen ohne einen erkennbaren instrumentellen Zweck, an Petrarcas Beschreibung ist fast alles noch Aufstieg und – am Gipfel – schließlich auch Zweifel. Ein Zweifel, den der früheste Alpinismus noch kennt, als Teil einer namenlosen, erschütternden Selbsterfahrung, die aber bald abgelegt sein wird um durch Bilder männlicher Bewährung und Unerschütterlichkeit ersetzt zu werden. Selbst oder gerade der Gipfel kann ein Ort des Zweifels, der Enttäuschung, der Leere, der Erschöpfung sein.

Die Psychologie, die nötig wäre, um derlei zu erhellen, die Dialektik von Suche und Sucht einerseits und Ent-Täuschung, leisten sich freilich Museen kaum. Ihre notorische Sach- und Sammlungsorientierung lässt sie häufig wie Asservatenkammern mit seriell montierten Dingklassen erscheinen. Haken neben Haken, Ski neben Ski (sehr beliebt, unterm museologischen Blick unendlich langweilig, für Besucher, wie mir Kuratoren versichern, attraktiv, weil mit manch nostalgischer Erinnerung verbunden), dann womöglich auch noch Skibindung neben Skibindung, Skischuh neben Skischuh. Gnadenlos und enzyklopädisch zwingen diese Naturmuseen der Dingkultur dem Besucher ganze Räume der diffizilen Historie und Taxonomie der Ausrüstung auf. Ich könnte nicht sagen, dass ich sechzig Schneebretter benötige, um den Wandel vom Nutzgerät zum Sportski zu begreifen.

Dazu braucht man allenfalls einen einzigen. So oft ich auch diese ›Ursprungsgeschichte‹ des Ski, des Skilaufes und Skisports in Ausstellungen erzählt bekommen habe, und damit die Transformation einer aus Not geborener Fortbewegung, die einen im Winter mobil hielt, in ein lustvoll-zweckfreies Tun, die schönste Erzählung dieser wunderlichen Metamorphose ist nur noch Erinnerung. Denn das Wintersportmuseum in Mürzzuschlag ist in seiner alten Form verschwunden. Dort war, kaum hatte man die Tür geöffnet, von der Not und Gefahr des Winters die Rede, vom Bedrohlichen und

Pfeilgerade nach oben, auf den Gipfel. Werbeplakat für die Niesen-Bahn. Alpines Museum Bern

Kaum ein alpines Museum verzichtet auf die Erfolgsgeschichte Vom Schneeschuh zum Skilauf. Hier ein Prachtexemplar von Schneeschuh aus dem an derlei Dingen unerschöpflich reichen Alpinen Museum Kempten.

der Einsamkeit, der Kälte und dem Tod. Der Schneeschuh war ein einfaches Hilfsmittel, mit den Beschränkungen der Jahreszeit umzugehen, zu jagen, sich zu versorgen, Kontakte aufrecht zu erhalten.

In der Ausstellung des Museums in Mürzzuschlag konnte man lernen, wie sich aus dem Stapfen das lustvolle Gleiten und Rutschen löste, dann die Entdeckung einer neuen, schnelleren Fortbewegung, deren Freiheiten gegen Ende des 19. Jahrhunderts als Sport buchstäblich diszipliniert wurden.

Gut möglich, dass die Obsession einer ›Alpenausstellung‹, die ich lange hegte, mit solchen und andere Geschichten zusammenhing, in denen sich Kulturgeschichte und Mythologie, Technik und Natur, Soziologie und Veranschaulichung kreuzten. Sicher gehört zu den Themen, die mich besonders faszinieren, die technische Erschließung der Alpen – namentlich der in der Schweiz.

Es ging mir keineswegs nur um realisierte Projekte, kühne Bergbahnen, die mit Kunstbauten, Zahnrädern oder Seilen Aufstiege schufen und herrliche Aussichten ermöglichten, es ging auch um den Bahnbau in den Alpen, um die frühen waghalsigen Tunnelbauten, und es ging auch um phantastische Projekte, an denen nicht ausschließlich die denkbare technische Realisierbarkeit interessant war, sondern die Überschreitung der Grenzen des Machbaren, das Überschießen der Phantasien.

Im Alpinen Museum in Bern entdeckte ich eines dieser Projekte wieder, das mich schon seinerzeit besonders überrascht hatte, in Form einer kleinen und unscheinbaren Zeichnung. Das war die Skizze einer Idee einer vertikalen Bahn, die im Inneren des Matterhorns bis zum Gipfel hätte führen sollen. Der ›Erfinder‹ dieser Bahn rechtfertigte sich mit der Demokratisierung der Bergerfahrung, die nicht nur den ›Tüchtigen‹, die privilegiert waren, mit eigener Kraft den Berg zu besteigen, vorbehalten sein sollte. Ich frage mich, wie die zahllosen Touristen im Ernstfall auf dem Gipfel Platz gefunden und was sie dort gemacht hätten? Hätte man auch Erfrischungen gereicht oder Ansichtskarten verkauft? Immerhin war eine Übernachtungsmöglichkeit mit mehreren Schlafplätzen vorgesehen. Tausende Unterschriften, vom Heimatschutz gesammelt, machten dem Projekt den Garaus.

Ich habe mich sogar mal auf eine kleine Museumsrundreise durch die Schweiz aufgemacht, nur um mich auf die Spur der technischen Erschließung der Alpen zu setzen und einige dieser kühnen Bahnen selbst zu ›probieren‹. Aber diese Reise verlief, was die Museen betraf, enttäuschend. Die technischen, kulturhistorischen, ökonomischen Fragen, die sich mit der technischen Erschließung der Alpen verbinden ließen, fand ich nur in Spurenelementen und das Verkehrshaus Luzern entpuppte sich, wie so viele Technische Museen, eher als Fahrzeug-, denn als Verkehrsmuseum.

Das Potenzial des Themas wurde mir wieder einmal deutlich an der in die Dauerausstellung gleichsam verwobene Schau zur Niesen-Bahn im Alpinen Museum in Bern. Wenige Fotos, Pläne – mehrere Stufen verworfener Trassenführungen – ein kurzer Film, kurz nach der Inbetriebnahme gedreht, gaben ein Bild, das mehr war als nur Werbung. Hier wurde nicht

Aufstieg mit göttlicher und – unten – technischer Hilfe. Bergwallfahrt. Fotografie im Alpinen Museum Kempten.

Plan für eine Seilbahn im Inneren des Matterhorn von Xaver Imfeld. Auf dem Gipfel hätte ein Restaurant gewartet und einige Schlafplätze waren auch vorgesehen. Der Heimatschutz machte der Idee den Garaus.

Foto der Niesen-Bahn. Alpines Museum Bern

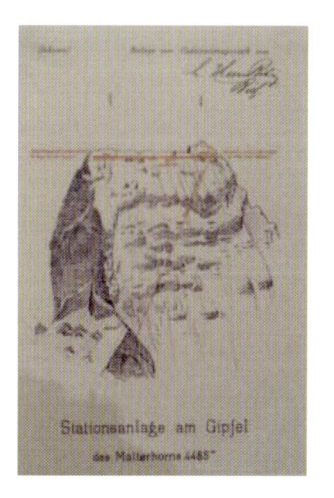

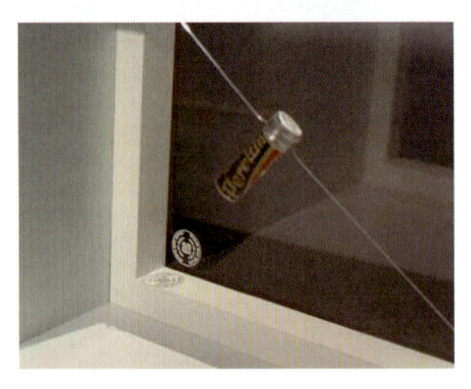

Ich in den Niederen Tauern. Mein Rucksack fast so groß, wie der meines Vaters. Immerhin habe ich schon die Landkarte in der Hand. Kein Beginn einer Bergsteigerkarriere.

Alpines Museum München

Natur als Museum. Das Museum als ›Garten‹. Die sogenannten Gletschertöpfe des Gletschergartens in Luzern.

Das im Weltkrieg II entwickelte Aufputschmittel Pervitin, das von Bergsteigern bei extremen Bedingungen verwendet wurde. »Berge. Eine unverständliche Leidenschaft«.

nur die kühne Planung gewürdigt, sondern der enorme Aufwand der Errichtung, die risikoreiche und aufwändige Erhaltung gleichsam gegen die Natur – eine wichtige Viaduktkonstruktion wurde bald nach der Eröffnung der Bahn durch eine Lawine zerstört –, die buchstäblich lebensgefährliche Räumung der Strecke im Winter, der sorglose Aussichtstourismus, der alle diese Bedingungen weder ahnt noch würdigt.

6 Mein Traum vom Alpinen Museum

Ich hatte mit meiner Idee einer Alpenausstellung eine andere Vielfältigkeit im Kopf, als nur die von Skibindungen oder Tellerskistöcken, Landkarten und Gesteinsproben. Viele Jahre lang durfte ich davon träumen, etwas von der physischen Qualität der Bergwelt zu transformieren und gleichzeitig der Komplexität der Fragestellungen nachzuspüren, bis eines Tages ein überraschender Anruf kam. Ob ich denn an einer vom Österreichischen Alpenverein in Auftrag gegebenen Ausstellung mitarbeiten wolle?

Warum ausgerechnet ich auf eine solche Idee gekommen bin, dass ich ›Alpenaussteller‹ sein könnte? Ich bin weder Bergsteiger noch Kletterer. Meine ›Karriere‹ als Bergwanderer ist bescheiden, kurz und teils – als Kind – erzwungen. Die überfordernde Erfahrung als kleines Kind quer durch die Niederen Tauern wandern zu sollen, kommt wohl als – kompensatorisches – Motiv auch nicht recht in Frage.

Der kindliche Nahsinn wurde damals von Bächen befriedigt, auf denen man aus Rinde geschnitzte Boote aussetzen konnte, oder von einem Feuersalamander, der an einer sonnigen Steinmauer klebte, aber sicher nicht von den Fernblicken, die die Erwachsenen, festgewachsen an einer Bergkante, wie die Statuen der Osterinseln, unverwandt betrachteten. Aber schon ganz und gar nicht von endlosen Wegen und Wegbiegungen. Ich hatte also nicht den Wunsch, eigene Erfahrung ins Medium Ausstellung zu transformieren. Schon möglich, dass meine Sehnsucht nach vereinfachtem Nach-Oben-Gelangen Grundlage des späteren Interesse an ›Aufstiegshilfen‹ aller Art war und ein wichtiges Motiv, die Berge ›auszustellen‹.

Fasziniert war ich unter anderem von der jugendlichen Lektüre von Bergbüchern, die mir die Abende in den Hütten verkürzten und an denen mich als Junge das Abenteuerliche, die Gefahr, die extremen Ereignisse faszinierten. Die Geschichte der Durchquerung der Eiger-Nordwand war so eine Geschichte, die alle Ingredienzien hatte, die mich anzog. Die Tatsache, dass Menschen ihr Leben riskierten, um einen Berg zu durchsteigen, durch den auch eine Eisenbahn führte – was einigen von ihnen das Leben rettete –, war für mich sehr sonderbar und attraktiv zugleich.

Nun bewahrheitete sich der schöne Märchensatz, *Wenn man sich lange genug etwas wünscht, geht es auch in Erfüllung, überraschend.*

Ja. Natürlich wollte ich an einer Bergausstellung mitarbeiten. Es stellte sich heraus, daß es sich um das Alpenvereinsmuseum in Innsbruck handelte. Das kannte ich recht gut von mehreren ideenreichen kleinen Ausstellungen. Es war in bescheidenen Räumlichkeiten, die für ein Museum nicht besonders praktikabel waren, untergebracht. Nur ein Bruchteil der, damals nicht komplett inventarisierten Sammlung, konnte gezeigt werden.

Jetzt ging es darum, eine Ausstellung oder ein Museum zu schaffen. Die Innsbrucker Hofburg stand für einen Zeitraum von fünf Jahren zur Verfügung.

Es fügte sich glücklich, dass sich rasch ein Team zusammenfand, das bis zur Eröffnung der Ausstellung in einem dicht verwobenen Arbeitszusammenhang planen und arbeiten konnte, ohne einschränkende Vorgaben des Auftraggebers. Die museologischen und thematischen Prämissen, die ungewöhnlich rasch gefunden waren, wurden im Arbeitsprozess selbstredend immer wieder adaptiert und nach und nach umgesetzt, wobei die parallele Aufarbeitung der Alpenvereinssammlung zu mancherlei überraschender Entdeckung führte.

Hier war nun die Gelegenheit, in reflexiver Weise ein Stück Psychohistorie des Bergsteigens zu erzählen, also nach Motiven, Zielen und Erfahrungen zu fragen und nicht einfach nur wieder einschlägige Themen zu repetieren.

Das ungewöhnliche Ambiente eines barocken Repräsentationsbaues setzte mancher Idee praktische oder visuelle Grenzen, aber das wesentliche Ziel wurde erreicht: einen reflexiven Zugang zu einer wie selbstverständlich erscheinenden Obsession anzubieten. Ein lustvolles Entdecken ungewöhnlicher Gesichtspunkte zu ermöglichen und Besucher mit ebenfalls der Frage zu behelligen, wie er es denn selbst mit der »unverständlichen Leidenschaft« hält.

7 Triumph und Sturz

Die Dialektik von Triumph und Sturz ist von den beiden Illustrationen Gustave Dorés unübertroffen bildwürdig gemacht worden, die den Aufstieg auf das Matterhorn und die Katastrophe des Abstiegs einfangen. Ferdinand Hodler war von den Darstellungen sichtlich inspiriert, als er dasselbe Thema, aber abstrakt, das heißt ohne Bezug auf ein konkretes Ereignis im populären Medium des Panoramas wieder aufnahm. Heute finden sich die Fragmente des monumentalen Gemäldes im Alpinen Museum in Bern, wo sie an einer riesigen Wand wie ein Pasticcio montiert sind und eine Ahnung von den Dimensionen und der Komposition geben.

Wie überall wird der Tod selbstverständlich auch im Alpinismus ta-

In der Ausstellung »Berge. Eine unverständliche Leidenschaft«.

»Lawinenbergung« im Alpinen Museum in Kempten. Die Katastrophe als niedliches Spielzeug.

Der Bergsteiger. Sich und den anderen ein Rätsel, ein Heros des zivilisatorischen Fortschritts, wie Jules Vernes U-Boot-Fahrer, die ersten Aeronauten oder die Erforscher des dunkelsten Afrika... Alpines Museum Bern

Wie Luzifers Höllensturz. Der Bergtod auf einem Fragment von Ferdinand Hodlers für die Weltausstellung in Antwerpen gemalten Panoramas. Oder doch auch noch eine Spielart der Heroisierung? Alpines Museum Bern

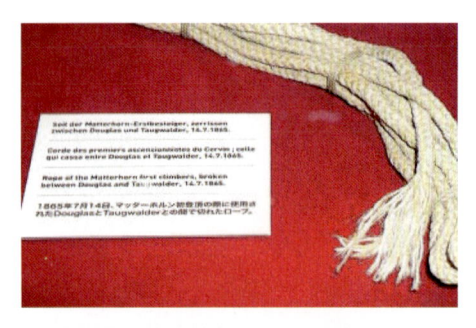

Das Seil, das den Absturz bei der Erstbesteigung des Matterhorns auslöste. Matterhornmuseum Zermatt

Auf dem Weg zur Virtualisierung? Museo delle Alpi Bard

Der Berg als Screen. Als Werbebotschaft seiner selbst. Museo delle Alpi, Bard

Alpinarium Galtür

buisiert, doch im Museum setzten sich die verdrängten Themen häufig wie hinter dem Rücken des Kurators und Besuchers doch immer wieder indirekt durch. Auffallend wie oft oder wie ausgiebig (z.B. im Alpineum in Hinterstoder) das Retten (die Geräte, die Techniken, die Hilfsmittel) oder die Bergrettung als solche thematisiert werden.

Gelegentlich wird ganz unverblümt mit dem Thema umgegangen und das ›Bergopfer‹ in die Erzählung integriert, auf beklemmende Weise, wenn man die – rätselhaften – Umstände kennt, im Messner Mountain Museum in Sigmundskron, wo in einem Raum gegen Ende des Rundganges der Bergschuh des tödlich verunglückten Bruders präsentiert wird. Als was eigentlich? Als Exponat, als Beweis, als Reliquie, als Andenken besonderer Art?

Das alte Zermatter Museum, ein typisches Dorf- oder Heimatmuseum, das aber aus auf der Hand liegenden Gründen nahezu ausschließlich der Bergwelt und dem Bergbesteigen gewidmet war, mit museologisch unbedarftem Umgang mit Bergsteigen und Bergtourismus, schien da mehr zu ahnen als die Großmuseen. Da gab es einen eigenen Raum, der den Bergtoten gewidmet war, besser gesagt den ›Resten‹, die man nach unglücklich verlaufenen Touren – oft lange danach – fand. Banale Dinge wie Schuhe oder Feldflaschen, die das Unglück repräsentierten aber auch den Tod schlechthin. Hier wurde, und das ausführlich, eine Kehrseite des Alpinismus sichtbar, dessen Pathos in der Ärmlichkeit der Reste – zerbrochene hölzerne Wassergefässe, zerrissene Bergschuhe –, gebrochen wurde.

Die Matterhorn-Katastrophe, in der der Triumph (der Erstbesteigung) und die Katastrophe (der Absturz einer ganzen Gruppe von Erstbesteigern) so nahe beieinander lagen, war auf unnachahmliche Weise repräsentiert: In einem eigenen Raum wurden nachbarlich der ausladende Lederstuhl eines Friseurs gezeigt, in dem sich Edward Whymper – ob vor oder nach der Erstbesteigung des Matterhorns, erinnere ich nicht mehr –, rasieren hat lassen und das Seil, dessen Reißen die Katastrophe beim Abstieg auslöste. Wenn ich mich recht erinnere, diente das Seil in einem Gerichtsverfahren als Beweismittel. Mit dessen Hilfe wurde geklärt, ob das Seil gerissen und der Sturz ein Unfall gewesen war, oder ob das Seil durchgeschnitten worden war, um das eigene Leben zu retten.

Inzwischen ist das Museum in Zermatt durch eine Art szenografischer Erlebniswelt, die nicht mehr die Bezeichnung Museum trägt, sondern sich mit ›Zermatlantis‹ als buchstäblich subterraner pseudoarchäologischer Ort ausgibt, der von den Besuchern zu entdecken ist. Das mächtig-nahe Matterhorn schrumpft hier zum Gadget, das sich periodisch zusammenklappt, um den Multimedien Projektionsfläche freizugeben. Im neuen Museum im Aostatal gelegenen Bard scheint sich der Trend zur virtuell-medialen Repräsentation noch mehr zugespitzt zu haben. Wo begehbare dreidimensionale Erlebniswelten in Zermatt den Besucher empfangen, sind es dort in erster Linie Screens.

Die beiden Beispiele, die ich eben genannt habe, das Seil des Matterhornunglücks und das zusammenklappbare Museums-Matterhorn, markieren die beiden entgegengesetzten Pole, mit denen Museen veranschaulichen können. Für konservativere Kuratoren steht das authentische Original im Zentrum, das ähnlich einem kriminologischen Beweis als Erkenntnisquelle fungiert. Sie würden einer erlebnisorientierten Schau wie der in Zermatt vermutlich gar nicht zugestehen, dass es sich Museum nennen darf. Andrerseits gibt es für museale Visualisierungsstrategien schon seit jeher keine bindenden Regeln und was heute szenografisch genannt wird, lässt sich bei Dauerausstellungen des späten 18. Jahrhunderts schon nachweisen. In Naturkabinetten und -museen gab es kontextualisierende ambientale Einbettungen von Exponaten, die sich heute vielleicht mancher Szenograf noch nicht wieder trauen würde. Über die Qualität einer Visualisierung entscheidet meiner Meinung nach aber nicht die Frage, welche Art von Medium eingesetzt wird, sondern wie und zu welchem Zweck Bedeutungen – mit Hilfe welcher Medien auch immer –, erzeugt werden.

Alpine Museen haben den ›Turn‹, der sich grade zu vollziehen scheint, hin zur ›Szene‹, zum ›immersiven Raum‹, zum ›Erleben‹, kaum noch beschritten. Man muss keine Angst haben vor dieser Entwicklung, man muss sie nur zu handhaben wissen. Und man darf nicht vergessen, dass die Ausstellung ihre Wurzeln in populären, z.T. hunderte Jahre alten, Schaustellungspraktiken hat, die in der akademischen – angewandten wie theoretischen Museologie – als weitgehend verdrängt gelten können. Manche Dioramen des 19. Jahrhunderts bieten mehr an Illusion und Suggestion, als heutige Ausstellungen. Es ist jedoch die Frage, wie weit man gehen kann und soll bei den Versuchen, den Berg ins Zimmer zu bringen.

8 Berge im Zimmer

Zu groß, zu sperrig, zu unübersichtlich? Wie soll denn der Berg ins Zimmer? Wie wir wissen, kann alles ins Museum kommen. Alles? Wenn nicht, dann kommt eben das Museum – als Idee, als Struktur – zu den Dingen. Man umgibt sie mit einem mehr oder minder virtuellen Zaun und nennt das nun einfach Museum. Die ländliche Bau- und Alltagskultur der Schweiz ist am Ballenberg fein säuberlich gesammelt. Damit wir Realität und Museum nicht miteinander verwechseln, also nicht etwa gar Ballenberg mit der Schweiz, oder noch verheerender, die Schweiz mit Ballenberg, gibt es im Niemandsland zwischen den beiden Sphären Grenzschilder.

Nationalparks sind auch so eine ausschnitthafte Welt, die durch museumsähnliche Regeln definiert wird. Und da ist es nicht weit zum, sagen wir: in situ musealisierten Berg, beim möglichst unveränderlichen Erhalten. Anders als im

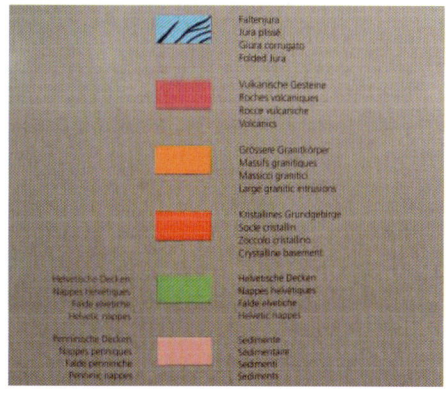

Station Eismeer der Jungfraubahn. Diorama im Alpineum Luzern

Aussicht und Ansicht. Terrasse des Hotels am Kulm als Ansichtskarte. Der Berg als Besichtigungsobjekt, codiert durch Wahrnehmungs-Passepartouts wie Ansichtskarten, Prospekte, Plakate, Werbefotos. Alpines Museum Bern

Berge in höchster Abstraktion – kartografierte Faltenjura, helvetische Decke, kristalline Grundgebirge.

Bergsteigergruppe. Alpines Museum Bern

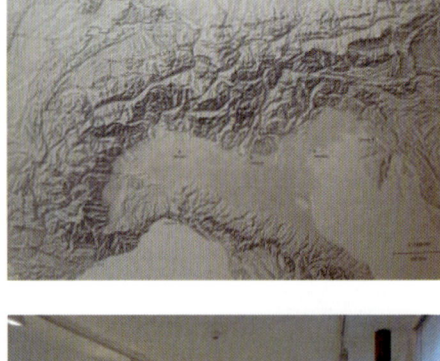

Alpines Museum Kempten

Skier – so weit das Auge reicht im Alpinen Museum in Kempten.

Die Alpen, und zwar alle, eine »besondere Landschaft«. Alpines Museum Bern

Alpines Museum München

Museum lebt hier, wie man so sagt, die Natur einfach weiter und sperrt sich so gegen die museale Vereisung der Zeit. Was hält länger, die Berge oder das Museum? Eben!

Warum dann die Berge, warum die Alpen ins Museum schaffen? Alpine Museen sind ein Effekt der Institutionalisierung des Berggehens als »Alpinismus«, sind Effekte der Gründung großer Verbände, Alpine Club London, Torino, Bern, Innsbruck, München. Nur der älteste, der englische, hat kein Museum, wenn ich recht informiert bin. 1874 entsteht das Museo Nazionale della Montagna in Turin, 1905 das Schweizerische Alpine Museum in Bern, 1911 das Alpine Museum des DÖAV in München, aus dem sich dann ein eigenes Museum des Österreichischen Alpenvereins in Innsbruck entwickelt.

Es sind Museen, in denen sich die Vereine repräsentieren und zugleich pädagogisch agieren. Es geht um Propagierung des Bergsteigens, um Bilanz der und Anreiz zur wissenschaftlichen Forschung, um Popularisierung des Freizeitvergnügens. Zugleich entsteht bereits ein kommerziell-touristisches Interesse an der Darstellung der Alpen und des Alpinismus.

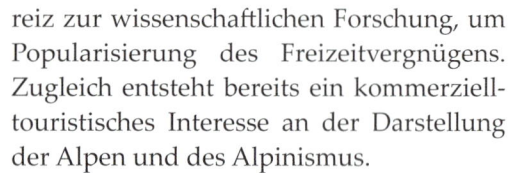

Wie für die Museumsentwicklung generell gilt auch für alpine Museen: der Boom kommt erst seit den 70er und 80er-Jahren. Meine – sicher unvollständige –, im Zuge der Recherchen entstandene Liste umfasst schon das Zehnfache der ›Gründerzeitmuseen des Alpinismus‹.

Eine Kulturgeschichte dieser ebenso vielgestaltigen wie merkwürdigen Institution Museum müsste sich auch die Frage nach dem stellen, was eigentlich alles im Laufe der Geschichte museumswürdig geworden ist. Sicherlich gibt es eine Entwicklung. Die Typologie des späten 18. Jahrhunderts, Kunstmuseum, Naturmuseum, Geschichtsmuseum, technologisches Museum, ist längst gesprengt und ins Unübersichtliche gewachsen. Die Bandbreite der Dingwelt, die Einzug ins Museum halten darf, ist unglaublich weit geworden.

Wahrscheinlich müsste man pragmatischerweise eher die Frage stellen, was denn nicht ins Museum darf, soll oder kann. Da Museen es immer mit Bedeutungen zu tun hatten, die Dingen (als Semiophoren, wie Krystof Pomian das nennt) erst im und durch Museen verliehen werden, da es also als große Maschinerie nicht bloß der Präsentation (Ausstellung) dient, sondern der Repräsentation, sind ihm im Grunde keine Grenzen gesetzt. Es muss nicht vor Immateriellen Halt machen, wie der Idee des Alpinismus. Die gegenständliche, die konkrete, sozusagen haptische Seite lässt sich ebenfalls leidlich ins Museum bringen. Nur der Berg selbst lässt sich schwerlich ins Zimmer bringen. Museen hoch am Berg, ja: So gibt es etwa die Austria-Hütte an der steirischen Seite des Dachsteins, die einige Schauräume als höchstgelegenes Alpinmuseum bezeichnet (1638 Meter) und wo ich vor Jahren (zweifelnd) die *Schneebrille von Anna Plochl* bewundern durfte.

*Aus der Begründung für den Ausschluss der Sektion
»Donauland« aus dem Alpenverein.
Alpines Museum München*

Vermessung der Bergwelt. Ein suggestives Foto der ›Vermessung der Welt‹ im Alpinen Museum in Bern.

Alpine Museen entstehen wie gesagt, weniger als Ausweis kultureller Beflissenheit, denn aus wissenschaftlichen, didaktischen oder popularisierenden Interessen. Man darf nicht erwarten, dass da ein neuer Typ Museum entsteht, das heißt neue Formen des Ausstellens, neuartige Sammelstrategien oder Organisationsformen.

Unter museologischen Gesichtspunkten sind alpine Museen kulturhistorische Museen wie es sie vielfach gibt, mit all ihren Stärken und Schwächen.

Bei den Museen, die ich im Laufe der Jahre kennengelernt habe, überwiegt die mehr oder weniger, wohl in Stärken der Sammlung begründete Fokussierung auf bestimmte Themen, innerhalb derer exquisite, ungewöhnliche Sammlungsstücke oder Sammlungscluster hervorragen.

In jedem Museum kann man auf unerwartete Informationen und überraschende Aspekte und ungewöhnliche Objekte stoßen, nirgendwo gibt es aber kohärente Erzählungen, ein schlüssiges Narrativ oder eine plausible Themenwahl und Fragestellung.

Interessant ist das – von der derzeitigen Leitung als dringend überarbeitungsbedürftig eingestufte – Konzept der Dauerausstellung des Alpinen Museum München. Alpinismus ist auch hier kein entlang eines kohärenten Narrativs entwickelte Darstellung, sondern eine in kunsthistorische Epochen gegliederte episodische Abfolge von Themen. Die betont poetisch gehaltenen Texte und die stichwortartige Kontextualisierung mithilfe übergeordneter kulturhistorischer Fragestellungen und Phänomene, funktioniert freilich nur in wenigen Fällen. Bemerkenswert nachdrücklich wird hier aber rassistische,

*Gestein, inkognito.
»Berge. Eine unverständliche Leidenschaft«.*

*Alpenpanorama, aber mal ganz anders, nämlich – gestrickt!
Alpinarium Galtür.
Foto: norbert-freudenthaler.com*

nationalistische und nationalsozialistische Ideologie sowie der Antisemitismus dieser Zeit – mit sehr starken Dokumenten –, thematisiert und es ist schade, dass der Ausstellungsrundgang unvermittelt mit dem Jahr 1945 abbricht.

Hier wird ausführlich eine säkulare Form des ›Heiligen Berges‹ und damit ein Stück Zeitgeschichte dokumentiert: der Nanga Parbat als ein Sehnsuchtsberg ›der Deutschen‹, der in der NS-Zeit ebenso wie die Eiger Nordwand, die in dieser Zeit zu einem nationalen und ›völkischen‹ Mythos wurde.

Meist trifft man in den einschlägigen Museen auf Lokales – kaum ein Museum blickt vergleichend über die Grenze der europäischen Alpen hinaus –, auf Patriotisches – jede Region hat ihren Skipionier und Helden des Skisports –, auf Tourismus und Wissenschaft – Zoologie, Glaciologie, Meteorologie, Geologie, Kartografie usw. –, auf alpine Organisationen, auf Geräteentwicklungen (Skier, Snowboard, Aufstiegswerkzeuge etc.), auf Heimat.

Insoweit Museen generell als Wissenschaft vermittelnde und auf Wissenschaft aufbauende Institutionen gelten, nimmt die wissenschaftliche Erforschung der Alpen, ihre Disziplinen, ihre Methoden, ihre Resultate, meist einen breiten Raum ein. Diagramme und Spezialkarten zur Geologie haben mich schon als Schüler mehr entsetzt als belehrt und wenn ich ihnen heute in Museen begegne, kann ich immer noch wenig damit anfangen. Museen missverstehen allzuhäufig ihren Wissenschaftsbezug als fachwissenschaftliche Belehrung, die damit aber die meisten ihrer Besucher wohl verfehlt, wenn nicht ausschließt.

Selten gelingt eine solche Brechung der Darstellung, die ein sperriges Thema überraschend erschließt, wie sie sich die Kuratoren der (Dauer)Ausstellung »Berge. Eine unverständliche Leidenschaft« geleistet haben. Das für Museen meist tödliche Mittel der Ironie (Museen sind immer »wahr« sowie »autoritativ« und insofern extrem ironieanfällig) richtet sich hier gegen die Wissenschaft selbst und ihre Taxonomie. Eine Sammlung von Gesteinsproben des Tiroler Landesmuseums wurde durch die Überschwemmung eines Depots ihrer Beschriftung beraubt und fiel dadurch in einen Naturzustand zurück. Die nun wieder ›schweigenden Objekte‹ belegen nichts mehr und sind allenfalls ein ästhetischer Genuß. So nebenbei erteilen sie dem Besucher eine fundamentale museologische Lektion: Dinge ›sprechen nicht‹ ohne sprachlich vermittelte und zugewiesene Bedeutung.

Gelegentlich verschwimmen die Grenzen von Museum und Tourismusinfrastruktur vollkommen, wie beim Alpinarium in Galtür, dem Alpineum in Hinterstoder oder dem Salzburger Skimuseum in Werfenweng. Hier ist ein Mischtyp von Museum in Entwicklung, wo unter dem Oberbegriff des Informativen allerlei bisher Getrenntes unter einem Dach vereint wird, wie auch bei diversen Informationszentren von Nationalparks oder für bestimmte Regionen, wie etwa im Osttiroler Kals, wo das moderne Infocenter »Glocknerhaus Kals« dem im Schlaf träumenden älteren Heimatmuseum den Rang abläuft.

Welche Zielgruppen haben solche Museen eigentlich? Von denen, die von alpinen Vereinen erhalten werden, darf man annehmen, dass sie ihr Klientel vor allem in ihren Mitgliedern sehen. Aber beim für nur fünf Jahre konzipierten Museum des Österreichischen Alpenvereins, das als semipermanente Ausstellung derzeit in der Hofburg in

Alpineum Hinterstoder

Ehemaliges Wintersportmuseum Mürzzuschlag. »Winter«. Eine frühe ›immersive‹ Inszenierung.

Neueste und alte Museumstechnik. Alpines Museum Turin

Innsbruck gezeigt wird, ist nicht so klar, in welcher Form oder ob überhaupt ein Museum auf Dauer unterhalten werden wird. Trotz der beachtlichen Sammlung scheinen die Tage des Museums in Kempten gezählt. Dass eine Modernisierung ansteht, versteht man, wenn man das museografisch veraltete Museum besucht, aber wie man hört, wird das Museum durch einen anderen Museumstyp mit neuen Inhalten abgelöst werden. Das deutet auf ein kriselndes Verhältnis zur Öffentlichkeit und vermeintlichen oder tatsächlichen Besuchererwartungen hin.

Für eine breite Öffentlichkeit sind hochspezialisierte Museen nicht wirklich attraktiv, sie haben nun mal enge Zielgruppen und im Fall der Alpinmuseen ist der praktische Zweck gerade für aktive Bergsteiger aller Klassen durchaus fragwürdig. Die Kommunikation innerhalb dieser Gruppen hat ihre eigenen Medien und bedarf nicht unbedingt des Museums.

Je stärker alpine Museen dem Vergleich mit anderen Museen ausgesetzt werden, oder einem Konkurrenzdruck in Bezug auf Aufmerksamkeit und Attraktivität, desto eher beginnen sie sich entlang der Dynamik der gegenwärtigen Entwicklung von Museen zu modernisieren, medial, popularisierend-didaktisch, szenisch.

9 Ausgeträumt?

Hat sich mein Traum vom Alpinen Museum ›erledigt‹? Nein, er hat sich verändert. Einerseits durch die Mitarbeit an der Alpenvereinsausstellung in Innsbruck. Andrerseits durch das ›Liegenbleiben‹ alter und das Auftauchen neuer Fragen:

Die Rolle der militärischen Erschließung der Alpen generell und speziell bei der Entwicklung des Skisports; der Zusammenhang von wirtschaftlicher Entwicklung und Alpinismus etwa am Beispiel der Zeit zwischen den Kriegen; die diversen ideologischen Instrumentalisierungen; das – auch bei der Innsbrucker Ausstellung – großzügig übergangene ›Männerthema‹ Frauenbergsteigen, zu dem ich bei manchem Museumsbesuch kuriose, verblüffende, anschauliche Dokumente und Texte gefunden habe, aber nie eine schlüssige Behandlung. Und so vieles andere mehr.

Was die Alpinen Museen in den deutschsprachigen Ländern betrifft, so sind sie alle im Umbruch. Kempten wird geschlossen werden, in München wird die Dauerausstellung als dringend überarbeitungsbedürftig eingeschätzt, in Innsbruck steht die Frage an, ob und wie die derzeitige Ausstellung in ein Museum verwandelt werden soll, an welchem Ort und mit welchem Konzept. Und in Bern deutet mit einem Leitungswechsel viel auf eine tiefgreifende Erneuerung hin.

In allen diesen Fällen wird man sich mit der vielfältigen jüngsten Entwicklung des Ausstellens auseinandersetzen, und daraus möglicherweise, anders als das bisher der Fall ist, eine spezifische Sichtweise und Ausstellungssprache für den »Berg im Zimmer« finden.

Klettern statt schauen? Die Zukunft des Alpinmuseums? Alpineum Galtür

Hier klettern noch Puppen den Berg – padon – das Museum hoch. Alpines Museum Bern

Alpinismusgeschichte in Objekten
Die Sammlungen der Alpinen Museen des Deutschen Alpenvereins und des Oesterreichischen Alpenvereins

VON MONIKA GÄRTNER, FRIEDERIKE KAISER, CLAUDIA RICHARTZ, STEFAN RITTER UND MARTINA SEPP

Albrecht Dürer. Heimsuchung. Holzschnitt, circa 1504
Alpines Museum des Deutschen Alpenvereins, München
Foto: Wolfgang Pulfer, 2002

In Dürers Blatt nimmt die Darstellung der Südtiroler Gebirgslandschaft, die er auf seiner ersten Italienreise 1494/95 kennenlernte, eine hervorragende Rolle ein. Biblische Darstellung und »Natur« bekommen fast den gleichen Raum, das Blatt ist damit wegweisend für die Landschaftsdarstellung der kommenden Jahrhunderte.

Schon für den Gründungsdirektor des Alpinen Museums, Carl Müller, war die Darstellung der Entwicklung der alpinen Landschaftsmalerei ein wichtiges Thema. Daran schloss sich Dr. Helmuth Zebhauser, Kultur- und später Museumsbeauftragter des Deutschen Alpenvereins, an. Er baute eine umfangreiche Grafiksammlung mit Gebirgsdarstellungen auf. 1990 konnte er die »Heimsuchung« mit finanzieller Unterstützung des Vereins der Freunde und Förderer des Deutschen Alpenvereins erwerben. (FK)

Relief vom Wettersteinkamm. Holzfundament mit gestärkter Leinwand, überzogen, grundiert, bemalt, Mitte 16. Jhd
Alpenverein-Museum Innsbruck, Oesterreichischer Alpenverein
Foto: West, 2007

Wie ein »blaugrüner, verschrumpelter Hut« sehe das Relief vom Wetterstein aus – so die Beschreibung im ersten Museumskatalog 1912 des Alpinen Museum des DuOeAV in München. Das Relief bestand aus mehreren Teilen und wurde zeitlich dem 15. Jhd und Kaiser Maximilian I. von Habsburg zugeschrieben, der es zur Planung seiner Jagdausflüge in Tirol verwendet haben soll. Die heutige Quellenlage datiert es auf jene Zeit im 16. Jahrhundert, in der an der bayrisch-tirolerischen Grenze eine erste Landkarte von Paul Dax gezeichnet wurde, die den Charakter des Reliefs in Farbgebung und Beschriftung aufnimmt. Das wohl älteste Relief in den Alpen besteht heute nur noch aus einem Teil. Es bildet, grünbemalt, mit kleinen Bäumchen übersät, den Wettersteinkamm mit der Wettersteinwand am Ferchensee, sanfte Almböden und das Reintal mit Partnachklamm ab.

2007 wurde das Relief von der Restauratorin Eva Hottenroth in akribischer Kleinarbeit »gesichert«. Ursprünglich zeigte das Alpine Museum des DuOeAV an die hundert Miniaturgebirge in Reliefs. Sie konnten im Zweiten Weltkrieg zum Teil gerettet werden. Heute besitzt das Alpenverein-Museum Innsbruck eine stattliche Sammlung von achtzig historischen Reliefs. (MG)

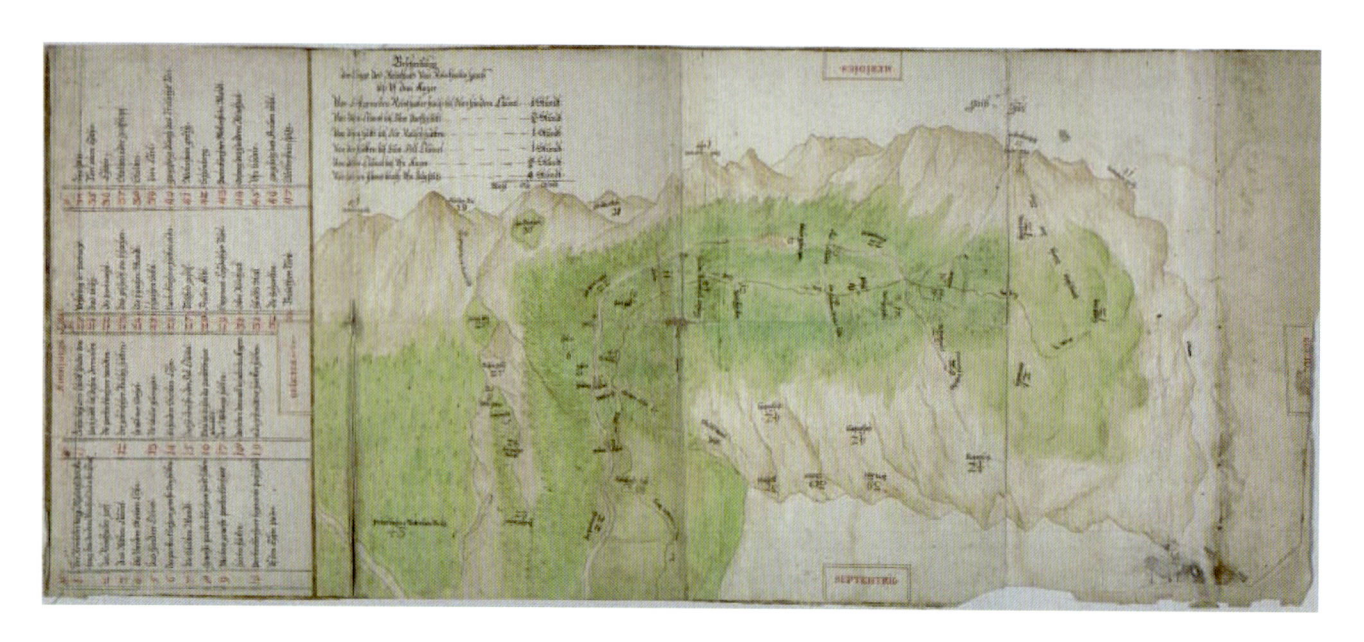

Karte der Zugspitze mit einer Zeitangabe zur Ersteigung des Zugspitzgipfels, um 1725. Tusche, koloriert
Alpines Museum des Deutschen Alpenvereins, München
Foto: Wolfgang Pulfer, 2006

Im Sommer 2006 verursachte diese Karte einigen Wirbel. Eine Neudatierung der Zugspitzerstbegehung stand im Raum. Eine Mitarbeiterin hatte die aufwändig gefertigte, auf Leinwand aufgezogene Zeichnung bei Aufräumarbeiten im Depot des Alpinen Museums gefunden. Eine Angabe über die Gehzeit vom Reintalanger »ybers blath ufn zugspitz« und eine zarte gestrichelte Linie auf den Gipfel der Zugspitze legen die Vermutung nahe, dass auf Deutschlands höchstem Berg schon vor der ersten bekannten Besteigung durch Leutnant Joseph Naus im Jahr 1820 Menschen standen. Auch wenn diese Karte nicht den Beweis für eine frühere Begehung erbringen kann, zeigt das Blatt doch, wie sehr das Hochgebirge bereits vor jeglichem alpinistischen Interesse genutzt und begangen wurde.

Die Zugspitzkarte wurde bereits in den 1930er Jahren im Zugspitzkabinett des Alpinen Museums präsentiert. In den Wirren des Krieges verschwand sie jedoch, um dann durch den Nachlass von Fritz Schmitt, Alpinschriftsteller und Redakteur der DAV-Mitteilungen, wieder in den Besitz des Alpinen Museums zu gelangen. (FK)

Adolph Schlagintweit. Firn des Mustagh-Gletschers, vom Pass abwärts (Karakorum, heute Grenze zwischen Pakistan und China). Aquarell auf Papier, 1856
Alpines Museum des Deutschen Alpenvereins, München
(Nachlass Dr. Stephan Schlagintweit)
Foto: Wolfgang Pulfer, 2010

Die Münchner Brüder Hermann (1826-1882), Adolph (1829-1857) und Robert (1833-1885) Schlagintweit erforschten als erste europäische Wissenschaftler auf einer Expedition von 1854 bis 1857 systematisch den Himalaya und das Karakorum mit den höchsten Bergen der Welt. Im August 1855 versuchten Adolph und Robert zudem, den Berg Kamet im Garhwal-Himal zu besteigen. Sie gelangten bis auf 6.785 Meter und schufen damit einen neuen Höhenrekord. Bei seiner Erkundung des Karakorums versuchte Adolph Schlagintweit auch, den Mustagh-Pass mit 5.568 Metern zu überschreiten. Es gelang ihm jedoch nur, die Passhöhe zu erreichen, da der Pass aufgrund von Streitigkeiten zwischen den einheimischen Stämmen nicht begehbar war. Unter anderem hielt er bildnerisch die »ausgedehnten Firnmeere […], die sich rings um den Pass ausbreiten«, fest. Die Expedition endete für Adolph Schlagintweit höchst tragisch; im August 1857 wurde er durch aufständische Rebellen in Turkestan ermordet. Hermann und Robert Schlagintweit brachten hingegen einzigartige Daten und Sammlungen mit nach Europa.

Die Brüder Schlagintweit wurden von den Alpinisten schon früh zu Ahnherren des Auslandsbergsteigens erklärt. Wohl im Zusammenhang mit der verstärkten Präsentation von Bergsteigerexpeditionen in den Himalaya stiftete die Familie Schlagintweit dem Alpinen Museum in den Jahren 1927/28 ein Aquarell vom Mount Everest. Im Jahr 2006 vermachte Dr. Stefan Schlagintweit, Bad Wiessee, großherzig seine umfangreiche Sammlung von über zweihundert Aquarellen, Zeichnungen, Lithografien und Publikationen der Indienreise seiner Vorfahren, sowie biografische Dokumente der Wissenschaftler und eigene Forschungsmanuskripte dem Alpinen Museum des Deutschen Alpenvereins. (FK)

»Die Reise in's deutsch-österreich. Alpenland«. Reisespiel des Otto Maier Verlages, Ravensburg, um 1900
Alpines Museum des Deutschen Alpenvereins, München
Foto: Wolfgang Pulfer, 2010

Das liebevoll gestaltete Brettspiel mit großem, farbigen Spielplan, handbemalten Zinnfiguren, Spielgeld, Ereigniskarten und einer attraktiven Schachtel machte die Reise in die Berge auch in den eigenen vier Wänden möglich. In siebzig Etappen gelangten die Mitspieler auf mehreren Routen von München nach Wien und lernen so Bodensee, Arlbergtunnel, Großglockner und Adamello sowie diverse Orte im heutigen Slowenien kennen. Reisespiele, zu denen auch dieses Brettspiel gehört, waren im 19. und zu Beginn des 20. Jahrhunderts höchst beliebt. Im wahrsten Sinne spielerisch ließen sich so die geografischen Kenntnisse der ganzen Familie erweitern und man konnte kurzzeitig eintauchen in die faszinierende Welt des Hochgebirgstouristen. Wie eine Preisliste des Otto Maier Verlages von 1908 Auskunft gibt, wurde das Spiel übrigens »bestens empfohlen […] vom offiziellen Organ des deutsch-öst. Alpenvereins«.

Das Alpine Museum des Deutschen Alpenvereins erwarb das Reisespiel im Jahr 2003 im Handel. (CR)

Waschgeschirr der Neuen Prager Hütte, um 1903
Alpines Museum des Deutschen Alpenvereins, München
Foto: Wolfgang Pulfer, 2010

Die Neue Prager Hütte liegt südöstlich des Großvenedigers auf einer Höhe von 2.793 Metern. Sie wurde in den Jahren 1901 bis 1903 von der Sektion Prag unter maßgeblicher Beteiligung von Alpenvereinsgründer Johann Stüdl erbaut. Da sich Sektion Prag aufgrund ihrer vielzähligen Bautätigkeiten finanziell übernommen hatte, konnte die Hütte am 9. August 1904 nur eingeweiht werden, weil ein »Damen-Komitee« der Sektion Prag die Inneneinrichtung der Hütte finanzierte. Bruno Gecmen spendete das Emaillegeschirr. Darunter befand sich wahrscheinlich auch das hier vorgestellte Waschgeschirr aus Emaille mit den Motiven des Hradschin, der Karlsbrücke und des Pulverturms in Prag. Der Großteil der Spenden wurde im Februar 1904 von Prag nach Lienz transportiert, dann mit Schlitten nach Innergschlöß gebracht und anschließend auf die Hütte getragen.

Nach Flucht und Vertreibung gründeten die überlebenden Sektionsmitglieder nach dem Ende des Zweiten Weltkrieges die Sektion Prag in München wieder. 1957 erhielten sie die Neue Prager Hütte vom Oesterreichischen Alpenverein zurück, der diese seit dem Kriegsende treuhänderisch verwaltet hatte. Für die Mitglieder der Sektion Prag, die über ganz Deutschland verstreut wurden, waren die Hütten ein Stück alte Heimat. Dazu gehörte auch das Waschgeschirr mit den Prager Motiven, das nach Einbau moderner Sanitäranlagen als Erinnerungsstück mit ins Tal genommen wurde. 1992 schloss sich die Sektion Prag als »Gruppe der Prager« der Sektion Oberland an. Das Alpine Museum nahm das Waschgeschirr als Zeugnis für die Bedeutung der Hütten als »Heimat in den Bergen« auf. (SR)

Otto Barth. Das Morgengebet der Kalser Bergführer am Großglockner. Öl auf Leinwand, 1911
Alpenverein-Museum Innsbruck, Oesterreichischer Alpenverein
Foto: West, 2007

Als es zwei jungen Wienern 1901 gelang, als Erste die Preinerwand an der Rax zu durchklettern, nannten sie ihre neue Route stolz »Malersteig«. Otto Barth (1876-1916) wie sein Freund Gustav Jahn waren nicht nur ausgezeichnete Kletterer, sondern auch angehende Künstler. Barths Leben sollte als Mitglied des Hagenbundes, Künstlervereinigung der Zwischenkriegszeit im Sinne des Jugendstils, sehr produktiv, jedoch von gesundheitlichen Einschränkungen von Kindheit auf geprägt sein: Zwei Jahre nachdem Otto Barth 33jährig wegen einer schweren Herz- und Gefäßkrankheit das Bergsteigen mit einer letzten Tour auf den Hohen Sonnblick beenden musste, malte er das »Morgengebet der Kalser Führer am Gipfel des Großglockners«. Das Gemälde stellt, wie sein Gesamtwerk, die am Berg lebenden Menschen in verklärter Volksfrömmigkeit und das Gebirge in ausdrucksvoller, farbenreicher Stimmung dar. 1912 malte Barth ein zweites, dem Morgengebet in Farbgebung und Bildaufbau sehr ähnliches Bild: »Der letzte Gang«. Die Schenkung von Alfred Lechner an das Alpenverein-Museum Innsbruck, thematisiert die Verabschiedung eines Dorfes von seinem Verstorbenen. 1916 wurde Otto Barth nach nur 15 Jahren intensiven künstlerischen Schaffens selbst zu Grabe getragen.

Nachdem das Gemälde zuerst Johann Stüdl zum Kauf angeboten worden war, der es jedoch wegen des zu »großen Formats« für seine Wohnung ungeeignet hielt, konnte es 1913 das Alpine Museum des Deutschen und Österreichischen Alpenvereins in München erwerben. Das Motiv der »Kalser Bergführer« erlangte große Popularität. Günstige Kunstdrucke, die von Barth selbst angefertigt und in den Mitteilungen des Alpenvereins vertrieben wurden, schmückten viele »Herrgottswinkel« der Alpenverein-Hütten. Heute ist das Gemälde in »Berge, eine unverständliche Leidenschaft« im Raum »durchhalten« in einem neuen Zusammenhang zu sehen – neben dem Hörbild über Viktor Frankl »Bergerlebnis und Sinnerfahrung«. (MG)

Edward Theodore Compton. Großglockner. Öl auf Leinwand, 1918
Alpenverein-Museum Innsbruck, Oesterreichischer Alpenverein
Foto: West, 2007

»Wolkenbehangen bleibt der Ausblick und er versperrt so den Blick auf die alltäglichen Probleme«, so beschreibt Martin Scharfe das Bild des Großglockners in seiner Serie zur Sammlung des Alpenverein-Museums in den Alpenvereinsmitteilungen 2005. E.T. Compton (1849-1921), englischer Bergmaler und Alpinist malte für die Alpinen Vereine, illustrierte Publikationen und wusste um die Bedürfnisse der BergsteigerInnen – sie sollten aus seinen Bildern, Routen und Gefahren lesen, neue alpine Regionen kennenlernen und Stimmungen nachempfinden können. Im Alter von siebzig Jahren stand Compton nochmals auf dem Großglocknergipfel, als Künstler, dem durch die große Anerkennung zu Lebzeiten finanzielle Probleme fremd waren.

1991 wurde die Compton-Sammlung des Alpenverein-Museums Innsbruck, die die größte öffentlich zugängliche ist, durch den Ankauf des Bildes »Großglockner« aus Privatbesitz durch den »Verein der Freunde« ergänzt. (MG)

Otto Bauriedl. Gewitterschwüle über den Gletschern, Blick vom oberen Mönchsjoch auf das Jungfraujoch. Öl auf Leinwand, 1928
Alpines Museum des Deutschen Alpenvereins, München
Foto: Wolfgang Pulfer, 2010

Otto Bauriedl (1881-1961) gehört zu der jüngeren Generation der sogenannten Bergsteigermaler. Seine Tätigkeit als Maler und Illustrator verband er mit seinem bergsteigerischen Interesse. Herausragende alpinistische Leistungen waren seine Erstdurchsteigung der Spritzkarspitze-Nordwand mit Adalbert Holzer im Jahr 1902 sowie die Durchsteigung der Lamsenspitze-Ostwand im Alleingang 1905. Während Bauriedl in den ersten Jahren seines künstlerischen Schaffens dem Jugendstil nahestand, finden sich nach dem Ersten Weltkrieg deutlich expressionistische Züge, die sich in der Abstraktion des Sujets und der Freiheit der Farbgestaltung niederschlagen. In den 1920er Jahren unternahm Bauriedl mehrere Reisen in die Schweiz. Hier entstanden zahlreiche Bilder, unter anderem der hier gezeigte Blick vom oberen Mönchsjoch auf das Jungfraujoch.

Bauriedl stand dem Alpenverein sehr nahe. Er veröffentlichte zahlreiche Bilder und Illustrationen in alpinen Publikationen und war Mitglied der Sektion Bergland. 1937 überließ er dem Alpinen Museum eines seiner Gemälde. Auf der 1. Alpinen Kunstausstellung, die der Deutsche Alpenverein 1950 veranstaltete, erwarb der Verein das hier vorgestellte Bild. (MS)

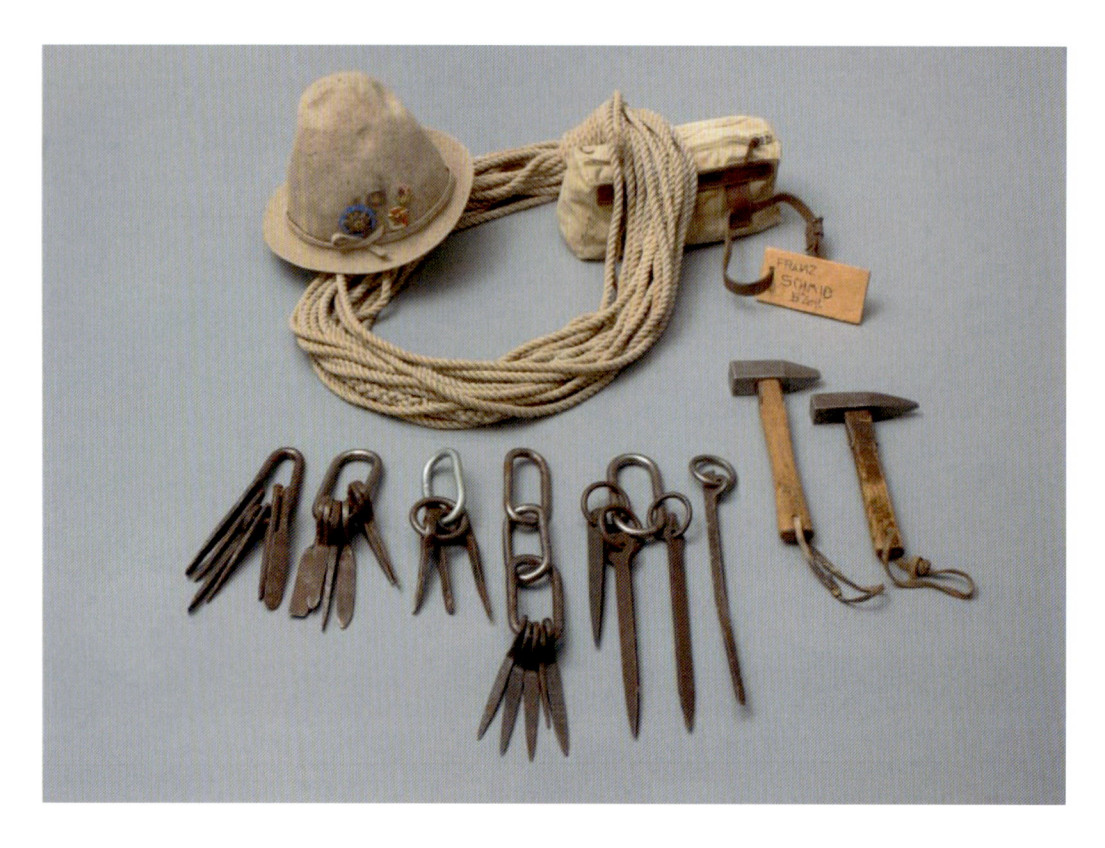

Kletterausrüstung von Franz Schmid, um 1930
Alpines Museum des Deutschen Alpenvereins, München
Foto: Wolfgang Pulfer, 2010

Die Brüder Franz (1905-1992) und Toni (1909-1932) Schmid durchstiegen am 31. Juli und 1. August 1931 als erste Bergsteiger die Matterhorn-Nordwand. Zusammen mit den Nordwänden des Eigers und den Grandes Jorasses galt diese als eines der »drei letzten großen Probleme der Alpen«, an denen sich zahlreiche Spitzenbergsteiger der damaligen Zeit versuchten. Für ihre Leistung erhielten die Brüder 1932 eine olympische Goldmedaille.

Die Ausrüstung von Franz Schmid mit diversen Haken, Karabinern, einem Felshammer, Klettergurt und Hut, teilweise noch aus der Zeit der Erstbegehung, kam im Jahr 1995 zusammen mit mehreren Tourenbüchern als Schenkung an das Alpine Museum des Deutschen Alpenvereins. Die aus Eisen geschmiedeten Felshaken und Karabiner, die nicht von ungefähr als »Schlosserei« bezeichnet wurden, haben zusammen ein Gewicht von acht Kilogramm. (MS)

Fotoalbum von Anna Bodem. »Meine Bergfahrten« Bd. 1, 1931-1940
Alpenverein-Museum Innsbruck, Oesterreichischer Alpenverein
Foto: West, 2009

»Der Alpenverein hat mir in meinem Leben so viel Freude bereitet, deshalb möchte ich meine beiden Bergbücher dem Alpenverein schenken«, so der Wunsch von Anna Bodem, als sie sich 2002 an das Alpenverein-Museum wandte. Bei unserem Besuch übergab sie großzügig ihren Schatz, jenes Album, in dem ein wichtiger Teil ihres Lebens dokumentiert ist. Private Fotografien und persönliche Texte erzählen von ihren Bergerlebnissen und Freundschaften. Viele Jahre war sie als Gruppenleiterin mit »ihren Mädchen« des Alpenvereins am Berg unterwegs. Mit ihrem Mann Eduard Bodem, Pionier der Flugrettung, unternahm sie abenteuerliche Berg- und Schitouren. Erinnerungen, die ihr heute das Leben im Seniorenheim verschönern.

Fotos, Filme, Berichte und Gegenstände werden von Privatpersonen in Schenkungen und Nachlässen dem Alpenverein-Museum Innsbruck anvertraut und dokumentieren ein Stück Lebensweg, sehr oft mit dem Alpenverein. (MG)

Bergschuhe von Hermann Buhl. Getragen bei der Nanga Parbat Erstbesteigung 3. Juli 1953. Leder, Filz, Vibram-Sohle, 1953
Alpenverein-Museum Innsbruck, Oesterreichischer Alpenverein
Foto: West, 2009

Ein separater Innenschuh aus Filz und ein Außenschuh aus festem, wasserdichten Leder – dieses Schuhmodell hatte der Innsbrucker Alpinist Hermann Buhl (1924-1957) bei seiner intensiven Expeditionsvorbereitungen selbst entworfen und nähen lassen. Denn Innenschuhe waren zu jener Zeit noch nicht erhältlich, maximal Einlagsohlen aus gummiertem Leinen, wasserdichtem Papier und Kork. Bei der Besohlung konnte Buhl sich bereits auf eine Erfindung der italienischen Kletterer Vitale Bramani und Ettore Castiglione stützen. Die Vibramsohle, die das Gehen im unterschiedlichsten Gelände und das Anbringen von Steigeisen möglich machte, war seit der Herstellung von Gummi mit Hilfe von Pirelli und der Vulkanisierung von Goodyear die ideale Ausstattung. Trotzdem sollte Hermann Buhl bei seinem strapaziösen 41stündigen Alleingang auf den Nanga Parbat am 3. Juli 1953 und einen Biwak auf 8.000 Metern zwei Zehen auf Grund von Erfrierungen verlieren.

In den 1970er Jahren fanden die »Buhl-Schuhe« über eine private Spende in das Alpenverein-Museum Innsbruck. Inzwischen ist das Schuhpaar eine Art Markenzeichen des Museums geworden und steht prominent in der Ausstellung »Berge, eine unverständliche Leidenschaft« in jenem Raum »oben«, in dem es um vielfältige Gipfelerlebnisse, Rituale und Enttäuschungen geht. (MG)

Die Brille von Reinhard Karl, um 1980
Alpines Museum des Deutschen Alpenvereins, München
Foto: Wolfgang Pulfer, 2010

»Wenn ich nicht Bergsteiger geworden wäre, wäre ich vielleicht Terrorist geworden.« Reinhard Karl (1946-1982) war nicht nur Vorreiter des Freikletterns in den 1970er Jahren – 1977 eröffnete er zusammen mit Helmut Kiene an den Pumprissen im Wilden Kaiser den VII. Grad – und erreichte als erster Deutscher am 11. Mai 1978 den Gipfel des Mount Everest, sondern brachte das Lebensgefühl der 68er mit dem Bergsport zusammen. In seinen Vorträgen, Büchern und Fotos stellte er seine subjektive Sicht in den Vordergrund, reflektierte seine Ziele, zeigte die oft wenig idyllische Bergwelt auf und nahm keine Rücksicht auf Konventionen, wie das oben erwähnte Zitat aus einer Unterhaltung mit dem damaligen deutschen Innenminister Gerhart Baum zeigt. Karl kam am 19. Mai 1982 am Cho Oyu durch eine Eislawine ums Leben. Zu seinem Markenzeichen wurde die John Lennon-Brille, die Karls Witwe Eva Altmeier zusammen mit einer Reihe von Dokumenten dem Archiv und dem Alpinen Museum des Deutschen Alpenvereins im Frühjahr 2010 überließ. (FK)

**Stephan Huber. Alpen.
Leuchtkasten (Multiple), um 2000**
Alpines Museum des Deutschen Alpenvereins, München
Foto: Wolfgang Pulfer, 2010

Der im Allgäu gebürtige Künstler Stephan Huber beschäftigt sich in vielen seiner Arbeiten mit den Alpen. In strahlend weißen Reliefs oder wie hier als hinterleuchtetes Bild macht er eindrucksvoll ihre Erhabenheit und Größe deutlich. Gleichzeitig zeigt er die Verfügbarkeit dieser Erfahrungen in unserer modernen Gesellschaft: Der Leuchtkasten »Alpen«, der programmatisch in einer größeren Stückzahl produziert wurde, lässt sich ganz nach Belieben an verschiedensten Orten, nah und alpenfern, aufhängen.

»Alpen« wurde 2003 durch das Alpine Museum des Deutschen Alpenvereins erworben. (FK)

Ein Blick hinter die Museumskulissen

VON FREIA OLIV

*Ein Glücksfall ist dieses neue Schmuckstück im Alpinen Museum München: Marie Egner. Die Mainzer Hütte. Öl auf Holz, um 1900. Vor und nach der Restaurierung im Frühjahr 2010.
Fotos: Sonja Seidel, Wolfgang Pulfer*

Sammeln heißt auch Nein sagen – oder: Was kommt ins Museum?

»Mit den ganzen alten Skiern könnten wir ein Lagerfeuer anzünden und das haben wir quasi auch schon so gemacht.« Auch bei Fotoalben oder Bildern mit Sonnenaufgängen winkt Friederike Kaiser ab. Die Leiterin des Alpinen Museums München hat alle Hände voll damit zu tun, Unmengen von Angeboten abzulehnen. Allein im Münchner Sachgutdepot sind, nach diversen Entrümpelungsaktionen, immer noch 3500 Objekte zu verwalten. Dazu kommen die Stücke aus dem Kunstdepot: 5000 Blätter der größten alpinen Exlibris-Sammlung, 3750 Grafiken und 250 Gemälde. Braucht man da wirklich noch etwas Neues? Und soll man dafür auch noch Geld ausgeben? Zu 80 Prozent lautet die Antwort von Museumsleiterin Friederike Kaiser klar: Nein!

Nur selten wird Kaiser schwach: Was das Museum braucht, sind Repräsentanten der Bergsportgeschichte, der Entwicklung des DAV oder eines Stückes Alpingeschichte allgemein. Oftmals sind begehrte Objekte themenbezogen: Wie funktionierte der Hüttenbau? Wie kletterte man vor 80 und wie vor 30 Jahren? Da suchte Kaiser schon vergeblich nach Verschleißstücken wie Hanfseilen und lila-grüner Klettermode Jahrgang 1980. Wenn man bedenkt, dass jeder Karabiner, jede Socke, einfach alles erfasst, gekennzeichnet, fotografiert und somit inventarisiert und gut gelagert werden muss, ist klar, dass die Münchner nie alles, sondern nur exemplarisch sammeln können. Zwei ehrenamtliche Mitarbeiterinnen und eine hauptamtliche Kollegin unterstützen Kaiser bei dieser Sisyphos-Arbeit. Und Kommissar Zufall: Denn der hat bisher immer noch den Kick gebracht, wenn Kaiser mal wieder leidenschaftlich nach Entwicklungslinien forschte. Sei es nun die Skigeschichte von den frühen Norwegern bis hin zur Moderne, unterstützt durch alle möglichen Filme. Oder sei es das heikle Thema Helden am Berg, wo Kaiser ein Würfelspiel mit Hakenkreuzfähnchen entdeckte, das die Nanga-Parbat-Expedition der 30er Jahre dokumentierte und das sie telefonisch bei einer Auktion für läppische 25 Euro ersteigern konnte. »Es ist toll, wenn man mit solchen Objekten einen neuen Blick auf die Berge bekommt.« Und wenn man spürt, wie sehr Politik und Privates mit der Wirtschaft und der Gesellschaft verknüpft sind. Da lehrt uns die Geschichte im Museum auch, wie wir heute (noch) funktionieren.

Ein besonderer Moment für das Museum war der Herbst 2009: Plötzlich stand das Bild der Mainzer Hütte, gemalt um 1900, zum Verkauf an. Seit Jahrzehnten hing das Werk als Leihgabe in der Geschäftsstelle der Sektion Mainz: sichtlich gealtert, aber dennoch mit erheblichem Wert. Als die Eigentümerin nun das Bild verkaufen wollte, wurde man in der Sektion wach: Die Hütte mit ihrer wechselvollen Geschichte gehört zwar mittlerweile der Sektion Österreichischer Gebirgsverein, dokumentiert aber auch heikle Vereinsgeschichte im Vorfeld des Zweiten Weltkriegs und somit sollte das Bild doch nicht einfach verloren gehen. Friederike Kaiser und die Kunsthistorikerin und Sammlungsbetreuerin Martina Sepp reagierten schnell, mussten aber ihre ganze Überzeugungskraft aufbieten und einige Auktionskataloge wälzen: Denn die 70jährige Bildeigentümerin wollte auch etwas verdienen, und Gemälde der österreichischen Malerin Marie Egner haben schon Summen im fünfstelligen Bereich eingebracht. »Wir haben erklärt, dass ein Thema wie eine kleine Hütte im Hochgebirge nicht so mehrheitsfähig ist wie ein Großformat à la ›Rosen vor einem Bauernhaus‹«, berichtet Kaiser. Mit einer Portion Idealismus und mit Unterstützung der Mainzer Sektion ging der Handel klar. Und die Verkäuferin konnte noch Anekdoten von Franz Gill, dem Planer der Hütte, beisteuern: Sie war mit dessen Großneffen Herbert Gill verheiratet. So wurde plötzlich eine ganz private Geschichte aus dem Hüttenbild, das dann vor Ort von zwei Ehrenamtlichen abgeholt wurde.

Die Überraschung kam aber erst in München: In der Holztafel steckte ein Nagel, die Farben waren schon sehr nachgedunkelt und, wohl über einem Ofen deponiert, stark verrußt. Und einen neuen Rahmen brauchte das Bild auch. All das war nun Sache der Restauratorin: Drei Tage Arbeit waren nötig, bis das Bild wieder strahlte. Dabei bemerkte man dann: Die rechte Hüttenwand war nicht ungeschickt gemalt, sondern dokumentiert Teile der historischen Lawinenverbauung. Resümee der Mainzer Aktion: Nun hat das Münchner Museum ein gutes Bild einer renommierten Malerin, das Alpenvereins-, Hütten- und Familiengeschichte zeigt und zudem beweist, dass Frauen schon im 19. Jahrhundert malerisch (mit eigener Malschule für Frauen um 1920) und alpinsportlich tätig waren. Ein absoluter Glücksfall – wie ihn sich Friederike Kaiser sicher öfter wünscht.

Museum für Kinder: Klettern am Boulderstein im Garten des Alpinen Museums im Kurs Bergspitze, 2009.
Foto: Sylvia Fritsch

Wie vermittelt man auch schwierige Themen? Kippa mit Edelweiß und Enzian. Tel Aviv, 1950er Jahre.
Exponat aus der Münchner Austellung »Hast Du meine Alpen gesehen? Eine jüdische Beziehungsgeschichte«

Museum heißt mehr als nur Ausstellen: Ideen für ein Rahmenprogramm

»Mensch sind die hart!« staunt der Kleine. »Da kriegt man ja Blasen«, ist sich der Nächste sicher. Und ein weiterer Knirps meint: »Beim Fußball habe ich auch so ähnliche Zacken dran!« Trotzdem: Mit so schweren, genagelten Bergschuhen möchte auch er nicht gehen. Und erst die alten Seile: »Die lösen sich ja auf oder reißen ab.« Die rote Lawinenschnur finden die Kinder schon besser: Die würden die Kleinen des Kurses »Bergspitze« zum Sockenaufhängen hernehmen oder zur Wegmarkierung. Verlieren kann man das antike rote Stück ja auch nicht so schnell…. Später werden die Kinder selbst ein Seil knüpfen und erfahren, wie schwer das ist. Und damit sind sie schon mitten drin in der Alpingeschichte. Wer sagt da noch, Historie ist langweilig oder schwer zu vermitteln? Was sich das Münchner Alpinmuseum als Rahmenprogramm für Kleine und Große alles einfallen lässt, hat nichts mit Staub und Mief zu tun.

Da kann es sein, dass eine gelbe Gummiente über den Umweg Badewanne zur Sanatoriumsgeschichte von Meran führt. Dann waren die Jugendlichen unter dem Motto »Edelweiß und Kippa« unterwegs, bei dem sie sich anhand von Karten und Objekten selbst Themen erschließen und sich gegenseitig erzählen. Beim Workshop »Isar Kiesel« sind Schüler mit zwei Geologinnen draußen unterwegs, hämmern schon mal im Kalk herum und erarbeiten sich so die Gesteinsgeschichte. Für Unruhegeister stehen im Garten Bouldersteine, für unheimliche Geister stellt das Museum auch mal professionelle Märchenerzähler ein. Manche Kinder haben ihre eigenen Figuren erfunden, manche sind dem Märchenpfad bis zur Schatzkiste gefolgt. Die Museumspädagogin Sylvia Fritsch hat ein buntes Programm für alle Altersstufen zusammengestellt, das Workshops, Führungen und auch Abendevents bietet. Selbst an schwierige Themen wie »Hast Du meine Alpen gesehen? Eine jüdische Beziehungsgeschichte« werden Jung und Alt herangeführt.

Diese Ausstellung ist sowieso das Paradebeispiel dafür, wen und was man in einem Museum alles ansprechen kann: Vorträge, Filme, Lesungen und auch eine Wochenend-Exkursion vermitteln das für viele sperrige Thema »Juden in den Alpen«. Es geht um die Bedeutung jüdischer Bergsteiger und Künstler, Tourismuspioniere und Intellektueller, Forscher und Sammler und ihre Rolle bei der Entdeckung und Erschließung der Alpen. Seit Moses, dem »ersten« Bergsteiger der Geschichte, haben Juden in den Bergen nach spirituellen Erfahrungen und den Gesetzen und Grenzen der Vernunft gesucht. Im 20. Jahrhundert wurden die Alpen aber auch zum Kampfplatz der Politik und der Ideologien – hier wiederum eng verbunden mit dem Alpenverein. Für dieses ebenso schwierige wie spannende Thema bekamen die Münchner eine Steilvorlage aus dem Jüdischen Museum in Hohenems: Die Ausstellung und Teile der Veranstaltungsideen konnte man übernehmen, nun aber ging es darum, »das Thema über einen gewissen Zeitraum im Gespräch zu halten« und ganz verschiedene Interessenten anzusprechen. Museumsleiterin Friederike Kaiser setzte auf Kooperation und rannte damit offene Türen ein: Das Jüdische Museum, die Israelitische Kultusgemeinde München und Oberbayern und das Filmmuseum wirkten sofort mit, die Arbeit, die Kosten, das Fachwissen, aber auch das Ansprechen eines breit gestreuten Publikums verteilte sich somit auf viele Schultern. »Die Religionsgeschichte ist so komplex, das macht viel fundierter das Jüdische Museum. Dafür beleuchten wir dann die Alpingeschichte, die jüdischen Bergsteiger, auch den Antisemitismus im Verein«, erklärt Kaiser einen der Vorteile. Ein Jahr lang wurde zusammen mit Autoren, mit dem Bayerischen Rundfunk und dem Münchner Kulturreferat ein Konzept entwickelt, wurden Recherchen in Auftrag gegeben und Werbemittel publiziert. Im Fokus stehen jüdische Intellektuelle, biblische Berge oder koschere Hotellerie. Einer der Höhepunkte ist der Arnold-Fanck-Film »Im Kampf mit dem Berg«, zu dem Kompositionen des jüdischen, einst verfemten Komponisten Paul Hindemith live aufgeführt werden – vom internationalen Orchester Jakobsplatz München unter der Leitung von Daniel Grossmann. Der Alpenverein wird also konzertant – um dann wieder zu seinem ureigenen Metier zurückzukehren…

Das zweite Highlight des Programms ist nämlich die Exkursion zum Friesenberghaus: Kaiser überlegte lange, wie man jüdische Bergsteigergeschichte praxisnah vermitteln kann. »Aber ich kann ja nicht die Touren von Paul Preuss im Wilden Kaiser nachklettern lassen.« Die Idee für die Exkursion »Das Friesenberghaus – ein Zufluchtsort für jüdische Bergsteiger« war dann der Volltreffer: Nach antisemitischen Kampagnen im Deutschen und Österreichischen Alpenverein stellte Dr. Otto Häusler, stellvertretender Vorsitzender des Deutschen Alpenvereins Berlin, 1928 das Bauprojekt vor, das »ohne Berücksichtigung irgendwelcher politischer oder rassenpolitischer Forderungen« allen Unterkunft gewähren sollte. Die Berliner ebenso wie andere Gruppen hatten sich nach Aufkommen antisemitischer Tendenzen unabhängig vom Deutschen und Österreichischen Alpenverein gegründet. Von ihnen ist kaum etwas überliefert, die Mitglieder waren größtenteils Holocaust-Opfer oder mussten emigrieren. Das Friesenberghaus im Zillertal ist also eines der wenigen Monumente von jüdisch-liberalen Alpenvereinen. Bei der Exkursion geht es auch um die Dokumentation »Anklage Vatermord« von Martin Pollack. Und es kommen »Der alte Mann und die Berge« zu Wort: Dafür hat der österreichische Regisseur Lutz Maurer das Portrait des ehemaligen Hüttenwarts Joseph Braunstein verfilmt, der 1940 in die USA emigrierte.

Man sieht schon an diesem Beispiel, was Museumsarbeit auch heißt: das Aufdecken und Erschließen ganz neuer Quellen und Erkenntnisse. Und zwar möglichst von und mit jedermann. So exklusiv wie die Exkursion ist, so lebendig sind auch andere Projekte: Verschiedene Perspektiven auf die Alpen liefern jüdische Bergsteiger und Skisportler, Touristen, Badeärzte, Sammler, Forscher und Künstler für Jugendliche, die sich einer Sonderführung anschließen. Und wer es ganz persönlich mag, der ist »Ganz nah dran. Der Geschichte auf der Spur«. Mit Barbara Weiß vom Bayerischen Rundfunk erarbeiten Jugendliche ihre Beiträge, die im Radio gesendet werden. Das heißt: Das Museum ist zu Zeiten von Multimedia überall und für jeden präsent. Das zumindest haben sich die Münchner zur Aufgabe gemacht.

Objekte erzählen Geschichten und wecken Begeisterung: Führung im Alpinen Museum, 2008.
Foto: Erich Sperl

So viele kreative Köpfe stecken hinter der Ausstellung des Alpenverein-Museums Innsbruck: Das Team beim Sichten der Sammlungen im Depot. (v.l.) Mathias Schnegg (Gestaltung), Günther Moschig und Gabriele Rath (Konzept, Management), Gottfried Fliedl (wiss. Beirat), Philip Felsch (Kurator), Oskar Wörz (OeAV Präsidium), Uschi Gillmann (Gestaltung), Beat Gugger (Kurator), Veronika Raich (Alpenverein-Museum), nicht im Bild: Martin Scharfe (wiss. Beirat), Monika Gärtner (Alpenverein-Museum). Foto: Alpenverein-Museum Innsbruck.

Expedition zum Kunstolymp: Wie eine Ausstellung entsteht

Das Ziel ist ganz klar der Gipfel. Da steht er nun, der Bergsteiger, der Museumsbesucher, und er steht im weißen Nichts, geblendet, haltlos, erschöpft – oder glücklich? Wenn ein Bergsteiger seine ganzen, vielleicht monatelangen Vorbereitungen auf diesen einen Moment konzentriert und er dann oben ist, dann kann entweder ein adrenalingesteuerter Höhenflug einsetzen oder eine Welt zusammenbrechen. Wenn ein Gast die Raumfluchten des Alpenverein-Museums in der Innsbrucker Hofburg durchmessen hat, will er eigentlich endlich wissen, warum er, seine Freunde, seine Vorbilder dem Berg huldigen. Aber auch sie alle stehen vor einem kalkweißen Everest-Relief, umgeben von widersprüchlichen Zitaten, grauweiß auf weiß an der Wand kaum wahrnehmbar, verschwindend, vergänglich, ja unhaltbar wie die ganzen Begründungen für die Bergsteigerei. »Berge, eine unverständliche Leidenschaft« heißt die Ausstellung, die noch bis 2012 in Innsbruck zu sehen ist. Schon der Titel sagt, leicht ironisch: Hier waren keine Schulmeister am Werk, sondern Zweifler, Satiriker, Nachdenker und leidenschaftliche Museumsmacher. Sie haben es geschafft, dass man wie selbstverständlich ihren konträren Diskussionen und Ideen in der Ausstellung folgt. Was so leicht inszeniert wirkt, war in Wirklichkeit das Ergebnis einer dreijährigen Zusammenarbeit zahlreicher Experten.

700 Quadratmeter in der Hofburg für Tausende von Schweißtropfen, Hoffnungen und auch Enttäuschungen: Das ist weit mehr, als man sich eigentlich erwarten durfte in Österreich. Mit dem Umzug der AV-Sammlungen in ein neues Gebäude am Stadtrand wurden Ausstellungsräume zunächst sehr fragwürdig. Bis die Hofburg den neu sanierten Trakt anbot. Hier kann nun jeder seine eigene Bergtour unternehmen: Ausgerüstet mit einer Wanderkarte kann man bis zur Seufzerhütte bzw. durch zwölf Räume marschieren. Was man zur Eroberung der Leidenschaft, der Bilder und Theorien braucht? Von Packlisten von 1920 bis hin zu gerissenen Seilen, von Medikamenten bis zu Gondeln, von gewaltigen Ölbildern bis hin zu unüberschaubaren Gesteinssammlungen reichen die Exponate. Sie alle dienen dazu, möglichst viele Blickwinkel und Standorte zu erfassen. Da kann man gespannt sein, wenn man am Boden auf »männlich« steht, welche Dias dazu aufleuchten…. wenn man auf schräge Einbauten stößt, welcher Gedanke einem da in den Weg gestellt wird… oder ob man lieber in Erinnerungen schwelgt mit den Videos am Ende des Parcours. Für die Tour durch die eigene und 200-jährige, historische Bergerfahrung gibt es in jedem Raum eine tragende Assoziation: imaginieren – packen – schauen – gehen – Schwindel – rasten – festhalten – durchhalten – oben – erschöpft – hinunter – erinnern.

All das haben die Ausstellungsmacher genau so hinter sich: Monika Gärtner, Leiterin des AV-Museums seit 1997, erinnert sich an den ersten Workshop drei Jahre vor der Eröffnung. Zusammen mit vielen Fachleuten einigte man sich auf einen Leitgedanken: »Wir wollen das Erlebnis des Bergsteigens selbst mit Leib und Seele in den Mittelpunkt stellen. Jeder Besucher soll dabei auch etwas über sich selbst erfahren.« Damit waren die Weichen gestellt für einen neuartigen Erlebnisraum. Für das Konzept und Gesamtmanagement der bisher größten Alpenvereinsausstellung wurde Gabriele Rath und ihr Team engagiert. Nach Abklärung der

Finanzen durch Vizepräsident Oskar Wörz und Generalsekretär Robert Renzler bei öffentlichen Stellen, Hofburg und Sponsoren fiel auch die Entscheidung, wen und was man sich alles leisten kann: 650.000 Euro standen zur Verfügung, da konnte man einige Koryphäen an Bord holen und sich den Luxus eines Steuerungsteams (Gottfried Fliedl, Museumsakademie Joanneum in Graz und Martin Scharfe, Europäische Ethnologie in Marburg) erlauben. Bei den Kuratoren setzte man auf Gegensätze: Der Wissenschaftshistoriker Philipp Felsch und der Inszenierungskünstler Beat Gugger gaben die Leitlinien vor. Dann ging man auf die Suche nach den Ausstellungsobjekten, traf die Auswahl in den eigenen großen Sammlungen, legte fest, was man unbedingt ausleihen möchte.

Damit fing die Arbeit für die Ausstellungsgestalter Ursula Gillmann und Matthias Schnegg aus Basel an. Wie kann man nun einen Parcours legen durch den historischen und persönlichen Alpinismus, der zwischen Wohltat und grenzwertigem Ehrgeiz changiert, zwischen Bewegungsdrang und Forschungstrieb? Welche Wahrnehmung war und ist nötig, um aus dem Feindbild Berg eine begehrte Freizeitoase werden zu lassen? Die Ambivalenz der Berge wollte man nicht naturalistisch nachbauen, denn dann hätte die Seele gefehlt und das Gefühl zwischen Triumph und Scheitern. Man entschied sich schnell für assoziative Einzelszenen – und diskutierte lange, was dann zum »Gipfel« dazugehört. Ein Jahr war für die Objektauswahl nötig, so erzählt Veronika Raich, Mitarbeiterin des AV-Museums. Für jedes Stück musste man ein eigenes, dokumentarisches Blatt anlegen, teils Restaurierungen in Auftrag geben und jeweils die Ausstellungsarchitektur dafür entwerfen. Später wurden Tabletten oder Ampullen in ungewöhnlich Vitrinen eingespannt, Fotos in Leuchtsäulen montiert, Messkurven besorgt, Schuhe von der Decke gehängt oder die fulminante Sammlung Schlagintweit in ganzer Fülle laborähnlich ausgebreitet. Ein Relief in Kopfhöhe soll die Besucher zu den Bergriesen aufschauen lassen. Dafür kreierte man als Gegenpol eine Zuflucht im kuscheligen Schutzraum.

Gleichzeitig machte man sich daran, Texte zu entwickeln und zu übersetzen, Katalogbeiträge zu schreiben, Werbematerial zu konzipieren und Plakate, Flyer und ähnliches zu gestalten. Und während die Räume in der Hofburg weiter saniert wurden, griffen die Arbeiten immer mehr ineinander. Bevor die heiße Phase des Ausstellungsaufbaus begann, musste alles fertig sein. Denn dafür waren genau sechs Wochen Zeit. Das ehemalige AV-Museum wurde einstweilen als Arbeitsraum genutzt, ein Zimmer in der Hofburg diente als Depot, überall anders wurde fieberhaft gearbeitet: Restauratoren protokollierten und fotografierten die Ausleihen, die Innenarchitekten bauten ihre Vitrinen auf, die Beleuchter bedienten die Spots. Und für einen Kunsttransport, das riesige Bild des Wießbachhorns des berühmten Bergmalers Edward Theodore Compton, musste ein Kran installiert werden: Das Treppenhaus war zu eng, also seilte man auf die Straße ab. Standesgemäß sozusagen…

Die Gewalttour hat sich gelohnt: Der Alpenverein erhielt 2009 den Tiroler Museumspreis. Die Ausstellungsmacher wurden zudem für den Europäischen Museumspreis 2010 nominiert und stiegen mit weiteren 15 Auserwählten aus 60 Bewerbungen in den Kunstolymp auf. Wie war das noch: Das Ziel ist der Gipfel – der sich am Ende dieser langen Wanderung zweifach präsentiert. Einmal als ein angefüllter Raum voll Euphorie und Zufriedenheit und einmal als ein schneeweißes Nichts. Was nach 2012 sein wird, ist noch nicht beschlossen. Nur eines ist sicher: Es wird wieder eine anstrengende Expedition ins Unbekannte sein.

Bild oben: Prämierte Feinarbeit: Restauratorin Anna Buelacher (Atelier Eva Hottenroth, Wien) beim Aufbau der Ausstellung »Berge, eine unverständliche Leidenschaft«, 2007
Foto: Alpenverein-Museum Innsbruck.

Bild unten: Teamwork bis Mitternacht: Letzte Montagen im Raum »Rasten« der Ausstellung »Berge, eine unverständliche Leidenschaft«. (v.l.) Mathias Schnegg, Manuel Froschauer, Philipp Felsch, Beat Gugger, 2007
Foto: Alpenverein-Museum Innsbruck

Bild oben: Museum multimedial – so wie es sich die Schüler vorstellen: Die Homepage des Projektes MUSEUM ONLINE des Alpenverein-Museums Innsbruck. Alle Fotos: Alpenverein-Museum Innsbruck

Was tun die Dinge im Museum? SchülerInnen der HBLA WEST Innsbruck erkunden für das Projekt MUSEUM ONLINE die Ausstellung »Berge, eine unverständliche Leidenschaft«, 2009

Bild rechte Seite unten: So entsteht also ein Bergseil: Auch dieses hintergründige Märchen ist online nachzulesen unter http://tirol.mo10.museumonline.at/

Museum goes online: Kultur für die Jugend

Hermann Buhl hätte sich ganz schön gewundert. Seine Schuhe, die er bei der Erstbesteigung des Nanga Parbat am 3. Juli 1953 trug, haben ein Eigenleben bekommen. Und das auch noch im Internet. Was sie damals am »Schicksalsberg der Deutschen« erlebten, zeichnet sich vielleicht noch ein klein bisschen ab: Denn der eine Schuh ist stocksauer, dass er immer Schweißfüße durch unwegsames Gelände tragen muss. Sein Pendant ist eher ein bisschen stolz und sieht das als Vertrauensbeweis. Wer auch immer Recht haben mag, der Dialog wird unterbrochen, weil der Museumswärter kommt… So ist das im Internet nachzulesen. Die zweite Variante steht auch im Netz: Das ist eine Bilder-Liebesgeschichte zwischen den beiden Single-Bergschuhen Karl und Resi, die sich zufällig an einer Kreuzung treffen und sich in einem Gewitter näher kommen. Dass so viel Romantik in zwei alten Bergschuhen aus einem Museum steckt, das hätte sich wohl keiner träumen lassen. Genauso wenig denkt man wohl, dass sich heutige Schüler für alte Bergschuhe, für Buhl und die Historie oder auch nur für ein Museum interessieren.

Im Allgemeinen ist das auch richtig. »Museum – dies löst bei Jugendlichen maximal ein müdes Gähnen aus«, weiß Veronika Raich vom Alpenverein-Museum Innsbruck nur zu gut. Die Museumspädagogin entwickelt im Team seit zehn Jahren Programme für verschiedene Besuchergruppen von Sektionen über Senioren bis hin zu Kindern. Die Betreuung reicht dabei von einem langfristigen Zwei-Tages-Kulturprogramm für eine Sektion bis hin zu Besuchen von Schulklassen für eineinhalb Stunden. Selbst die Tirolwerbung nutzt das Museum, Sportlerehrungen werden hierher verlegt. Aber die Jugendlichen assoziieren mit einem AV-Museum immer noch primär »eine verstaubte Einrichtung für alte Herren, die langweilige Heldentaten erzählt«. In Innsbruck ist das anders: Hier ziehen lebendige Seilschaften durch die Ausstellung »Berge, eine unverständliche Leidenschaft« in der Hofburg. Man versucht, den Dialog zu fördern, Alltags- und Ichbezug einzubringen. Das aber tun Jugendliche heutzutage vorwiegend im Internet.

Da kam das Projekt »Museum online« genau richtig: Das ist eine Initiative des Bundesministeriums für Unterricht, Kunst und Kultur sowie Kulturkontakt Austria, wobei jährlich je ein Museum pro Bundesland in Kooperation mit zwei Schulklassen teilnimmt. Ziel ist dabei, die Zusammenarbeit von Museen und Schulen und den Einsatz von innovativen Technologien zu fördern. Vera Bedin (Projektleitung) und Irmgard Mellinghaus, Kulturvermittlerinnen des Alpenverein-Museums, besuchten die Jugendlichen in den Klassen, experimentierten und diskutierten mit ihnen, spornten sie an und schufen im Museum eine ungezwungene Atmosphäre samt Teeküche. »Ein ganzes Schuljahr mit den Jugendlichen in Kontakt zu sein« empfanden sie als Besonderheit von »Museum online«. Zum Schuljahres-Ende erstellen dann die Schüler eine Homepage (http://tirol.mo10.museumonline.at/).
Zuletzt war das Thema dabei eben: »Museumsobjekte erzählen Geschichten.«

Das müssen, wie man bei den Bergschuhen sieht, nicht immer die originalen sein. Die 26 Jugendlichen der 4a des Bundesrealgymnasiums Imst haben ihre völlig eigenen Berggeschichten entwickelt: Da wurde aus der Radioreportage von 1935 über die erste Gondelfahrt auf den Säntis plötzlich die Geschichte der abgetakelten Gondel, die im staubigen Museum steht und sich zu Tode langweilt. »Wenn ich doch nur eine Sauna wäre… Da hätte ich nie den eisigen Stürmen trotzen müssen und es immer warm gehabt!! Man würde mich heute noch achten und pflegen, als wäre ich ein Kind der Familie…« lamentiert da das alte Ding. Und hegt ganz leise die Hoffnung, dass es trotzdem einmal ins Museum kommt….

Hier spiegeln sich doch allerhand Urteile, Vorurteile und Nachdenklichkeit wider. Genauso wird aus Bergführer-Abzeichen die Geschichte eines Edelweiß', das bedauert, dass es gepflückt wird. Und aus einem Gamsbild von 1923 wird eine Sage, bei der ein blutrünstiger Jäger verflucht und am Ende zu einem guten Menschen wird. Da spürt man, wie sehr sich Sichtweisen ganz im Sinne des Umwelt- und Tierschutzes geändert haben.

Die Möglichkeit, Eigenes zeit- und computernah ausdrücken zu können, lockte die Schüler nicht nur ins Museum. Zum Erstaunen des Lehrers Willi Pechtl vom Borg Imst waren sie auch gerne bereit, daheim noch weiter zu arbeiten, Kataloge zu durchforsten und Bilder zu gestalten. Es reizte die Schüler, die Dinge aus dem Kontext zu reißen und sie zum Sprechen zu bringen. Zuerst wurde dafür ein Objekt erforscht: Was hat das Stück mit einem Museum zu tun? Was hat das mit Bergen und mit mir zu tun? War es nur ein Gebrauchsgegenstand, verstecken sich dahinter Rollenklischees oder gesellschaftliche Ideen? Mit einem eigenen Objekt versuchten die Schüler dann zu erfassen, was es heißt, Dinge ins Museum zu stellen. Zu den Lieblingsobjekten überlegte man sich dann: Was kann ein Ding noch? Kann man es verwandeln? Was für Geschichten gibt es noch? Nicht nur vor Ort in Innsbruck wurde heftig weitergearbeitet, auch im Kunstunterricht überlegte man sich die Umsetzung insbesondere unter dem Aspekt Neue Medien.

Dabei sind die Favoriten eindeutig Bildergeschichten: Dafür hat man online mehr Zeit und Platz als im Museum. Sei es nun für die Igeldame Lilly, die in Animationsmanier ihre Naturerfahrung erzählt. Seien es die Bergführer-Abzeichen, deren Edelweiß diesmal die Sage einer Heilpflanze erzählen und zum Tapferkeitsorden werden. Die 18 Schülerinnen der 5b der HBLA-West haben mit ihrer Lehrerin Sabine Falch den Blick durch ganz verschiedene Brillen gewagt. In Anlehnung an eine rassige Gletscherbrille von 1930 zeichneten sie ganz im Modedesigner-Stil heutige Varianten und Rollenklischees: »Wer könnte sich einen muskulösen Macho mit einer Oma-Brille, welche die Augen um das 10-fache vergrößert, vorstellen?« Auch bei einem anderen Team geht es direkt um Wahrnehmung und moderne Auffassungen. Dafür wurde wiederum die »Zlatorog-Gams«, ein »Ölschinken« von Carl Huck von 1923, in zehn Detailaufnahmen zerlegt und jede Assoziation dazu in Stichworten festgehalten. Aus Kitsch wird nun Kritik – und am Ende steht die Frage: »Was sehen Sie?«

Beim Thema »Frau am Berg« kommt man dann endgültig ins Grübeln: Hier wird das Leben einer 85-jährigen verglichen mit einer Bergtour. Interview und Biographie zeigen den Sport und das Leben in anstrengenden Etappen mit einem fragwürdigen Gipfelziel. Hier befassen sich die Jugendlichen also auf überraschende Weise auch mit den Lebensphilosophien verschiedener Generationen. Ähnlich wie bei den »Fadenkindern«: Das gerissene Seil von einem Bergunfall am Matterhorn 1993 gab Anlass für ein vertraktes Verknot-Spiel: Das wurde von den Erwachsenen abgekupfert und führte zur Berufsgruppe des Bergseils. Und heute noch, so steht es da geschrieben, reißt der Faden immer dann, wenn sich Erwachsene und Kinder streiten…

Bild oben: Bergmode ohne rosarote Brille – Der kritische Blick der 5b der HBLA West auf die Innsbrucker Ausstellung »Berge – eine unverständliche Leidenschaft«.

Bild Mitte: Mit etwas Schüler-Fantasie wird aus Bergführer-Abzeichen ein liebevoller Edelweiß-Orden: Ergebnis des Online-Projektes des Alpenverein-Museums Innsbruck.

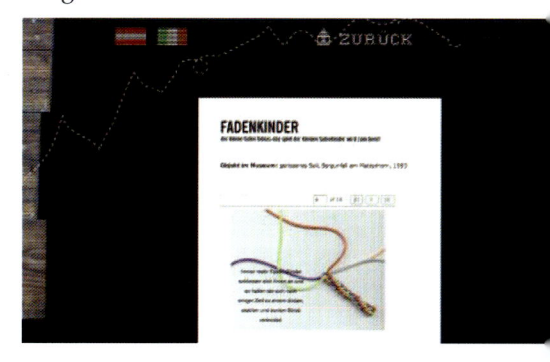

Wie die Berge in die Stadt kamen
Ausstellungen der Sektionen des Alpenverein Südtirol

VON INGRID RUNGGALDIER UND FLORIAN TROJER

»Ein begeistertes Publikum und volle Säle!« resümierte die Sektion Hochpustertal die Reaktionen auf die Ausstellung »Schöne Grüße! Tanti saluti!« im Herbst 1998 in Toblach und Niederdorf. Mit großem, vor allem auch ehrenamtlichem Einsatz und viel Liebe zum Detail hatte die Sektion in Zusammenarbeit mit dem Alpenverein-Museum Innsbruck die Postkartenausstellung zum Thema »Die Drei Zinnen oder Eine kleine Geschichte vom Blick aufs Gebirge« realisiert.

Begeisterung beim Publikum hervorrufen, die Besucher in den Bann ziehen, das sind zwei der wichtigsten Ziele, die mit einer Ausstellung erreicht werden sollen. Grundlegende Voraussetzung dafür ist allerdings die Begeisterung bei den Organisatoren selbst, die sich in der Ausarbeitung der Projekte widerspiegelt und wie ein Funke auf das Publikum überspringt. Genau von dieser Begeisterung zeugen die vielen kulturellen Aktivitäten, die die Sektionen des Alpenverein Südtirol (AVS) in den letzten beiden Jahrzehnten umgesetzt haben.

Bücher wurden herausgegeben, Vorträge organisiert, Filme vorgeführt, humanitäre Projekte unterstützt, die Bibliothek ausgebaut, Archive bearbeitet und eben auch kleine, aber feine Ausstellungen organisiert: unmöglich auf vier Seiten die gesamte Bandbreite der Aktivitäten im Detail vorzustellen. Passend zum diesjährigen Themenschwerpunkt des Jahrbuchs, dem 100. Geburtstag des Alpinen Museums, stellen wir deshalb an dieser Stelle einige der Ausstellungen vor, die in den letzten beiden Jahrzehnten von den Sektionen des Alpenverein Südtirol organisiert und unterstützt wurden.

»**Erwin Merlet: Maler und Bergsteiger**«
Anlässlich des 125-jährigen Jubiläums ihrer Gründung organisierte die Sektion Bozen 1994 im Foyer des Waltherhauses in Bozen eine Ausstellung mit Werken Erwin Merlets. Der 1887 in Wien geborene Merlet war bereits mit 8 Jahren mit seiner Mutter nach Meran gekommen, wo er erste Bergerfahrungen sammelte. Nach der Schule entschied sich Merlet auf Wunsch seiner Mutter gegen die Kunstakademie und studierte in Innsbruck Medizin. Schon bald nach seinem erfolgreich abgeschlossenen Studium widmete er sich aber wieder der Kunst. 1913 konnte sich Merlet seinen Jugendtraum erfüllen und die Akademie in München besuchen.

Der Erste Weltkrieg beendete schließlich endgültig seine Ausbildung. Nach den ersten Kriegseinsätzen in Serbien wurde Merlet als Ausbilder für die österreichische Gebirgstruppe nach Gröden berufen, wo er sich voll und ganz dem Bergsteigen widmen konnte. Als Kletterer lief Erwin Merlet in dieser Zeit zur Höchstform auf. Beson-

Erwin Merlet: Maler und Bergsteiger. Anlässlich des 125-jährigen Jubiläums ihrer Gründung veranstaltete die Sektion Bozen 1994 im Foyer des Waltherhauses in Bozen eine Ausstellung mit Werken Erwin Merlets.
Foto: Richard Gabloner

ders bekannt ist die Erstbesteigung der Schleierkante an der Cima della Madonna in der Palagruppe mit Günther Langes am 19. Juli 1920.

Die am Berg gesammelten Eindrücke flossen vielfach in die künstlerischen Arbeiten Merlets ein. In seinem Atelier arbeitete er intensiv an seinen Bildern, Skizzen und Graphiken. Obwohl viele davon Auftragsarbeiten waren, blieb der erhoffte finanzielle Erfolg aus, Merlet konnte nie von seiner Leidenschaft leben. Nach seinem frühen Tod im Jahre 1939 wurde Erwin Merlet in Völs am Schlern begraben.

Die Ausstellung in Bozen zeigte einen bunt gemischten Querschnitt aus Erwin Merlets Lebenswerk als Künstler. Neben den beeindruckenden, großformatigen Bergbildern und Porträts zeugten vor allem auch die vielen Skizzen, Graphiken und Ex Libris von Merlets vielfältigem Talent und seiner Liebe zum Detail. Bis heute verwendet die Bibliothek des Alpenverein Südtirol ein Ex Libris von Erwin Merlet.

Die Sektion Bozen gedachte mit der Ausstellung also nicht nur eines ausgezeichneten Alpinisten, sondern auch eines großen Bergmalers.

»Edward Theodore Compton« zum 50jährigen AVS-Jubiläum

Ein weiteres Highlight fand anlässlich der Feiern zum 50jährigen Bestehen des Alpenverein Südtirol 1996 statt. Auf Schloss Maretsch stellte der Alpenverein Werke des englischen Bergmalers Edward Theodore Compton aus. Compton, selbst begeisterter Bergsteiger, war viel in den Südtiroler Bergen unterwegs, vor allem die Dolomiten hatten es ihm angetan. 1871 waren die Dolomiten das erste Mal das Ziel seiner ausgeprägten alpinen Reisetätigkeit, in den darauffolgenden Jahren finden sich immer wieder Südtiroler Berge in seinem Tourenbuch. Welches Niveau Compton als Bergsteiger erreichte, zeigt seine Erstbegehung der Großen Fermeda Südwand zusammen mit Michele Bettega, Karl Schulz und T.G. Martin 1887.

Die Vajolettürme von Edward Theodore Compton waren eines der Highlights der Compton-Ausstellung 1996 auf Schloss Maretsch in Bozen.
© Alpenverein-Museum Innsbruck

Auf seinen Bergtouren fertigte Edward Theodore Compton Skizzen an, die er später im Atelier zu Ölbildern weiterverarbeitete, die in den bürgerlichen Schichten finanzkräftige Interessenten fanden. Diese Arbeitsweise brachte ihm den Titel ein, einer der ersten Maler zu sein, der die Berge nicht nur von unten betrachtete, sondern das Bergerlebnis vor Ort in Skizzen festhielt. Nur so lässt sich die fotografische Präzision nachvollziehen, mit der Compton seinen Betrachter die Bergwelt erfahren lässt. Die Compton-Expertin Verena Habel bringt die Faszination, die von seinen Bildern ausgeht, auf den Punkt: »Bei Comptons Bildern handelt es sich um keine bloße Widergabe einer Landschaft, sie treffen die Seele des Berges. Es hat sicher größere Maler gegeben, die sich Berge und Gebirge zum Thema nahmen. Aber keiner vor ihm und nach ihm hat den Bergsteigern mit künstlerischer Hand über das Hochgebirge als Wirklichkeit und Erlebnis so viel auszusagen vermocht wie Edward Theodore Compton.«

Die ausgestellten Bilder wurden dem AVS zum Großteil vom Alpenverein-Museum Innsbruck zur Verfügung gestellt, das über die größte öffentlich zugängliche Compton-Sammlung verfügt, darunter auch solchen, vor allem aus Südtiroler Sicht, beeindruckenden Exponaten wie den »Vajolettürmen«. Die Ausstellung war sehr gut besucht und bildete den Höhepunkt im Rahmenprogramm zu den 50-Jahr-Feiern des Alpenverein Südtirol.

Postkarte mit Drei Zinnen in der Ausstellung »Schöne Grüße! Tanti Saluti!«
Nach dem Ersten Weltkrieg setzte sich die Nordansicht der Drei Zinnen gegen die Südansicht als Postkartenmotiv durch.
© Alpenverein-Museum Innsbruck

»Die Drei Zinnen oder Eine kleine Geschichte vom Blick aufs Gebirge«

Die Drei Zinnen sind wahrscheinlich ähnlich wie das Matterhorn eine der am meisten abgelichteten Bergkulissen überhaupt. Das Motiv der drei Dolomitengipfel ist im kollektiven Gedächtnis von Einheimischen und Touristen fest verankert und wurde über Jahrzehnte als Postkarte über die ganze Welt verbreitet. Die Entwicklung der Drei Zinnen von einer bis ins 19. Jahrhundert kaum bekannten Gebirgsansicht hin zu einem landschaftlichen Markenzeichen thematisierte die bereits eingangs erwähnte Ausstellung »Schöne Grüße! Tanti Saluti!« in Niederdorf und Toblach. In Ansichtskarten aus fünf Jahrzehnten – von der Jahrhundertwende bis in die 1950er Jahre – ging die Ausstellung der Frage nach, wie die Drei Zinnen zu einer legendären Sehenswürdigkeit geworden sind, von der Tausende von Postkartengrüßen sagen: »Hier ist es schön«.

Die heute allseits bekannte Ansicht von Norden war nicht von Anfang an die verdichtete und »einzig wahre« Perspektive auf die drei Felspfeiler. Sie musste sich erst gegen andere Blickachsen und Inszenierungen durchsetzen. Vor dem Ersten Weltkrieg zeigten die Postkarten die Drei Zinnen oft von der Südseite, vom Misurinasee aus. Zwischen den beiden Perspektiven lagen einerseits vor allem der Krieg und die Verschiebung der nationalen Grenzen, andererseits aber auch neue Horizonte im Alpinismus. Die klassischen Alpennordwände wurden zu den »letzten Problemen« der Alpen erkoren.

Solche Geschichten erzählen die in der Ausstellung gezeigten 161 ausgewählten Ansichtskarten. Vordergründig hatten sie alle dasselbe Motiv: Die Drei Zinnen. Bei genauerem Hinsehen offenbaren die Bilder vor dem immer gleich bleibenden Hintergrund der drei Felstürme ständig neue Elemente, je nachdem welches Inventar der Zeitgeist vorgibt, von der Brücke über den Wasserfall, die Schutzhütte, den Bergsteiger mit Fernglas bis hin zur Kanone.

Zu sehen war die Ausstellung 1998 im Ansitz Biedeneck in Toblach und im Haus Wassermann in Niederdorf, 2002 nochmals im Rahmen der Freizeitmesse in Bozen. Damit hat die AVS-Sektion Hochpustertal die ausgestellten Postkarten sozusagen an den Ort des Geschehens gebracht. Organisiert wurde die Ausstellung in Zusammenarbeit mit dem Alpenverein-Museum in Innsbruck.

»Sehr großen Zuspruch und enormes Interesse« weckte das breite Rahmenprogramm bei den Besuchern. Neben Vorträgen und Diskussionen zu alpinen und historischen Themen bildeten vor allem zwei Podiumsdiskussionen den Höhepunkt der Veranstaltungsreihe. Rainer Kauschke, Peter Siegert und Christoph Hainz diskutierten über »Die Überwindung des Unmöglichen« und loteten damit die Grenzen des modernen Alpinismus aus. Auch zum Thema Grenzen, allerdings über ihre Notwendigkeit, unterhielten sich Naturschutz- und Tourismus-Experten in der Podiumsdiskussion »Werbeträgerin Natur – Die (un)aufhaltsame Vermarktung von Natursymbolen im Alpenraum«.

»Rundum Berge« im Jahr der Berge 2002.

Die Sektionen Sterzing, Bruneck und Bozen veranstalteten im Rahmen des »Internationalen Jahres der Berge 2002« in Zusammenarbeit mit dem Österreichischen Alpenverein eine Ausstellung alpiner Faltpanoramen. Die Welt dieser gedruckten Rundsichten wurde dem Publikum in ihrer ganzen faszinierenden Vielfalt präsentiert. Sie reichte von kleinen, 30-40 cm langen, nicht kolorierten Drucken bis hin zu mehrere Meter langen, aufwändig gezeichneten und kunstvoll übertragenen Bildern.

Die Exponate aus der Sammlung des Alpenverein-Museums in Innsbruck waren in mehrfacher Hinsicht eine Wiederentdeckung. Ihre Hochblüte erlebten die massenhaft vervielfältigten Bergbilder bereits im 19. Jahrhundert. Auch wenn sie heute fast in Vergessenheit geraten sind, haben sie die Wahrnehmung des Gebirges bis in unsere Zeit maßgeblich geprägt.

Die ausgestellten Rundsichten erlaubten außerdem einen interessanten Blick auf die Anliegen der Alpenvereine in den ersten Jahrzehnten ihres Bestehens. Erwandern und erschließen, erobern und erforschen, benennen und bebildern, so näherte man sich dem Gebirge an. Faltpanoramen zeigen das auf eindrucksvolle Weise.

Die sehr gut besuchten Ausstellungen im Vigil Raber-Saal in Sterzing, im Ragenhaus in Bruneck und in der Europäischen Akademie (EURAC) in Bozen wurden wiederum von einem breiten Rahmenprogramm begleitet.

Die vier vorgestellten Ausstellungsprojekte bieten lediglich ein Streiflicht auf die umfangreichen kulturellen Aktivitäten der Sektionen des Alpenverein Südtirol. Neben Ausstellungen bilden vor allem auch Vorträge und Publikationen einen Schwerpunkt. Multivisionsvorträge mit alpinen Größen, wie zum Beispiel Stefan Glowacz, den Huber-Brüdern oder Lothar Brandler fanden meist vor ausverkauften Sälen statt. In Publikationen wurden vor allem auch bekannte Südtiroler Alpinisten gewürdigt. So erschien auf Anregung des AVS die Autobiographie Lutz Chickens unter dem Titel »Durchs Jahrhundert. Mein Leben als Arzt und Bergsteiger«. Ein weiteres, vom AVS unterstütztes interessantes Projekt ist der 2002 präsentierte Dokumentarfilm »Frauen im Aufstieg. Streifzug durch die Alpingeschichte« von Ingrid Runggaldier und Wolfgang Thomaseth.

Neben diesen »klassischen« Bereichen der Kulturarbeit in den Alpenvereinen hat sich der AVS auch für die Kultivierung des gemeinsamen Singens und des traditionellen Liedguts eingesetzt. Die AVS-Singgemeinschaft Unterland ist seit 1987 ein klangvolles Beispiel für dieses Bestreben.

Abschließen soll diesen Bericht ein Projekt, das von Anfang an viele Anhänger im AVS gefunden hat. Seit 2002 unterstützt der Alpenverein Südtirol in einem Patenschaftsprojekt die Schulausbildung nepalesischer Sherpa-Mädchen. Jedes Jahr wird so mehreren Kindern der Schulbesuch ermöglicht und damit neue Lebensperspektiven eröffnet.

»Rundum Berge«: Die Ausstellung alpiner Faltpanoramen war 2002 in Bozen, Sterzing und Bruneck zu sehen. © Alpenverein-Museum Innsbruck

Der Alpenverein wandert nicht nur!
Ausstellungen der Sektionen des Deutschen Alpenvereins

VON FRIEDERIKE KAISER

Bild oben:
Wangtu Bridge.
Foto: Josef Sartorius

Bild Mitte:
Hermann von Schlagintweit. Satlej-Einschnitt bei der Wangtu-Brücke. Kohle auf Papier, 1856.
Alpines Museum des Deutschen Alpenvereins

Bild unten:
Blick in die Ausstellung der Sektion Hildesheim, 2009.
Foto: Sektion Hildesheim

Seit rund zehn Jahren organisiert die **Sektion Freiburg im Breisgau** regelmäßig Ausstellungen. Ihr Engagement begann mit einer Schau von künstlerischen und kunsthandwerklichen Arbeiten von Mitgliedern der Sektion, es folgte eine Präsentation von fotografischen Arbeiten zum Thema Berge.

Die Ausstellungen hatten eine so gute Resonanz, dass die Verantwortlichen nicht nur beschlossen, dieses Programm fortzusetzen, sondern mit diesen an eine noch breitere Öffentlichkeit heranzutreten. Im Jahr 2003 übernahm die Sektion Freiburg zusammen mit dem Freiburger Adelhausermuseum vom Alpinen Museum in München die Ausstellung »Ansichten vom Berg«, die die Vielfältigkeit und die Veränderung von Bergdarstellungen mit rund achtzig hochkarätigen grafischen Blättern, unter anderem von Albrecht Dürer, Alexander Kanoldt und Erich Heckel darstellte. Die Ausstellung war für alle Seiten so erfolgreich, dass die Sektion zusammen mit dem Adelhausermuseum eine weitere Ausstellung über die Himalayaforscher Adolph, Hermann und Robert Schlagintweit konzipierten, die deren Aquarelle mit Fotografien des Freiburgers Josef Sartorius kombinierten. Sartorius war den Routen der Schlagintweits nachgereist und hatte am Standort der Aquarelle Fotografien angefertigt, wodurch der historische mit dem zeitgenössischen Blick verglichen werden konnte. Das letzte große Projekt zeigte historische Bergfotografien von den Anfängen bis zum Ersten Weltkrieg in der Ausstellungshalle der Sparkasse Freiburg. Auch hier konnte wieder eine Ausstellung des Alpinen Museums übernommen werden, die mit einem regionalen Kapitel angereichert wurde.

Auf die Frage, wieso sich die Sektion Freiburg so im Bereich Ausstellungen und Kultur engagiere, antwortete der zuständige Öffentlichkeitsreferent Götz-Peter Lebrecht, dass es wichtig sei zu zeigen, »dass der Alpenverein nicht nur wandert«. Als größter Verein in Südbaden fühle sich die Sektion verpflichtet, sich aktiv für die Kunst, Geschichte und Kultur zu engagieren. Alpinismus sei nicht nur »horizontale und vertikale Bewegung. Es ist die Auseinandersetzung mit der Natur, der in Jahrhunderten entstandenen Kultur, der Geschichte, der Ökologie, der Grenzen menschlichen Handels und der Kameradschaft.« Die Strategie von Lebrecht, den Alpenverein als gesellschaftlich aktive Kraft in Freiburg zu installieren, ging auf. Die letzten Ausstellungen wurden durch den Oberbürgermeister persönlich eröffnet und jeweils von mehreren tausend Menschen besucht. Bei rund 200.000 Einwohnern lernte so ein erheblicher Teil der Freiburger Bürger den Alpenverein auf eine für einen Bergsportverein eher unkonventionelle Weise kennen. Sicher trägt dieses kulturelle Engagement nicht unerheblich auch zum Wachstum der Sektion Freiburg und zur Bindung der inzwischen achttausend Mitglieder bei. »Die Ausstellungen helfen, dass sich die Mitglieder auch emotional und intellektuell angesprochen fühlen«, so Lebrecht.

Die **Sektion Hildesheim** in Niedersachsen nahm ihr 120jähriges Vereinsjubiläum zum Anlass, eine Ausstellung zur jüngeren Geschichte des Deutschen Alpenvereins und des Bergsports zu zeigen. Auch hier wurde eine Ausstellung des Alpinen Museums angereichert mit einem umfangreichen Kapitel zur Tätigkeit der Sektion Hildesheim. Publikumsmagnet war ein professionell gedrehter Film über die Hildesheimer Hütte. Ähnlich wie in Freiburg schaffte es auch die alpenferne Sektion Hildesheim mit dem Foyer des Rathauses einen renommierten und höchst frequentierten Ort für ihre Ausstellung zu bekommen. Für den Sektionsvorsitzenden Bernhard Kaiser war die Jubiläumsschau ein wichtiger Teil der Öffentlichkeitsarbeit der Sektion. Sie half, den Alpenverein in der Politik, bei Partnern und auch beim breiten Publikum wesentlich bekannter zu machen. Mehrere Schulklassen besuchten die Ausstellung, einige Zeitungsartikel und ein Radiobeitrag erschienen.

Die oberbayerische **Sektion Traunstein** machte mit zwei selbst konzipierten Ausstellungen auf sich aufmerksam. Als einer der ältesten und größten Vereine der Stadt beteiligt sich die Sektion schon lange mit Theateraufführungen und Lesungen am kulturellen Leben der Stadt, wie der Vorsitzende Alfhart Amberger erzählt. Anlass für ihr neues Tätigkeitsfeld war die Mitgliedschaft des renommierten Künstlers Walter Angerer der Jüngere in der Sektion, der sich in seinen Werken mit den Bergen und dem Bergsteigen intensiv auseinander setzt. Die umfangreiche Schau »Berge erzählen«, für die zahlreiche »Berg-Werke« Angerers zusammen getragen wurden, eröffnete die Sektion mit Unterstützung der Stadt im Herbst 2008. Bereits ein Jahr später präsentierte die Sektion Traunstein ein neues Ausstellungshighlight. In einer umfangreichen Schau widmete sie sich der Geschichte der Sektion in ihren ersten hundert Jahren. Mit zahlreichen eindrucksvollen Exponaten, die von privaten Leihgebern, Museen und aus Sektionsbesitz stammten, wurden bedeutende Bergsteiger und die Aktivitäten der Sektion vorgestellt, aber auch die wichtige Stellung, die die Sektion von Anfang an in der Stadt Traunstein einnahm. Eine weitere Ausstellung zur jüngeren Geschichte der Sektion ist bereits in Planung.

Neben den drei hier vorgestellten Sektionen gehören Ausstellungen und andere kulturelle Aktivitäten wie Vorträge und Filmfestivals auch in zahlreichen anderen Sektionen zum Angebot für ihre Region. Alle eint, dass die dazu notwendige umfangreiche Arbeit auf ehrenamtlichem Engagement beruht und zusätzlich zur normalen Sektionsarbeit erledigt werden muss. Meist in einem kleinen Team, in das auch Fachleute aus der Sektion wie Architekten, Grafiker und Redakteure nach Möglichkeit eingebunden sind, werden Verhandlungen geführt, Transporte und Aufbau organisiert, mit den Medien gesprochen und die Bewachung der Objekte durchgeführt. Letztlich wurden die Ausstellungen jedoch nicht nur von den Besuchern, sondern auch von allen Beteiligten sehr positiv gesehen. »Reflektion ist ein wichtiger Teil unserer Arbeit«, könnte das Motto lauten, das die Sektionen mit ihrem Engagement im kulturellen Bereich nach innen und außen transportieren.

Bild oben: Ausstellung von Bergsportausrüstung aus dem Zeitraum von 1900 bis 1964 im Heimathaus Traunstein, 2009. Foto: Hans Helmberger

Bild unten: Walter Angerer der Jüngere. Die Berge bei Arosa, 2007. Aquarell. Aus dem Buch »Berge erzählen« von Walter Angerer d.J., 2008.

Der Berg allein ist nicht genug
Streifzug durch die Kulturarbeit in den Sektionen des Österreichischen Alpenvereins

von Veronika Raich

Ausstellungen bildeten im ganz frühen Vereinsleben von Alpenvereins-Sektionen, einen gern angenommenen ästhetischen Hintergrund für die Jahreshauptversammlungen. Sie animierten die Delegierten zum Flanieren und Verweilen zwischen alpinen Gemälden, Lithografien, Skizzen, Panoramen, Karten, Reliefs, Büchern, botanischen und mineralogischen Sammlungen, Holzschnitzereien und vielem anderen mehr. Sie waren Erinnerungsquelle und Inspiration in Einem. Im fernen Jahr 1880 war in der Zeitschrift des Deutschen und Oesterreichischen Alpenvereins zu lesen: »Der Gedanke, die Alpenwelt ihren Freunden nicht nur durch Wege und Hütten, sondern auch durch bildliche Darstellung zu erschließen, hat die Section Austria zu der Gründung einer Kunstabtheilung bewogen, deren Thätigkeit sich auf die Ausstellung und den Ankauf, beziehungsweise die Bestellung von Bildern alpinen Charakters erstreckt.«[1]

Außer die »Schöne Dekorative« für das Großereignis Jahreshauptversammlung zu geben, bedeutete Kulturarbeit in Sektionen von jeher auch, und speziell in den langen Wintermonaten, die Mitglieder, und solche die es werden wollten, durch wissenschaftliche und touristische Vorträge, unter anderem auch aus dem Fundus der Laternbildsammlung des Deutschen und Österreichischen Alpenvereins, zu unterhalten, zu beeindrucken und zu gewinnen.

Heutzutage »schenken« sich Sektionen zu ihren Jubiläen schon mal gerne eine Sonderausstellung und nützen sie, um ihre Vereinsgeschichte, ihre Beziehung zu den sie umgebenden Bergen, zu reflektieren und zu zelebrieren.

Nachstehend nur zwei Beispiele aus den letzten Jahren für wirklich gelungene Kulturarbeit auf hohem Niveau und von bestechender organisatorischer wie auch inhaltlicher Qualität:

Alpenvereinsbezirk Montafon:
Die Ausstellung »*Mensch & Berg – Eine faszinierende Welt zwischen Lust und Last*« des Heimatschutzvereines Montafon mit dem Alpenvereinsbezirk Montafon als Projektpartner, fand im Sommer 2009, anlässlich seines 125-jährigen Jubiläums statt.

Diese Ausstellung, die sich über vier Orte erstreckte, thematisierte sowohl die Geschichte des Alpinismus im Montafon und den umliegenden Bergen in allen Facetten, als auch die Entwicklung des Alpenvereins, der hier bereits im Jahr 1883 gegründet wurde.

Fotografie und Malerei von Mathias Schmid und E.T. Compton, letzteres als Leihgaben des Alpenverein-Museums Innsbruck, Literatur und Erinnerungen von Zeitzeugen, bildeten die Schwerpunkte am ersten Ort: dem Heimatmuseum Montafon in Schruns.

Am zweiten Ort, im Frühmesserhaus am Bartholomäberg, konnte man einen wunderbar freien Blick auf das Montafoner Bergpanorama genießen und erlebte die Geschichte des 1657 erbauten Hauses als Schauerlebnis.

Folder zur Ausstellung: »*Mensch & Berg! Eine faszinierende Welt zwischen Lust und Last*« des Heimatmuseums Montafon gemeinsam mit dem Alpenvereinsbezirk Montafon. 2009

[1] Zeitschrift des Deutschen und Österreichischen Alpenvereins, Jahrgang 1880, S.465

Den Spuren Eugenie Goldsterns, die die Nationalsozialisten zu verwischen versuchten, die dafür aber von der Geschichtswerkstatt Silbertal und den Montafoner Museen umso deutlicher wieder hervorgekehrt wurden, folgte man im Silbertal, im Montafoner Bergbaumuseum, dem dritten Ort der Ausstellungsreihe.

In Gaschurn, dem vierten Veranstaltungsort, wurde die »Vorhalle zur großen Gebirgswelt«, wie es der dortige Protagonist Franz Josef Battlogg so schön formuliert hat, ausgestellt.

Ausstellung und Buch[2] spüren der wechselvollen Beziehungsgeschichte zwischen Mensch und Berg nach. Die zentralen Fragestellungen lauteten: Wie haben Bergbewohner diesen kargen Lebensraum kultiviert? Wie haben Städter die Berge entdeckt und bestiegen? Welche Eindrücke, Erinnerungen und Bilder von damaligen Bergabenteuern brachten sie zurück ins Tal? Es sind Texte von Kunst und Kultur, von Idealen und Ideologien, von Schaulust und Lebenslast, von Entsagung und Erfüllung. Immer jedoch sind es Geschichten von der Beziehung zwischen Mensch & Berg.

Alpenvereins-Sektion Leogang:

Die gedanklichen Vorarbeiten zur Sonderausstellung 2010: »*Die unbekannten Steinberge – 50 Jahre Sektion Leogang*«, begannen ca. zwei Jahre zuvor im Vereinsvorstand.

»Die Wahl zwischen Bierzelt und Ausstellung fiel eindeutig zu Gunsten der Ausstellung aus. Der Fokus lag auf einer kleinen aber feinen Sammlung an überraschenden und wissenswerten Fakten zum Leoganger Steinberg und einer bescheidenen aber selbstbewussten Rückschau auf das Werden und die Leistungen der Alpenvereinssektion Leogang,«[3] so Stefan Steidl, Sportkletterreferent der Leoganger Alpenverein-Sektion.

Gesucht wurden die Ausstellungsobjekte breitgefächert unter den Leoganger Alpenvereins-Mitgliedern ebenso wie in einschlägigen Kunstkreisen. Gefunden wurden sie letztendlich in den alpinen Museen von München und Innsbruck, bei professionellen Künstlern und bei leidenschaftlichen Hobbyfilmern. Entstanden ist daraus eine beeindruckende Schau von teils völlig unbekannten Schätzen an Bildern und Vereinsdokumenten – eine Hommage an das Ehrenamt in der Sektionsarbeit!

In den vorgestellten Projekten und all den anderen, aus Platzmangel nicht erzählten Kulturinitiativen der Sektionen, seien es Diskussionen zu alpenvereinsrelevanten Themen, länderübergreifende Wanderungen samt Gedankenaustausch, Sing-, Tanz- und Volksmusikabende und viele andere mehr, spiegelt sich auf sehr eindrückliche Weise einer der grundlegenden Vereinsgedanken wider: Der Berg allein ist nicht genug!

Zum Abschluss noch zwei Geheimtipps:

100 Jahre nach Gründung der sektionseigenen Kunstabteilung eröffnete die Sektion Austria 1989 ein kleines Alpinmuseum in der Austriahütte am Dachstein, in dem die Entstehungs-, Erschließungs- und Naturgeschichte des Dachsteinstockes dokumentiert wird. Weitere Informationen: www.alpenverein.at/huetten/Austriahuette

Die Sektion Hall hat sich ebenfalls ein kleines »Haller Alpenverein-Museum« eingerichtet. Das Museum bietet einen Überblick über historische Bestände, wie Bilder, Karten, Hüttenpläne, Ausrüstung, Rettungsgeräte und anderes mehr aus der 125-jährigen Sektionsgeschichte.
Informationen unter:
www.alpenverein.at/hall-in-tirol/

Folder zur Ausstellung: *Die unbekannten Steinberge*« 50 Jahre Sektion Leogang des Österreichischen Alpenvereins; der Alpenverein-Sektion Leogang, gemeinsam mit dem Bergbau-und Gotikmuseum Leogang, 2010

[2]Das Buch zur Ausstellung: Bruno Winkler, Andreas Rudigier, Mensch und Berg im Montafon, Sonderband zur Montafoner Schriftenreihe 8; ISBN 978-3-902225-37-5, Schruns 2009

[3]Projektbericht von Dr. Stefan Steidl, Sportkletterreferent Sektion Leogang, zur Entstehungsgeschichte der Jubiläumsausstellung, 2010 (unveröffentlicht)

Was in uns vorgeht
JDAV will die Gefühle am Berg in einer Ausstellung im Alpinen Museum zeigen

VON BARBARA WEISS

Ausstellungen wie »Heidi«, »Mit der Nase in die Berge« oder »Ungeheuer-Zauberhaft« haben bereits in den letzten Jahren auch Jugendliche und besonders Familien ins Alpine Museum gelockt. Zum 100jährigen Jubiläum will die Jugend des Deutschen Alpenvereins jetzt selbst eine eigene Ausstellung machen – von Jugendlichen für Jugendliche. Die Idee dazu kam Ende 2009 von der Bundesjugendleitung. Schnell war klar, dass es keine Ausstellung über die JDAV selbst werden sollte. »Das wäre viel zu langweilig«, meint Paul Finger, der in der Bundesjugendleitung für den Bereich Kultur zuständig ist. Vielmehr wollen die Jugendlichen zeigen, was sie bewegt, was in ihnen vorgeht, erläutert Paul Finger: »Die Jugend des Deutschen Alpenvereins ist zwar eine sehr heterogene, aber auch eine sehr große Gruppe innerhalb des Vereins. So eine Ausstellung ist eine gute Möglichkeit, mal unsere Ideen und Sichtweisen dem ganzen Verein zu zeigen«. Das findet auch Friederike Kaiser vom Alpinen Museum: »Die JDAV stellt ja nicht nur etwa ein Viertel der Mitglieder des Vereins, sondern sie ist auch gleichzeitig der Nachwuchs, die Gruppe, die in den nächsten Jahrzehnten die Reflexion über die Alpen bestimmen wird. Und daher finde ich es wichtig, dass sich die JDAV mal zu Wort meldet und ihre Ideen in der Öffentlichkeit präsentieren will.«

In der Ausstellung im Alpinen Museum will die JDAV Gefühle am Berg erlebbar machen. Gefühle, die die Jugendlichen mit den Bergen, mit der Natur, mit dem Berg-

Zum Thema Emotionen und Berge hat der »Knotenpunkt« 2010 einen Fotowettbewerb ausgeschrieben: »Was ist dein stärkstes Berggefühl?« Aus ganz Deutschland haben zahlreiche JDAVler ihre Fotos eingeschickt.

»Unfreiwilliges Wasserfallklettern« – ein Beitrag von Alexander Münch aus Tübingen.

»Freiheit«. Das ist das stärkste Berggefühl für Joachim Bäßler aus Korntal-Münchingen in Baden-Württemberg.

steigen und Klettern verbinden. Einmal sollen damit junge Menschen zwischen 13 und 18 Jahren angesprochen werden, die noch keinen Bezug zu den Bergen haben. Mit der Ausstellung will man bei diesen Jugendlichen Begeisterung für die Natur und für die Berge wecken. Andererseits sollen JDAV-Mitglieder und andere Bergbegeisterte durch das Projekt dazu animiert werden, ihre Gefühle am Berg zu überdenken. Außerdem wollen die Ausstellungsmacher den Besuchern neue Perspektiven und Gefühlswelten des Bergerlebens eröffnen und damit vielleicht den Jugendlichen – und natürlich auch allen älteren Bergsteigern – neue Impulse und Anregungen für die nächste Tour geben.

Was sind das für Gefühle, die man am Berg hat? Sehnsucht, Stolz, Höhenangst, Spannung, Enttäuschung, Erhabenheit, Besinnlichkeit, Einsamkeit. Für Paul Finger aus Leipzig beispielsweise ist es beim Klettern »die Ruhe, die aus der Konzentration auf mich selbst kommt.« Für Bundesjugendleiter Michael Knoll aus Karlsruhe ist es das Schönste, etwas gemeinsam in den Bergen zu erleben – zum Beispiel einen Gipfel zu erreichen – und »diese Freude und dieses Glück mit anderen zu teilen«. Das Thema Gefühle findet er außerdem besonders spannend für eine Jugendausstellung, weil jeder sich ganz persönlich einbringen kann und weil sich die Gefühlswelt der Kinder und Jugendlichen mit Sicherheit von der Erlebniswelt der Erwachsenen unterscheidet. Zur Unterstützung ihrer Ideensammlung hat die Arbeitsgruppe im »Knotenpunkt«, auf den Jugendseiten des »Panorama«, 2010 gleich drei Wettbewerbe ausgeschrieben unter dem Motto: Was ist dein stärkstes Berggefühl? Texte, Fotos und Videos konnte man da einschicken. Unter den Einsendungen waren zum Beispiel das »Warm-Kalt-Gefühl«, eine »Mischung aus Freiheit, Ruhe und Ursprung« oder »das Gefühl der grenzenlosen Freiheit, das man nur in der Natur erlebt und auf den Bergen«. Ursula S. aus Groß-Zimmern schreibt: »Wenn ich in

Beitrag von Marzena Królak aus Stuttgart zum »Knotenpunkt«-Fotowettbewerb.

Gefühl, als zu wissen, dass man frei und geborgen ist, dass man die Schulwelt und den Lernstress vergessen kann. Man lebt einfach den Augenblick im Hier und Jetzt.«

Dass Gefühle am Berg ein Thema ist, das Jugendliche anspricht, geht nicht nur aus den zahllosen Einsendungen auf die Wettbewerbe im »Knotenpunkt« hervor, sondern auch aus dem Engagement der Arbeitsgruppe. Korbinian Ballweg, Jugendleiter aus München, findet das Thema Gefühle besonders interessant, weil Emotionen am Berg eher eine »Randposition« in seiner bisherigen Jugendarbeit beim DAV eingenommen haben: »Das ist mal ein anderer Zugang als der sportliche Aspekt und das ›in der Gruppe zusammen Spaß haben‹. So schaut man mal über den üblichen Tellerrand. Das ist eine interessante Sichtweise, die ich gerne an die anderen Jugendlichen weitergeben will.« Wenn die JDAVler bei einem Projekttreffen zusammensitzen, sprudeln die Ideen nur so aus ihnen raus. Jetzt stellt sich als nächstes aber die Frage, wie man all diese Ideen umsetzen, wie man Gefühle und Emotionen im Museum erlebbar machen kann. Ein erstes Ausstellungskonzept sieht vor, eine Bergtour vom Ausgangspunkt bis zum Ziel in mehreren Stationen nachzustellen: Vom Rucksackpacken im Tal über einen Klettergarten am Weg, Balancieren auf einem »Grat« bis hin zum Erinnerungsfoto am Gipfel. Wichtig ist den Planern vor allem, dass es für die Besucher etwas zu tun gibt, dass sie auch klettern und von Stein zu Stein springen, sich selbst ins Gipfelbuch eintragen oder im Chill-out-Raum Berggeräusche hören und sich dabei »wegträumen« können. Der Traum der Arbeitsgruppe wäre, eine riesengroße Aktionsfläche zu schaffen, sich sozusagen die Berge ins Museum zu holen. Friederike Kaiser vom Alpinen Museum gefallen die Ideen sehr gut, weil die Ausstellung wenig theoretisch zu werden verspricht, sondern vielmehr ein Erlebnis für alle Sinne: »Und weil die Jugendlichen selbst die Ausstellung machen, ist das eine

Natur und Bergen unterwegs bin, ist mein stärkstes Gefühl immer das Auflösen des geistigen Knotens, der am Anfang meist mit angereist war!« Für Markus S. ist die wichtigste Emotion beim Bergsteigen »das unwirkliche Gefühl, das einen überkommt, wenn man alleine auf einem Gipfel sitzt und plötzlich kein Wind mehr bläst, keine Insekten summen, kein Flugzeug mehr in der Nähe ist und plötzlich absolute Stille herrscht«. Und Anna Maria meint: »Wenn man auf einem Berggipfel bei einer gigantischen Aussicht sitzt, gibt es kein schöneres

»Mein erster Viertausender«. Matthias Brunner aus Mühldorf mit 12 Jahren auf dem Gipfel des Weissmies (4023m): »Das Glücksgefühl bei Traumwetter und über den Wolken auf so einem hohen Berg zu stehen war wirklich toll!«

Das Bild »Schmetterling« entstand 2004 beim Aufstieg zum Dr. Steinwenderhaus (Karnischer Kamm). Ein Foto von Thomas Römer aus Zotzenbach im Odenwald.

»Zum ersten Mal geklettert! Erschöpft, aber glücklich.« Einsendung zum Fotowettbewerb »Mein-Berg-Gefühls-Bild« von Anni Wollrath aus Fuldabrück bei Kassel.

Der Blick aus den Stubaier Alpen in die Dolomiten bei herrlichem Morgenrot. »Glücksgefühl auch ohne abgelichtete Menschen« hat Dirk Schwarzenbolz seinen Wettbewerbsbeitrag genannt.

super Chance, dass sie damit auch wirklich die anderen Jugendlichen ansprechen, dass rüberkommt, was sie fühlen. Denn die Jugendlichen sprechen einfach eine ganz andere Sprache als wir professionellen Ausstellungsmacher.«

Eine Chance, aber auch eine Herausforderung ist die Tatsache, dass alle Beteiligten noch nie zuvor im Leben eine Ausstellung gemacht haben. Bei der Umsetzung der vielen Ideen geht es jetzt auch vor allem darum zu überlegen, was realistisch ist und was nicht. Ist es möglich, Höhenangst beispielsweise durch Bilder nachfühlbar zu machen? Oder was gibt es sonst für Möglichkeiten, Angstgefühle beim Besucher entstehen zu lassen? Neben inhaltlichen Problemen spielen auch finanzielle Aspekte eine Rolle bei der Realisierung des vorläufigen Ausstellungskonzepts, genauso wie Überlegungen, was sicherheitstechnisch überhaupt zulässig ist; eine Slackline beispielsweise, im Garten zwischen zwei Bäumen gespannt, auch wenn sie nur 30 cm über dem Boden hängt, ist für Jugendliche sicher sehr reizvoll – aber ist das auch in einem Museum erlaubt?

Die wichtigste und alles entscheidende Frage wird jedoch sein, ob sich genügend Jugendliche finden werden, die das Projekt ehrenamtlich unterstützen und bei der Ausarbeitung der Ausstellung mitmachen wollen. Die Frage, ob es tatsächlich gelingen wird, ein Team aufzustellen, das die Konzepte und Ideen der Arbeitsgruppe umsetzen wird. Die Bundesjugendsekretärin Karin Ruckdäschel findet, dass ja gerade darin der Reiz des Projekts liegt: dass Jugendliche ihre eigenen Vorstellungen, ihre Talente und ihre Begeisterung für die Berge mit einbringen. Aber wie kann man Jugendliche für eine Ausstellung motivieren? Mit Museum verbinden viele Jugendliche doch oftmals staubige, fade Ausstellungen, meint Korbinian Ballweg, der auf den Impuls der Jugendleiter setzt: »Ich persönlich finde es deshalb wichtig, dass der Jugendleiter hier versucht, die Begeisterung zu steigern, so dass die Ausstellung eben nicht als öder Museumsbesuch rüberkommt, sondern eher als gemeinsamer Ausflug in eine Erlebniswelt.«

Im Sommer 2011 soll die Ausstellung fertig sein. Friederike Kaiser vom Alpinen Museum wünscht allen Beteiligten vor allem einen langen Atem: »Ich hoffe, dass die Ausstellungsmacher die eine oder andere Durststrecke überstehen und dass sich genügend Jugendliche mit praktischem Verstand und mit Spaß am Tüfteln für das Projekt finden werden, so dass dann am Ende etwas Schönes dabei herauskommt«. Auch wenn die Ausstellung nicht so perfekt wird wie die sonst üblichen, professionell gemachten, hofft Bundesjugendleiter Michael Knoll, so wird die Ausstellung auf jeden Fall »einen ganz anderen Flair« ins Alpine Museum nach München bringen. Stolz wäre Paul Finger von der Bundesjugendleitung auch, wenn nur einer der zwei geplanten Ausstellungsräume realisiert werden könnte: »Das ganze Projekt ist eine Erfahrung und vor allem ein Experiment, ob man mit ehrenamtlicher Arbeit so eine gigantische Aufgabe wie die Konzeption und Umsetzung einer Ausstellung leisten kann. Wenn es klappt, dann ist es ein großer Erfolg«.

»Im Zahn der Zeit« – so fühlt sich Stefan Peters aus Nürnberg in den Bergen.

Museum, überall Museum

VON JÜRGEN WINKLER

Warum schafft sich der Mensch ein Museum? Warum sammelt er so viele Dinge, die der eine als ohne Nutz und Wert empfindet und ein anderer als besonders wertvoll. Wo ist die Grenze zwischen zum Müll gehörend und tauglich fürs Museum? Warum baut er kleine und große Häuser für Dinge, die tot sind, der Vergangenheit angehören? Warum klammert sich der Mensch an leblose Dinge, hält sie fest, konserviert sie in Museen? Warum stellt er Häuser, ausgediente Fabrikareale, ganze Stadtteile unter Denkmalschutz – macht sie zu Museen, zu potemkinschen Dörfern? Die UNESCO erhebt Städte, Dörfer und ganze Landschaften zum Weltkultur- und Weltnaturerbe, zu Museen der besonderen Art. Seit 2009 zählen die Dolomiten dazu – auch die Marmolada, ein auf der Nordseite grausam zugerichteter Berg mit Bahnen, Liften, gesprengten und planierten Pisten und Trassen. Ganz oben eine Hütte, im Westen eine Steiganlage und am Fuße des Berges der durch zwei Staumauern gespeicherte Fedaiasee. Warum wird ein alter Schrank wertvoll, der von Würmern zerfressen, dessen Scharniere verrostet und dessen Schublade klemmt? Ein Mensch erwirbt dieses Stück für viel Geld und stellt es dann in seine Wohnhalle. Derselbe zahlt fast 2 Millionen Euro für das Bild eines Malers, der zu Lebzeiten in bitterer Armut lebte. Ein Museum in Hessen konnte den Preis nicht zahlen. Warum sind Wahn und Wunsch nach alten Dingen in den reichen Ländern so weit verbreitet, dass Abertausende von Menschen im Fälschen und Altmachen Arbeit und Verdienst finden – weltweit?

In Tausenden von Museen finden wir alles, was sich ein Mensch nur so vorstellen kann. Im Kriegsmuseum liegen aufgereiht neben Panzer und Kanonen eine Reihe von Granaten mit detailliertem Hinweis auf ihre Zerstörungskraft. Obwohl viel wichtiger, aber in ihrer Anzahl bedeutend kleiner sind Friedensmuseen – es gibt sie. Im naturkundlichen Museum entdecken wir tote Insekten, aufgespießt auf winzigen Nadeln, riesige Kästen mit toten Schmetterlingen, toten Schlangen und anderem toten Getier. Eine Tafel weist darauf hin, welche der Tiere bereits ausgestorben sind. Man schreibt ausgestorben – das hört sich besser an als ausgerottet. Bei all den toten Tieren fällt einem der Ötzi ein, der Mann von Similaun. Was war das für ein Medienrummel, Getue, Gerangel und Aufwand bis endlich die Bergleiche einen Platz im archäologischen Museum in Bozen fand. Nach 5000 Jahren liegt er jetzt da zur Schau gestellt – bei künstlichem Licht, ganz nackt. Tag für Tag, außer Montag, kommen die Menschen. Draußen vor der Tür Andrang, Warteschlangen vor der Kasse. Übrigens – in einem alpinen Museum wäre der tüchtige Bergsteiger mit seiner Minimalausrüstung besser aufgehoben. Wie hätte der Ötzi gestaunt über Doppelschuh und Daunenanzug, Seile, Schnüre und Bandschlingen aus Perlon und den anderen Dingen in den Glasvitrinen. Die Leichtsteigeisen hätten ihn fasziniert, denn Firn und Eis am Tisenjoch hatten auch damals ihre Tücken. Seine Alpenstange hätte er aber dem Pickel mit dem kurzen Schaft vorgezogen. Weil Eispickel in ein Bergsteigermuseum gehören, so wie ein Fingerhut in ein Fingerhutmuseum, gelang es kürzlich einem cleveren Museumsdirektor, sich den Pickel der Koreanerin Oh Eun Sun für seine Sammlung zu sichern. Der Dame gelang im April die Besteigung der Annapurna – ihr 14. Achttausender. Ob Oh Eun Sun alle vierzehn mit diesem Gerät bestiegen hat, konnte nicht geklärt werden. Ihr Sauerstoffzylinder (laut Manager) steht höchstens als Leihgabe zur Verfügung.

Museen sind ein großes Stück Kultur. Sie konservieren die Geschichte des Menschen, zeigen sein Können, seine Stärke und seine Schwäche, seine Genialität, seine wunderbare Verrücktheit, aber auch seine ganze Erbärmlichkeit.

Bild 1:Weltkulturerbe Hanuman Dhoka heißt der gesamte Komplex um den alten Königspalast. Der Platz im Zentrum der Altstadt von Kathmandu hat seinen Namen nach dem Standbild des Affengottes Hanuman, das neben dem Tor (Dhoka) zum Königspalast steht.
Das Kathmandu-Tal mit seinen drei Königsstädten gilt als das größte Freilichtmuseum weltweit. Nirgendwo finden wir eine solche Fülle, eine solche Konzentration an Kunstobjekten und Kulturdenkmälern. Die Lage zwischen den Bergen, die beiden Weltreligionen Hinduismus und Buddhismus, aber auch der Wohlstand in der Blütezeit waren Voraussetzung für das, was wir heute bewundern. Nicht zu vergessen jene Herrscher, die den Künsten offen und wohlwollend gegenüber standen und somit ermöglichten, dass sich diese einzigartige Hochkultur entwickeln konnte. Der Fremde ist beeindruckt, fühlt sich in eine andere Welt versetzt, ist verwirrt von der Menge an Pagoden, Schreinen, Stupas, den unzähligen Skulpturen in Stein oder in Bronze. Faszinierend die Schnitzarbeiten an Pfeilern und Dachstreben der Tempel, an Portalen und den einzigartigen Fensterkonstruktionen. Vieles davon ist aber längst dem Verfall preisgegeben, vieles liegt unter der Erde, wird nie geborgen werden; aber vieles wurde erhalten und restauriert durch immense Summen aus den reichen Ländern. Dieser ganzen grandiosen Welt der religiösen Kunst und Kultur aus Jahrhunderten steht die Gegenwart gegenüber: verstopfte Straßen, Lärm, vergiftete Luft und Gestank, verseuchte Flüsse und Bäche, Überbevölkerung und bittere Armut. Dazu gesellt sich eine instabile Regierung und Korruption auf allen Ebenen.
Alle Fotos: Jürgen Winkler

Bild 2: Eltern bringen der Göttin Hariti Opfergaben, damit diese ihre Babys und Kleinkinder vor Pocken und anderen Krankheiten schütze.

Bild 3: Der Stupa von Svayambhunath, hoch über dem Tal gelegen, ist neben dem Stupa von Bodhnath das bedeutendste buddhistische Heiligtum in Nepal. Die lokale Legende schreibt der Anlage ein Alter von 2500 Jahren zu. Swayambhunath, ein Wallfahrtsort seit sehr langer Zeit, wird von Buddhisten und Hindus besucht. Die Anlage wie wir sie heute sehen, ist das Produkt einer Bautätigkeit, die sich über viele Jahrhunderte erstreckte. Dicht neben dem Stupa rechts die Pagode der Göttin Hariti. Links hinten einer der beiden Shikaratempel aus dem 17. Jahrhundert. Im Vordergrund Chaityas (andere Bezeichnung für Stupa), Grabdenkmäler.

Bild 4: Cuzco – heute Weltkulturerbe. Damals, vor Ankunft der Spanier, war Cuzco das Zentrum des Inkareichs, Nabel der Welt. Im Hochland der Anden, 3500 Meter hoch gelegen, gilt Cuzco als eine der schönsten Städte – die Perle des Kontinents Amerika.
Im Bild die Grundmauer des ehemaligen Inka Roqa-Palastes. Sie ist ein Zeugnis der großen Kunst in der Bearbeitung von Steinquadern. Verblüffend, mit welcher Genauigkeit es gelang, die tonnenschweren Steine einzupassen und zu schichten. Die Spanier waren von diesen Mauern so beeindruckt, dass sie diese Fundamente nicht zerstörten, um ihre eigenen Gebäude darauf zu errichteten.

Bild 5: Was wäre Cuzco ohne seine bunten Märkte? Mestizen und indianische Bevölkerung handeln, kaufen und verkaufen, all die Dinge, die der Mensch braucht und nicht braucht. Sie sind wichtiger Bestandteil des täglichen Lebens, und sie sind weit von dem entfernt, was man Folklore nennt.

Bild 6: Plaza de Armas in Cuzco mit der Jesuitenkirche La Compania. Die Kirche wurde durch Erdbeben mehrmals zerstört oder stark beschädigt. Wie andere Kolonialbauten errichteten die Spanier auch diese Kirche auf den Grundmauern eines ehemaligen Inkapalastes. Auf den Stufen hocken Campesinas und warten auf den Bus.

Bild 7: Cuzco, die dicht gedrängte Altstadt in einem weiten Hochtal der Anden, 3500 m hoch gelegen. Man spürt die trockene und klare Luft der Höhe. Beim Blick über die Dächer der Stadt lässt sich das spanische Erbe nicht mehr verleugnen.

Bild 8: Das ist das Herzstück des »UNESCO Weltnaturerbe Aletsch, Jungfrau, Bietschhorn«, der längste und mächtigste Alpengletscher. Ende der 60er Jahre wurde die Länge des Aletschgletschers noch mit 25 Kilometern angegeben. Heute sind es gute zwei Kilometer weniger. Erschreckender als der Verlust in der Länge, ist der enorme Verlust an Masse. An manchen Stellen liegt heute die Eisoberfläche 150 Meter tiefer als damals. Die größte Dicke des Eises beträgt aber immer noch 900 Meter, gemessen am Konkordiaplatz, am Zusammenfluss mehrerer Eisströme. Noch eine Zahl – die mittlere Fließgeschwindigkeit liegt bei 100 Metern pro Jahr.

Man nennt es Naturpark, Naturdenkmal, Naturschutzgebiet, Nationalpark, Weltnaturerbe. All das ist eine Art Naturmuseum, ein Museum ohne Dach und Wand, ein Museum mit manchmal großen Ausmaßen. Hinter all den Bezeichnungen steckt derselbe Gedanke – Natur zu retten, bevor sie als tote, nummerierte und beschriebene Einzelteile ins Museum wandert.

Bild 9: Vom Kühboden geht der Blick zu den Walliser Alpen. Von links nach rechts: Fletschhorn, Monte Rosa-Gruppe, Matterhorn und Weißhorn. Unter der kleinen Wolke in Bildmitte das Rhonetal.
Übrigens, nicht alle Leute rund um den Aletschgletscher haben sich im Jahr 2001 gefreut, nun auch auf der UNESCO-Liste der weltweiten Naturprominenz zu stehen. Einige fürchteten, dass ihre Bau- und Erschließungsprojekte durch die neuen Auflagen und Beschränkungen verhindert würden.

Bild 10 + 11 die Langkofelgruppe
Noch ein Weltnaturerbe mitten in Europa – diesmal die Dolomiten. Man fragt sich: ein ernstes Anliegen oder eine PR-Strategie der Tourismusindustrie, oder Aktionismus von Bürokraten ? Vor wenigen Jahren noch das Jahr der Berge (2002) mit vielen Veranstaltungen, schönen Reden vieler Wichtigtuer. Als Beilage noch obendrauf eine Hochglanzbroschüre der heilen Bergwelt.
Bei der Aufnahme des Langkofels mit Wolke hat sich der Fotograf bemüht, ein Bild zu schaffen, dass allen Anforderungen entspricht. Es ist ihm gelungen durch die Wahl eines bestimmten Ausschnittes und einem entsprechenden Objektiv, die neuen Liftmasten, den verbreiterten Weg (eine hässliche Narbe in der Landschaft) und die Markierungsstangen der an dieser Stelle geglätteten Piste (sieht man im Winter nicht), aus dem Bild zu verbannen.
Somit befriedigt die Fotografie die Wünsche des Verlags für Kalender und Postkarten, das Foto ist gut für den Reisekatalog, den Dolomitenvortrag, und es erfreut die Damen und Herren vom Tourismusverband. Das zweite Bild derselben Berggruppe passt nicht ins allgemeine Klischee – der Fotograf hatte einen falschen Standpunkt!?
Übrigens, die gelagerten Dreiersessel müssen in Zukunft von Mitte Mai bis Ende Oktober mit einer farblich unauffälligen Plane abgedeckt werden; das schreibt nun mal die neue Verordnung vor.

Museumstücke aus dem Himalaya
Bild 12
Der Perak ist das schönste und wertvollste Schmuckstück der Familien in Ladakh und Zanskar. Die mit Korallen, Türkisen, anderen Steinen und feinem Silberschmuck verzierte Kopfbedeckung wird der ältesten Tochter an ihrem Hochzeitstag von der Mutter übergeben. Heute sieht man dieses Kleinod selten. Zu Tausenden wurden sie aufgekauft. Die Not mancher Familie war groß, aber auch der Wunsch, in Besitz von Geld zu kommen. Manche wanderten in richtige Museen, für jedermann anzuschauen. Viele kamen auf Umwegen in Privatsammlungen. Da hängt nun der Perak neben einem echten Dali, einem Schrumpfkopf aus Neuguinea und einem Thangka (Rollgemälde) aus Nepal.

Bild 13
Ein Ovalhaus der Gurung (nepalischer Volksstamm) auf der Südseite der Annapurna. Ein Haus, gebaut aus den vorhandenen Materialien, die in der näheren Umgebung zu finden sind. Das Strohdach isoliert hervorragend gegen Hitze und Kälte. Den starken Niederschlägen in dieser Gegend entspricht die Dachneigung. Die mit Schieferplatten überdachte Veranda dient als Aufenthaltsplatz und schützt zusätzlich die Außenmauer vor Nässe. Heute gibt es nur noch wenige dieser Häuser. Eines Tages werden wir es wiederfinden in einem nepalischen Freilichtmuseum, vielleicht ähnlich Glentleiten in Oberbayern.

Bild 14
Wellblechorgie, aufgenommen bei einer Reise durch Bhutan. So was ist aber eher eine Ausnahme in dem kleinen, schönen Himalayastaat. Als abschreckendes Beispiel für verirrte »Baukunst« gehört diese Häusergruppe ins Museum

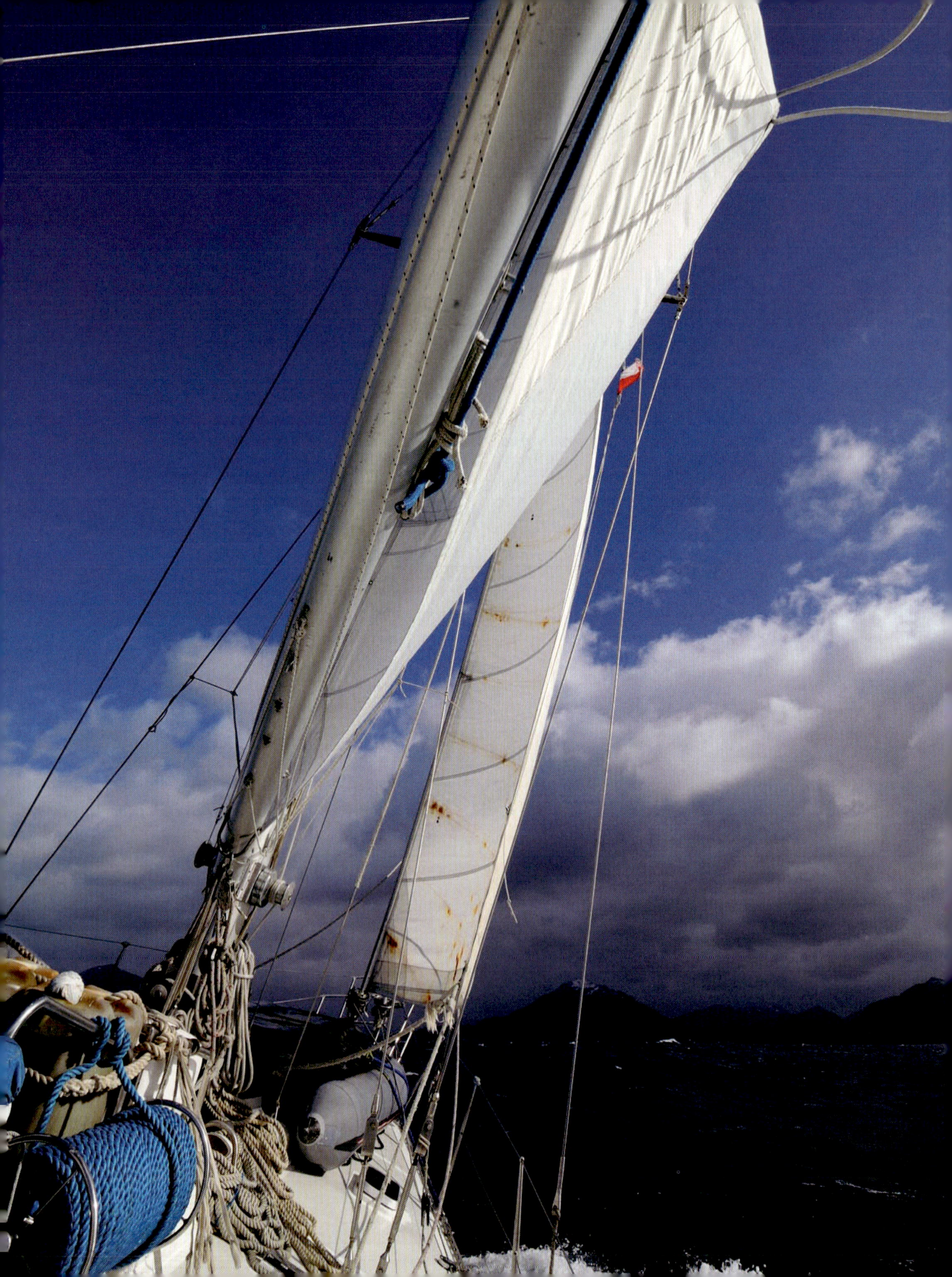

Bergsport Heute

Christoph Höbenreich

Robert Jasper

Thomas Bucher

Dennis Cramer

Johanna Stöckl

Iris Kürschner

Gaby Funk

Berge von Sand
Eine Skitour durch die Wüste Namib

VON CHRISTOPH HÖBENREICH

Schritt für Schritt gleiten meine Ski mit leisem Rauschen auf dem Untergrund dahin. In eleganter Linie führe ich die Skispur dem steilen Kamm entlang und nütze Geländeverflachungen geschickt für Kehren. Der Atem ist gleichmäßig dem Takt des Gehens angepasst und wird nur durch die Ausblicke geraubt, die mit jedem Höhenmeter immer spektakulärer werden. Am höchsten Punkt angelangt kommen richtige Gipfelgefühle auf. Es ist ganz still. Nur ein sanftes Säuseln des Windes unterbricht die Ruhe und weht Sandkörner vom scharfen Gipfelgrat. Überall Sand so weit das Auge reicht. Eine unglaubliche Welt!

Ich stehe auf einer der höchsten Dünen der Erde im Südwesten Afrikas. Vor mir erstreckt sich über zigtausende Quadratkilometer das unendliche Sandmeer der Namib. Es ist für mich als Berg- und Skiführer eine besondere aber doch irgendwie vertraute Erfahrung, sind die über 350 Meter hoch aufragenden Dünen ja richtiggehende Berge und erfordern wie Skitouren eine gute Routenwahl und Spuranlage.

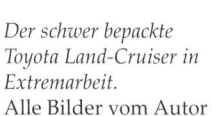

Der schwer bepackte Toyota Land-Cruiser in Extremarbeit.
Alle Bilder vom Autor

Die Namib ist eine der lebensfeindlichsten Regionen der Erde, die dem Menschen im Prinzip nicht mehr zum Überleben bietet als die Luft zum Atmen. Namib bedeutet – nomen est omen – »leerer Platz, wo nichts ist«. Im Gegensatz zu anderen Sandwüsten leben hier keine Nomaden. Und nicht einmal die Ureinwohner im südlichen Afrika, die San, die sich sogar an die extremen Bedingungen der benachbarten Kalahari angepasst haben, finden im Sand der Namib eine Lebensgrundlage. Zu Fuß durch diese Wüste zu reisen, ist also eine ganz besondere Herausforderung, es gar mit Ski zu versuchen, auf den ersten Blick eine skurrile Absurdität.

Ein langer Traum

Bereits 1991, Namibia war als jüngster Staat Afrikas gerade wenige Monate unabhängig und endlich frei von militärischen Handlungen, kam mir während einer Wüstenexkursion des Instituts für Geographie an der Universität Innsbruck zum ersten Mal die Idee, das Herz der Namib von der Atlantikküste bis zur Oase Sossusvlei einmal mit Ski zu durchqueren. Da ich in den folgenden Jahren aber mehrere große Expeditionen in die Eiswüsten der Polargebiete leitete, blieb meine Vision einer Namib-Skidurchquerung vorerst im Sand stecken.

Doch 18 Jahre später lässt sich auch dieser Traum realisieren, als der Innsbrucker Expeditionsleiter Herbert Kössner die logistischen Voraussetzungen schafft und mich zu dieser außergewöhnlichen Pionierreise einlädt. Mit uns bilden Dietmar Löffler und Aloisia Mair aus Tirol, der nach Namibia ausgewanderte Henrik May und der deutsche Namibia-Experte Werner Niebel, der wertvolle Pionierarbeit im Wüstenskiwandern geleistet hat, mit Beate Ziyal-Niebel das Skiteam. Drei Geländefahrzeuge begleiten unser sechsköpfiges Skiteam, transportieren Wasser und Proviant und geben ein gutes Gefühl der Sicherheit, obwohl sie untertags große Umwege fahren müssen und zum Glück weit außer Sicht sind. Denn während wir mit den Skiern eine sehr direkte Linie gehen können, müssen die Fahrzeuge oft weite Umwege um die hohen Dünenzüge in Kauf nehmen.

Der spektakulärste Teil der Namib liegt im 50.000 km² großen Namib-Naukluft Naturpark in einem Sperrgebiet, in das jeder Zutritt untersagt ist. In den Sanden der Namib sind nämlich die größten Rohdiamanten der Erde zu finden. 1908 brach der Diamantenrausch in Deutsch-Südwestafrika aus. Hundertschaften suchten auf Knien robbend ihr Glück in der Wüste – und fanden häufig ihr Verderben. Mit einer Sondergenehmigung dürfen wir im März 2009 die Namib erstmals auf der geplanten Skiroute betreten und durchqueren. Aber um es vorweg zu nehmen: Uns blinkte leider keinen einziger Edelstein aus dem Sand entgegen.

Bauchkribbeln und Ungewissheit

Vor dem Aufbruch sorgen viele Fragezeichen für Bauchkribbeln. Werden unsere Begleitfahrzeuge auf der noch unbekannten Route durchkommen? Werden sich die Ski bewähren? Wird der Sand die Tourenbindungen aufreiben? Werden wir die hohen Temperaturen aushalten? Dass vor uns noch niemand eine Skidurchquerung der Namib versucht hatte und eine Antwort geben könnte, steigert meine Motivation und Neugierde aber nur umso mehr.

Auf Erfahrungen anderer können wir nicht zurückgreifen. Bereits 1914 hat ein

Scharfe Grate ohne Wechten- und Lawinengefahr.

Die Namib erstreckt sich als Küstenwüste über 2000 Kilometer im Südwesten Afrikas.

Die Reparatur dieses Reifens dauert nur eine halbe Stunde.

Reparatur im Wüstensand.

deutscher Hirte namens »Fritzi« die Wüste mit 200 Schafen durchquert, um sie den damaligen Diamantensuchern an der Küste zu verkaufen. Er soll beim Rückmarsch wahnsinnig geworden sein. 1995 gelang einem Mann, der in der Region nur als »der Buschmann« bekannt ist, eine Solo-Durchquerung zu Fuß. Er startete in Sossusvlei mit nur 6 Liter Wasser und vertraute darauf, an der Küste trinkbares Grundwasser zu finden, was ihm tatsächlich gelang – wie er mir bei dem zufälligen Treffen in Sesriem nach unserer Skitour erzählte. Im Vergleich zu unserer unterstützten Reise eine wirkliche Hochleistung!

Von Walvis Bay aus bringt uns der Fahrzeugkonvoi entlang der Atlantikküste nach Süden. Die Namib ist eine der trockensten Wüsten der Erde und erstreckt sich als typische Küstenwüste über eine Länge von über 2.000 Kilometer und einer Breite von bis zu 150 Kilometer ins Landesinnere. Obwohl einer der längsten Sandstrände der Erde ist die Küste der Namib alles andere als ein einladender Badestrand. Der 13 Grad Celsius kalte Benguelastrom, der aus der Antarktis kommend nach Norden strömt, kühlt die über dem Meer liegenden Luftmassen ab, bildet dichte Nebelbänke und verstärkt letztlich die extreme Trockenheit. Die Gewässer sind sehr nährstoffreich und ein Eldorado für unzählige Robbenkolonien, die wiederum zahlreiche Schakale an die Küste locken.

Aus den Reifen wird Luft abgelassen. Immer wieder müssen wir ins Landesinnere ausweichen, wo uns die namibischen Fahrer von der Leistungsfähigkeit ihrer Fahrzeuge und Fahrkünste überzeugen. Sie behalten in jeder Situation einen kühlen Kopf. Nahezu spielend schaffen es die Toyotas und der namibische Eigenbau mit wildem Geschaukel selbst über 100 Meter hohe und bis zu 34 Grad (!) steile Sanddünen, die durch die Vibration der Sandkörner zu brummen beginnen. Eine Achterbahnfahrt ist nichts dagegen! Jetzt wissen wir auch, warum an den Sitzen so massive Sicherheitsgurte angebracht sind.

Die Gelassenheit unseres Begleitteams kommt am besten in der Art zum Ausdruck, wie Termine verabredet werden. Wenn es beispielsweise heißt »*We start at eightish*«, dann bedeutet das Aufbruch um 08:00 Uhr plus einer unbestimmten Zeitspanne. Wenn wir dann um 08:45 Uhr tatsächlich starten, heißt es »*Perfect, now it is precisely eightish*«. Weder platte Reifen, ein von der Felge gewickelter Reifenmantel oder gar ein Getriebeschaden bringen Eben, Andrew und Len aus ihrer wohltuenden Ruhe. Und selbst in ausweglos scheinenden Situationen gibt es nie ein Schimpfwort, nie ein Anzeichen von Ratlosigkeit und vor allem – für uns Österreicher besonders beeindruckend – nie auch nur einen Anflug von Kritik oder ein Wort der Schuldzuweisung untereinander. Das ist echter Teamgeist!

Wir passieren mehrere Schiffswracks, wie die Eduard Bohlen, die 1908 auf Grund gelaufen ist. Uns wird schnell klar, warum ein Teil der Namib »Skelettküste« heißt. Bei Meob Bay verlassen wir die Küste nach Osten und errichten am Beginn der hohen Sanddünen unser erstes Lager. In der Nacht kühlt die Wüste deutlich ab. Im offenen Schlafsack liegend genieße ich den Anblick der Sternbilder der Südhalbkugel über mir, allen voran das legendäre »Kreuz des Südens«. Der Sternenhimmel ist durch die glasklare Luft der Wüste besonders hell und intensiv. Und vor lauter Sternschnuppen habe ich schon bald keine Wünsche mehr.

Skispuren im Sand

Für rasante Abfahrten hat Henrik, der in Swakopmund einen kleinen Skiverleih betreibt, sogar Rennski und Pistenskischuhe mitgenommen. Mich ergreift eine Mischung aus Spannung und Nervosität, als ich das erste Mal die Head-Ski anschnalle. Doch hat man einmal Vertrauen gefasst und genug Geschwindigkeit in Falllinie aufgenommen, kann man auch auf Flugsand herrlich carven. Es ist absolut unglaublich, ein berauschendes Gefühl wie auf weichem

Auf Sand lässt es sich mit genug Geschwindigkeit hervorragend carven.

Bei Sonnenaufgang ist das Wüstenskiwandern ein Genuss.

Diese Sandviper war Passagier auf meinem Ski!

Mit gleichmäßigem Schritt gleiten wir kraftsparend über den Sand.

Frühjahrsfirn! Aber auch mit den Tourenskiern und Lederschuhen lässt es sich während der Durchquerung gut wedeln oder einfach telemarken.

In den Morgenstunden ist es ein Genuss, in der Wüste Ski zu laufen. Telemark- oder Tourenski sind für eine Durchquerung auf Sand ebenso gute Fortbewegungsmittel wie auf Schnee: Man sinkt nicht ein, rutscht bergauf auch ohne Felle nicht gleich zurück und kommt die Sandberge mit Spitzkehren gut hinauf und vor allem in Schwüngen noch eleganter hinunter. Wenn man Skifahren kann. Dennoch ist Vorsicht geboten, denn die Verletzungsgefahr im harten Sand ist nicht zu unterschätzen, wie Herbert nach einem Kapitalsturz feststellen musste. Hautabschürfungen, die sich mit Sand verschmutzen, könnten sich entzünden. Und ob die Sicherheitsbindungen im Sand immer voll funktionsfähig sind, wage ich zu bezweifeln. Die Bindungen benötigen nach der Tour eine sorgfältige Reinigung. Interessant hingegen ist, dass die Quarzkörner durch die Rollwirkung dem Belag der Skier kaum schaden.

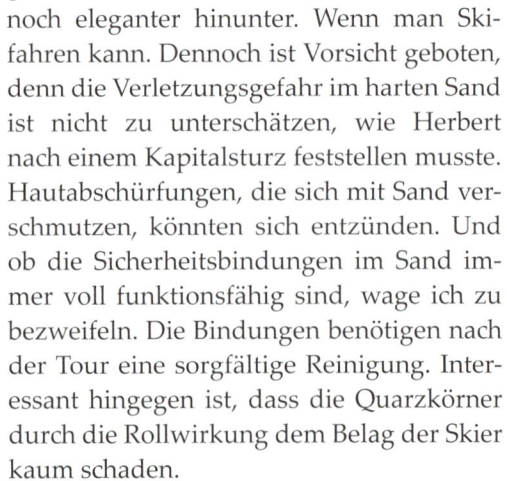

Lawinen gibt es hier zwar nicht. Aber es lauert eine andere Gefahr im Sand: Tödlich giftige Sandvipern, die sich knapp unter der Sandoberfläche eingegraben haben. Eine landet bei einer Abfahrt auf meinem Ski. Mir stockt beinahe das Blut in den Adern! Doch einige Schrecksekunden später gleitet sie von selbst in den Sand zurück. Zum Glück stürze ich mit weichen Knien nicht auf sie. Ein Arzt oder Rettungshubschrauber wäre keiner da. Wir müssen auch auf Skorpione und die »White Lady«, eine besonders giftige, schneeweiße Spinne achten. In der Nacht dürfen wir nichts im Freien stehen lassen, vor allem nicht unsere Schuhe oder offene Taschen. Lustig zu beobachten sind hingegen die schwarzen, kugelförmigen Tok-Tok-Käfer und die kleinen Sandtaucher-Eidechsen, die wie kleine Rennwagen über den glühend heißen Sand rasen. Der wahre Überlebenskünstler der Wüste ist die seltene Oryx-Antilope, das Wappentier Namibias. Sie kann wochenlang ohne Wasser auskommen und verfügt über ein einmaliges Kühlsystem in Nase und Schädel, durch das sie ihre Bluttemperatur senken kann.

Wir können das leider nicht. So wird es ab dem Vormittag dann fast unerträglich für uns. Vor Hitze kann man sich – anders als vor Kälte – einfach nicht schützen. Auch nicht durch helle, luftige Wüstenkleidung. Zur Zeit des Sonnenhöchststandes, wenn unsere Schatten nur einen halben Meter kurz sind, hat es fast 40 Grad Celsius Lufttemperatur im Schatten. Aber es gibt keinen natürlichen Schatten. Die sengende Sonne brennt gnadenlos auf uns herab. Nie zeigt sich auch nur ein winziges Wölkchen, das für ein wenig Abkühlung sorgen könnte. Zum Glück erleben wir keinen der gefürchteten Ostwinde, der uns als Fallwind aus der Kalahari noch höhere Temperaturen bescheren würde. Die heißesten Stunden verbringen wir unter einem aufgespannten Sonnensegel und trinken viel, bevor wir nachmittags wieder losziehen. Im Rucksack hat jeder seine Tagesration von fünf Liter Wasser bei sich. Während der Pausen genieße ich Trockenobst, Nüsse und Biltong, getrocknetes Antilopenfleisch.

In den Schuhen hat es Treibhaustemperaturen. Barfuß laufen ist im glühend heißen Sand unmöglich. Sogar an den Laufflächen der Skier verbrennt man sich noch beinahe die Finger. Die Lederschuhe sind zwar gut eingegangen und die Füße mit Tape abgeklebt, doch in der Hitze reibt sich die Haut zu wassergefüllten Blasen auf, die am Abend nach besonderer Fußpflege schreien.

Tiroler in der Namib (v.l.n.r.): Christoph Höbenreich (Thaur), Aloisia Mair (Dölsach), Dietmar Löffler (Arzl), Herbert Kössner (Innsbruck).

Wir hinterlassen nichts als Reifen- und Skispuren im Sand, die der nächste Sandsturm verweht.

Ausblick von einem Dünengipfel hoch über dem legendären Tsauchab-Tal, durch das aber nur selten Waser in die Wüste dringt.

Bild rechte Seite: Die Dünen von Sossusvlei, Endpunkt der Skiexpedition.

Modernste Navigation mit Kompass, GPS und Satellitenbildkarten.

Müdigkeit und Zufriedenheit

Mit Kompass, GPS und Satellitenbildkarten lässt es sich heutzutage auch durch das Labyrinth der namibischen Dünenwelt bequem und sicher navigieren. In Sicherheit wiegen dürfen wir uns dennoch nie. Denn wie unübersichtlich die Stern- und Sicheldünen aus unserer Froschperspektive im Detail sind, erleben wir einmal während eines Dünenanstieges. Anstatt uns jenseits der Düne wieder zu treffen, trennen sich die Wege und wir verlieren uns auf kurzer Distanz. Erst als ich auf einen Gipfel hoch über dem Dünental steige, um mir einen Überblick zu schaffen, erspähen wir einander wieder.

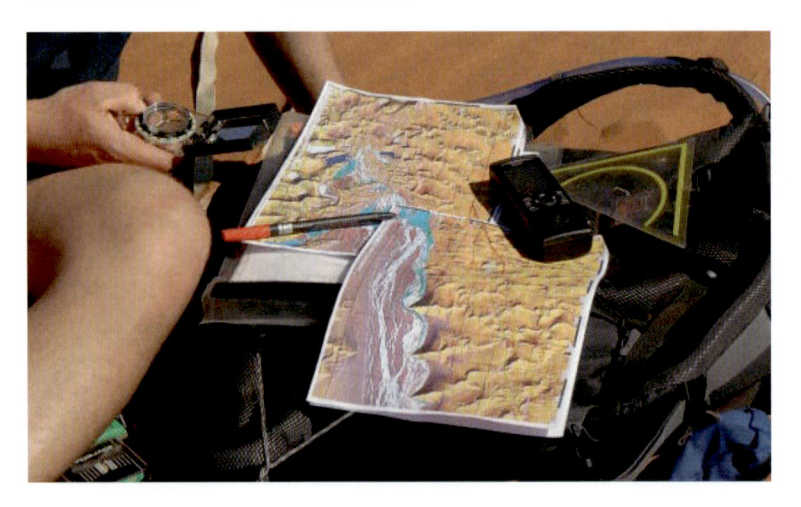

Aufgrund der Anstrengung, Konzentration und Hitze komme ich im Sand kaum in meditatives Dahingleiten, wie ich es aus dem Eis kenne. Die Backofenglut in den Dünentälern treibt mich immer wieder rasch auf die Dünen hinauf, wo meist eine leichte Brise vom Meer her weht. Erst auf den scharfen Gipfelgraten finde ich dann Zeit zum Durchatmen und zum Staunen. Wer hätte gedacht, dass die vermeintlich monotone Wüste so vielfältig ist? Ich kann mich an der grandiosen Landschaft mit ihren sanften Formen aber auch scharfen Linien einfach nicht satt sehen. Und wenn bei Abendlicht die feinen Strukturen hervortreten, die Dünen rot aufleuchten und die Sterne am glasklaren Nachthimmel der Wüste zu funkeln beginnen, weicht die Müdigkeit einem Glücksgefühl der Zufriedenheit.

Nach sechs Tagen erreichen wir das Tsauchab-Tal, den Endpunkt unserer Reise. Der meist ausgetrocknete Tsauchab-Fluss hat sich durch eine Laune der Natur einen Weg tief in die Wüste hinein gebahnt. An seinem Ende liegen die berühmten Tonpfannen des Sossusvlei und des Death-Vlei, die Hauptattraktionen für Namibia-Reisende. Nur an ganz seltenen Tagen und bei sehr starken Niederschlägen im Hinterland »kommt der Tsauchab ab«, wie die Namibier sagen, und erreichen seine Fluten die Wüste. Umso größer ist das Glück, im Hidden-Vlei dann das Wunder der Natur mit eigenen Augen beobachten zu können: Wasser in der Wüste! Nach den vergangenen besonders regenreichen Jahren sind viele Dünen sogar mit Grasbüscheln bewachsen. Andrew, der seit 40 Jahren am Rande der Namib lebt, ist sehr überrascht und kann sich nicht erinnern, im Tsauchab-Tal jemals hüfthohes Gras gesehen zu haben, das sich in Wellen wie ein Meer im Wind bewegt. Er spricht von Zeichen des Klimawandels im südlichen Afrika …

Unsere namibischen Begleiter wissen den Abschluss perfekt zu feiern: Mit einem herrlichen Steak und einem kühlen Bier am Lagerfeuer unter einem riesigen Kameldornbaum. Es ist eine große Befriedigung, mit der Skitour durch das Herz der Namib unserem Planeten ein intensives Naturerlebnis und eine neue Erfahrung abgerungen zu haben. Ich ziehe für mich ein paar Vergleiche zwischen Skireisen in polaren Eis- und subtropischen Sandwüsten. Es liegt auf der Hand, dass die Temperaturen, das verfügbare Wasser und das Jahres- bzw. Tageszeitenklima die größten Unterschiede darstellen. Viele Erscheinungsformen, die der Wind geprägt hat, sind aber auch ähnlich, wie die Windgangel im Schnee oder die kleinen Wellen im Sand. Vor allem aber lassen sich in beiden Wüsten noch Werte wie Wildnis, Abgeschiedenheit und Stille erleben …

»Vollkommenheit entsteht offensichtlich nicht dann, wenn man nichts mehr hinzuzufügen hat, sondern wenn man nichts mehr wegnehmen kann.«

Antoine de Saint-Exupéry

La Odisea de Magellanes
Der Monte Sarmiento auf Feuerland

VON ROBERT JASPER

Am Ende der Welt wächst ein Berg aus dem Wasser. Wer ihn besuchen will, muss durch ein wildes Meer. Wer ihn besteigen will, muss mit Allem rechnen.

Prolog

Schon als Kind träumte ich davon, einfach mit einem kleinen Segelboot abzulegen, die bekannte Welt hinter mir zu lassen und wie ein Entdecker neues Land zu erkunden. Jahrelang dümpelte dieser Traum in mir, bis ich im Winter 2008 durch Zufall Ralf Gantzhorn kennen lernte. Er erzählte mir von einem Berg, der, noch südlich der Magellanstraße im Sturm gepeitschten Feuerland gelegen, nur mit dem Segelboot zu erreichen wäre. Perfekt in seiner Form würde er 2500 m aus dem Meer aufragen, ein auf einer Halbinsel solitär stehender Bergriese, dessen Eis überkrusteter Hauptgipfel bisher nur ein einziges Mal bestiegen wurde. Wenn überhaupt, denn einen Beweis für die angebliche Gipfelbesteigung von Carlo Mauri und Clemente Maffei im Jahre 1956 gibt es nicht. Da war er wieder, mein alter Traum.

Sturm auf dem Beagle-Kanal, Segelboot Tari II.
Alle Fotos: Ralf Gantzhorn

Zwei Jahre später, im März 2010 ist es dann so weit. Zusammen mit Jörn Heller, mit dem ich schon etliche schwierige Expeditionen in den Gebirgen der Welt erfolgreich gemeistert hatte, und dem Bergfotografen Ralf Gantzhorn, für den es jetzt seine vierte Fahrt zum Monte Sarmiento ist, heuern wir in Ushuaia, der südlichsten Stadt der Welt, bei Skipper Micki Fischer an. Unser Ziel ist es mit der Tari II, einer 12 Meter langen Segelyacht, zu eben jenem sagenumwobenen Berg zu segeln und einen Besteigungsversuch zu wagen.

Wir werden dabei auf den Spuren der alten Entdecker wie Magellan unterwegs sein, dem im 16. Jahrhundert als Erster die kühne Durchschiffung der nach ihm benannten Seestraße zwischen Patagonien und Feuerland gelang. Und der als Erster den Monte Sarmiento sah. Später kamen noch andere Eroberer und Entdecker in diese Gewässer, die als die »screaming fifties« (schreienden Fünfziger) bei Seefahrern bekannt und vor allen Dingen gefürchtet sind. Am bekanntesten vielleicht Charles Darwin an Bord der »Beagle«. Er beschrieb den Monte Sarmiento als »das erhabenste Schauspiel Feuerlands«...

»Mit Gummiboot und Steigeisen – Monte Sarmiento wir kommen!«
»Passt aber auf, dass eure Steigeisen und Eispickel keine Löcher in mein Dingi stechen! Sonst war's das und wir gehen unter!« Micki, unser Kapitän, ist sehr besorgt, nicht nur wegen unserer für Seefahrer ungewohnt scharfen Eiswerkzeuge an den Ruck-

säcken. Schließlich ist der Himmel immer noch mit dicken Wolken verhangen. Ausgerechnet im Nieselregen starten wir den nächsten Besteigungsversuch, den vierten bislang. Und das schien nun wirklich nicht sehr vernünftig zu sein, doch der aufkommende Südwind lässt uns an das ersehnte Schönwetterfenster glauben. Und ein wenig Glaube und Instinkt ist notwendig in diesem Teil der Welt, wo ein Schönwetterfenster so etwas wie ein Hauptgewinn im Lotto ist. Das kleine Schlauchboot, in das wir uns mit unserer gesamten Bergausrüstung hinein gequetscht haben, gleitet über das eiskalte Wasser und kommt knirschend am Kiesstrand der Caleta Escandallo zum Stehen. Es ist so weit: »Passt gut auf und kommt heil zurück!« Wir umarmen Micki zum Abschied. Nun sind wir drei Bergsteiger auf uns alleine gestellt, ausgesetzt in der absoluten Wildnis. Das ist in dieser Einsamkeit nicht nur ein Wort, es ist eine Macht. Ich spüre, wie mir mögliche Konsequenzen unseres Tuns durch Mark und Bein gehen: Ein kleiner Fehler, ein gebrochenes Bein zum Beispiel, bedeutet hier das Aus. Rettung gibt es nicht, nirgendwo, die nächste menschliche Ansiedlung ist 150 km entfernt. Wahrscheinlich würde man nicht ein Mal heraus bekommen, dass uns etwas passiert ist. Aber war es nicht gerade das, was ich gesucht hatte? Den Aufbruch ins Unbekannte, Ungewisse? Ein Bergabenteuer, jenseits aller Zivilisation? Beruhigt stelle ich immerhin fest, dass ich mit guten und verlässlichen Freunden unterwegs bin.

»Im Dschungel von Tierra del Fuego«
Mit Macheten schlagen wir uns einen schmalen Pfad durch die immergrüne Mauer des kalten Regenwaldes: Zähes Gestrüpp, Stacheln, umgefallene, kreuz und

Ausstieg aus der Nordwand auf den Gipfelgrat, Im Hintergrund Mt. Sarmiento Ost und Mt. Buckland.

Bild oben: Weg von der Bania Escandallo durch den Dschungel zum Monte Sarmiento.

Bild unten: Endloser Sumpf und wegloses Gelände auf dem Zustieg zum Monte Sarmiento.

quer liegende Baumstämme, bodenloser Sumpf. Solch eine üppig wuchernde Vegetation hatte ich bisher noch nie gesehen, das war die Steigerung aus Alaska und dem Himalaya. Absolut ursprüngliche Natur. Zum Glück treffen wir den Fuchs von unserem letzten Besteigungsversuch nicht wieder, denn der hatte uns wirklich Nerven gekostet: Vor paar Tagen kamen wir nachts um 23 Uhr vom Berg zurück. Am Strand auf einem Stein sitzend warteten wir auf unser Dingi, welches uns zurück auf die Yacht bringen sollte. Plötzlich kam ein Fuchs daher und Ralf meinte, er würde ihn bereits von seiner letzten Fahrt kennen. Angst vor dem Menschen hatte er auf jeden Fall nicht.

So kam er immer näher und umschlich uns schließlich in einem Abstand von zwei Metern. Doch dann schnappte er plötzlich zu und floh mit Ralf´s Fototasche in Richtung Wald. Der Lederriemen muss ihn wohl an einen Hasenbraten erinnert haben. Müde, aber zum Glück geistesgegenwärtig angesichts seiner gerade flüchtenden teuren Kamera, sprang unser Fotograf dem Räuber hinterher. Kurz vor Erreichen des sicheren Waldes ließ der Fuchs seine Beute fallen. Es wäre sonst sicher der wertvollste Raub gewesen, den je ein Fuchs gemacht hätte.

Es geht weiter durch den Wald: Wir steigen über Baumstämme, springen von Moospolster zu Moospolster, umgehen abgrundtiefe Moortümpel. Bei jedem Schritt gibt der Boden nach, gibt schmatzende und gluckernde Geräusche von sich. Ich habe Angst im Matsch zu versinken. Der GAU wäre schon, wenn die Bergschuhe voll Wasser laufen und dann später, weiter oben, zu unförmigen Klumpen gefrieren. Alle Besteigungsträume würden schon hier zerplatzen wie Seifenblasen im Sturm.

Am Ende des Waldes wird das Gelände steiler, der Sumpf aber bleibt. »Die Moosrampe«, die den Zustieg zu den Gletschern darstellt, macht ihrem Namen alle Ehre. Mit »Moos III« bewerten wir die Schwierigkeiten, denn von Felskletterei kann man hier nicht reden. Seilfrei hangeln wir uns an vor Nässe triefenden Moosen und allerlei anderen Gewächsen die schmierglatten Felsplatten hinauf zum Gletscher. Botaniker hätten sicherlich angesichts all der seltenen Griffe und Tritte Tränen in die Augen bekommen, wir sind froh diese Passage ein weiteres Mal unfallfrei bewältigt zu haben. Auf dem Gletscher macht uns eine kleine Lücke in der Wolkendecke etwas Hoffnung. Fünf Minuten lang, denn dann zieht alles wieder zu und es fängt an zu schneien. Erst ganz allmählich, dann aber immer stärker werdend. Der Wind jedoch kommt immer noch aus Süden, der »Schönwetter« Strohhalm, an den wir uns klammern. Es regnet hier mehr als 6000 mm, also rund zehn Mal so viel wie bei uns. In voller Gore-Tex Montur steigen wir über den zerrissenen und gänzlich verspalteten Gletscher weiter, denn »die Hoffnung stirbt bekanntlich zuletzt!«

»White Out«

Jörn navigiert im »White out« mit GPS, ich verlasse mich auf mein Gefühl. Zusammen finden wir den Collado Este, einen Pass am Ostgrat des Monte Sarmiento und guten Ausgangspunkt für alle möglichen Anstiege auf dieser Seite des Berges. In einem steilen Hang finden wir einen lawinensicheren Platz für eine Schneehöhle und graben uns ein. Der Schnee ist zum Glück weich und wie ein Murmeltier verschwinde ich schnell im Untergrund. Während Ralf und Jörn draußen im Schneesturm langsam zu Eiszapfen erstarren, schwitze ich vom schaufeln. Dann wechseln wir. Jörn ist dran, Ralf erinnert an eine Eismumie. Schließlich darf er auch noch schaufeln und nach zwei Stunden ist die Behausung groß genug, dass wir alle drin verschwinden. Mit einem Rucksack wird der Eingang gegen den Flugschnee verschlossen und wir können uns in unsere Schlafsäcke kuscheln. Müde und glücklich sind wir, dass wir es immerhin bis hierhin geschafft haben und jetzt etwas kochen können. Aus Gewichtsgründen gibt es für uns alle gerade Mal zwei Portionen des gefriergetrockneten Abendessens, so wenig, dass es einem normalen Wanderer

Bild oben: Aufstieg über den Sumpf der »Moosrampe« – weglose Wildniss – absolutes Abenteuer!

Bild unten: Der Gletscher ist gleich erreicht.

Bild oben: Robert Jasper sucht den Weg zum Colado Este im White Out. »Wo ist eigentlich unser Berg?«

Bild Mitte: Schneehöhlenbiwak am Colade Este »Wird das Wetter gut werden?« Robert Jasper, Jörn Heller, Ralf Gantzhorn (von links nach rechts).

Bild unten: Kocher in der Schneehöhle.

im Allgäu wahrscheinlich gerade Mal als Vorspeise reichen würde. Wir sind eben im »light und fast«-Alpinstil unterwegs, was zwar auf der einen Seite einen relativ leichten Rucksack und schnelles Steigen ermöglicht, auf der anderen jedoch für frieren und fasten steht. Draußen tobt derweilen der Schneesturm, nur bekommen wir davon unter der bläulich schimmernden Schneedecke nicht viel mit. Die Erfahrung sagt mir, dass wir besser alle zwei Stunden den Wecker stellen sollten, um kurz den Eingang frei zu schaufeln. Schläft man nämlich zu lange, geht der Sauerstoff aus und es ist vorbei, dann wacht man nie wieder auf! Beunruhigt ob der Gedanken, hier für immer friedlich zu entschlafen, denke ich an die vergangenen drei Wochen Seefahrt zurück.

Erinnerungen an die lange Seefahrt
»Von Bergsteigern zu Seebären – wir fühlten uns wie Magellan auf hoher See!«

Die Erinnerungen der letzten drei Wochen auf See sind noch ganz frisch. Besonders die ersten Schritte, unten in der Bucht Bahia Escandallo, als wir an Land gingen. Ich hatte das Gefühl zu schwanken, mir wurde schwummrig vor Augen, als wäre ich betrunken. Das mussten die Auswirkungen der berühmten Landkrankheit sein, wenn Seemänner von Bord gehen. Waren wir so jetzt überhaupt noch bergtüchtig?

Am Anfang unserer Reise lief längst nicht alles nach Plan. Auf die letzte Genehmigung aus Santiago de Chile wartend saßen wir zunächst in der Marinebasis Puerto Williams, einem wirklich gottverlassenen Nest, fest. Die »Tari II« hatte neben einem 1975 auf Grund gelaufenen, ehemals deutschen Minenleger aus dem Ersten Weltkrieg fest gemacht. »Südlichster Yachtclub der Welt« stand liebevoll vor der an Bord untergebrachten urigen Kneipe, wo noch heute richtiges Seemannsgarn gesponnen wird. Wir stießen mit ein paar Weltumseglern und Kap-Horn-Fahrern bei einem »Pisco sauer« auf unseren Segeltum und das für Seeleute eher exotisch klingende Bergabenteuer an. Dabei zog sich mein Mund nicht nur wegen der sauren Zitrone zusammen. Denn es war klar, dass in Hinblick auf die wilde Seefahrt, die uns bevor stand, es längst nicht alles nur Seemannslatein war, was da gesponnen wurde. Jörn fragte sich, wie lange wir wohl seekrank die Fische füttern würden, und mir wurde bewusst, dass es sich bei 320 Seemeilen (560 Km) Entfernung eher um Wochen als um Tage handeln würde. Warum musste der Berg ausgerechnet in der See um Kap Horn mit dem schlechtesten Wetter der Welt liegen?

Endlich, die Genehmigung war gekommen und wir hielten dem Capitano der Marine das ersehnte Fax unter die Nase. »Können wir nun bitte endlich auslaufen«? Wir hätten gekonnt, wenn nicht gerade ein Sturm aufgekommen wäre und die Marine alles Auslaufen verbot. Weitere zwei Tage Wartezeit...

»Mit dem Segelboot durch die wilden Kanäle Feuerlands«

Nach einer Woche wussten wir schon ein wenig besser, was Seefahrt in diesen Gewässern bedeutete. Es war mühsam Strecke zu machen: Gegen den Wind, auf der Kreuz, tanzte das Boot hilflos wie eine Nussschale gegen hohe Wellen und peitschende Gischt. Um uns herum verschwand alles im Grau, trostlos und bleiern lag das Land links und rechts unter einer dicken Wolkendecke verborgen da. Jörn und ich wurden immer stolzer und fühlten uns schon als richtige Seefahrer, schließlich hielt sich die befürchtete Seekrankheit in Grenzen. Nur ab und zu überkam uns ein flaues Gefühl in der Magengegend, aber das ist wohl normal, wenn ein 12-m-Boot von einem meterhohen Wellenberg in das darauf folgende Wellental poltert, ächzend und stöhnend, als wollte es gleich zerbrechen. Ralf's Kommentar

Bild oben: Sturm auf hoher See. Bei Windstärke 10 klammern sich selbst so erfahrene Bergsteiger wie Robert Jasper und Jörn Heller gerne fest!

Bild unten: Wo ist denn unser Ziel? Im Kartenwirrwarr der Feuerländischen Gewässer ist die Insel mit dem Mt. Sarmiento nur schwer auszumachen.

Bild oben: »Landgang« über den Fjorden – ein begeisterndes Naturschauspiel.

Bild unten: »Wasser und Eis – Sturm und Regen! Nirgendwo anders ist man den Elementen so nah!«

dazu war, dass es spätestens in der Brecknock-Passage noch viel schlimmer wird. Echt motivierend, aber wahrscheinlich lächelte er über uns wie wir als Bergführer normalerweise über unsere »Flachlandtiroler Kunden«.

Im Ballenero Kanal machten wir dann Bekanntschaft mit den vom Pazifik herein rollenden Wellen. Bei Windstärke 8 und einer Bootschräglage von 50° (die wir bisher nur vom Eisklettern her gewöhnt waren), klammerten wir uns beim Gedanken über Bord ins 4°C kalte Wasser zu fallen an allem fest, was das Boot so her gab. Wasser schwappte bis in die Kajüte und ich traue Mitch, unserem Matrosen am Steuer, die Kontrolle nicht mehr zu. Zum Glück hatte das eindringende Wasser auch den Effekt, dass der Skipper auf die Lage aufmerksam wurde und das Steuer übernahm. »Micki hat auch Familie und will sicher nicht ertrinken«, das war mein Trost. Den Blick immer fest auf das Land gerichtet, den Horizont im Visier, darf man die Orientierung nicht verlieren, sonst wäre es mit der Seekrankheit passiert, die »Fischfütterung« hätte begonnen! »Hey Micki, wo sind eigentlich unsere Schwimmwesten? Wie lange kann man hier Schwimmen?« Unser Skipper antwortete ironisch: »Hier braucht ihr wirklich keine Schwimmwesten. Wenn Ihr über Bord geht, ist es besser ihr habt keine, dann geht es schneller mit dem Ertrinken!« Dermaßen aufgeklärt klammerten wir uns noch fester an die Tampen, so wie Kapitän Ahab auf dem Rücken des Weißen Wals. In Regen und Gischt, mit nassen eiskalten Fingern, standen wir regungslos frierend den ganzen Tag am Heck. Zum Glück riss der Sturm ab und zu eine Lücke in die Wolkendecke. Und wenn die Sonne schien, verwandelte sich Feuerland in eine Wunderwelt. Farbenfroh präsentierte sich eine traumhafte Fjordlandschaft, von Atem beraubend schönen Eisgipfeln wälzten sich türkisblau leuchtende Gletscher kalbend ins Meer, direkt daneben immergrüner Regenwald. Alle vier Jahreszeiten an einem Tag, das war keine Seltenheit. Delphine tauchten lautlos auf und spielten in der Bugwelle, Seelöwen lagen auf den Klippen und im Cockburn Kanal sahen wir sogar einige Minkwale.

Ein anderes Ereignis ist mir auch noch in Erinnerung geblieben: Es war schon am Monte Sarmiento, in der Bahia Queta, in die wir vor einem Sturm flüchten mussten. Nach dem sich der erste Ankerplatz als zu anfällig gegen die vom Gebirge herab fallenden Williwaws (Fallwinde) erwiesen hatte, liefen wir beim erneuten Ankerversuch plötzlich auf ein Riff. Ich dachte: »Jetzt ist es aus«. Wir hingen fest und es würde eine Ewigkeit dauern bis Hilfe kommt. Doch Skipper Micki gelang es mit großem

Geschick, das Boot wieder frei zu bekommen und kurz vor Einbruch der Nacht fanden wir sogar noch ein etwas geschützteres Plätzchen am anderen Ende der Bucht. Dort ankerten wir erneut mit dem Ergebnis, dass das Segelboot die ganze Nacht an der Ankerkette Flamenco tanzte. Wellen plätscherten unentwegt gegen die Bordwände, der Sturm surrte und zerrte an den Tampen und ich fiel vom Geschaukel fast aus der Koje. Wir schliefen alle sehr schlecht und Skipper Micki sprang jede Stunde auf und kontrollierte, ob der Anker noch hielt. Er hielt, aber für mich war an ruhigen Schlaf auf der gesamten Reise nur selten zu denken. Seemannsalltag!

»Der schönste Tag, Glück muss man haben!«

Es ist 02.00 nachts und ich schäle mich erneut aus dem warmen Schlafsack um den Eingang vom Triebschnee zu befreien. Wie in Trance schaue ich hinaus und kann zunächst meinen Augen gar nicht glauben: Kein Wind, kein Schneefall, stattdessen blinkt ein erster Stern durch die Wolken. »Jungs, aufwachen, das Wetter, es wird wirklich besser!« Ralf und Jörn sind sofort hellwach. Schnell beginnen wir zu kochen, Müsli, Tee und ein kleines Stückchen Schokolade. Um vier Uhr sind wir Abmarsch bereit und stiefeln im Lichtkegel unserer Stirnlampen in die Nacht. Vom Collado Este traversieren wir zuerst etwas abstei-

Bild oben: Gipfeltag – perfektes Wetter – über steilen Anraumschnee steigt die Seilschaft Richtung Gipfel.

Bild unten: Bei einem der vorhergenden Versuche, Rückzug in aufkommenden Sturm – Spaltengewirr am Mt. Sarmiento.

Robert Jasper macht sich am letzten Eispilz vor dem Gipfel zu schaffen. Schnee wie Schlagsahne verlangt noch mal alles und zwingt zu einer gewagten Traverse.

gend, dann wieder aufsteigend zum Collado Norte. Dort beginnt der Nordgrat zum Westgipfel des Monte Sarmiento. Riesige, endlos tief erscheinende Gletscherspalten zwingen uns immer wieder zur Umkehr und zur Suche nach einem neuen Durchschlupf. Aber wir kommen voran auf dem nach oben zunehmend schmaler und steiler werdenden Grat. Die hohe Bewölkung, die die Nacht so dunkel gemacht hat, scheint sich im Morgengrauen aufzulösen. Hinter einer Graterhebung taucht dann unser Gipfel auf. Ist das heute unser Tag? Mein Blick schweift zweifelnd hinauf zum schneeverkrusteten, sturmgefurchten Eisgipfel des Monte Sarmiento. Wo ist die Lücke zwischen all den Spalten, Eispilzen und Eisbrüchen?

Wir klettern weiter, neben einigen senkrechten Stufen aus haltlosen Anraumschnee, macht uns vor allen Dingen die Kälte zu schaffen, −20°C hat es bestimmt. Zum Glück ist der Wind nahezu eingeschlafen. Nur wie lange das Schönwetterfenster halten würde ist nicht abzusehen. Und ein Rückzug von hier oben bei schlechten Verhältnissen und bei Null Sicht käme Russisch Roulette mit fünf Kugeln gleich. Jetzt bloß nicht noch ein Verhauer, ich habe Angst, dass uns die Zeit weg rennt. Kurz vor Sonnenaufgang erreichen wir den Gipfelaufbau. Erstmals können wir auch nach Westen schauen und die Aussicht lässt mich jubilieren. Es naht tatsächlich blauer Himmel und wir scheinen wirklich DEN Tag hier im Reich des schlechten Wetters erwischt zu haben. Aber ist es wirklich der Hauptgewinn im feuerländischen Wetterlotto?

So schnell wir können klettern wir weiter und es macht sich unter uns die Hoffnung breit, schon bald auf dem höchsten Punkt zu stehen. Doch knapp 100 Höhenmeter unterhalb des Gipfels stecken wir erneut in einer Sackgasse. Riesige, überhängende Eispilze aus losem Rauhreif-Schnee versperren unüberwindbar die letzten Meter zum Gipfel. Und unter uns nur ein steiler Abbruch. Was nun? Guter Rat ist teuer. 500m weiter links hatte ich aber, wenn ich mich recht erinnere, einen Durchschlupf auf den Gipfelgrat entdeckt. Nur, wie kommen wir dahin? Wir müssen abseilen. Aber woran? In diesem haltlosen Schnee? Es bleibt nur eine Möglichkeit. Ich stelle mich auf die eine Seite eines kleinen Schneegrätchens und mache das Seil an meinem Gurt fest. Auf der anderen Seite lasse ich zuerst Jörn ganz vorsichtig ab. Er ist der leichteste und ihn kann ich gut halten. Langsam verschwindet er unter uns. »Hoffentlich reicht das Seil die Steilstufe hinunter bis an den Fuß des Bergschrunds!« Nach einer Weile vernehmen wir ein leises und erleichterndes »Stand«. »Ok, nun Du!« Ralf schwingt sich hinüber und seilt zügig hinunter. Etwas erschrocken über den starken Zug an meinem Gurt stemme ich mich gegen den Abgrund. »Verdammt, ist der aber schwer!« Abkletternd erreiche ich meine Freunde. – »Perfekter Stand!« Jörn hockt in einer Spalte und sichert mich. Als Verankerung und Gegengewicht steht Ralf auf der anderen Seite.

Eine bizarre Welt aus Eis und Schneegebilden, wie wir sie noch nie gesehen haben, öffnet sich vor unseren Augen. Wir queren die knietief verschneiten Hänge immer parallel der Randkluft bis zu einer gigantischen überhängenden Eisbrücke. Wenn die zusammenbricht, so viel ist klar, überlebt hier keiner. Aber just fünf Meter vor diesem skurrilen Gebilde scheint es eine Möglichkeit zu geben, den überhängenden Bergschrund zu überwinden. Über steiles Eis und blätterteigförmigen Anraum klettern wir wieder nach oben. Nach vier Seillängen ist der Grat zwischen Ost- und Westgipfel erreicht, einzig zuverlässige Sicherung im Falle eines Sturzes ist Mal wieder der Sprung des Sichernden in die jeweilige Spalte am Standplatz. Einen Fehler darf sich hier keiner leisten. Das Gelände ist viel zu heikel und verlangt volle Konzentration. Etwas oberhalb des Sattels, schon auf dem Grat zum Westgipfel, versperren erneut Furcht einflößende, überdimensionale Eispilze den Zugang zum Gipfel. Das darf nicht wahr sein! Wir klettern wieder ab, dieses Mal auf die Südseite. Und hier endlich finden wir den ersehnten Zugang zum Westgipfel des Monte Sarmiento. Die letzten Meter steigen wir wie in Trance zum mit 2145 m höchsten Punkt. Der Blick weitet sich in alle Richtungen, unter uns liegt das schier endlose »Feuerland«. Weiße Berge, grüne Wälder und das tiefblaue Meer. Eine einmalige, völlig menschenleere Fjordlandschaft... So müssen sich die alten Entdecker gefühlt haben.

P.S.: Angesichts der Komplexität der Route, der langen und schwierigen Anreise mit dem Segelboot und den vielen Wartetagen an Bord taufen wir unsere Erstbegehung »La Odisea de Magellanes«. Sie ist eine Hommage an den großen Seefahrer des 16. Jahrhunderts, der über zwei Jahre in den Kanälen von Feuerland unterwegs war und nach dem auch die vor uns im Norden blinkende Magellanstraße benannt wurde.

Bild oben: Das Trio am Gipfel! Robert Jasper, Jörn Heller und Fotograf Ralf Gantzhorn.

Bild unten: Robert Jasper in seinem Element! Senkrechter Anraumschnee fordert den »Eisprofi«.

Facts:
Monte Sarmiento (Westgipfel, 2145m)
Nordwand; Erstbegehung der Route: »La Odisea de Magellanes« vom 01-02.04.2010
Robert Jasper, Jörn Heller und Ralf Gantzhorn bewältigten dabei eine Strecke von ca. 20 Kilometer und 3000 Höhenmetern (nur Aufstieg) bei Eisschwierigkeiten bis WI 4+ im reinen Alpinstil. Die Gesamtgehzeit bis wieder zurück zum Boot betrug 39 Stunden.

Plastiksprengstoff
Eine junge Generation kommt mit Macht – Momentaufnahmen in der Kletterszene

VON THOMAS BUCHER

Es braucht einen lauten Knall, damit sich grundlegend was ändert. Griechenland zum Beispiel. Da hat es sehr laut geknallt, als die Staatspleite kurz bevor stand, und plötzlich trieb eine schwarz-gelbe Regierung eine eigentlich linke Idee voran – die Finanztransaktionssteuer. Oder Althaus. Da hat ein Ministerpräsident einen schweren Pistenunfall verursacht, und plötzlich machten die Hersteller von Skihelmen die Umsätze ihres Lebens. An diesen zwei Beispielen zeigt sich: Ein lauter Knall muss nicht in Dezibel messbar sein.

Kann aber. Der Knall, der die Kletterszene ändern sollte, war tatsächlich laut. Allerdings ereignete er sich, als die Szene noch gar nicht wirklich existierte. 1947 sprengten die Engländer einen Nazi-Bunker in Wilhelmshaven. Oder vielmehr: Sie versuchten es. Das massive Bauwerk kippte nämlich nur ein bisschen zur Seite, statt sich in einen Schuttberg zu verwandeln. Einen weiteren Sprengversuch gab es nicht, und so stand der lädierte Bunker 36 Jahre lang ziemlich unbeachtet in der Gegend herum. Außer Kellerasseln, Schlingpflanzen und feierlaunigen Jugendlichen interessierte sich für den schlagseitigen Turm niemand.

Bis zum Mai 1983. Damals erkannten Mitglieder der DAV-Sektion Wilhelmshaven das Potenzial des schiefen Bunkers. Wenn schon keine Felsen in der Nähe sind, so dachten sie, dann klettern wir eben an Beton. Die Bohrmaschine ward gezückt, Steine herangetragen und Mörtel angemischt. Drei Jahre und viele tausend Arbeitsstunden später gab es ihn dann offiziell, den »Monte Pinnow«. Beton, Sprengstoff und viel Tatendrang sind der Stoff, aus dem die erste künstliche Kletterhalle in Deutschland gemacht ist.

Wirklich ernstgenommen hat die Kletterwelt solche Prothesen damals freilich nicht. Klettern an modellierten Routen? Und nach 18 Metern soll schon Schluss sein? Ein Fall für die Augsburger Puppenkiste. Der richtige Kletterer zerrt sich seine Finger im Frankenjura, im Kaisergebirge oder in der Gorges du Verdon. Also an richtigem Fels. Gegen künstliche Kletterwände (die es damals fast nur in Form von zweckentfremdeten Brückenpfeilern und ähnlichem gab) hatte man eine kollektive Allergie. Selbst beim Training verließ man sich lieber auf die altbewährte 150-Klimmzüge-pro-Tag-Methode und auf quälende Hängestunden an Fünf-Millimeter-Holzleisten.

Unbeobachtet von der kletternden Orthodoxie schmiedeten derweil einige Pragmatiker neue Pläne. Kann es nicht sein, so fragten sie sich, dass es mehr Spaß macht, an speziell gefertigten Kletterwänden zu klettern, statt seine Muskeln in Milchsäure zu baden – und vielleicht bringt es sogar mehr? Kann es nicht sein, dass die Zukunft des Klettersports an den künstlichen Kletteranlagen geschrieben wird?

Jan Haiko kämpft wie ein Tier. Trotz dicker Arme, die er noch immer hat nach dem Fight in der rechten Route vor einer dreiviertel Stunde. Aber es geht weiter. Meter um Meter pumpt sich der junge Kletterer aus Wien die stark überhängende Wand hinauf. Der entscheidende Griff ist nicht mehr weit entfernt. Das weiß er, und das weiß das Publikum. Sein Publikum. Es peitscht ihn höher. Der eine Griff am großen Zapfen knapp unter der Hallendecke reicht, um seinem Team den Sieg zu sichern. 800 Leute feuern ihn an, sie drücken ihn förmlich höher. Einen Zug vor dem entscheidenden Griff kommt Jan dennoch ins Stocken. Er chalkt. Er chalkt noch mal. Fixiert sein Ziel. Chalkt. Und reißt ein letztes Mal an. Aber es hilft nichts. Den weiten Zug geben seine Arme nicht mehr her. Er stürzt ins Seil – und jubelt. »Bis dorthin bin ich in der Wettkampfvorbereitung nur ein einziges Mal gekommen,« schreit er ins Mikrophon, das ihm der Moderator hinhält, nachdem ihn der Sicherungsmann direkt in die Menschenmenge abgelassen hat. »Vielen Dank, ihr seid ein super Publikum!« Jan kostet den Jubel aus, der ihn einhüllt und plötzlich noch lauter wird. Denn, das gibt die Wettkampf-Jury soeben bekannt, seine Leistung war ein überraschender Volltreffer. Zwar kein alleiniger Sieg, aber Gleichstand mit Team zwei. Und im Team zwei befindet sich die zweite Lokalmatadorin, Karin Kavoussi.

Eigentlich ist der Sieg in dem Fall gar nicht so wichtig. Denn die *Challenge the Wall* ist kein ernsthafter Wettkampf, sondern eine Show. Mit dickem Sound aus einer dicken Anlage. Mit Red Bull am Tresen. Mit internationalen Kletterstars. Mit Sponsoren und Kameras. Mit Gewinnspiel direkt im Anschluss an die Siegerehrung. Mit nachfolgender Autogrammstunde. Und bevor sich allzu viele Zuschauer auf den Heimweg machen, weist eine Durchsage darauf hin, dass das Wiener Klettermagazin *Climax* im *Club U* in der Innenstadt zur After-Show-Party lädt.

Alles Kommerz? Alles nur Unterhaltung? So mancher alte Recke, der in den 80er Jahren des letzten Jahrhunderts ins Sportklettern hineingewachsen ist, und an dem noch Reste des damaligen Stallgeruchs haften, rümpft womöglich die Nase. Er erinnert sich vielleicht an eine Kletterszene, die klein und exklusiv war, und in der das Klettern mehr als Sport war, Lebensstil und Lebensinhalt. Angesichts *Challenge the Wall* fragt er sich wahrscheinlich: Wo ist der ursprüngliche Geist des Kletterns geblieben? Was ist aus dem Klettern geworden? Die Fortsetzung der Fitnessstudios mit anderen Mitteln?

Ganz klar: Die Szene hat sich grundlegend verändert. Über 350 künstliche Kletteranlagen gibt es im deutschsprachigen Raum zur Zeit, und dort tummeln sich über 300.000 Kletterer. Im Durchschnitt sind sie

Alles nur Kommerz? Volles Haus bei der Challenge the Wall Tournee.
Foto: Heiko Wilhelm

Kletterszene aktuell: ein bunter Haufen

Die Jungen kommen
Adam Ondra (16) rollt wie ein Tsunami über die Kletterszene; er gewinnt den Lead Weltcup und den Overall Weltcup 2009, erstbegeht im Oktober 2009 »Marina Superstar« (9a+/9b) auf Sardinien, flasht im Dezember 2009 den Boulder »Confessions« (8b+) in Cresciano, klettert zwei 8c an einem Tag im Januar 2010 in Claret onsight, wiederholt im März 2010 »Golpe de estado« (von Chris Sharma) und bestätigt damit erstmals eine 9b (=XII-).
Johanna Ernst (16) gewinnt den Lead-Weltcup 2009.
Brooke Raboutou (8) klettert im April 2010 den V11-Boulder »Your Brains on Drugs« in den Hueco Tanks.
Ashima Shiraishi (8) erstbegeht im November 09 den Boulder »Ashi-Mandala« (V11=7c) in den Red Rocks, USA.
Enzo Oddo (14) klettert vier Routen im Grad 9a (=XI) innerhalb eines Monats – im September 2009.

Die Alten lassen sich nicht lumpen
Steve Haston klettert im September 2009 mit 52 Jahren »Descente Lollita« (9a) in Ariège in den französischen Pyrenäen.
Toni Lamprecht (39) eröffnet im September 2009 seine beste Route im Verdon: »Le Vieux et la Mer« ist sieben Längen lang und 8b schwer.

Die Frauen auch nicht
Jenny Lavarda gelingt im Oktober 2009 eine Wiederholung des Vier-Seillängen-Manolo-Zanolla-Krachers »Solo per vecchi Guerrieri« (8c+/9a) in den Vette Feltrine (Dolomiten).
Ines Papert und **Lisi Steuer** bereisen im August 2009 den »Cirque of the Unclimbables« (Can); ihre Ausbeute: die erste freie Begehung von »Riders on the Storm« (400 m, IX) und die erste Begehung von »Power of Silence« (400 m, IX+).
Natalija Gros flasht im März 2010 als erste Frau einen 8a-Boulder: »Confessions of a crap artist« in Chironico im Tessin.

Das sind die härtesten Moves
Chris Sharma eröffnet mit »Neanderthal« im Dezember 2009 in Santa Linya seine dritte 9b.
Daniel Woods eröffnet im Februar 2010 »The Game« im neuen Grad V16.
Paul Robinson eröffnet im März 2010 »Lucid Dreaming« in den Buttermilks, den zweiten V16-Boulder weltweit.

Und das die spektakulärsten Bigwalls
Tommy Caldwell und **Kevin Jorgeson** probieren sich schon seit längerem an »Mescalito«, dem Technohammer am El Capitan, Yosemite Valley. Im Sommer 2010 wollen sie es schaffen. Ihre Prognose: einige 5.14-Seillängen, etliche im Grad 5.13, die härteste Stelle ist ein V13-Boulder.
Robert Jasper und **Roger Schäli** gelingt im August 2009 die erste freie Begehung der »Japaner Direttissima« (X-) am Eiger. Die Route ist damit die direkteste und schwerste Linie an der berüchtigten Wand.

---

rund 30 Jahre alt, aber sowohl nach oben als auch nach unten gibt es kräftige Ausschläge. Unter den Alten sind viele, die irgendwann in den 60er oder 70er Jahren durch die Felsklassiker der Alpen gestiegen sind, und die jetzt, nach einer längeren Phase der kritischen Distanz zum Indoor-Treiben den Einstieg doch wieder fanden. Den Jungen sind die Felsklassiker der Alpen meist nur aus Erzählungen bekannt, wenn überhaupt. In der Regel haben sie das Klettern am Plastik gelernt, und der Schritt nach draußen ist für sie nicht ganz einfach. Drinnen sind sie dagegen unschlagbar. Schon nach wenigen Monaten bewegen sie sich auf Schwierigkeitsniveaus, die wiederum den Alten nur aus Erzählungen bekannt sind.

Jorg und David fahren auch in den *Club U*, der Abschluss der *Challenge the Wall*-Tournee 2010 will schließlich gefeiert werden. Zwei anstrengende Tour-Wochenenden haben die Kletterstars aus den Niederlanden und Österreich jetzt hinter sich, an jedem der sechs Abende haben sie alles gegeben und dem Publikum eine perfekte Show geboten. Sechs Abende mit jeweils zwei Routen im zehnten Schwierigkeitsgrad, natürlich onsight, und natürlich mit der einen oder anderen spektakulären Einlage. Sogar Anna fährt noch mit in den Club – obwohl sie um vier Uhr in der Früh zum Flughafen muss. Am nächsten Tag geht das Trainingslager in England los, die Boulder-Weltcup-Saison steht vor der Tür.

Drei Weltcup-Termine später liegt Jonas an neunzehnter Stelle. Im schweizerischen Greifensee belegte er den elften Platz, in Wien Platz 31 und in Vail/Colorado Platz 17. Die Saison könnte besser laufen, im letzten Jahr fuhr er in Vail den Sieg ein. Aber dennoch ist der 24-jährige Wuppertaler guter Laune, vier Wettbewerbe stehen noch aus. Und vor allem kommt noch München, seit vielen Jahren also wieder ein Boulder-Weltcup in Deutschland. Jonas ist die große Hoffnung im deutschen Herrenteam, und deshalb soll er auch zur Pressekonferenz in die Isarmetropole kommen, die über einen

Kennt das Profigeschäft: Jonas Baumann, hier beim Rockmaster 2009 in Arco. Foto: Marco Kost

Monat vor dem Wettkampf stattfindet. Er ist schon eine Weile im Profigeschäft und weiß, dass solche Termine wichtig sind. Und deshalb fliegt er für eine halbstündige Gesprächsrunde und ein Interview nach München, obwohl er gerade erst aus Vail kam und einen Tag später von Dortmund nach Moskau fliegen muss.

Klettern ist Leistungssport. Mit Trainingsprogrammen, Trainerlaufbahnen, Ernährungsrichtlinien, Dopingkontrollen, Sponsoren, Journalisten, Fotografen, PR-Terminen und Wettkampfzirkus. Und wenn es nach dem Willen der Funktionäre der internationalen und nationalen Kletterverbände geht, wird Klettern im Jahr 2020 olympisch. Spätestens dann unterscheidet sich Klettern von den vielen anderen ganz normalen Leistungssportarten kaum mehr – wäre da nicht dieses ganz andere Gesicht des Kletterns.

Um halb vier klingelt der Wecker, um vier marschieren sie los, hinein in die Finsternis. Jeder Schritt ist bekannt, die Lampen sind im Prinzip gar nicht nötig. Nach einer Stunde erreichen David und Jorg den Wandfuß, es dämmert. Im ersten Licht des Tages sprinten die beiden über die 400 Meter hohen Vorbauplatten. Dank ausgeklügelter Sicherungstechnik ist das Ende des flachen Wandbereichs nach einer Stunde erreicht. Alles im Plan, und doch sind David und Jorg nervös. Sie wissen, was vor ihnen liegt, was sich über ihnen auftürmt: Die Ostwand des Monte Brento. Jeder Kletterer, der schon einmal in Arco war, ist unter dem 1000-Meter-Koloss vorbei gefahren, hat vielleicht schon einmal einen Blick nach oben gewagt. Es gibt ein paar wilde Technorouten durch die Mauer, die aber allesamt berüchtigt und kaum wiederholt sind. Versuche, in freier Kletterei durch die Wand zu kommen, hat es bislang nicht gegeben. Kein Wunder, der Fels gilt als brüchig, und die oberen 600 Meter der Wand hängen ganze 200 Meter über. Wer wäre nicht nervös, wenn er am Anfang dieses monströsen oberen Wandbereichs hinge.

David Lama ist eine der schillerndsten Figuren der heutigen Kletterszene. Schon mit fünf Jahren entdeckte Peter Habeler das außergewöhnliche Klettertalent und empfahl seinen Eltern, ihn in einen Kletterkurs zu schicken. In Innsbruck gäbe es

1000 Meter hoch, 200 Meter überhängend: David Lama in der Ostwand des Monte Brento.
Foto: Heiko Wilhelm

eine Klettergruppe um Reini Scherer, den Grandseigneur der österreichischen Kletterszene und Betreiber der Innsbrucker Kletterhalle. Dort machte »Fuzzy«, wie ihn die anderen aus der Gruppe nannten, weil er mit Abstand der kleinste war, in kurzer Zeit große Fortschritte. Unglaublich schnell stellten sich die ersten Erfolge ein: Mit neun Jahren gewann Fuzzy den Österreichischen Junior Cup, mit elf holte er den Sieg beim Rock Master Kids Cup, mit 14 wurde er Jugendweltmeister und mit 16 holte er den Europameister-Titel bei den Erwachsenen. Spätestens jetzt galt er er als Wunderkind.

Im Sommer 2008 stiegen David und Jorg zum ersten Mal in die 1000-Meter-Wand ein. Aber nach zwei Tagen, einem Hängebiwak im Klettergurt und 650 Metern war Schluss, Abseilen war angesagt. Die beiden hatten den Monte Brento grob unterschätzt. Aber Blut geleckt: Es musste doch eine Möglichkeit geben, eine frei kletterbare Linie durch das überhängende Bollwerk zu finden. Mit zwei Haulbags, einem Zweimann-Portaledge und vielen Bolts rückte das österreichisch-niederländische Team also ein Jahr später wieder an. 70 Kilo Material wuchteten sie die Wand hinauf, Schwerstarbeit, aber mit zehntausend Volt Willenskraft geht vieles. Innerhalb von drei Tagen war die neue Route denn auch eingebohrt. Weitere fünf Tage dauerte es anschließend, verteilt auf mehrere Monate des Sommers 2009, bis alle Kletterstellen ausgekundschaftet waren. Meter für Meter, Stelle für Stelle, Griff für Griff. Jetzt fehlte nur noch der Durchstieg.

Sportklettern hat viele Gesichter. Wenn man genau hinschaut, hat jeder Bereich, der für sich genommen aus der Ferne einigermaßen übersichtlich ausschauen mag, wiederum zahlreiche Facetten. Nehmen wir das Wettkampfklettern. Drei Disziplinen gibt es – Lead, Speed und Bouldern. Aber von Land zu Land, teils auch von Wettkampf zu Wettkampf, gibt es innerhalb dieser Disziplinen unterschiedliche Modi. Beim Rockmaster in Arco beispielsweise, sozusagen der inoffiziellen Weltmeisterschaft, werden die Boulder-Wettkämpfe im K.O.-Modus ausgetragen, bei den offiziellen Weltmeisterschaften ist das nicht so.

Draußen ist es noch viel unübersichtlicher. Auf den ersten Blick gibt es zwar nur die Sportkletterer und die Boulderer. Tatsächlich existieren aber zahlreiche Sub-szenen, und jede hat ihre eigenen Regeln und Vorlieben: Die Einen wollen möglichst schwierige Routen im Klettergarten klettern, den Zweiten geht es um möglichst harte Routen im Gebirge, die Dritten konzentrieren sich aufs Onsight-Klettern, die Vierten wollen ihr Können auf möglichst entlegene Felsen irgendwo am Ende der Welt übertragen. Und so weiter. Unter einen Hut passt das moderne Sportklettern daher nicht. Nicht, wenn man die Spitzensportler anschaut, und schon gar nicht, wenn man auf die ganze Szene blickt. Der Kletterhallenboom hat eine ganz neue Generation von Kletterern hervorgebracht; deren Bedürfnisse und Ansprüche kommen zu den vielen bereits bestehenden Bedürfnissen und Ansprüchen hinzu – Stichwort: von der Halle an den Fels.

Im Tiroler Westen hat man sehr schnell begriffen, dass mit diesen Bedürfnissen ein großes touristisches Potenzial einhergeht. Zwei findige Kletterer aus der Region, Mike Gabl und Peter Thaler, ergriffen die Initiative und riefen *Climbers Paradise* ins Leben. Das Paradies befindet sich zum Beispiel im Ötztal. In den meisten dortigen Klettergärten sind die Hakenabstände kurz, die Bohrhaken rostfrei, die Zustiege ausgebaut, und an den Felsen befinden sich Toilettenhäuschen und Picknicktische. Für so manchen Oldschool-Kletterer ist *Climbers Paradise* die Hölle. Die meisten anderen freuen sich und tun den Touristikern den Gefallen, nicht nur

Expeditionen sind »in«

Rolando Larcher & Co erstbegehen im August 2009 eine Route am K7 in Pakistan (1100m, VIII+/IX-, A2).

Hansjörg Auer und **Much Mayr** erstbegehen im Februar 2010 »Warten auf Godot« (7b, M6, 750m) an den Torres del Paine an der Ostwand des Zentralturms, Patagonien.

Stefan Glowacz gelingt im Sommer 2009 die erste Begehung von »The place of Happiness« (800 m, IX) an der Piedra Riscada in Brasilien. Im Dezember 2009 scheiterte er beim Versuch, »Royal Flush« am Fitz Roy zu wiederholen.

Die **Huberbuam** schaffen im Sommer 2009 die erste freie Begehung des Güllich/Albert-Hammers »Eternal Flame« (IX+) am Nameless Tower, Karakorum.

Die beiden Spanier **David Palmada** und **Esther Ollé** eröffnen im September 2009 die ultraharte und extrem gefährliche Technoroute »Look out! Danger!« an den Fisher Towers, USA. Für den Elf-Seillängen-Horrortrip spucken sie den neuen Grad A6+ aus.

Was sonst noch »in« ist

youmove-ishoot.com: Der Fotograf Jonas Huellsick bietet seine Dienste Hobbykletterern an – drei Stunden kosten 175 Euro.

Klettern wird »Leitsportart« an bayerischen Schulen. Die Abiturienten können ihre Kletterleistungen in die Abiturnote einbringen.

Spaß-Boulderwettbewerbe: »Hard Moves«, »Soul Moves«, »High Five«, »Bloc Challenge« und »Boulderholics« heißen die Events, die es inzwischen in fast allen Städten gibt. Der Erfolg gibt ihnen Recht.

Topo-App: Wo sonst als in den USA gibt es das erste Klettergebiet als App – Tatort: Red River Gorge.

Go for Gold: Das Internationale Olympische Kommitee (IOC) hat den Internationalen Wettkletterverband IFSC ganz offiziell anerkannt. Damit ist der Weg frei für eine Bewerbung des Klettersports bei den Olympischen Sommerspielen 2020.

Hakenabstände kurz, Material rostfrei, Umlenkungen standardisiert – das ist Climbers Paradise. Foto: Mike Gabl

Toller Fels, schöne Routen, viel Kletterspaß – auch das ist Climbers Paradise.
Foto: Mike Gabl

zahlreich in die angeschlossenen Gebiete zu fahren, sondern dort auch fleißig die Gastronomie in Anspruch zu nehmen. Deshalb erstreckt sich *Climbers Paradise* mittlerweile weit über den Tiroler Westen hinaus auf viele Klettergebiete im ganzen Bundesland.

Im Tal wachsen die Kletterparadiese, an den Bergen herrscht Plaisir. Auch die Hüttenwirte haben begriffen, dass die Kletterer gute Gäste sind. Im Gegensatz zu den Wanderern bleiben sie einige Nächte, sofern gute Klettermöglichkeiten in der Nähe bestehen. Willi Fankhauser von der Stripsenjochhütte gilt als einer der Pioniere des Plaisirkletterns im Ostalpenraum. Auf seine Initiative hin ist die komplette Nordseite von Totenkirchl und Fleischbank mit einem dichten Routennetz und einem noch dichteren Bohrhakennetz überzogen worden. Wer an einem schönen Sommertag zum Beispiel die *Via Classica* an den Fleischbank-Nordabbrüchen machen will, sollte früh unterwegs sein, wenn er nicht hauptsächlich anstehen will. Selbiges gilt praktisch für alle Routen im Stripsenjoch-Revier: es stapeln sich die Kletterer. Kaum eine Seilschaft hingegen an der berühmten Fleischbank-Ostwand; sie steht direkt um die Ecke, bietet aber kein Plaisir-Gelände.

Die ersten sieben Seillängen im steileren Bereich der Monte Brento Ostwand sind noch nicht so hart – viel im achten Grad, manchmal geht es bis Neunminus. Auch die erste Länge im oberen neunten Grad läuft noch gut. Ein Dämpfer dann in der darauffolgenden Zehnminus-Länge: Ein Tritt bricht aus und David schießt aus dem Überhang, volle Wucht in einen Normalhaken. Der hält, und im nächsten Versuch klappt auch diese Länge. Irgendwann erreicht das Team das Portaledge, die Pforte zum steilsten und schwierigsten Teil der Route. Die Kräfte schwinden, eineinhalb Stunden Pause müssen sein. Auf einem schwankenden Alugestell mit Stoffbezug, 700 Meter Luft unter dem Hintern. Körper und Geist sollen hier zur Ruhe kommen.

Die meisten jungen Kletterer kommen über die Halle zum Klettern. Aber daraus zu schließen, am echten Fels hätte sie alle nichts drauf, ist schlichtweg falsch. Vielmehr ist es so, dass die Hallen ein viel schnelleres Vorankommen ermöglichen. Waren früher drei bis vier Jahre nötig, um in den neunten Grad vorzudringen, so kommen talentierte junge Kletterer heute nach ein bis zwei Jahren dorthin. Erstmal am Plastik, das stimmt. Aber die heutigen Spitzenkletterer sind so stark, dass die meisten am Fels ihre womöglich fehlende Erfahrung durch Kraft und Dynamik weitgehend ausgleichen. So geschehen zum Beispiel im April 2008 am Schleierwasserfall, als die am Fels vollkommen unerfahrene, gleichwohl in Wettkämpfen bereits äußerst erfolgreiche 15-jährige Johanna Ernst aus Österreich kurzerhand und ausgesprochen locker den Extremklassiker *White Winds* onsight kletterte – eine sehr solide Zehnminus. Die anwesende Kletterprominenz rieb sich ungläubig die Augen. Es wurde langsam Zeit einzusehen, dass es nicht mehr angebracht ist, auf die Plastic-People von oben herabzublicken.

Acht Seillängen liegen noch vor David und Jorg. Vier davon bewegen sich im Bereich Zehnminus, eine ist glatt Zehn. Der Fels ist brüchig und extrem überhängend. Die Tiefe ist unbeschreiblich. Trotzdem spulen die beiden eine Länge nach der anderen ab. Es ist anstrengend, klar, und nervenaufreibend auch, zumal David die letzte Länge noch nicht wirklich gut ausgecheckt hat. Trotzdem gelingt sie auf Anhieb und die beiden stehen am 25. April 2010 um 18.45 Uhr am Ausstieg. Die erste frei gekletterte Route durch die Ostwand des Monte Brento lebt.

Auf der *Challenge the Wall*-Party wird es spät. Anna geht um halb drei, damit sie den Flieger erwischt. Aber David und Jorg bleiben, immer ein Bier in der Hand, und mit den Bieren steigt die Euphorie. Der Monte Brento kommt zur Sprache, »bald schaffen wir es, wirst schon sehen«, sagt Jorg in seinem niederländischen Tirolerisch. »Im April finden wir zwei oder drei Tage, wo wir es angehen können!« Fuzzys Augen leuchten. Das tun sie praktisch immer, wenn es ums Klettern geht. Aber wenn es um große Projekte an großen Wänden geht, wenn es Neuland zu betreten gilt, wenn ein dickes Abenteuer winkt, dann leuchten seine Augen ganz besonders.

Es stimmt – die Jungen kommen übers Plastik zum Klettern. Es stimmt: Die Jungen haben keine Vorbehalte gegenüber einer kommerzialisierten Kletterszene. Und es stimmt auch – die Jungen haben keinen speziellen Kletterer-Lebensstil. Aber wo ist das Problem? Mit den Kletterhallen steigt das Kletterkönnen. Mit dem Geld kommen Mittel in die Szene, die das Klettern vorwärts bringen. Und dass es keinen speziellen Kletterer-Lebensstil mehr gibt, zeigt doch nur, dass inzwischen alle klettern gehen – ob Öko oder BWL-Studentin, ob Schreiner oder Hausfrau, ob Arbeitslose oder Schüler. Klettern ist nicht mehr das kleine Biotop, das es bis in die Neunziger Jahre hinein vielleicht einmal war. Klettern ist trotzdem immer noch Klettern. Im Unterschied zu hallenlosen Zeiten ist die Ansteckungsgefahr allerdings deutlich gewachsen. Und es gibt viel mehr Nuancen, Varianten, Facetten, Schatten- und Sonnenseiten. Es ist halt einfach so: Klettern ist ganz normal geworden.

Die Ursache liegt, wenn man so will, 64 Jahre zurück. Der große Knall von 1947 hat gewirkt. Nicht damals. Und eigentlich auch noch nicht 1983. Wirklich angefangen hat es erst einige Jahre später, als sich der Geist, der in Wilhelmshaven gesät worden war, über die ganze Republik ausgebreitet hat. Die Protagonisten der Entwicklung gingen aber nicht mit Dynamit zu Werke, sondern mit Epoxydharz. Wenn man die Wirkung in der Kletterszene anschaut, muss das eine Art Plastiksprengstoff sein.

Profi on the Rocks. Angela Eiter ist eine von immer mehr werdenden Kletterern, die vom Klettern leben.
Foto: Christian Pfanzelt

An heiligen Wassern
Mit Kindern entlang der Suonen des Wallis

VON DENNIS CRAMER

Bergwandern mit Kindern – eine lohnende Herausforderung.
Alle Fotos vom Autor

Zugegeben, für eine Reportage ist die Überschrift dieses Beitrages eine Spur zu poetisch. Und in der Tat handelt es sich eigentlich um den Titel eines Heimatromans, den Jakob Christoph Heer 1898 verfasst hat. Doch beide Texte, der eher düster-ernste Roman und diese hoffentlich heitere Reportage, spielen an den selben Orten: an den alten Wasserleiten im Wallis, die – je nach Sprachraum – als Suonen oder Bisses bezeichnet werden und den Einheimischen über Jahrhunderte hinweg den Lebensunterhalt sicherten und deshalb äußerst schützenswert waren. Heute begehen aber nicht mehr, wie im Roman, Hüter und Verbrecher die parallel verlaufenden Pfade, sondern historisch mehr oder weniger interessierte Wanderer, die die rasch wechselnden Landschaftsformen ebenso schätzen wie die naturgemäß geringen Höhenunterschiede. Und so haben auch wir als fünfköpfige Familie diese Wanderstrecken als Idealtouren für Kinder entdeckt. Deshalb möchte ich diesem Titel zugleich eine zweite Bedeutung abgewinnen: Wer immer mit Kindern im Gebirge unterwegs ist und sie begleitet, bewegt sich ebenfalls »an heiligen Wassern«. Ist nicht auch die Wanderlust und Bergleidenschaft von Kindern, ja vielleicht ihre ganze Entwicklung, ähnlich zerbrechlich und schützenswert wie die historischen Suonen? Und so möchte ich im Berichten auch der Frage nachgehen, welche Grundhaltungen förderlich sind, damit Kinder eine lebenslange Freude am Bergwandern und dem Bewegen im Hochgebirge entwickeln können.

Heute ist es soweit. Heute ist der große Tag. Auf dem Beifahrersitz des Familienbusses schaukelnd blättere ich im Rother Wanderführer »Unterwallis«. Während die Kinder auf der Rückbank Lieder von Rolf Zuckowski mitschmettern, darunter den atmosphärischen Song »Hoch in den Bergen«, und unser »Karaoke-Mobil« die Serpentinen Richtung Crans Montana hinaufschnauft, finde ich endlich die gesuchte Seite: »Bisse du Rho« ist sie überschrieben. Und im Untertitel lese ich von einer »spektakulären Wasserfuhre«.

Schon jetzt, um 9 Uhr morgens, ist es so heiß, dass unsere drei die Fenster aufreißen. Sie strecken ihre Arme hinaus, als wollten sie die südliche Sonne einfangen. Solch subtropische Temperaturen sind keine Seltenheit in diesen Urlaubstagen, denn das Wallis rund um Sion zählt zu den trockensten und wärmsten Gegenden der Alpen. Betrachtet man eine Niederschlagskarte der Region, einen dieser in bläulichen Farbtönen gehaltenen Flickenteppiche, so hat man ein überraschend hellblau gehaltenes Exemplar vor sich. Die Legende verrät Genaueres: Teilweise liegt die Niederschlagsmenge hier unter 600 mm im Jahr! Nur oben an den Bergkämmen der Viertausender, dort, wo selbst Schönwetterwolken zuweilen gezwungen werden aufzusteigen und ihre feuchte Last abzuwerfen, ist die Karte dunkler gefärbt. Die Bergbewohner hierzulande hatten demzufolge schon Jahrhunderte vor dem heute beschworenen Klimawandel unter Dürren zu leiden. Und so kamen sie bereits um 1350 – trotz aller Risiken für Leib und Leben – auf die verrückte Idee, das aus den Gletscherregionen herabfließende Wasser im großen Stil aufzuhalten, es umzuleiten, es kilometerlang mit geringem Gefälle durch steile Bergflanken zu führen, um es ihren durstigen Wiesen und Feldern zuzuführen.

Ein halbes Dutzend dieser historischen Wasserkanäle haben wir in den letzten Jahren erkundet. An Ostern, Pfingsten, im August oder Oktober waren wir unterwegs, mal rechts, mal links der Rhone. Die Erinnerungen sind reichhaltig. So bastelten wir beispielsweise im einsamen Val de Rechy ein überraschend schwimmfähiges Segelboot: ein Stück Lärchenrinde bildete den Schiffskörper, ein Wurzelholz den Mast und ein trockenes Blatt das Segel. Einmal in der Wasserrinne auf die Reise geschickt, hatten die Kinder ihre liebe Not, der wilden Fahrt mit ihren kleinen Schritten zu folgen. Gleich mehrmals begingen wir die Bisse de Montorge unmittelbar über der Kantonshauptstadt Sion. Die idyllische Wegführung bot stets einen wirksamen Kontrast zum Tiefblick auf die Wohnblocks und den belebten Flughafen der Stadt. Im Gegensatz zu uns Ruhe suchenden Erwachsenen, hätten die Kinder stundenlang zuschauen können, wie Rettungshubschrauber starten und Düsenjäger im 5-Minutentakt in den Himmel schießen. Ganz unterschiedliche Erlebnisse verbinden wir also mit den Suonen. Und jetzt endlich, genauer: heute!, ist es soweit. Mit 6, 8 und 10 Jahren sind die Kinder groß genug, ausdauernd genug, trittsicher genug, um mit ihnen nun diese »Königstour« unternehmen zu können, die Krönung unserer Sammlung: die Bisse du Rho. Sie gilt als die »verwegenste aller Walliser Wasserleitungen«. Heute ist der große Tag.

Und wie wir uns in die Höhe schrauben – das Rhonetal immer tiefer unter uns lassend, den gezähmten Fluss, die neue Autobahn, zwei künstliche Geraden – fordern die Kinder »Lauter, lauter!«, denn ihre Musik wird übertönt, wann immer eine meterhohe Weinbergmauer die Fahrgeräusche zurückwirft. In einer der Haarnadelkurven begegnen wir einem Postbus, einer jener knallgelben Schweizer Ureinrichtungen, die noch immer auserwählt sind, auf jeder zweiten Ansichtskarte als Vordergrund für die heile Bergwelt zu dienen. Wir müssen zurückstoßen, die Fahrbahn freigeben – die wohlvertraute Fanfarenhupe des stählernen Fotomodels hat es uns unmissverständlich deutlich gemacht.

Irgendwann hat die Kurverei ein Ende, der Parkplatz bei Plans-Mayens ist erreicht. Erst einmal die herrliche Aussicht genießen, sage ich mir. Ich mache das Weißhorn aus, das Zinalrothorn, beide spitz und steil, beide weit über 4000 Meter hoch. Und ins-

Im trockenen Wallis ist Wasser besonders kostbar – Wasserfall an der Bisse du Rho.

Kinder lieben natürliche Spielplätze – ein vom Sturm gefällter Baum an der Bisse du Rho.

geheim frage ich mich, warum ich bei diesem Wetter nicht mit Freunden an diesen Traumgipfeln unterwegs bin. Doch die Kinder rufen mich in die Gegenwart zurück. Papa, komm mal! Ja gleich, was ist denn! Sie haben ein von Ameisen zersetztes Stück Holz entdeckt! Und das – so müsse ich doch einsehen – sei doch viel spannender als die lächerliche Benennung irgendwelcher Bergspitzen in der Ferne.

Bis ich schließlich selbst das durchlöcherte Holz in Händen halte, ist meine Familie schon weiter. Jetzt rufen mir die Kinder, auf eine unscheinbare Markierung deutend, zu, ich solle endlich kommen. In unserer Event-Gesellschaft, in der der klassische Wandertag schon in Grundschulen ersetzt wird durch den Busausflug zum Hochseilgarten, bin ich dankbar, dass meine Kinder heute einmal mehr motiviert sind, obwohl es »nur« zu wandern gilt. Unsere Pfadfinder sind kaum zu halten. Sie tauchen in den angenehm schattigen Kiefernwald ein, folgen einem schmalen, wurzelübersäten Serpentinenpfad abwärts. Immer wieder bin ich von dieser mathematischen Gleichung verblüfft, wonach sich die Motivation der Kinder umgekehrt proportional zur Breite des Wanderweges verhält. Es gibt meines Erachtens eine einfache, aber aufschlussreiche Erklärung für diesen Zusammenhang: Kinder lieben es, Autonomie zu erleben. Dort, wo kein Zweiter neben ihnen gehen kann, nehmen sie sich selbst deutlicher wahr, spüren sie ihre eigene Stärke, ihr Ich.

Die Kinder weitgehende Autonomie erleben zu lassen, ist die erste von drei Grundhaltungen, die ein glückendes und nachhaltiges Familienwandern ermöglichen. Das Gefühl, eine Leistung selbst erbracht zu haben oder maßgeblich zum Gruppenerfolg beigetragen zu haben, ist unersetzlich. Unsere Jüngste hat schon längst den nächsten Wegweiser ausgemacht und sich auf einem Baumstumpf positioniert. Warum sollten wir nicht den wortlosen Handzeichen unserer jungen Politesse folgen? Sie weiß offensichtlich, wo es langgeht. Wo sie steht, zeichnet sich ein waagrecht verlaufender Graben ab – die Bisse, die Bisse du Rho.

Auf dem schmalen Pfad, der auf dem Wall links des Bisses verläuft, streiten sich die Kinder regelrecht darum, wer vorne gehen darf, wer das »Neuland« zuerst betreten darf. Wir müssen mit der Uhr arbeiten und jedem Kind die gleiche Zahl an Minuten gewähren, den »Bergführer« zu spielen. Überraschung! Unterbrochen wird dieses einfach hervorgerufene Flow-Erlebnis der Kinder, als ein vom Sturm gefällter Baum den Weg blockiert. Sein schwerer Leib hat sich einen Weg gebahnt durch das Geäst der Nachbarbäume und lehnt nun in seiner ganzen Länge an einem steilen Berghang. Ohne eines Impulses von außen zu bedürfen, verwandeln sich meine Kinder samt meiner Frau plötzlich in eine kletternde Bande, die sich Stamm aufwärts bis zur Krone durchkämpft. Und sie lachen in sich hinein, als eine Wandergruppe des Weges kommt und nichts davon ahnt, dass dort oben zwischen den Ästen vier Spione lauern und jedes Wort unbemerkt mithören können. Auch das ist erlebbare Autonomie.

Ähnlich wie an der mit Erklärungstafeln und Verteilerschleusen ausgestatteten Grand Bisse de Vex, die wir vorgestern einmal mehr besucht haben, darf auch im folgenden, rekonstruierten Teil der Bisse du Rho inzwischen wieder Wasser fließen. Freilich nur in kleinen Mengen und allein aus touristischen Gründen, denn die eigentliche Wasserversorgung Crans Montanas wird seit 1947 durch einen Tunnel gewährleistet! Die Kinder interessieren sich für solche Erklärungen jedoch wenig. Denn um die Schildmütze mit Wasser zu füllen und über den Kopf zu ziehen, reicht die Wassermenge des Bächleins allemal. Und das Wasser kurzfristig anzustauen, bis es über die Böschung träufelt, quillt, strömt – auch das ist ein Kinderspiel. Was kann das Selbstwertgefühl der Kinder mehr stärken, als diese Erfahrung, mit geringem Aufwand viel verändern zu können? Und das positive Gefühl des »Einfluss«-Nehmens gewinnt anlässlich dieses Beispiels die ursprüngliche Bedeutung zurück.

Wie uns auf dem Weiterweg aber jäh bewusst wird, scheint die wertvolle Forderung nach Selbstständigkeitserfahrungen allerdings zugleich mit unserer elterlichen Aufsichts- und Fürsorgepflicht zu konkurrieren. Von einem Tritt auf den anderen verlassen wir nämlich das romantische Waldgelände und stehen vor einem atemberaubenden Abgrund. Wolkenschatten wandern über die Rebberge und Wälder in der Tiefe. Unser Wanderpfad leitet auf alten, aber soliden Holzbohlen hinaus in eine morsche, senkrechte, oben sogar weit überhängende Felswand. Zumindest in punkto Ausgesetztheit kann sich dieser und noch so mancher folgende Wanderabschnitt durchaus mit solchen Weganlagen messen, die die großspurigen Namen «Klettersteig» oder »Ferrata« tragen.

Stopp! Jetzt nehmen wir euch ans Seil! – Warum? Meine Jüngste, die eben noch Spionin und Bergführerin sein durfte, zeigt wenig Einsicht und versucht ihre Hand aus dem väterlichen Griff zu winden. Wirklich überzeugen, dass das Sichern hier nötig sei, lässt sie sich nicht. Doch wie sie sich vorher an die Regel halten musste, in Sicht- und Rufweite zu bleiben, hat sie auch nun diese Maßgabe zu akzeptieren. Auch wenn Kinder so manche Regel gerne in Frage stellen, so wichtig ist es doch für sie, dass diese verlässlich sind und nur in Einzelfällen modifiziert oder außer Kraft gesetzt werden. Und in der Hierarchie der Formen von Regeln stehen Sicherheitsregeln bekanntlich an oberster Stelle; ihre Einhaltung ist unumgänglich. Unsere Jüngste hier frei gehen zu lassen, wäre meines Erachtens unverant-

Spannend – die Bisse du Rho bietet spektakuläre Passagen.

Viele Suonen im Wallis wurden restauriert und zu familientauglichen Wanderwegen ausgebaut.

Findlinge laden zum Kletterabenteuer ohne Sicherungsaufwand ein.

wortlich. Vergessen wir schließlich nicht, dass das Gesichtsfeld von Vorschulkindern noch sehr eingeschränkt ist und deren Reaktionszeit auch noch weit über dem eines Erwachsenen liegt. Gefahrenquellen wie herabfallende Steine oder sich plötzlich eröffnende Abgründe nehmen Kinder später als Erwachsene oder gar nicht wahr. Selbst wenn Kinder aufgrund ihres rasch ausgeprägten Gleichgewichtssinns als trittsicher gelten dürfen: Die möglichen Folgen eines Fehltrittes sind unserer Sechsjährigen wenig bewusst. Mit welchen Erfahrungswerten sollte sie beispielsweise auch die Stabilität des hier angebrachten Seilgeländers abschätzen können? So ist jede Bergwanderung mit Kindern auch eine Wanderung auf dem schmalem Grat zwischen Zutrauen und Behüten, oder – poetischer ausgedrückt – zwischen Bewähren und Bewahren. Alle bei einer Bergwanderung geltenden Regeln könnte man unter dem Begriff »Strukturierung« zusammenfassen – und dieses Schaffen einer transparenten und verlässlichen Struktur ist die zweite förderliche Grundhaltung, die ich nennen möchte.

Diese wie die folgenden luftigen Passagen werden hier und da von bogenförmig gewachsenen Wetterfichten geziert. Auch für die Kinder ist es faszinierend, wie sich diese Bäume in der Vertikalen festzukrallen vermögen. Meine – zugegeben nicht allzu knifflige – Frage, woher sie denn ihr Wasser bezögen, können die Kinder freilich rasch beantworten. Die Begegnung mit entgegenkommenden Wanderern macht diese spektakulären Steilpassagen zusätzlich spannend: Die schmalen Holzbalkenstege nötigen meine Frau und mich unwillkürlich dazu, gewagte Ausweichmanöver vorzunehmen. Und plötzlich wird so manche im erwähnten Roman geschilderte schicksalsträchtige Begegnung lebendig und nachvollziehbar. Da haben es meine Kinder einfacher, sie »schlupfen« einfach unter den Rucksäcken der Entgegenkommenden hindurch. Und das gleichmäßige Gluggern in der Holzkehle der Wasserleitung nimmt zusätzlich etwas von der Dramaturgie.

Die Schwierigkeiten an der Bisse du Rho sind nicht anhaltend – genau die richtige Dosis an Reizen und Spannung für die Kinder! Intuitiv sage ich mir, dass ein solches Bergwandern die ideale alpine Tätigkeit für Kinder bis etwa 10 Jahre ist. Und ich habe bei allem Respekt vor dem Felsklettern doch meine Zweifel, wenn diese Disziplin, wie es die Publikationsdichte in den alpinen Fachzeitschriften der letzten Jahrgänge nahe legt, zum Idealsport für Kinder hochstilisiert wird. Die Zahl der Reize, die beim Felsklettern auf das Kind einwirken, ist sehr hoch und komplex. Die jungen Aspiranten werden nicht nur mit andauernder Ausgesetztheit, der schwierigen Suche nach Griffen und Tritten und dem Abschätzen der Felsqualität konfrontiert, sondern auch mit dem Know-how des korrekten Umgangs mit Seil und Sicherungsmaterial. Diese gleichzeitig zu erfüllenden Aufgaben können vor allem kleinere Kinder überfordern, insbesondere dann, wenn Erfahrungen wie Ausgesetztheit erleben oder Trittsicherheit entwickeln nicht beim Bergwandern zuvor erworben wurden. Mein Sohn zumindest zieht jeden Kletterbaum einer Felswand vor, weil er die Schwierigkeiten überschauen kann und seine Bewegungsfreiheit nicht durch ein Seil beeinträchtigt wird. Eine Gefahr besteht auch darin, dass es bei Heranwachsenden zu verzerrten Risikoeinschätzungen kommen kann, wenn die »Zeit am Seil« gegenüber dem freien Bewegen im Hochgebirge überwiegt. Zudem bleibt die Frage, welche Steigerung des alpinen Erlebniswertes den Jugendlichen oder jungen Erwachsenen noch bleibt, wenn im Kindesalter schon ein Maximum geboten wurde. Bei allem Respekt also vor dem Felsklettern, seinem erlebnispädagogischen Wert, seiner sozialen Komponente beim Sichern, seiner neuro-biologischen Wirkung, habe ich Bedenken, wenn der zweite Schritt des alpinistischen Tuns vor dem (oder gar ohne den) ersten gemacht wird. Wandern ist und bleibt die Basiskompetenz, das kleine Einmaleins des Alpinismus, nicht zuletzt auch deshalb, weil es genug Raum bietet, die Bergwelt als schützenswerten und bedeutungsstiftenden Bewegungsraum erfahren zu können.

Tückischer Tobel an der Bisse du Rho – Kinder sollten nicht überfordert werden.

Hinter einer der nächsten Wegbiegungen offenbart sich eine große Geröllreiße. Bei genauerer Bekanntschaft entpuppt sie sich als ein erdiger, murendurchzogener Tobel mit reichlich lockerem Gestein, in dem es gilt, sorgfältig Fuß vor Fuß zu setzen. Nicht nur bei Altschneeresten, auch bei Nässe könnte diese längere Wegpassage rasch heikel werden. Unter solchen Bedingungen würden die Schwierigkeiten die Familienwanderung nicht mehr würzen,

Vor allem kleinere Kinder bestehen auf die Rhythmisierung des Wanderns durch Vesperpausen.

sondern versalzen. Mir zumindest wäre es nicht wohl, wenn ich einen Großteil meiner Aufmerksamkeit auf die eigene Sicherheit zu richten hätte und die Kinder deshalb nicht mehr souverän absichern könnte. Und so muss eine verlässliche Regel beim Familienwandern auch lauten, dass Kinder am Berg nicht überfordert werden. Sie haben das Recht abschätzen zu können, was die Schwierigkeit betreffend und zeitlich auf sie zukommt. Als Faustregel für eine angemessene Länge von Bergwanderungen rechne ich, dass die in Stunden angegebene reine Gehzeit ein Drittel des Lebensalters des jüngsten Kindes nicht überschreiten sollte. Im Fall der Bisse du Rho ist genau dieser Wert erreicht, sind doch zwei Stunden für den Hin- und Rückweg angegeben.

Denn die Kinder bestehen ja umgekehrt auch auf so manche verlässliche Regeln und Rituale, auch auf unausgesprochene. Zu Recht wäre mein Sohn enttäuscht, wenn meine Frau nicht eine süße Stärkung aus dem Rucksack holen könnte, als an der nächsten Wegbiegung eine aussichtsreiche Bank zur Pause lädt. Und meiner Jüngsten würde etwas fehlen, wenn später auf den letzten Metern zum Auto das obligatorische Tragen auf den Schultern ausbliebe.

Allmählich verliert der Weg an Dramaturgie und leitet hinaus ins offene Weidegelände namens Er de Chermignon. Der Blick ist frei zur konkaven Staumauer des Lac de Tseuzier und weit, weit hinauf zum Adlernest der Bergstation Bella Lui, einem Dreh- und Angelpunkt der mondänen Skischaukel von Crans Montana. In der Ferne das Geläute der Kuhglocken. Und kleine schwarze Punkte wie dahingeworfene Kiesel: Eringerkühe. Diese Rasse ist bekannt geworden aufgrund der landestypischen Kuhkämpfe. Mit spanischen Stierkämpfen hat diese Tradition allerdings nichts gemein, handelt es sich doch um die alljährlich üblichen Rangkämpfe der Kühe untereinander, denen zahlreiche Zuschauer zu Beginn der Almsaison beiwohnen. Ich erinnere mich genau, wie wir vor drei Jahren der Bisse de Hérémence bis zum Festgelände in Veysonnaz gefolgt waren. Meine Große, damals sieben, hielt das Erlebte abends malerisch fest, indem sie die Kampfszenerie aufs Wesentliche beschränkte. Statt der etwa 80 Tiere sperrte sie nur drei in ein rechteckiges Gatter. Während die Kuh mit der in weißer Farbe aufgepinselten »2« im Kindergemälde gleichmütig in einem Eck grast, kämpfen die beiden kräftiger gebauten mit den Nummern »31« und »45« Horn gegen Horn. Die einzig farbig gezeichnete Figur ist der Kuhhirt. Mit seiner roten Strickweste und dank der rechtwinklig ausgestreckten Arme bildet er – möglicherweise ein Gruß aus dem Unterbewusstsein – ein rotes Kreuz, als sei er der Ersthelfer, der Rettungssanitäter für die verletzten Kühe. Und das waren die Hirten im Gehege in gewisser Weise tatsächlich, brachen sie doch (wie Ringrichter beim Boxen) jeden Kampf ab, sobald dieser blutig wurde. In solchen Fällen klopften sie den Streitenden mit einem langen Stock auf den Rücken, so dass diese, überrascht durch einen Reiz von außen, voneinander abließen. Wenn es in Einzelfällen so weit kam, hatten die unauffälligen Juroren am Rand längst ihre Notizen gemacht, denn die gewonnenen Zweikämpfe jeder Kuh wurden gewissenhaft gezählt, um später eine stolze Siegerin ermitteln zu können.

Wir sind am Wendepunkt unserer Wanderung angekommen und die intrinsische Motivation, also die von den Kindern selbst hervorgerufene, ist erst einmal aufgebraucht. Sie lassen sich ins Gras fallen und spielen gelangweilt mit Halmen, obwohl wir erst vor 10 Minuten eine große Pause gemacht haben. Meiner Frau gelingt es, die Große neu zu begeistern, indem sie mit ihr Blumen bestimmt – die 10-Jährige hatte in den vergangenen Tagen in der Ferienwohnung eine Bestimmungsfibel gefunden und für sich entdeckt. Zum Sitzboykott und dem damit verbundenen Herrschaftsgefühl ist es allerdings bei der Kleinen nun nicht mehr weit. Wie darauf reagieren? Sie maßregeln? Sie solle sich nicht so haben? – Ich kann mich gerade noch beherrschen. Darauf hinweisen, dass sie schon bei anderen Wanderungen mehr geleistet hat? – Netter Versuch, aber auch damit erziele ich nicht den versprochenen Erfolg. Nächste Strategie: Einreden. Du schaffst das! – Immerhin erhebt sie sich. Aber es muss noch etwas hinzukommen, bis ihre Wanderlust zurückkehrt. Kinder haben nämlich auch das Bedürfnis, dass die Eltern von Zeit zu Zeit in ihre Welt eintauchen und einfach mitspielen. Also mimen wir im Wechsel einen Wanderroboter, der so programmiert ist, dass er in blecherner Sprache die Befehle des anderen wiederholt und sie in abgehackten Bewegungen befolgt. Solche Imitations- oder Rollenspiele lieben Kinder über alles. Vergessen sind die Wehklagen, zu Lappalien degradiert. Und wir entwickeln weitere kleine Spiele; Spielstationen unterteilen den Rückmarsch in überschaubare Abschnitte. Sucht euch drei Tannenzapfen und nehmt sie bis dort vorne mit! Versucht nun den Baumstamm zu treffen! Welchen denn, Papa? Auch Schätzaufgaben haben ihren Reiz, zumal dann, wenn sie durch legale Tricks selbst beeinflusst werden können: Was meinst du? Mit wie vielen Schritten kommst du bis zu der kleinen Brücke dort vorne?

Ein solches Mitspielen zu belächeln, wäre fatal, denn die sogenannte Involviertheit ist der dritte förderliche Faktor für die kindliche Wanderfreude. Und es kommt darüber hinaus zu erstaunlichen Rückkopplungsmechanismen. Die Teilnahme an der kindlichen Welt ist nicht nur als Wertschätzung des Kindes als Kind zu bewerten, sie bietet nicht nur die Möglichkeit der Einflussnahme, wo das kindliche Spiel ins Unsoziale oder Bedrohliche abzurutschen droht, sie eröffnet uns Erwachsenen auch die Chance, den Bergsport in seiner ursprünglichen Form neu zu entdecken. Und während des Rückweges, beim Marschieren von Station zu Station, überlege ich, was das konkret für mich bedeuten könnte: Gilt es, den sportlichen Ehrgeiz am Berg zu ersetzen

Um den kindlichen Bewegungsdrang aufrecht zu erhalten, können kleine Spiele Wunder bewirken.

durch Verbundenheit mit der Natur? Das Interesse an nüchternen Fakten zu ersetzen durch emotionale Geschichten? Den Blick in die Ferne durch die Liebe zum Detail? Und wie wir schließlich zurückkehren zum Parkplatz, ich die Viertausender wieder erspähe, denke ich mit etwas Unverständnis daran zurück, dass ich mich heute schon einmal ohne meine Familie dorthin gewünscht habe.

Mit Kindern bergzuwandern heißt auch, die Welt mit deren Augen zu sehen – Marienkapelle bei Nax.

Entgegen dem gängigen Klischee, Kinder lebten nur in der Gegenwart, haben sie durchaus ein großes Verlangen nach Reflexion. Meine Kinder lieben es, abends noch einmal den Tag Revue passieren zu lassen und dies besonders, wenn er in Form einer Geschichte daherkommt. Erst durch ein solches Ritual wird der Tag für sie »rund« und die Nacht und der neue Tag können unbelastet kommen. Und wenn es gelingt, die Kinder als Helden aus diesen ritualisierten Rückblicken und Gutenachtgeschichten hervorgehen zu lassen, verknüpfen sich die drei ausgeführten pädagogischen Grundhaltungen (erlebbare Autonomie, verlässliche Struktur und Involviertheit) in einer einzigen Geschichte:

Heute war ein großer Tag. Freilich könnte ich den Kindern von der Romanhandlung erzählen, aber wäre dieses Drama als Gutenachtgeschichte geeignet? Im Lichtkegel der Taschenlampen betrachten wir statt dessen den Bildband »Die Suonen des Wallis« (erschienen im Rotten-Verlag, Visp). Er enthält auch einige kunstvolle Schwarzweißfotos aus den 1930er-Jahren, in denen eine Suone restauriert wurde, die der Bisse du Rho verblüffend ähnlich sieht. Blätternd werden wir Zeugen dieser epochalen Arbeit: Wir sehen, wie zünftige Zimmerleute über schwindelnden Abgründen Balken und Bohlen ersetzen, stolze Bauwerke errichten. Wir sehen, wie gut gelaunte Frauen in Kopftüchern säckeweise Moos rupfen, Erde ausstechen und diese überdimensionalen Packstücke die Hänge hinaufschleppen. Hinauf zu ihren Männern, die den Inhalt der Säcke mit dem bereits zugeleiteten Wasser vermengen, um Schlamm zur Abdichtung der Fugen zu gewinnen.

Beim wiederholten Betrachten verwandelt sich diese historische Bilderserie dann in die ersehnte Gutenachtgeschichte. An der Grenze zum Traum entsteht eine Parallelgeschichte, eine Collage im Kopf. Inmitten der schwarz-weißen Szenerie der moosrupfenden Frauen taucht nun eine bunt gekleidete Sechsjährige auf und in einem unbeobachteten Augenblick versteckt sie sich in einem der Säcke, die an einem Kiefernstamm lehnend auf den Abtransport warten. Kaum atmend vor Aufregung und zugleich insgeheim froh, der Arbeit und dem Mühsal des Aufsteigens entgangen zu sein, lässt sie sich auf dem nächsten Bild hinauftragen. Die Männer staunen nicht schlecht, als sie den Sack öffnen und die Kleine lachend herausspringt. Noch bevor sie das freche Gör jedoch ergreifen können, ihr eine Lektion erteilen können

Häufig begleiten eigenwillig gewachsene Bäume den Lauf der Suonen – Lärche im Val d'Herence.

Draußen unterwegs bis zur verdienten Gutenachtgeschichte.

– schließlich war man in den 30ern nicht zimperlich bei der Kindeserziehung – lässt sie sich von einem kräftigen Schwall Wasser hinfort spülen. Die Bisse hinunter! Als wäre sie eine riesige Wasserrutsche. Eine Wasserrutsche – für sie allein gebaut!

Für die Kinder endet der große Tag, doch mich lassen die heiligen Wasser nicht los und ich blättere noch weiter in dem monumentalen Bildband. Und da der poetische Geist, dem ich mich schon zu Beginn dieses Beitrages nicht entziehen konnte, zurückkehrt, »lese« ich die Bilder nicht mehr als zeitgeschichtliche Dokumente, auch nicht länger als Impulse für eine Geschichte, sondern als Metaphern auf den Umgang mit Kindern, auf die Erziehung: Da ergießt sich ein Wasserfall ins Tal und zerstäubt. Da steht ein Mädchen neben der sprudelnden Suone. Da ist ein hölzerner Wasserkanal undicht; das Wasser verrinnt, bewässert die kahle Felswand. Da läuft der Hüter der Suone dieselbe prüfenden Blickes ab. Da bemühen sich fleißige Kräfte, die Suone wieder abzudichten. Und das letzte Foto, das ich betrachte, zeigt diese Männer nach gelungener Arbeit, wie sie vor den heiligen Wassern niederknien, in Ehrfurcht die Hüte senken und auf die Worte dessen hören, der einzig steht in dieser Runde: der Priester im schwarzen Talar, in der einen Hand das aufgeschlagene Gebetbuch, in der anderen die Segensrute, einen nüchternen Kiefernzweig.

Eternal Flame
Das »ewige Licht« leuchtet am Nameless Tower –
20 Jahre alpine Leidenschaft

VON JOHANNA STÖCKL

Im September 1989 schreiben Kurt Albert und Wolfgang Güllich am Nameless Tower alpine Geschichte. 20 Jahre später fügen Thomas und Alexander Huber ein weiteres Kapitel hinzu: Erste Rotpunktbegehung der Route »Eternal Flame«. Sommer 2009.

Inmitten der Felsriesen des Karakorums steht er da. Eingebettet in ein Wahnsinnspanorama. Richtig freundlich sieht er zwar nicht aus. Aber formschöner kann ein Berg wohl kaum sein.

Stolz. Erhaben. Mächtig schraubt er sich in die Wolken. In den Himmel. Der *Nameless Tower*. Mit seinen 6.251 Metern ist er der größte freistehende Felsturm der Welt.

1988 landeten die deutschen Freikletterpioniere Wolfgang Güllich und Kurt Albert an diesem namenlosen Giganten in der Trangogruppe einen Welterfolg als ihnen über die Slowenen-Route die erste freie Besteigung gelang. Beim Abseilen vom Gipfel schließlich flirteten die beiden mit einer herrlichen Linie weiter links. Feine Risse im rötlichen Granit schrien geradezu nach einer Erstbegehung. Sie mussten wiederkommen!

Ein Jahr später waren Kurt und Wolfgang tatsächlich zurück am Nameless Tower in dieser Hammerlinie bei Schwierigkeiten bis zum oberen achten Grad. Die Kreation war damals unter Bergsteigern eine wahre Sensation. Ein Kunstwerk gar. Freiklettern in dieser Höhe? Ein Meilenstein des Alpinismus.

Bild diese Seite: Nach sieben Wochen schönes Wetter! Kurt Albert endlich im Fels.
Foto: Archiv Kurt Albert privat
Bild rechte Seite Mitte: Warte-Marter im Basislager; links: Wolfgang Güllich rechts: Kurt Albert.
Foto: Archiv Kurt Albert privat
Bild rechte Seite unten: Einen Tag vor der Abreise! Kurt Albert am Gipfel des Nameless Tower, 6251 Meter.
Foto: Archiv Kurt Albert privat

Besondere Routen erfordern Kreativität. Nicht nur im Aufstieg, auch in der Namensfindung. Ein wohlklingender Name musste her, der dem Meisterwerk gerecht wird. »Eternal Flame« wurde die Route schließlich getauft. Ewiges Licht also. Inspiriert wurden Güllich und Albert dabei von der US Damen-Combo, »The Bangles«, die im Jahr der Erstbegehung mit ihrem Song »Eternal Flame« einen Welthit landeten. Im Basislager hörten die Männer den Song rauf und runter. Während die Mädels weltweit die Charts stürmten, harrten die Gipfelstürmer sieben lange Wochen im Basislager aus, ehe sie ein Schönwetterfenster erhaschten. Zeit genug, um das ganze Album Everything auswendig zu lernen. Als es so weit war, verletzte sich Wolfgang Güllich im Aufstieg schwer. Bänderriss! »Aber Wolfgang ließ sich nicht mehr stoppen. Nicht durch Schmerzen. Dagegen gab's Tabletten.« berichtet Albert. Kurz vor knapp, genau einen Tag bevor die Träger wieder kamen, standen beide auf dem Gipfel. »Diese Momente gehören noch heute zu den emotionalsten meines Lebens. Die Route ist eine der schönsten, wenn nicht die schönste, die ich je geklettert bin.«

Bild oben: Die Westwand des Nameless Tower. Die Eternal Flame verläuft direkt an der Kante des Südpfeilers, der das rechte Profil des Turmes zeigt. Auf dem großen, vorgelagerten Felskopf am Fuße des Südpfeilers befindet sich die Sonnenterrasse. Foto: Franz Hinterbrandner

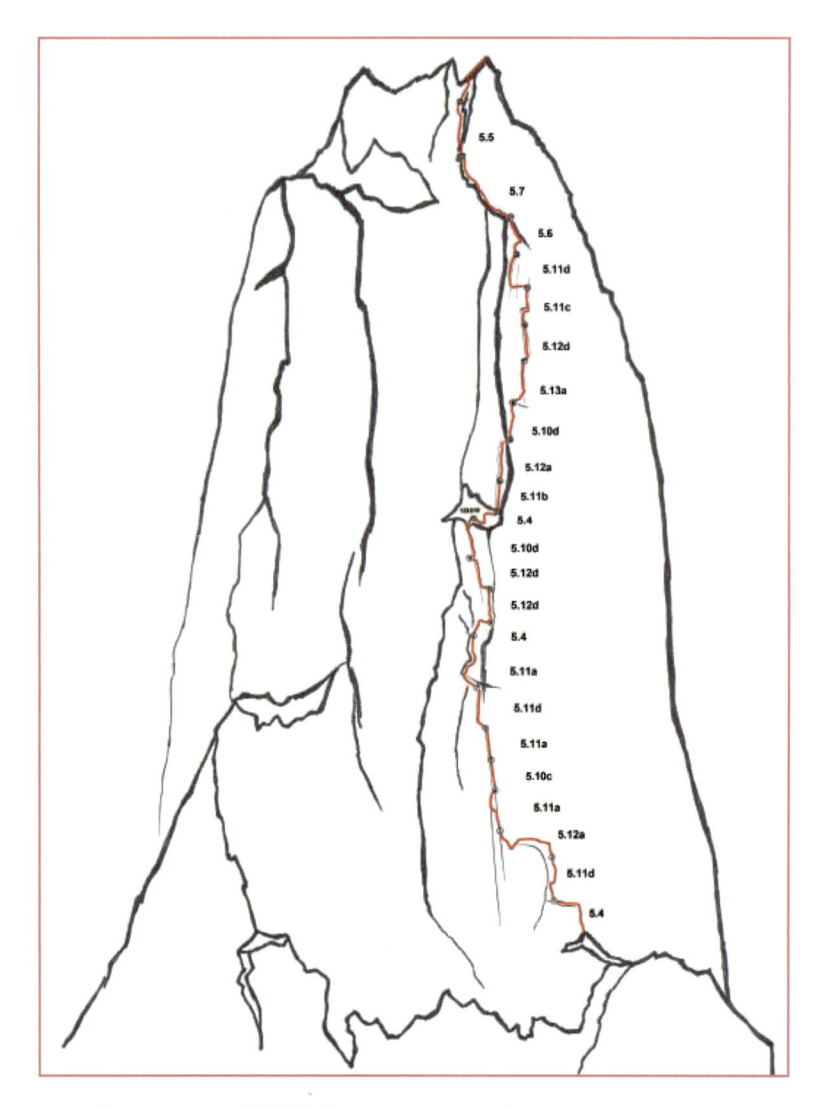

»*Eternal Flame*« machte nicht nur die Bangles, sondern, streng wörtlich genommen, auch Güllich und Albert über Nacht zu Rockstars in der alpinen Szene. Dass sich die deutsche Seilschaft in vier von insgesamt 24 Seillängen mit hakentechnischen Hilfsmitteln und Trittleitern behelfen musste, um besonders schwierige Passagen zu meistern, war ein vergleichsweise kleiner Makel gemessen an der enormen Leistung, die ihrer Zeit weit, weit voraus war. Alexander Huber bringt es auf den Punkt: »*Freiklettern an den Big Walls der Weltberge, auf 6000 Metern Höhe! Das war vor 20 Jahren eine Sensation, das war High End im Alpinismus.*«

Die logische Konsequenz: Seit 1989 versuchten Alpinisten aus aller Herren Länder, die Route vollständig zu knacken, also auch die fehlenden vier Seillängen frei zu klettern. Die Creme de la Creme der Kletterkünstler campierte schon am Fuße des Nameless Tower. Um nur ein paar zu nennen: Die Gebrüder Pou aus Spanien, Arnaud und Francois Petit, Denis Burdet, Hansjörg Auer. Vergebens. Bisher.

Da klingelt's doch bei zwei Brüdern aus Bayern?

Thomas und Alexander Huber, momentan absolute Weltspitze im Alpinismus, sind von solchen Herausforderungen magisch angezogen. Gerade wenn es keiner schafft, wollen sie es wissen. Körperlich und mental sind beide unheimlich stark. Bestens eingespielt als Team. Sehr erfahren sind sie obendrein, die beiden Ü40er. Eine Idealbesetzung für diese Challenge?

Im Sommer 2009 jedenfalls wollten es Thomas und Alexander wissen und machten sich auf den Weg in den Karakorum, um sich ihrem Traum zu nähern: Der Rotpunktbegehung der Route *Eternal Flame*. Alle Seillängen müssen dabei von beiden sturzfrei und in freier Kletterei durchstie-

Bild oben: Übersichts-Topo Eternal Flame.
Bild unten: Die schwierigste Seillänge ist auf 6050 Metern der feine Fingerriss der 17. Seillänge (5.12d).
Alle Fotos: Hinterbrandner/Huberbuam

gen werden. Das muss man wörtlich nehmen: Klettern, frei von künstlichen Hilfsmitteln. Ein Seil und Sicherungsmittel gibt es zwar. Aber eben nur, um sich im Falle eines Sturzes abzusichern. Zur Fortbewegung verwendet man ausschließlich Griffe und Tritte, die der Fels in seiner natürlichen Oberfläche bietet. Geklettert wird aus eigener Kraft. In einer Höhe von 6000 Metern, wo die Luft dünn ist und der Sauerstoff in den Muskeln knapp wird, gerät jeder geschaffte Meter zu einem kleinen Triumph.

Begleitet wurden die *Huberbuam* auf ihrer Expedition vom Osttiroler Mario Walder, mit dem sie schon mehrmals erfolgreich in Patagonien unterwegs waren, und dem Berchtesgadener Franz Hinterbrandner. Als Kameramann war er bereits in großen Kinoproduktionen, wie »Am Limit« oder »Nordwand« engagiert. Beeindruckt erzählt Franz von der Erfahrung, wie gewaltig ihm die ungewohnte Höhe zusetzte. »Trotzdem voll bei der Sache zu bleiben, das Projekt im Auge zu behalten und gute Bilder zu liefern, war für mich körperlicher Grenzgang und Herausforderung zugleich.«

Nicht nur der derzeit brisanten politischen Situation wegen ist die Reise durch Pakistan gefährlich. Wer zu den Trango-Türmen will, muss von der Hauptstadt Islamabad aus dem Karakorum Highway in das gebirgige Baltistan folgen. Eine wilde Busfahrt, die nach einer halben Ewigkeit in der Provinzhauptstadt Skardu endet. Der Straßenzustand erschließt sich dabei allein aus dem Verhältnis der Fahrzeit von 30 Stunden zur zurückgelegten Distanz von 600 Kilometern. Mit einer Autobahn im herkömmlichen Sinn hat der Karakorum Highway jedenfalls nichts zu tun.

»Light my Fire«. Alexander im Quergang, der die Umgehung des Pendelquerganges der zweiten Seillänge ermöglichte (5.11d).

Von Skardu aus folgen weitere 140 Kilometer bis zum Ende der Zivilisation. Eine wilde Piste, gefährlich nahe am Braldu-Fluß. Auch für die Jeeps hart an der Grenze. Da wissen die Alpinisten oft selbst nicht, was gefährlicher ist: die Anreise oder das Bergsteigen? Das Dorf Askoli in einer Höhe von 3050 Meter ist schließlich der Endpunkt der motorisierten Reise. Ab Askoli verlässt die Expedition nun endgültig die Zivilisation in Richtung Hochgebirgswelt des Karakorums. Insgesamt 50 Kilometer Fußmarsch, zuerst noch entlang des Braldu, später über den Baltoro-Gletscher hinauf zum Basislager inmitten der Trangogruppe. Vier Bergsteiger, die zwei Leibköche, *Ismail* und *Kassim*, die immer für die Hubers kochen, wenn sie im Karakorum sind, plus Guide *Manzoor*, jener Bergführer, der kurioser Weise auch schon Güllich und Albert vor 20 Jahren begleitete.

Sieben Wochen – Sieben Köpfe!

Da kommt schon was zusammen an Ausrüstung, Technik, Zelten und Verpflegung. Zahlreiche Träger helfen beim Transport während des vier Tage dauernden Anmarsches. Der Lohn ist gut im Vergleich zu den bescheidenen Verdienstmöglichkeiten im kargen Hochtal.

Bild links: Klettern im Hochgebirge. Perfekter Granit inmitten riesiger Gletscher, dazu blauer Himmel und ein wenig Magnesia – was will man mehr? Im Handriss der letzten schwierigen Seillänge von Eternal Flame (5.11c). Bild oben: Die Baltis, unsere zuverlässigen Träger auf dem Weg ins Basislager, ohne deren Hilfe im Karakorum nichts geht.

In einem bemerkenswerten Engagement für die Karakorum-Hilfe tragen die Huberbuam der Bevölkerung vor Ort gegenüber Verantwortung. Seit Jahren sammeln sie Gelder für die Einheimischen. Die Huberbuam sind stolz darauf, dass sie bereits Summen im sechsstelligen Bereich akquirieren konnten. Über Benefizveranstaltungen zum Beispiel, deren Erlös zur Gänze als Spende weitergeleitet wird. Oder durch den Verkauf von Kalendern oder Bildern. Besucht man nämlich einen Vortrag von Thomas oder Alexander, werden in der Pause wunderschöne Poster von Expeditionen signiert, die man über eine freiwillige Spende ab Euro 5,00 erwerben kann. Alle geben gerne. Manche mehr. Was mit dem Geld genau passiert? Alexander: »*Wir finanzieren Hilfe zur Selbsthilfe. Wir bauen Kinderheime, Brunnen, sorgen für gutes Trinkwasser, besseres Saatgut, pflanzen Obstbäume, sichern ausreichend Medizin.*«

Über die Karakorum Hilfe konnten unter anderem auch zwei Jeeps angeschafft werden, die zwischen Skardu und Ascoli pendeln. »*Darüber hinaus investieren wir in Bildung und wollen erreichen, dass zumindest ein Teil der Kinder im hintersten Braldu-Tal lesen, schreiben und Englisch sprechen lernt.*« fügt Thomas hinzu. »*Durch die zur Karakorum-Hilfe gehörigen Trekkingagentur, die ausschließlich*

»Wish you were here«. Alexander in der ersten der zwei Seillängen, mit denen die Bohrhakenleiter der Erstbegeher umgangen werden konnte. (5.12c).

Thomas klettert »Burn for you« (5.12c). Der steile, anstrengende und anspruchsvolle Handriss fordert alles an Kraft und Technik, ohne der am Granit des Nameless Tower nichts geht.

Bild oben: Den Übergang in den senkrecht bis leicht überhängenden Mittelteil der Route bildet ein steiler Fingerriss. Alexander in der kraftraubenden Schlüsselstelle der Seillänge, die dünne Luft der Höhe macht sich bemerkbar (5.11c).
Bild unten: Thomas und Alexander am Lager auf der Sonnenterrasse.

Bewohner aus dem Braldu-Tal beschäftigt, wollen wir außerdem sicherstellen, dass in Zukunft die Baltis mehr als bisher vom Expeditionstourismus profitieren können. Die Menschen vor Ort leben unter sehr harten Bedingungen. Aber mit ein bisschen Unterstützung unsererseits schaffen sie es aus eigener Kraft.«

Die Bilder vom Basecamp auf 4.200 Metern Höhe sind gigantisch. Bunte Zelte an einem tiefblauen Gletschersee. Im Hintergrund die imposanten Trango-Türme. Abenteuer und Freiheit liegen in der Luft. Auch eine Portion Lagerfeuerromantik. Aber die *Huberbuam* sind nicht zum Zelten da. Es geht ans Klettern und somit nach ein paar Tagen Akklimatisation ans Eingemachte. Und wie sie brennen, im Angesicht der *Eternal Flame* am *Nameless Tower*! Nach circa zwei Wochen ist die Route soweit inspiziert und abgecheckt, das Lager II auf der *Sonnenterasse* eingerichtet. Ein trügerisch harmloser Name für einen Campingplatz in 5.500 Metern Höhe, der auf einer kleinen Plattform unmittelbar vor dem Abgrund gerade einmal Platz für zwei Zelte bietet. Thomas ist heute noch beeindruckt: »In unserem Adlerhorst am Fuße des Nameless Tower waren wir eingebettet in ein Wahnsinns-Panorama. Die Riesen des Karakorums – und wir mittendrin. Das ist schon gigantisch!«

Die bisherige Saison im Karakorum war alles andere als gut. Zahlreiche Achttausender-Expeditionen blieben in diesem Sommer erfolglos. Viel Schnee, heftige Winde und tiefe Temperaturen zwangen etliche Seilschaften zur Umkehr noch bevor sie auf dem Gipfel standen. Auch Gerlinde Kaltenbrunner versank auf dem Weg zum K2 hüfthoch im Schnee.

Berüchtigter Bayerndusel, abseits von Fußball? Himmlischer Beistand?

Von allem ein wenig. Klarer Himmel ab Tag Eins bei den Hubers. Das Wetter machte von Anfang an mit. Und gerade zum richtigen Zeitpunkt eine Regenpause, als die Männer, laut Alexander »völlig paniert« waren. Nach ein paar Tagen Erholung prognostizierte Charly Gabl vom Wetteramt Innsbruck via Sattelitentelefon ganze fünf Tage schönes Wetter: »*Welche göttlichen Institutionen habt ihr denn bestochen? Eine komplette Woche soll das Wetter super sein!*« Mehr oder weniger, so Thomas, waren die vier Männer noch mitten in den Vorbereitungen, wollten sie doch eigentlich die *Eternal Flame* vor der endgültigen Rotpunktbegehung noch genauer erkunden. Aber so eine Prognose gibt es nicht alle Tage im Karakorum. Jetzt oder vielleicht nie? Dann eben aus dem Stand!

Um einen Pendelquergang und Bohrhakenleitern zu umgehen, wurde die Originalführe, so Thomas, in ein paar Passagen durch »*grimmige, neue Varianten*« ersetzt. Manchmal gerieten die Huberbrüder dabei in Sackgassen, oftmals nur einen Meter von einem winzigen, aber rettenden Griff entfernt. Dummerweise aber unerreichbar! Thomas weiter: »*Dann musst du rasch umdenken, eine andere Lösung finden. Und: beißen! Erschwerend kam hinzu, dass wir richtig effizient nur bis zum frühen Nachmittag klettern konnten. Denn die Wärme der perfekten, sonnigen Tage brachte den Schnee und das Eis in der Gipfelregion zum Schmelzen. In den Rissen lief uns das Wasser nur so entgegen. Wir mussten verdammt schnell und erfinderisch sein, um die Route in den wenigen Tagen dieses Schönwetterfensters zu knacken. Es war verdammt schwer, aber wir haben es geschafft!*«

Eternal Flame.
Rotpunkt.
24 Seillängen.
Schwierigkeiten bis zum oberen 9. Grad.
In Wechselführung und vier Tagen.

So lauten die Fakten des Erfolgs. Darüber hinaus gab es reichlich Emotionen.

Thomas Huber: »*Wenn in Zukunft über Eternal Flame gesprochen wird, fallen neben Güllich und Albert jetzt auch unsere Namen. Es ist für uns beide eine große Ehre, mit unseren Vorbildern über diese Route verbunden zu sein.*«

Alexander unterstreicht die Leistung der Begleiter: »*Mario und Franz waren ein großartiges Team. Beide meisterten die Route auf ihre Art und standen schließlich mit uns auf dem Gipfel des Nameless Tower.*«

Bergsteigerlatein:
Rotpunkt Klettern: Freies Klettern im Vorstieg ohne Sturz oder Rasten im Seil. Das Seil und die diversen Sicherungsmittel (wie z.B. Haken und Klemmkeile) dienen nur der Sicherung, nicht der Fortbewegung. Will eine Seilschaft eine Route rotpunkt klettern, müssen beide Kletterer die Route in freier Kletterei in Wechselführung meistern.
Der Name Rotpunkt geht auf Kurt Albert zurück, der Routen, die er in diesem freien Stil geklettert war, im Einstieg mit einem roten Punkt markierte.

Strahlender Sonnenschein tagsüber und sternenklare Nächte gleich am Beginn der Expedition: Kaum im Basislager angekommen wandelte sich das bis zu diesem Zeitpunkt unstabile Wetter im Karakorum.

Der Sonnenuntergang auf der Sonnenterrasse wird zum unvergesslichen Erlebnis. Die höchsten Berge im letzten Licht: Gasherbrum IV, Gasherbrum I und Baltoro Kangri.

> **Auszug aus dem Songtext „Eternal Flame":**
>
> *Close your eyes, give me your hands.*
> *Darling,*
> *do you feel my heart beating?*
> *Do you understand?*
> *Do you feel the same?*
> *Am I only dreaming?*
> *Or is this burning an eternal flame?*
> *I believe it's meant to be.*
> *Darling,*
> *I watch you when you are sleeping.*
> *You belong with me.*
> *Do you feel the same?*
> *Am I only dreaming?*
> *Or is this burning an eternal flame?*
> *Say my name!*
> *Sun shines through the rain.*
> *A whole life so lonely*
> *and then you come and ease the pain.*
> *I don't wanna lose this feeling!*
> *Close your eyes, give me your hand!*
> *Do you feel my heart beating?*
> *Do you understand?*
> *Do you feel the same?*
> *Am I only dreaming?*
> *Or is this burning an eternal flame?*
>
> The Bangles, 1989

Mario und Franz bildeten in der Wand eine unabhängige Seilschaft, die stets voraus kletterte. Mario stieg die gesamte Route Seillänge für Seillänge vor, fixierte jeweils das Seil, sodass Franz als Kameramann mit den Jümar-Steigklemmen nachsteigen und dabei alles fotografisch und filmerisch dokumentieren konnte. Ein schwerer und stressiger Job für Mario im Vorstieg. Ein hartes Stück Arbeit auch für Franz. Schließlich wurden alle Film- und Fotoaufnahmen live gedreht und geschossen. Kein Bild, keine einzige Sequenz wurde nachgestellt, wie das sonst bei Expeditionen meistens üblich ist. Im Karakorum sind Chancen rar – und die muss man nutzen. Möglichst schnell.

Auch Mario Walder schwärmt immer noch »Es war eine traumhaft schöne und obendrein erfolgreiche Expedition. Wir haben live gedreht. Ehrlichstes Handwerk in der wohl formschönsten Route der Welt. Was will man mehr!«

Die Huberbuam sind sich einig: »*Auf den Spuren unserer großen Vorbilder zu klettern, dabei ein paar Passagen zu ergänzen, war uns eine große Ehre. Das Gipfelerlebnis war sehr intensiv. Wolfgang Güllich ist 1992 bei einem Autounfall ums Leben gekommen. Er hätte seine Freude daran gehabt, uns in seinem Meisterwerk klettern und kämpfen zu sehen. Seine Eternal Flame brennt weiter. Auch in uns.*«

*Wir sind oben!
Thomas, Alexander und
Mario auf dem Gipfel des
Nameless Tower.*

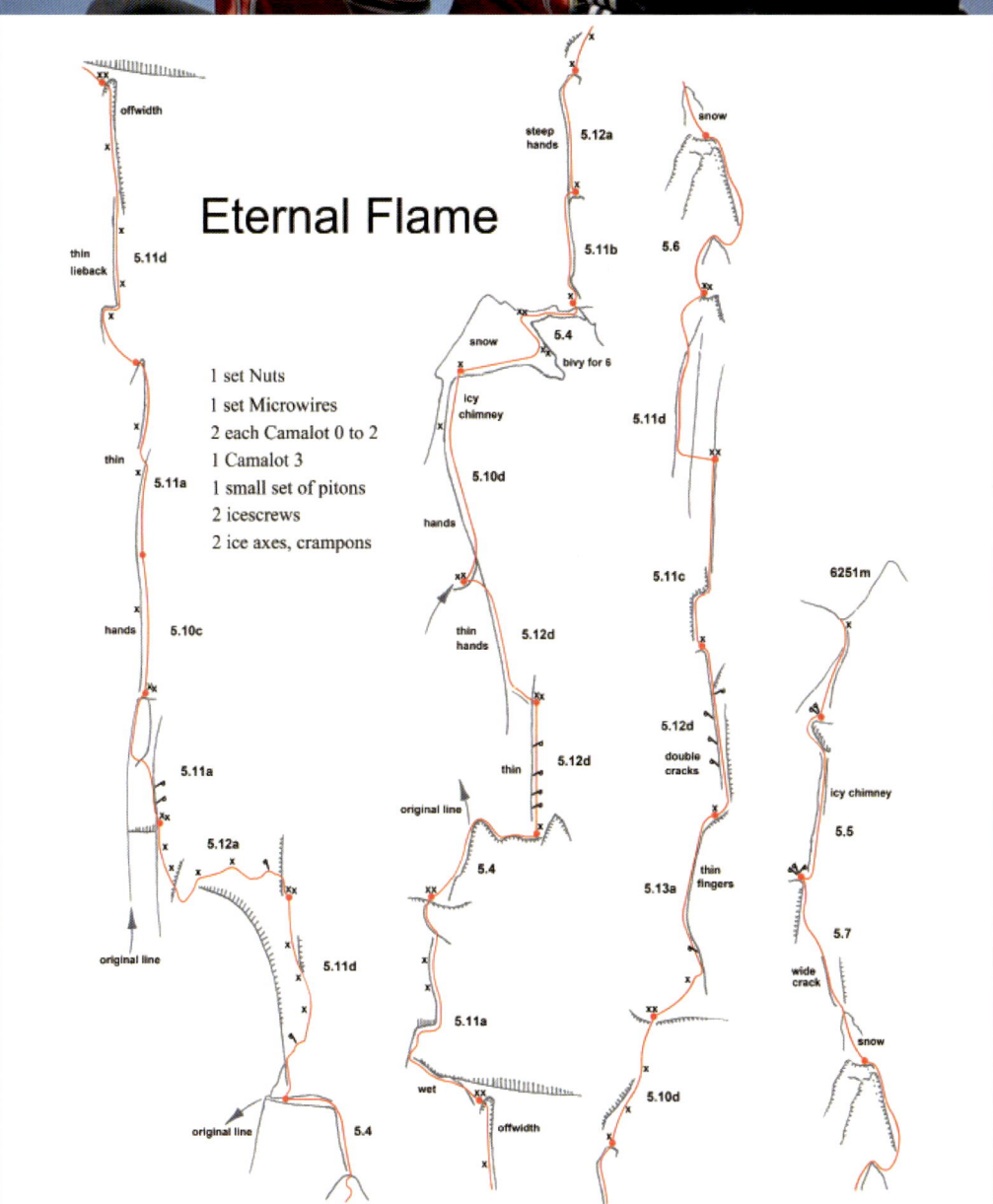

*Detail-Topo
Eternal Flame.*

Eternal Flame

1 set Nuts
1 set Microwires
2 each Camalot 0 to 2
1 Camalot 3
1 small set of pitons
2 icescrews
2 ice axes, crampons

Infos, Termine, Fotos,
Vorträge unter
www.huberbuam.de
www.himalaya-karakorum-hilfe.com

Hüttentrekking in den Alpen
Im Atem der Berge

VON IRIS KÜRSCHNER

Gehen bringt schneller weiter als man denkt. Eine Fußreise durch das Gesäuse und rund um den Großglockner.

Der Mensch ist nicht zum Sitzen geboren, eine Tatsache, die sich seit der Erfindung des Autos und anderer Annehmlichkeiten etwas verliert. Man ist bequem geworden. Auch im Urlaub. Mit dem Auto zum gewünschten Domizil in die Alpen und von dort aus Tagestouren zu unternehmen hat nicht den gleichen Effekt wie eine Weitwanderung. Nicht einmal Wochenendtouren, am Samstag versucht man den Kopf frei zu bekommen und am Sonntag beschäftigt der sich schon wieder mit dem Zuhause.

Erst das tagelange unterwegs sein mit Zelt oder von Hütte zu Hütte, fernab von Verkehr, Hektik und anderen Stressfaktoren wirkt wie eine Reinigung auf Körper, Geist und Seele. Die Landschaft wird völlig anders wahrnehmbar im Tempo der Schrittgeschwindigkeit und auch sich selbst lernt man wieder besser kennen. Gefühle, Wünsche, Ideen und Talente, die der Alltag erstickt hat, kommen zum Vorschein und können die eigene Zukunft verändern. Nicht zuletzt tut man auch den Alpen einen Gefallen das Auto stehen zu lassen und nur seinen eigenen Auspuff in die Umwelt abzustoßen. Wie dem auch sei, Dieter und ich haben schon für viele Wanderbücher in den Alpen recherchiert und fanden nur auf längeren Treks unsere innere Ruhe und das Gefühl einer unermesslichen Freiheit, die uns die Schönheit der Natur vermittelte. Hauptsächlich in den Westalpen unterwegs, wollte Dieter als gebürtiger Steirer endlich auch einmal seine Heimat kennenlernen. Als junger Bursche mit dem Auto hat er das durchaus getan, aber es ist nicht viel hängen geblieben. Ganz anders nach unserem Gesäuse- und Glockner-Trek, wo der Schweiß geflossen ist, ein Run vor dem Gewitter anstand, Kühe ihm einen rauen Zungenkuss auf die Backe klebten, watteweiche Blumenwiesen zur Siesta einluden, die Almresi tiefe Einblicke gewährte, der Wasserfall eine erfrischende Dusche bot... Genauso unvergesslich der unverschämt gute Apfelstrudel mit dicker Schlagobershaubn, die Kaspressknödel, Gselchtes,... weil Liebe immer auch durch den Magen geht.

In Österreich gibt es sechs von der IUCN (International Union for Conservation of Nature and Natural Resources) anerkannte Nationalparks. Davon wählten wir den ältesten und größten, den Nationalpark Hohe Tauern, und den jüngsten, den Nationalpark Gesäuse, aus, um uns auf Schusters Rappen aufzumachen.

Grabnerstein, schönster Blumenberg der Steiermark, Gesäuserundwanderweg.
Alle Fotos von der Autorin

Dachlgrat, Hochtor.

Die G'seis Runde

Gesäuse, das sind schroffe Kalkberge im Norden der Steiermark. Präziser gesagt, die Buchstein-, Hochtor- und Reichensteingruppe, durch die sich die Enns eine tiefe Schlucht gegraben hat. Steile Wände links und rechts beim Blick aus dem Fenster, als der Zug durch das Nadelöhr rauscht. Man muss den Kopf schon ziemlich aus dem Fenster hängen, um überhaupt den Himmel zu sehen. Fels, der sich von 578 Meter Flusshöhe bis zum 2370 Meter hohen Hochtor aufbäumt. Das Brausen und Sausen des Ennswassers, das sich »wallend wie Schaumwein tosend durch das Gefels bricht«, wie der Heimatdichter Peter Rosegger treffend formulierte, durch das Echo der Wandfluchten vervielfältigt, kann nicht einmal der Zug übertönen. Woher der kuriose Name des Gebirges rührt liegt auf der Hand.

Bereits 1872 wurde die Bahnlinie, die im Ennsdurchbruch gerade einmal zwischen Fluss und Straße Platz hat, in Betrieb genommen. Damit nahm auch die Erschließung der Gesäuseberge ihren Anfang. Im gleichen Jahr war in Wien der Verein der »lustigen Almbuam« gegründet worden (1879 in die »Alpine Gesellschaft d'Ennstaler« umgewandelt). Diese so genannte »Wiener Schule«, über die schnelle Verkehrsverbindung hoch erfreut, nutzte jede Gelegenheit das Wochenende mit Klettern im »G'seis« zu verbringen. Darunter so berühmte Bergsteiger wie die Zsigmondy Brüder, Pallavicini, Prusik, Preuß oder Heß. Besonders Heinrich Heß, ein Metallwarenfabrikant und passionierter Bergsteiger, hatte sich ganz dem Ennstaler Felsenreich verschrieben und gilt heute als der »Vater des Gesäuse«. Er unternahm zahlreiche Erstbesteigungen und nur ihm zeigte der Wilderer Andreas Rodlauer, »Schwarzer Peter« genannt, im Juni 1877 den verwegenen Felssteig in der Hochtorgruppe, heute als »Peternpfad« in die alpinhistorische Geschichte eingegangen. Heß verfasste 1884 den ersten Gesäuseführer und nach ihm ist auch die 1893 erbaute Hütte unter der Ostwand des Hochtors benannt, die wir auf unserer geplanten Hüttenrunde nicht auslassen werden. Gesäusehüttenrundwanderweg nennt sich etwas langatmig die Verbindung aller 10 Hütten des Gebiets, in das auch die Haller Mauern mit einbezogen sind, die den westlich der Schlucht sich öffnenden Talboden von Admont nördlich begrenzen. Dank der Bahnlinie wie auch eines Rufbusses kann sich jeder diesen Weg nach Zeit und Gusto ganz individuell gestalten. Weil wir nicht gleich in die Höhe schießen wollen, scheint uns Admont als Ausgangspunkt am geeignetsten. Ein Kulturbummel zu Beginn oder am Ende der Tour muss sein, schließlich befindet sich im Stift Admont die größte Klosterbibliothek der Welt: sieben Kuppelgewölbe, 60 Fenster, 70.000 Bücher auf 70 Metern Länge und nach der Fertigstellung im Jahre 1776 als achtes Weltwunder bezeichnet.

Über Kreuzkogel, Riffel gen Kalblinggatterl. Die Ausblicke sind hinreißend. Doch dann setzt starker Wind ein, so dass der schmale, steinige Steig unterm Admonter Kalbling umso mehr zum Balanceakt wird. »Stolpersteine sind lebensnotwendig. Sie halten die Adrenalinpumpe in Gang«, hat Bruce Chatwin einmal geschrieben und sich über die Notwendigkeit des Abenteuers ausgelassen. »Jeder Gefahr beraubt, erfinden wir uns künstliche Feinde (...): psychosomatische Krankheiten, Steuerbeamte oder, schlimmer noch, uns selbst.« Und dagegen empfiehlt er vor allem das Wandern. Christian Stangl holt sich seine Adrenalinspritze im schnelleren Verfahren. Artikel über den Skyrunner aus Admont hängen im Entrée der Mödlingerhütte. Gleich dahinter baut sich ein enormes Kuchenbuffet auf und lässt Dieter strahlen. Dass wir hier richtig sind, zeigt auch der Blick auf die Speisekarte.

Die wechselt durchs Jahr. Gerade steht alte Hausmannskost aus dem Gesäuse auf dem Programm. Holzfällernockerl, Blunzengröstl (Blunzen sind Blutwürste), Grammelknödel... Hüttenwirtin Helga Traxler kommen nur lokale Produkte und nur Hausgemachtes auf den Tisch. Was sie selbst gerne isst, möchte sie auch ihren Gästen nicht vorenthalten. Die Mödlinger ist wie man sich eine Hütte wünscht.

Toureninfo Gesäuse

Ausgangs- und Endpunkt: Admont, 640 m, im Ennstal mit sehr guter Bahnverbindung. Da die Bahnlinie durch den Nationalpark führt, kann man sich die Tour leicht auch kürzer gestalten. Desweiteren vereinfacht ein sogenannter Rufbus die individuelle Etappengestaltung. Dieser fährt nur dann, wenn man mind. eine Stunde vor den Fahrplanzeiten anruft (Tel. 03613/2406 o. 4170; Fahrpläne: www.xeismobil.at). Mit dem Auto Pyhrnautobahn A9 Ausfahrt Admont.

Anforderungen: Gut markierte Bergpfade mit kräftigem Gefälle zwischen den drei Gebirgsgruppen, die der Rundwanderweg erfasst. Die Überschreitung des Buchsteins und der mit Treppen und Drahtseil gesicherte Wasserfallweg sind die anspruchsvollsten Abschnitte. Schwindelfreiheit und Trittsicherheit müssen vorausgesetzt werden. Die Varianten Peternpfad (Kletterweg im II.Grad) und Hochtor-Überschreitung (II+) sind Bergsteigern bzw. routinierten Berggängern vorbehalten.

Höhenunterschied/Wegdauer: 5300 m im Auf- und Abstieg, 5 Tage, ca. 30 Std.

Infos: Nationalpark Gesäuse Informationsbüro, Hauptstraße 35, A-8911 Admont, Tel. +43/(0)3613/2116020, www.nationalpark.co.at. Im gleichen Gebäude auch das Tourismusbüro, Tel. +43/(0)3613/2116010, www.alpenregion.cc

Karte: Kompass Nr. 69, Gesäuse, Freytag & Berndt WK 062

Buchtipp: Traumtreks Alpen, Ralf Gantzhorn und Iris Kürschner, Bergverlag Rother.

Nur wenig wurde seit ihrer Einweihung 1914 verändert. Hölzerne Gemütlichkeit und draußen auf dem Höhenrücken der Treffneralm leuchten die Blumenwiesen, kann der Blick weit schweifen. Im Rücken unterbricht der markante Admonter Reichenstein die Rundschau. Als die ersten Sonnenstrahlen seine Spitze berühren, sind wir schon unterwegs, nicht hinauf, wie viele der Mödlingergäste, sondern hinunter ins Johnsbachtal. Ehrensache den berühmten Bergsteigerfriedhof zu besuchen. Stolpersteine, die schief gingen. Die Wege des Schicksals sind unergründlich. Jeder trägt seine Uhr mit Ablaufdatum in sich. Das Bauchgefühl konkurriert stets mit dem Verstand. Für welche Route sollen wir uns entscheiden, gemütlicher vom Kölblwirt direkt zur Heßhütte oder im Umweg über den verwegenen Peternpfad? Letzteres reizt ungemein, allein schon wegen der wilden Geschichten. Doch als wir auf der Terrasse der Haindlkar Hütte sitzen, die unüberwindlich wirkende Felsmauer vor uns, sind wir uns nicht mehr so sicher, ob die Entscheidung gut war. Wo soll der Peternpfad da nur durchlaufen? Die Krallerei durch Schutt bis zum Einstieg ist schon einmal gar nicht motivierend. Aber der Schweiß kommt eher von der Sorge, was da wohl noch kommen mag. Das drückende Gepäck auf dem Rücken ist auch nicht gerade förderlich. Aber sobald wir festen Fels unter Fingern und Füßen haben, geht alles wie von selbst. Die Konzentration bei jedem Schritt durch das exponierte Gelände verschluckt die Angst, lässt aber den Hormonspiegel steigen. Zumindest sind wir oben an der Peternscharte ziemlich aufgeputscht und könnten die Welt umarmen. Die Tiefblicke ins Haindlkar und Ennstal sind gigantisch. Doch wir wissen noch nicht, dass es ernster wird. Der Gang über Rosskuppe und das Dachl zum Hochtor ist mitunter ein wirklich heikler Gratgang. Schutt auf schmalen Bändern. Eine Engpassage überwinden wir besser kriechend. Sind dann heilfroh als das Gipfelkreuz erreicht ist. Aber wie sagt Hans Kammerlander so schön, erst der Abstieg ist der Erfolg. Dicke Gewitterwolken ziehen auf, kaum das wir unser Picknick verdrückt haben. Der Josefinensteig im Schnellgang zur Heßhütte ist kein Zuckerschlecken, aber wir schaffen es gerade noch, bevor die Eimer ausgeleert werden. Und wie das schütten kann. Blitze zucken, Donner lässt den Boden und uns vibrieren. Gott, wie ist es gemütlich in der Heßhütte. Reini Reichenfelser kredenzt uns gleich einmal einen Schnaps. Mit seinem Schmäh könnte er ein

Haindlkarhütte, Hochtorgruppe, Gesäuse

Bild linke Seite: Aufstieg zum Natterriegel. Im Hintergrund Admonter Haus.

Überschreitung Dachlgrat. Ein letztes schmales Band führt zum Hochtor.

Hüttenweg ins Haindlkar, Hochtorgruppe.

Wirtsleute Maria und Günter Kienreich, Grabneralm.

ganzes Kabarettprogramm füllen. Das Haller Urgestein trat in die Fußstapfen seiner Tante Rosa, der dienstältesten Hüttenwirtin der Ennstaler Alpen (bis zu ihrem 69. Lebensjahr 40 Jahre Hüttenwirtin) und wirkt nun schon seit 1990 als Hüttenwirt. Mit der Heßhütte ist Reini quasi aufgewachsen, belieferte in jungen Jahren per Packpferd den Stützpunkt mit Milch, Käse und sonstigem.

Am nächsten Morgen ist die Welt wie reingewaschen. Hochtor, Planspitze und Hochzinödl rahmen eindrucksvoll die Hütte ein. Glitschig sind nun die Pfade. Der Wasserfallweg ist dadurch noch etwas heikler. Die historische Steiganlage, die erste des Gesäuses, 1891/92 von der Alpinen Gesellschaft d'Ennstaler erbaut, überwindet eine schwindelnde Steilwand zum Ennsdurchbruch. Nach dem heftigen Gefälle sind die Knie mürbe. Ein kühles Bad in der Enns regeneriert. Und ist auch notwendig für den Gegenanstieg, der nicht lange auf sich warten lässt. Die Buchsteingruppe stellt sich in den Weg, für den, der die Hüttenrunde fortsetzen möchte. Die Qual der Routenwahl: entweder gemäßigter über die Ennstaler Hütte (ältester Stützpunkt des Gesäuses) und den Kleinen Buchstein oder im endlosen Zickzack zum Buchsteinhaus (neuester Stützpunkt) und über den großen Bruder hinüber ins Buchauer Tal. Der Rückblick lässt uns staunen. Die Hochtorabstürze zum Haindlkar, atemberaubend, besonders, wenn die letzten Sonnenstrahlen die senkrechten Wandfluchten rot aufflammen lassen. Da sind wir durch? Na Servus.

Die Haller Mauern jenseits des Buchauer Tals bilden den Abschluss der Runde. Hexenturm, Natterriegel, legendenumrankt, locken als Gipfelziele, vor allem aber auch der Grabnerstein. Seine botanische Vielfalt hat ihn zum schönsten Blumenberg der Steiermark erhoben. In die farbige Üppigkeit bettet sich die Grabneralm und bietet noch andere Überraschungen. Das Mädel im Dirndl mit dem steirischen Dialekt ist Maria, temperamentvolle Brasilianerin. Ehemann Günter hat sie aber auch in die steirische Küche eingeweiht, so gut, dass sogar die Hausfrauen aus dem Tale den steilen Weg hinauf nicht scheuen, um die Rezepte zu erfragen. Bis in eine Talkshow hat sie es schon geschafft. Ob sie sich als Almresi fühle, wollte der Moderator wissen. »Naah, mich nennen alle die Grabneralm-Mitzi.«

Die Glockner Runde

Berühmte Berge zu umrunden, in den Westalpen längst ein Klassiker, lässt sich auch am Großglockner umsetzen. Im Internationalen Jahr der Berge 2002 wurde die Glockner Runde ausgeschildert, die in sieben Tagen rund um den höchsten Berg Österreichs führt und die eindrücklichsten Hochgebirgsszenerien von gleich drei Bundesländern preisgibt: Tirol, Kärnten und Salzburg.

Am Großglockner hat der 1981 gegründete Nationalpark Hohe Tauern seinen Anfang genommen. Kein leichtes Unterfangen, mussten doch die verschiedensten Interessen unter einen Hut gebracht werden. Die Großglockner Hochalpenstraße, vielleicht die berühmteste Panoramastraße Europas, ist bereits in den dreißiger Jahren gebaut worden und musste nun irgendwie in ein Nationalparkkonzept hineinpassen. Mit der Einrichtung von Ausstellungen und Lehrpfaden entlang der stark besuchten Verkehrsmeile wird seither versucht, über den sensiblen Naturraum aufzuklären. Ob damit ein wirksamer Beitrag zu einem anderen Naturverständnis geleistet wird, sei dahingestellt. Dann gibt es da noch die Stauseen des Salzburgerlandes auf der Nordseite des Massivs, die auch nicht so recht in das Bild eines Nationalparks passen wollen. Am unberührtesten zeigt sich die Osttiroler Seite. Doch auch die Kärntner Seite ist durch die einmaligen Perspektiven auf Glockner und Pasterze ein Highlight, denn von der Hochalpenstraße bekommt man im Grunde kaum etwas mit.

Wer den Großglockner umrundet, bewegt sich aber auch durch ein Kraftfeld, glaubt man den tibetischen Mönchen, die den Großglockner zu den fünf heiligen Bergen der Welt zählen. Er ist der Bruder des Kailash, sagen sie, ein Kraftzentrum, das eine Verbindungslinie zwischen den drei kosmischen Ebenen und der Ebene des Menschen darstellt. Seit einigen Jahren schon treffen sich Vertreter der buddhistischen Bön-Religion am Fuße des Großglockners, um dieser Verbindung zu gedenken und für den Frieden der Welt zu beten. Aber auch einige renommierte Geomanten sind sich einig, dass der Berg hohe energetische Energien bündelt. Er soll auf einer sogenannten »Klosterlinie« liegen, auf der Kirchen und Klöster quer durch Europa aufgefädelt sind. Es wird gar gemutmaßt, dass die noch heute stattfindende Wallfahrt von Heiligenblut Teil einer Glockner-Umrundung ähnlich der des Kailash gewesen sein könnte. Die Glockner Runde also vielleicht ein uralter Pilgerweg?

Da die Runde weitgehend durch hochalpines Gelände führt, ist auch im Sommer Schnee nichts Ungewöhnliches, ein Wintereinbruch ganz normal. Es waren noch beste Verhältnisse, als wir uns von Kaprun Stausee um Stausee in die Höhe gearbeitet hatten. Doch als wir andertags von der Rudolfshütte aufbrechen wollen, bedeckt ein weißer Flaum die höheren Etagen. Wir müssen umdenken, können nicht wie geplant den großartigen Höhenweg zur Sudetendeutschen Hütte nehmen, der 2515 Meter hohe Übergang des Kalser Tauern wird uns schon genug Mühe kosten. Wir können nur hoffen, dass die Sonne ein schnelles Abschmelzen bewirkt. Auf der Südseite sieht es denn auch gut aus, als wir mittags auf

Ferleiten-Tal, Glocknergruppe.

Bild rechte Seite: Gamsgrubenweg am Großglockner.

Erzherzog-Johann-Hütte auf der Adlerruhe, Großglockner.

dem Joch stehen. Friedlich liegt der Dorfersee zwischen Blockfeldern. In seiner gläsernen Oberfläche spiegeln sich ein paar Wolken. Dieter ist stehen geblieben. Psst, hörst du diese Stille? Luxusartikel in einer mit Lärm angefüllten Welt. Ein Murmeltierpfiff zerreißt den magischen Moment.

Durch knorrigen, verwunschenen Lärchenwald steigen wir weiter ins Dorfertal ab. In dem lieblichen Talboden wirkt das wuchtige Kalser Tauernhaus wie eine Burg. Hübsche rot-weiß gestreifte Fensterläden schmücken das 1928 von Kalser Bergführern erbaute Haus. Seit 1962 ist der DAV Mönchengladbach Eigentümer und fast so lange die Familie Gliber die Bewirtschafter. »Mit dem Umweltgütesiegel ausgezeichnet«, bemerkt Peter Gliber stolz. »Wir sind mit eigenem Kraftwerk und Kläranlage ausgerüstet.« Feine Spinatknödel in Buttersoße befriedigen unseren Hunger. Niedlich sind die Doppelzimmer, alles in Holz gehalten. Wir fallen in tiefen Schlaf.

Raureif am nächsten Morgen. Die ersten Lärchen verfärben sich schon. Sollte der Herbst etwa früher kommen?

Der bequeme Fahrweg durch den Talgrund ist als Lehrpfad eingerichtet. Originell sind die »sprechenden« Bäume, die Interessantes mitzuteilen wissen. In den 60er und 70er Jahren wurden große Pläne um ein Stauseeprojekt geschmiedet. Danach sollte ein Staudamm an der Daberklamm errichtet und das ganze Dorfertal unter Wasser gesetzt werden. Dank des massiven Widerstands von Naturschutzgruppen und Alpenverein konnte dies glücklicherweise verhindert werden. Hinter der Daberklamm öffnet sich das Kalser Tal. Die weiten Wiesen sind perfekt abgemäht, gleich einem Golfrasen. Bilderbuchreif betten sich die zwei Dorfteile von Kals in ein Idyll, das aus der Höhe wie eine Märklinlandschaft wirkt. Wir sind zu den Greiwiesen aufgestiegen, die ein hinreißendes Panorama bieten. Jetzt im Spätsommer sind die Matten schon braun verfärbt, kein Mensch ist unterwegs, doch im Bergfrühling kommen viele eigens wegen der Blumenfülle. Dann, um eine Ecke, gibt der Blick den Großglockner preis. Als weiß bepuderte Pyramide bäumt er sich über dem Ködnitztal auf. Weiter unten am Lucknerhaus stehen wir mitten drin in dem beliebten Postkartenmotiv.

Der Versuchung hinaufzusteigen, hätten wir bei normalen Verhältnissen wahrscheinlich widerstanden, allein wegen des zu erwartenden Kolonnenverkehrs am Gipfel. Aber der Wintereinbruch ist wie ein Wink des Schicksals. Er zeigt nun seine guten Seiten, am Großglockner wird nicht nur wenig los sein, der Schnee verhindert auch den Steinschlag. Kletterzeug und Steigeisen bekommen wir von Bergführer Andreas, den wir auf der Stüdlhütte treffen. In aller Herrgottsfrühe steigen wir zur Adlersruhe auf und dürfen an der Erzherzog-Johann-Hütte ein überirdisches Morgenlicht erfahren. Weiß bepuderter Gipfelreigen bis zum Horizont, egal in welche Richtung man blickt. Andächtig saugen wir die Pracht auf. Ein Kraftort fürwahr. Und daher erstaunt es uns gar nicht, dass hier abenteuerliche Pärchen auch gerne heiraten. Auf unserem Weitermarsch gegen den Gipfel treffen wir Helmut und Sabine, die sich vor einem Jahr am Gipfelkreuz des Großglockners das Ja-Wort gaben.

An der Salmhütte, mehr als 1000 Meter tiefer, setzen wir die Glockner Runde fort. Die älteste Schutzhütte der Ostalpen wurde 1799 zum Zwecke der Erstbesteigung erbaut, die schließlich im Juli 1800 den Brüdern Klotz in Begleitung von Pfarrer Horasch gelang. Auf ihren Spuren wandern wir aussichtsreich zur Stockerscharte. Tief unten liegt der Margritzen Stausee, über dessen Dammkrone zum Glocknerhaus aufgestiegen werden muss. Noch im 19. Jahrhundert hätte man hier ohne großen Höhenunterschied über den nun weit zurückgezogenen Pasterzengletscher zur Hütte queren können. Auch wenn das Etappenziel an der berühmten Glockner-Hochalpenstrasse liegt, ist abends kein Rummel zu erwarten. Die meisten Motorradfreaks und Spazierfahrer sind längst in die Dörfer der Täler zurückgekehrt. Nicht nur das heimelige Interieur, vor allem auch das Wirteehepaar Waltraud und Johann Krobath sorgen mit viel Charme für echtes Wohlfühlen. Ein gläserner Anbau gibt zwar die Möglichkeit mitten im Panorama zu sitzen, doch wir wählen die warme Ofenbank. Bald stehen herzhafte Kärntner Kasnocken vor uns. Mehr als lohnend im Glocknerhaus noch eine Nacht zu bleiben, um die Gelegenheit zu nutzen, den Gletscherlehrpfad der Pasterze und den Gamsgrubenweg kennenzulernen. Letzterer führt von der Franz-Josef-Höhe durch einen interaktiven Stollen, der neben Kunstobjekten auch die Pasterzensage originell als Hör- und Lichtspiel präsentiert. Desweiteren gilt der Wasserfallwinkel am Ende des Gamsgrubenweges als besonderer Kraftort.

Vom Glocknerhaus zieht die Glockner Runde in die Untere Pfandlscharte. Dieser uralte Übergang wurde schon von den Römern genutzt, später von Pilgern auf ihrem Weg zu den Wallfahrtskapellen von Heiligenblut. Der Abstieg jenseits ins Ferleitental ist anspruchsvoll, vor allem auch wegen der Schneefelder. Ein Genuss danach der flache, von mächtigen Flanken umrahmte Talschluss bis Ferleiten. Aber dann zieht sich das Tal. Vielleicht doch besser den Bus nehmen bis Fusch? Das spart Kräfte für die reizvolle Endetappe über die Brandlscharte zurück nach Kaprun.

Toureninfo Glockner Runde
Ausgangs- und Endpunkt: Kaprun, 786 m, gilt wegen seiner guten Erreichbarkeit mit öffentlichen Verkehrsmitteln vom Bahnhof Zell am See aus, als idealster Einstieg in die Glocknerrunde. Die Postautolinie 660 fährt von Kaprun über das Kesselfall-Alpenhaus zur Talstation des Lärchwand-Schrägaufzuges, von dessen Bergstation ein weiterer Bus zum Stausee Mooserboden, dem eigentlichen Ausgangspunkt, befördert.
Anforderungen: Hochalpine Bergtour, die Kondition und Trittsicherheit verlangt. Vor allem an den nordseitigen Hängen liegt auch im Hochsommer häufig noch Schnee. Bei der Anlage der Trekkingrunde wurde darauf geachtet, dass weder Gletscher noch Kletterpassagen zu bewältigen sind. Auch bietet jeder Etappenabschnitt die Möglichkeit die Runde abzubrechen und in die Dörfer abzusteigen.
Höhenunterschied/Wegdauer: 5960 m im Aufstieg, 7100 m im Abstieg, 7 Tage, ca. 44 Std.
Infos: Ferienregion Nationalpark Hohe Tauern GmbH, Gerloser Bundesstraße 18, A-5730 Mittersill, Tel. +43/(0)6562/40939, www.nationalpark.at. Tourismusinformation Kals, Tel. +43/(0)4876/8800, www.kals.at. Tourismusverband Grossglockner-Zellersee, A-5671 Bruck-Fusch, Tel. +43/(0)6545/7295, www.grossglockner-zellersee.info
Glockner Runde: Alles über Etappen, Unterkünfte, etc. unter www.alpenverein.or.at/naturschutz/Nationalpark_Hohe_Tauern/Glocknerrunde/
Karte: KOMPASS 1:50 000 Blatt 39 Glocknergruppe NP Hohe Tauern oder Freitag & Berndt WK 22.
Buchtipp: Traumtreks Alpen, Ralf Gantzhorn und Iris Kürschner, Bergverlag Rother.

Dörte Pietron
Träume – und sieh zu, dass es wahr wird!

VON GABY FUNK

Dörte Pietron kurz unter dem ›Helm‹.
Cerro Torre Westwand, 1.12.2008 mit Rolando Garibotti. Erste Frauenbegehung, erste deutsche Begehung und 6. Begehung insgesamt.
Foto: Rolando Garibotti

Kurz nach 13 Uhr ist es so weit: Dörte Pietron steht mit ihrer argentinischen Seilgefährtin Milena Gomez auf dem Gipfel des Fitz Roy in Patagonien, greift in ihre Hosentasche und übergibt die Asche ihres Vaters dem Wind. Endlich kann sie das Versprechen einlösen, das sie ein halbes Jahr zuvor dem im Sterben liegenden Vater, der keine Erdbestattung haben wollte, gegeben hatte. Sie hatte sich damals fest vorgenommen, die Asche ihres Vaters auf dem Gipfel des Fitz Roy zu verstreuen, dort, von wo man all das sehen kann, was sie ihrem Vater so gerne noch gezeigt hätte: Das kleine Haus in El Chalten, in dem sie mit ihrem Freund, dem Spitzenbergsteiger und Patagonienexperten Rolando Garibotti die Hälfte des Jahres über lebt, den steilen Zahn des Cerro Torre, dessen Besteigung über die Westwand ihr 2008 gelungen war und ihr sehr viel bedeutete; und diese grandiose, wilde, von Sturm, Eis und zahlreichen My-then geprägte Landschaft am anderen Ende der Welt. Wie so oft in Patagonien, benötigte sie viel Hartnäckigkeit, um ihr Ziel zu erreichen: Zwei Versuche waren nach 900 Höhenmetern Kletterei wegen zu schlechter Verhältnisse kurz unter dem Gipfel gescheitert. Jedesmal hatte sie die Asche ihres Vaters dabei gehabt. Dieser 25. Februar 2010 wurde so für Dörte zu einem unvergesslichen Tag zwischen tiefstem Schmerz beim Gedenken an den Vater und himmelhochjauchzender Freude darüber, dass sie und ihre Seilgefährtin Milena den Gipfel dieses Berges auf dieser elend langen Route so souverän im alpinen Stil erreicht hatten. Sie waren die zweite reine Frauenseilschaft, die je auf dem Gipfel des Fitz Roy stand und gleichzeitig waren sie die sechste Seilschaft überhaupt, die den Gipfel über die Afanassieff-Route am Nordwestgrat (1700 m HU, 6c/A1) erreicht hatte. Eine Route, die mit einer Kletterlänge von über zwei Kilometern zu den längsten Routen im gesamten Fitz-Roy-Massiv zählt. Sie wurde bereits 1979 von den bekannten französischen Bergsteigern, dem Bergfilmer Jean Afanassieff und dessen Bruder Michel sowie Guy Albert, Jean Fabre und dem Kameramann Gilles Sourice in sechs Tagen erstbegangen und war damals ein Meilenstein in der Geschichte des Alpinismus. Erst 2005 erfolgte die zweite Begehung, was bei dieser Route und den berüchtigten patagonischen Wetterverhältnissen nicht überrascht. Dörte und Milena benötigten für diese lange Tour im Alpinstil insgesamt nur drei Tage ab El Chalten und zurück, mit zwei Biwaks in der Wand und einer genau ausgetüftelten, minimalistischen Ausrüstung: Für jede gab es nur 2000 Kilokalorien Nahrung pro Tag. Sie verzichteten auf Biwaksack und Isomatten und hatten nur einen Schlafsack dabei, den sie sich so umgenäht hatten, dass sie zusammen darin schlafen konnten. Bequem sind solche Biwaks mit einem Minimum an Ausrüstung in den oft eisverkrusteten Felswänden nicht. Aber nur wer hier mit möglichst leichtem Gepäck schnell klettert, hat bei den berüchtigten patagonischen Wetterkapriolen mit den kurzen Schönwetter-Fenstern überhaupt eine Chance, sein Ziel zu erreichen.

Mit einer Route wie dieser brillieren die beiden Frauen in einer Sparte des Bergsteigens, die mehr als die anderen Disziplinen des Bergsports, als reine Männerdomäne gilt: lange, mehrtägige kombinierte Kletter-Routen in schlecht oder gar nicht abgesichertem Fels und mit oft morschem »Blumenkohl-Eis«, in dem Eisschrauben und Geräte kaum Halt finden. Und das in einer wilden, stürmischen Region, wo es zwar an den berühmten Bergen und Routen längst nicht mehr so einsam ist wie zu Zeiten Reinhard Karls, wo aber – wenn überhaupt – eine Bergrettung nur durch andere Kletterer möglich wäre, die zufällig in der Nähe sind. Echtes Abenteuergelände also, auch heute noch.

Es ist nicht das erste Mal, dass Dörte die Aufmerksamkeit der weltweiten Bergsteigergemeinde auf sich zieht: Im Dezember 2008 kletterte sie zusammen mit ihrem Freund Rolando und vier jungen Argentiniern als erste Frau auf der legendären, 1974 von den Ragni, den »Spinnen« von Lecco, erstbegangenen, bis dahin nur fünfmal wie-

Dörte Pietron in einer der letzten anspruchsvollen Seillängen (3. Tag in der Route). Afanassieff 23.-25.02.2010 (Chalten-Chalten): Fitz Roy Nordwestgrat, 1700m 6c/A1 mit Milena Gomez (ARG). Alpinstil, 2 Biwaks in der Wand (12. Seillänge und 25. Seillänge). Vierte Wiederholung der Route. Zweite Besteigung des Fitz Roy durch eine Frauenseilschaft. Foto: Kollektion Dörte Pietron

derholten Route »Via dei Ragni« (WI 5, M6, 1400 m) durch die berühmten Eistunnel der Westwand zum Gipfel des Cerro Torre. Wer damals als eingefleischter Chauvinist bei dieser Meldung insgeheim vielleicht noch dachte, dass Dörte es nur dank ihres international bekannten Bergsteiger-Freundes zum Gipfel schaffte, wird kurz darauf eines Besseren belehrt: Nur wenig später gelingt ihr zusammen mit der Argentinierin Luciana Tessio die erst im Januar 2008 von Garibotti und dem amerikanischen Bergführer Bean Bowers völlig »clean« erstbegangene, also hakenfreie Felsroute »Mate, Porro y Todo lo Demás« (900 m, 7a) am Nordpfeiler des Fitz-Roy – wieder eine erste Frauenbegehung. Das komplette Absichern einer Route durch das Legen der eigenen Sicherungsmittel mache ihr viel Spaß, sagt Dörte und strahlt dabei. »Es ist eine abenteuerliche Art des Kletterns, die in den Alpen leider immer mehr verschwindet. Selbst große, schwere Routen werden heutzutage oft fast plaisirmäßig abgesichert. Ich habe überhaupt nichts gegen Plaisirrouten. Die muss es auch geben. Es sollten nur nicht alle tollen Linien der Alpen eingebohrt werden. Auch in den Alpen sollte es zukünftig noch möglich sein, neue Routen clean zu erschließen. Und dann sollten sie auch bohrhakenfrei bleiben.« Dörte und Rolando sind inzwischen als Paar eine eingespielte Seilschaft und klettern meist im wechselnden Vorstieg. Dörte klettert aber auch sehr gerne und oft mit Frauen: »Da stimmt einfach die Balance. Rolo hat natürlich viel mehr Erfahrung als ich. Bei uns ist es auch nicht so, dass er immer sagt, wie und wo's langgeht. Woran es genau liegt, ist schwer festzumachen, aber mit Frauen ist es oft einfacher. Man versteht einander ohne viele Worte und tickt ähnlich. Milena und ich klettern sehr oft und gern zusammen«.

Die Anfänge

In einer Zeit, in der Spitzensportler bereits seit frühester Kindheit in ihrem Sport gezielt trainiert und gefördert werden, entdeckt die 1981 geborene Heidelbergerin das Bergsteigen erst 1999 und damit sehr spät – dank eines Tipps ihrer Mutter, doch mal beim Alpenverein vorbeizuschauen. Dörte war zu diesem Zeitpunkt zwar eine ausdauernde Läuferin, Vereins- oder gar Leistungssport hatte sie aber nie gemacht. Bei der Sektion Heidelberg des Alpenvereins lernt sie Stefan Spiecker kennen, der eine Jungmannschaft aufbauen will. Er nimmt Dörte mit zum Klettern und auf Skitour. Ihre ersten Spitzkehren übt sie am Königstuhl an einem schneefreien, mit Raureif überzuckerten Hang, und im Schriesheimer Klettergarten kämpft sie sich bei ihrer allerersten Route eine V+ hoch – wobei sie die Schlüsselstelle im Vorstieg klettert. Sie fängt sofort Feuer, hat viel Spaß auf ihren ersten Touren in den Bergen und nutzt während ihres 2000 begonnenen Physikstudiums ausgiebig die Trainingsmöglichkeiten in der Halle. 2001 geht's nach Peru, wo sie bei bestem Wetter mit einer privaten Kleingruppe unter Führung des ehemaligen Heidelberger Sektionsvorsitzenden Eckart Schubert den Fünftausender Nevado Pisco sowie die Sechstausender Tocla-

2. Biwak in der 25. SL, Afanassieff, im Hintergrund Cerro Torre.
Foto: Kollektion Dörte Pietron

Dörte Pietron beim Führen des Normalwegs der Große Zinne mit einem Gast.
Dolomiten, Sommer 2009.
Foto: Kollektion Dörte Pietron

Dörte Pietron in ›Gelbe Mauer‹ (Keine Perlen vor die Säue) an der kleinen Zinne. 7b+, 300m, onsight.
Dolomiten, Sommer 2008.
Foto: Rolando Garibotti

raju und Chopicalqui besteigt. 2002 wagt sie sich zusammen mit Michael Rüter von ihrer Sektion bereits in so lange, schwierige Westalpen-Klassiker wie die Lauperführe in der Eiger-Nordostwand (1800 m, V, 70°), gefolgt 2003 von der Ginat-Route (1000 m, WI 5, M) in der Droites-Nordwand, wo sie später auch noch den Tournierpfeiler mit direktem Einstieg klettert (1300 m, 6a, WI4). Darauf angesprochen, dass sie damals doch sehr wenig Erfahrung gehabt habe für so lange, schwierige Westalpenrouten, lächelt sie und meint, dass sie von Anfang an eine »sehr gute Moral« gehabt habe. Das bedeutet, dass sie mit Angst gut umgehen und sich in kritischen Momenten vollkommen auf die Bewältigung der Schwierigkeiten konzentrieren kann. Außerdem hatte sie mit Michael Rüter einen sehr erfahrenen Alpinisten, dem sie voll und ganz vertraute. Im selben Jahr beendet sie ihre Ausbildung zur Fachübungsleiterin Bergsteigen beim DAV und wird gefragt, ob sie sich nicht für den DAV-Expeditionskader bewerben will. Es klappt: Zwischen 2003 und 2005 ist sie das einzige weibliche Mitglied im von Sponsoren geförderten DAV-Expeditionskader, in dem sie und ihre Teamgefährten bei mehreren Trainingscamps im Sommer und Winter eine intensive Ausbildung und Betreuung durch die expeditionserfahrenen staatlich geprüften Berg- und Skiführer Jan Mersch und Hans Hocke erhalten. Dörtes beeindruckende Erfolge ab 2003 in so unterschiedlichen Disziplinen des Bergsports, wie Bigwall-Klettern, Sportklettern, Eisklettern oder Mixed-Routen sind ab 2003 erste Ergebnisse dieser unbezahlbaren Talentförderung junger Bergsteiger. Im Sommer 2004 gelingen ihr mehrere Bigwall-Routen im Yosemite, darunter »The Nose«

Dörte Pietron, geb. 1981 – ihre bisher größten Erfolge
- Cerro Torre, Westwand, Via dei Ragni oder »Ragni-Route«, 1400 m, M4, WI6. Erste Frauenbegehung.
- Fitz Roy, Nordwestgrat, ›Afanassieff-Route‹, 1700 m, 6c/A1. Februar 2010. Zweite Besteigung des Fitz Roy durch eine Frauenseilschaft, 5. Wiederholung der Route insgesamt.
- Fitz Roy, Nordpfeiler, ›Mate, Porro y Todo lo Démas‹ 900m, 6c+, zum Gipfel des Nordpfeilers, erste Frauenbegehung.
- Fitz Roy, Nordpfeiler, ›Casarotto- mit Kearny-Knight-Route‹, Einstieg von Westen über einige neue Seillängen, 900m, 7a, zum Gipfel des Nordpfeilers.
- Westl. Zinne, ›Schweizerführe‹ 500m, 7b. Onsight.
- Tofana di Rozes ›Sognando Aurora‹ 600m, 7b+, Rotpunkt.
- Tofana di Rozes ›Paolo VI‹ 500m, 7c. Frei.

am El Capitan (1000 m, 6c, A1), die »Regular« (600 m, 6c, A0) in der Nordwestwand des Half Dome und »Astroman« (400 m, 7a) am Washington Column. Im Sommer 2005 endet die Ausbildung mit der erfolgreich durchgeführten Abschlussexpedition des Kaders im pakistanischen Charakusa-Tal. Dörte besteigt dabei mit einigen Mitgliedern des Teams den Nayser Brakk (1000 m, 6a, Mixed) und macht einen Erstbegehungsversuch am Zentralpfeiler des K7.

Dörte Pietron in der ›Headwall‹ des Cerro Torre.
Foto: Rolando Garibotti

Besonders dankbar ist sie Jan Mersch, der während der Ausbildung immer zu ihr gesagt habe: »Das kannst Du, mach mal.« Kurz nach der Rückkehr aus Pakistan zieht sie in Karlstein »Mescalito«, ihre erste 8a-Route, Rotpunkt.

Das Leben ist schön und spannend, kein Tag gleicht dem andern: Das Physik-Studium lässt ihr genügend Zeit fürs Bergsteigen, ihr Freund Wolfi, den sie ein Jahr zuvor beim Vorbereitungslehrgang für die Bergführerausbildung kennengelernt hatte, hat dieselben Interessen wie sie. Und das Bergsteigen und Klettern in vielen Bergregionen der Welt eröffnen ihr fremde Kulturbereiche, Aufenthalte in grandiosen Landschaften und Begegnungen mit Gleichgesinnten aus der ganzen Welt. Das Leben könnte nicht schöner, bunter und wilder sein. Doch dann das Unvorstellbare: Im Winter 2005 kommt Wolfi, ein erfahrener Skitourengeher und Bergwachtmann, auf tragische Weise in einem Schneebrett ums Leben. Er hatte keinen Fehler gemacht und war kein unnötiges Risiko eingegangen. Ausgerechnet das, was sie beide so sehr liebten, was sie auch miteinander verbunden hatte, hatte ihn umgebracht: die Leidenschaft fürs Bergsteigen. Die Nachricht seines Todes trifft sie so hart, dass sie nicht weiß, wie sie den tiefen Schmerz, ihre ins Nichts laufende Wut, Ohnmacht und Verzweiflung überhaupt ertragen soll. Sechs Wochen zieht sie sich in die Berge zurück, um einen Weg zu suchen, damit fertig zu werden. »*Ich habe brutal gelitten in dieser Zeit, ich war gar nicht ganz da, habe viele Skitouren allein gemacht und viel nachgedacht.*« Für Nichtbergsteiger mag es nur schwer nachvollziehbar sein, dass Dörte ausgerechnet allein auf Skitouren in den Bergen versucht, damit fertig zu werden. Für leidenschaftliche Bergsteiger sind in so einem Fall die Berge aber oft die einzige Möglichkeit und die beste Therapie. Bergsteigen oder Skitouren sind wie Balsam für die Seele: die verschneite, weite Landschaft, das stundenlange rhythmische Gehen, die körperliche Anstrengung und tiefe

Atmung, die Stille – für Bergsteiger ist es die beste Form von Meditation und oft der einzige Weg, innerlich wieder zur Ruhe zu kommen. Gleichzeitig ist das Bergsteigen oder Skitourengehen eine Tätigkeit, die alle Sinne fordert und anspricht, was gleichzeitig ein intensives Gefühl des Lebendigseins vermittelt. Man spürt, dass man selbst noch da ist. Es holt einen heraus aus dem tiefen Schmerz und der Verzweiflung. Elias Canetti, Schriftsteller und Nobelpreisträger für Literatur, schrieb einmal: »*Den eigenen Tod, den stirbt man nur. Doch mit dem Tod der anderen muss man leben.*« Das habe sie auch so empfunden, sagt Dörte. »*Den Partner zu verlieren ist der absolute Alptraum, das Schlimmste, was einem passieren kann.*« Seither habe sie große Angst, dass ihr Freund Rolando ebenfalls verunglücken könnte. Diese bittere, schier unerträgliche Erfahrung führte daher auch nicht dazu, dass sie das Bergsteigen für sich selbst in Frage gestellt hätte. Im Gegenteil. Sie habe daraus die Lehre gezogen, dass man sich nicht auf die Zukunft verlassen könne. »*Ich kann morgen tot sein*«, sagt sie mit einem feinen Lächeln. »*Wie jeder von uns. Deshalb mache ich jetzt das, was ich machen will. Jetzt, nicht irgendwann muss ich versuchen, meine Träume zu erfüllen. Und wenn ich später deswegen mal Probleme haben sollte, beispielsweise weil ich vielleicht irgendwann meinen Beruf als Bergführerin oder Physikerin nicht mehr ausüben kann, dann löse ich sie dann, wenn sie auftreten.*«

Hart an der Kante

Das Leben geht auch nach harten Schicksalsschlägen fast so weiter als wäre nichts geschehen, sportliche Aktivitäten und spannende Erlebnisse betäuben den Schmerz: 2006 arbeitet sie im Imax-Film »Die Alpen« als Double für Daniela Jasper in der Eiger-Nord-Wand, danach als Sicherheitsbeauftragte für Serac Adventure Films in Tansania, Kenia und Argentinien. Zwischendurch besteigt sie dort bei einer Führungstour den Mount Kenia über den Südostgrat (700 m, VI), im Januar 2007 Mount

Dörte Pietron in der ersten Seillänge über dem ›Col de la Esperanza‹.
Foto: Rolando Garibotti

Meru und Kilimandscharo über den Normalweg. Im selben Jahr schließt sie ihr Physikstudium mit Diplom ab und beginnt die Ausbildung zur staatlich geprüften Berg- und Skiführerin. 2008 wird sie Mitglied im Team Alpine von Vaude und bekommt von nun an ihre Ausrüstung gestellt. Im Mai gelingt ihr im Myar Valley im indischen Himalaja die Erstbesteigung des unbenannten Fünftausenders P. 5850 m (600 m, 70°, IV) sowie am Red Pillar die Erstbegehung »Weg durch den Adler« (250 m, 7a). Außerdem arbeitet sie im Sommer als Bergführer-Aspirantin für die Alpinschule Allgäu und will im Winter zum Bergsteigen nach Patagonien. Sie träumt von einer Begehung der berüchtigten, sturmumtosten Westwand des Cerro Torre, wo man sich zuletzt durch ein System von natürlichen Eistunnel hinaufpickeln muss zum Gipfel – eine der beeindruckendsten Eisrouten der Welt.

Beim Bergführerlehrgang »Bergrettung und Erste Hilfe« im September macht sie allerdings schon beim kurzen Hüttenzustieg schlapp. »*Ich war völlig erschöpft, bei einem Puls von 200 ging gar nichts mehr. Ich drehte um und ließ mich mit dem Jeep hochfahren. Ich dachte, es sei eine Lungenentzündung, wollte den Bergrettungskurs aber unbedingt durchziehen und musste dabei mit 80 Kilogramm schweren Jungs auf dem Rücken abseilen. Nach dem Kurs fuhr ich sofort heim. In der Uniklinik Heidelberg wurde kurz vor meinem geplanten Abflug nach Patagonien festgestellt, dass ich eine Lungenembolie und eine Herzmuskelentzündung hatte. Normalerweise stirbt man damit unter Belastung. Die Ärzte sagten, es wäre ein Wunder, dass ich das überlebt habe. Ich lag knapp zwei Wochen in der Klinik, mein Blut wurde eine halbes Jahr lang verdünnt, ich durfte mich nicht bewegen und konnte von Patagonien nur träumen.*«

Im Dezember 2008 realisiert sie dann ihren lang gehegten Traum und klettert auf der »Via dei Ragni« durch die riesige Westwand zum Gipfel des Cerro Torre sowie die Route »Mate, Porro y Todo lo Demás« (900 m, 7a) am Nordpfeiler des Fitz-Roy. 2009 setzt sie ihre Bergführerausbildung fort und führt als Aspirantin wieder für die Alpinschule Allgäu. Während der europäischen Sommermonate genügt ihr zwischen Führungen, Klettertouren und Kursen für die Bergführerprüfung das Auto als mobiles Basislager, in dem sie zusammen mit Rolando übernachtet. In den Dolomiten klettern die beiden zahlreiche renommierte Routen im Schwierigkeitsbereich zwischen 7a und 7c+, darunter onsight die »Schweizerführe« an der Westlichen Zinne, »Keine Perlen vor die Säue«, inzwischen umbenannt in »Gelbe Mauer« an der Kleinen Zinne oder frei »Paolo VI« an der Tofana di Rozes. Während der Fahrt zu einem Bergführer-Ausbildungskurs fährt sie ihr Auto zu Schrott, kommt aber unverletzt davon. Den europäischen Winter 2009/2010 verbringt sie mit Rolando wieder in Patagonien beim Bergsteigen. Mit ihm besteigt sie den Fitz-Roy-Nordpfeiler (900m, 6c/A1), wobei sie einen neuen Einstieg von Westen zum Casarotto-Pfeiler klettern. Im Januar 2010 steigt sie mit Michael Rüter, dem Seilgefährten aus ihrer Jungmannschaftszeit, durch das Amy-Couloir (400m, 70 Grad, 5+) auf die Aguja Guillaumet, im Februar zusammen mit Kletterpartnerin Milena bei schlechten Verhältnissen über die Whillans-Route (600 m, 5+, 60 Grad) auf die Aguja Poincenot, den zweithöchsten Gipfel des Fitz-Roy-Massivs, kurz danach gelingt den beiden Frauen die lange Afanassieff-Route am Fitz Roy. Und wie bereits in den beiden Jahren zuvor arbeitet sie wieder zusammen mit Garibotti und einem internationalen Team von Bergsteigern ehrenamtlich mit bei der Befestigung von Wegen im Los Glaciares Nationalpark, um die zunehmende Erosion aufzuhalten. Nach ihrer Rückkehr nach Deutschland im März 2010 bereitet sie sich Mitte April für ihre Bergführer-Abschlussprüfung vor, als im Campingbus, in dem sie mit Rolando übernachtet, wegen eines Lecks der fünf Kilogramm schwere Gasbehälter explodiert. Durch die Wucht der Explosion werden die Türen nach außen gebogen und die Fenster zerbersten. Mit viel Glück können sich die beiden ins Freie retten, tragen aber schmerzhafte Verbrennungen davon. *»Es ist fast ein Wunder, dass wir mit dem Leben davongekommen sind«*, meint Dörte. *»Wir hätten im Schlaf auch am Gas ersticken können«*. Wieder so ein »Memento Mori«, das ihr bewusst macht, wie schnell das Leben zu Ende sein kann. Die Bergführer-Abschlussprüfung muss verschoben werden, die Heilung der Verbrennungen braucht Zeit, bei den ersten Kletterversuchen schmerzen die Wunden. Den europäischen Sommer will sie mit Rolando wieder in den Alpen verbringen, sie freut sich aber auch schon wieder auf ihre nächste Saison in Patagonien: auf das Leben in der Bergsteigergemeinde von El Chalten, das »Camp 4 Südamerikas«, und auf ihre Freunde dort. Und ganz besonders freut sie sich »auf die spektakulären Berge Patagoniens, auf die abenteuerliche Art des Bergsteigens mit drei bis vier Biwaks im Freien, auf diese wilde, raue Landschaft mit 1000 Orten, wo man abseits der beliebten Routen noch völlig allein ist und tolle Linien erstbegehen kann.« Dörtes Lebens-Maxime lautet treffend: »Träume – und sieh zu, dass es wahr wird.« Es wird spannend bleiben!

Dörte Pietron auf dem Gipfel des Cerro Torre, im Hintergrund das patagonische Inlandeis.
Foto: Rolando Garibotti

*Bild linke Seite oben: Dörte Pietron in ›Skotonata Galactika‹ an der Cima Scotoni, 7c, 500m, rotpunkt.
Dolomiten, Sommer 2009*

Bild linke Seite unten: Dörte Pietron in der ›Headwall‹ des Cerro Torre.
Fotos: Rolando Garibotti

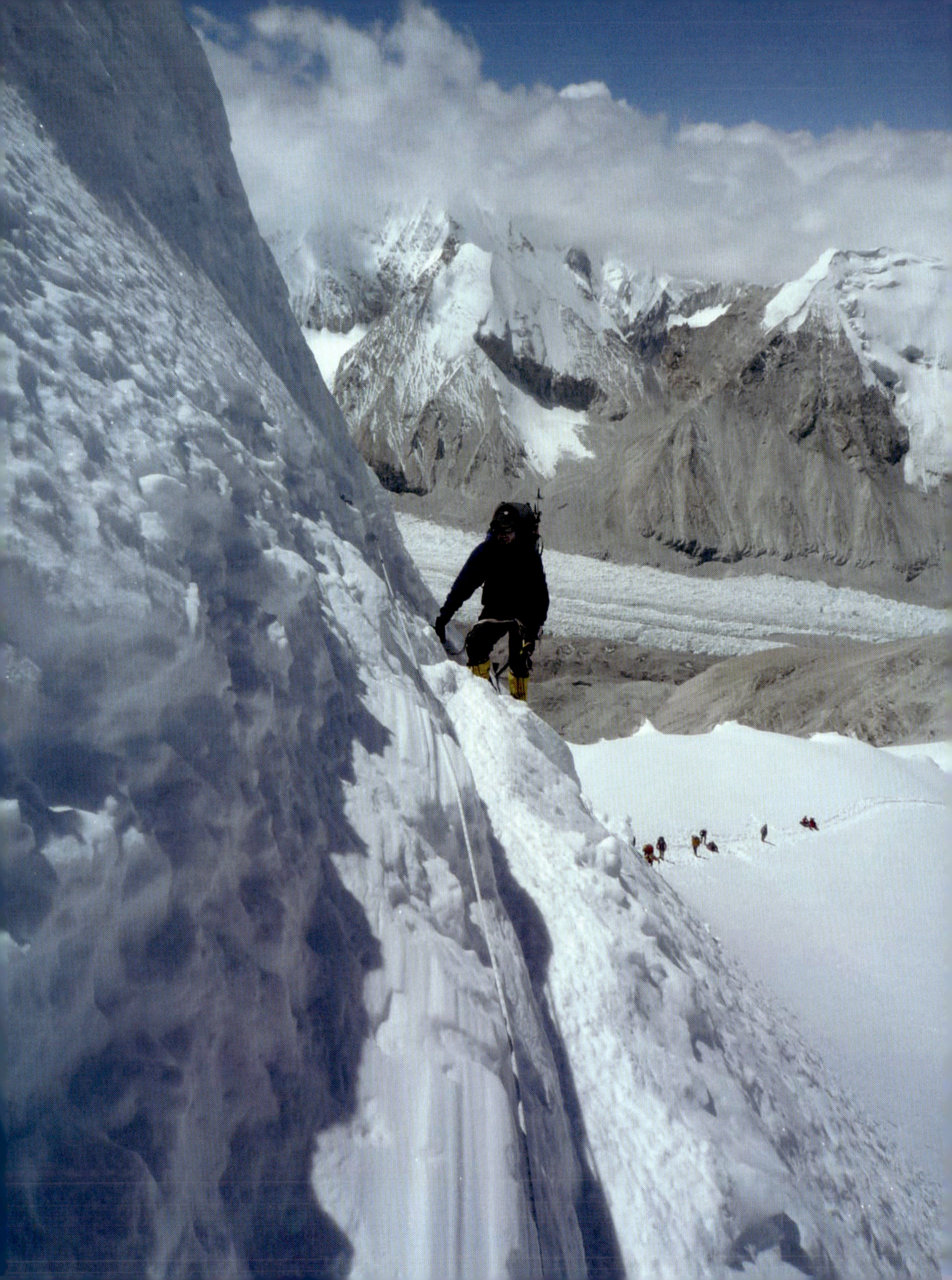

Kultur und Wissenschaft

Stephanie Geiger
Josef Goldberger
Thorsten Schüller
Hannes Künkel
Karin Steinbach Tarnutzer
Christian Rauch

Der alte Mann und die Berge
Hemingway und das Verwall

VON STEPHANIE GEIGER

Vor fünfzig Jahren nahm sich der Schriftsteller Ernest Hemingway das Leben. Kurz vorher erinnerte er sich noch einmal an zwei besondere Winter im Montafon. Dort ist der Schriftsteller heute fast in Vergessenheit geraten.

Mit einer Büste ehrt Schruns seit wenigen Jahren den berühmten Urlaubsgast Ernest Hemingway.
Foto: Stephanie Geiger

Ernest Hemingway war vom Leben gezeichnet. Alkohol hatte er getrunken ohne Maß und Ziel. Frauen hatte er auf der Suche nach der einzigen, wahren, großen Liebe in so großer Zahl genommen – vier von ihnen sogar geheiratet –, dass er selbst manchmal den Überblick verloren hatte.

Zwischendurch hatte er Zeitungsartikel und Bücher geschrieben, wurde ausgezeichnet mit dem Pulitzer-Preis und dem Nobelpreis für Literatur. Glücklich war er aber nicht. Und dann saß Ernest Miller Hemingway, geboren am 1. Juli 1899 in Oak Park, Illinois, an seinem Schreibtisch in Ketchum, Idaho, und wurde von Krankheiten daran gehindert, sein Leben so weiter zu leben, wie er wollte. Mit Wehmut dachte er zurück an eine Zeit, die mehr als dreißig Jahre vergangen war. An die beiden Winter 1924/25 und 1925/26, die er in Schruns in Vorarlberg verbracht hatte, an die Skikurse an den Hängen der Verwallgruppe, an die Skitouren in der Silvretta, an ein Leben, wie er es seitdem immer gesucht aber nie mehr gefunden hatte.

Ernest Hemingway mit Frau Hadley und Sohn Bumby beim Skilauf.
Repro: Stephanie Geiger, Original im Besitz der Familie Nels

Egal wo man hier hinaufsteigt, Hemingway war bestimmt schon dort.
Foto: Stephanie Geiger

Das Montafon hatte tiefe Spuren hinterlassen. Mit seiner Frau Hadley und dem kleinen Sohn Bumby war Hemingway im Dezember 1924 von Paris aufgebrochen und über Zürich, Vaduz, Feldkirch nach Bludenz gefahren, »wo eine kleine Seitenlinie abging, die an einem steinigen Forellenwasser entlang durch ein Tal mit Bauernhöfen und Wäldern bis Schruns führte, einer sonnigen Marktstadt mit Sägemühlen, Geschäften, Gasthöfen und einem guten, ganzjährig geöffneten Hotel, das ›Die Taube‹ hieß«. Einen Urlaub in der Schweiz konnte sich die junge Familie nicht leisten. Das Geld war knapp. Da kam es gerade recht, dass es sich in Österreich gut und günstig leben ließ, wie sie in Paris gehört hatten. »Wir waren wirklich arm, nachdem wir aus Kanada zurückgekommen waren und ich mit allem Journalismus Schluss gemacht hatte und ich überhaupt keine Stories verkaufen konnte«, schreibt Hemingway in seinen Erinnerungen.

Hemingway war zu dieser Zeit ein Niemand. Als Journalist wollte er sich nicht mehr verdingen, seine schriftstellerischen Versuche aber steckten in erfolglosen Anfängen fest. Kein Drandenken, dass aus ihm einmal ein von Legenden umrankter Schriftsteller, ausgezeichnet mit den ehrenvollsten Preisen, werden würde. Als er aber nach seinem zweiten Aufenthalt das Montafon verließ, war er auf dem besten Weg zum angesehenen Autor. In Schruns hatte er seinen Roman »Fiesta« fertig gestellt. Hemingways Durchbruch als gefeierter Schriftsteller.

Für das Montafon reichten die Ersparnisse, um das Leben zu genießen. Den »Kirsch trinkenden Christus« nannten ihn die Einheimischen wegen seines dunklen Bartes und seiner Vorliebe für Kirschwasser. War das Wetter schlecht, setzte er sich an den Schreibtisch und arbeitete. »Ich schrieb das meiste, was ich in diesem Jahr schrieb, in der Lawinenzeit«, notierte er später. In einem Brief vom 15. Dezember 1925 an den Schriftsteller F. Scott Fitzgerald heißt es: »Es hat zwei Tage geschneit. Ungefähr zweieinhalb Fuß Schnee. Kalt, die Luft schön dicht.

Tourismus-Plakat von Gaschurn-Partenen.
Repro: Stephanie Geiger

Es ist verdammt schön, die Berge wiederzusehen.« War das Wetter gut, stapfte Hemingway mit seinen Gefährten, darunter auch der Besitzer der Schrunser Skischule, Walter Lent, dem er in »Schnee auf dem Kilimandscharo« ein Denkmal setzte, oder mit dem Schriftsteller Kollegen John Dos Passos, der im zweiten Winter ins Montafon mitgekommen war, auf Holzskiern, über die er für den Aufstieg Seehundfelle gespannt hatte, hinauf zur Bielerhöhe, hinein ins Klostertal oder über das Spaltengewirr des Ochsentaler Gletschers zum Piz Buin. In seinen Erinnerungen notierte Hemmingway: »Die Knöchel aneinandergedrückt, liefen wir ganz tiefgeduckt, überließen uns der Geschwindigkeit und glitten endlos, endlos im stillen Zischen des körnigen Pulverschnees. Es war schöner als jedes Fliegen.«

War er unten in Schruns geblieben, um von dort aus Touren zu unternehmen oder um an der örtlichen Skischule Skikurse zu erteilen, saß er am Abend beim Kartenspiel am Stammtisch der »Taube«, einem runden Tisch mit aufwendigen Einlegearbeiten und der für das Montafon typischen Schieferplatte in der Mitte. Praktischerweise konnte auf ihr mit Kreide der Spielstand notiert werden. Hemingway saß oft an diesem Tisch und er hatte Glück. »7 Flaschen. 158.000 Kronen gewonnen. Macht etwa 2,35 Dollar. Jedenfalls keine Schwulen in Vorarlberg«, schrieb er Fitzgerald.

Das Hotel gibt es noch heute, genauso wie den Stammtisch. Die Erinnerungen an den Schriftsteller aber sind über die Jahre verblasst. Keine Hemingway-Stube, keine Hemingway-Suite, kein Hemingway-Cocktail. In der Gaststube erinnern an der Wand hinter dem Stammtisch einige wenige alte Fotografien an ihn. Eines der Fotos hat Bumby dem Josef »Pepsi« Nels, dem Hotelier, einmal geschickt, nachdem er auf seiner Reise auf den Spuren des berühmten Vaters in den 70er Jahren auch nach Schruns gekommen war. Die Aufnahme zeigt Vater und Sohn beim Fischen.

Das »Hotel Taube« steht direkt am Dorfplatz gegenüber der Kirche. Früher fand auf dem Platz einmal im Jahr Viehmarkt statt. Von weit her haben sie ihre Tiere nach Schruns gebracht. Die schmalen Gassen des Ortes, seit langem zur Fußgängerzone verwandelt, erinnern noch heute an den Wohlstand früherer Zeiten. Früher war »die Taube« das erste Haus am Platz. Doch lange schon wurde nichts mehr investiert. Als 1949 die Franzosen endlich raus waren, hat Mutter Nels das Hotel renoviert. Dabei gingen auch die Originalzimmer der Hemingways verloren. Doch mehr als einen Dornröschenschlaf kann man dem Hotel heute nicht mehr zu Gute halten. Traurig sei das mit »der Taube«, sagen sie im ganzen Tal. Eine Erbschaftssache würde Investitionen verhindern. Kein Schwung mehr drin.

Zwar soll der Bank-Präsident dem Hotel-Besitzer einmal angeboten haben, die Kosten zu übernehmen, wenn er die Zimmer wieder in den Zustand zur Zeit Hemingways zurückzuversetzen würde, doch der Hotelier lehnte dankend ab. Um Hemingway will er kein großes Aufheben machen. »Eigentlich gibt es keinen Gast, auf den ich besonders stolz bin. Mir sind sie alle gleich recht, wenn sie nett sind«, sagt Nels. Da ist es einerlei, ob einer in die Annalen der Literaturgeschichte eingegangen ist. Eine kleine Messingtafel, »von denen vom Tourismus« angebracht, links neben dem Eingang, hat Pepsi Nels erlaubt. Er ist zufrieden, wenn er ab und zu für einen Gast seine alten Gästebücher herauskramen darf.

Nels, 85 Jahre, schneeweiße Haare, buschige Brauen, steht auf. Schon oft hat er seinen Schatz mit dem Aufdruck »Fremdenbuch« geholt. Die Seiten sind abgegriffen, die Ecken vom vielen Umblättern ausgefranst. Nels weiß, an welcher Stelle er das Buch aufschlagen muss. Ohne lange suchen zu müssen, findet er, wonach alle verlangen: Die Unterschrift. »Ernest Hemingway, 4 Place de la Concorde, Paris« steht mit kräftigem Bleistiftstrich, ein langer Querstrich durch das t, auf dem über die Jahre vergilbten Papier geschrieben. Was Pepsi Nels über Hemingway weiß, weiß er aus den Erzählungen der anderen. Als die Hemingways zu Besuch waren, war Pepis gerade zur Welt gekommen. Erinnern kann er sich nur an seinen Hund Schnauzi, der auch auf einem Foto mit Hemingway zu sehen ist.

Das Montafon hat sich verändert, seit Hemingway zum letzten Mal dort war. Heute führt alle paar Kilometer eine Seilbahn auf einen der Gipfel. Das Montafon ist bekannt für seine Pisten und die Hüttengaudi. Große Hotels säumen die Straßen. Manch einer meint, Hemingway sei nicht mehr gekommen, weil schon kurz nach seinen Aufenthalten damit begonnen wurde, auf der Bielerhöhe Staumauern zu errichten und das Wasser der Gletscher zur Energiegewinnung zu nutzen. Vor dem Madlenerhaus, der Schutzhütte, von der aus Hemingway seine Touren startete und in der er sogar einmal mehr als eine Woche eingeschneit war, türmt sich heute die graue Mauer, die das Wasser für den Silvrettasee aufstaut. Das Madlenerhaus ein Ort der Sehnsucht. Selbst der Schriftsteller Harry aus Hemingways Kurzgeschichte »Schnee auf dem Kilimandscharo«, erinnert sich in seinen Fieberträumen an diesen Ort: »Sie waren eine Woche lang im Madlenerhaus eingeschneit, damals im Schneesturm, und sie spielten im Rauch beim Laternenlicht Karten, und die Einsätze wurden höher. Damals wurde dauernd gespielt. Wenn es keinen Schnee gab, wurde gespielt, und wenn es zuviel gab, wurde gespielt.«

Musste Hemingway noch zu Fuß rauf auf den Pass, erreichen die Skitourengeher heute mit der Vermuntbahn, die dem Stauseebetreiber als Materialseilbahn dient, und anschließend mit Bussen durch Stollen und über die Silvretta Hochalpenstraße in wenigen Minuten bequem die Bielerhöhe. Oben am Pass werden die Ski angeschnallt. Zuerst geht es ein paar Schwünge den Hang hinunter, dann werden die Felle aufge-

Das Hotel »Taube« war zu Zeiten Hemingways das erste Haus am Platz.
Foto: Stephanie Geiger

Bild oben: Altes Holzhaus im Montafon.
Foto: Stephanie Geiger
Bild unten: Ernest Hemingway in den 20er Jahren.
Repro: Stephanie Geiger
(aus: Günther J. Wolf: Silvretta Connection)

zogen. »Egal wo man hier hinaufsteigt, Hemingway war bestimmt auch dort«, sagt Hanno Dönz, und zählt die Gipfel auf: Hohes Rad, Schwarze Wand, Großes Seehorn.

Der Bergführer ist Hemingway in der Schule begegnet. Auf dem Papier. Hemingway hatte sich da längst schon das Leben genommen; 1961 erschoss er sich.

Für Hanno Dönz war Hemingway das Wahlthema in der Englisch-Matura; Hemingway insgesamt und natürlich seine Zeit im Montafon. »Fiesta«, Hemingways erster Roman, »Schnee auf dem Kilimandscharo«, in dem er Schruns ein Denkmal setzte, und natürlich seine Erinnerungen »Paris – ein Fest fürs Lebens«, zählt der Bergführer die Werke auf, während er noch einmal das Verschüttetensuchgerät überprüft. Hanno Dönz war zwölf Jahre lang Lehrer für Mathematik, Physik und Informatik, seit neun Jahren ist er Hüttenwirt und Bergführer, Präsident der Montafoner Bergführer, Präsident des Bergführerverbands Vorarlberg, dritter Präsident des österreichischen Bergführerverbands. Seit frühester Kindheit ist Dönz in den Bergen des Montafon unterwegs: In der Verwall-Gruppe, dem Rätikon und natürlich in der Silvretta.

Das Ziel der heutigen Skitour ist die Totenfeldscharte. Die Aufstiegsroute führt über einen Gletscher hinauf. Zwar hat Hemingway stark übertrieben, als er davon berichtete, die Gletscher der Silvretta würden bis zum Madlenerhaus reichen. An den Felsrippen am Rand des Totenfeldgletschers ist aber deutlich abzulesen, wie sehr das Eis in den vergangenen Jahren an Mächtigkeit verloren hat. Mit einer frischen Pulverschneeauflage laden die Hänge zu den wahrscheinlich schönsten Spuren des Winters ein. Unser Ehrgeiz, ein skifahrerisches Meisterstück abzuliefern, steht dem Hemingways in nichts nach. Den fiebernden Harry lässt Hemingway sich zurückerinnern an das »schnelle gleitende Sausen des stäubenden Pulverschnees auf dem Harsch, und wie man ›Juchhe‹ schrie, wenn man Schuss fuhr, und wie man mit drei Schwüngen durch den Obstgarten lief und über den Garten hinaus und auf die vereiste Straße hinter dem Gasthaus. Dann machte man die Bindungen los, stieß die Skier ab und lehnte sie gegen die hölzerne Wand des Gasthauses, während das Lampenlicht aus dem Fenster drang und sie drinnen in der rauchigen, nach jungem Wein riechenden Wärme Ziehharmonika spielten.«

Nach ihren Touren versammeln sich die Skifahrer heute auf der Bielerhöhe und genießen auf der Terrasse des Gasthof »Piz Buin« die wärmenden Strahlen der Nachmittagssonne. »Kennst Du die Geschichte mit dem Nachthemd«, fragt Hanno Dönz. Hemingway hätte sich die Sache selbst nicht besser ausdenken können: Ein Mann und zwei Frauen, unter dem Dach eines Hotels. Schon in dem Schreiben, in dem Hadley Hemingway ihren Aufenthalt in Schruns angekündigt hatte, hatte sie auch mitgeteilt, dass in diesem Winter Freunde mitkommen würden. Darunter war Pauline Pfeiffer.

In Paris schon waren sich Hemingway und Pauline durch deren eifriges Zutun näher gekommen. In Schruns wohnten sie im Hotel »Taube« dann sogar unter einem Dach. Und im Gaschurner Hotel »Rössle«, wo die drei ebenfalls zur selben Zeit logierten, soll Pauline bei ihrer überstürzten Abreise aus dem Montafon ihr Nachthemd vergessen habe. Diskret wurde es ihr nach Paris nachgeschickt. Böse Zungen behaupten aber bis heute, dass Pauline in dieser Nacht das Negligé gar nicht gebraucht haben soll. Was auch immer dran ist an den Gerüchten, Pauline wurde jedenfalls kurze Zeit später Hemingways zweite Frau. »Der Ehemann hat zwei anziehende weibliche Wesen um sich, wenn er mit seiner Arbeit fertig ist. Eine ist neu und fremd, und wenn er Pech hat, liebt er plötzlich beide«, beschreibt Hemingway selbst seine Gefühlslage.

Was die Gäste aus dem Ausland trieben, wurde im katholischen Montafon kritisch beäugt. »Mit Hemingways Eskapaden will man hier auch heute noch nichts zu tun haben«, sagt Günther Wolf. Der Journalist aus Bludenz ist dem Mythos nachgegangen. In jungen Jahren hatte Wolf im Bücherregal des Vaters Hemingways Bücher gefunden und verschlungen. Ende der 70er Jahre begann er dann mit seinen Recherchen über den Schriftsteller. Bis nach Kenia ist er gefahren, wo er noch den Sohn von Hemingways Fahrer getroffen hat. Der erzählte ihm, dass Hemingway auf einem der Jagdausflüge im Angesicht des Kilimandscharo am Lagerfeuer vom Montafon schwärmte.

Wolf ist die treibende Kraft hinter allem, was im Montafon heute mit Hemingway zu tun hat. Zwar hätte auch das Montafon allen Grund, aus Hemingway Profit zu schlagen – die aufdringlich lauten Kultstätten in Florida und Kuba tun es ja auch –, im Montafon erinnert man sich aber nur verhalten an den Schriftsteller. Es scheint fast so, als müsse man den Montafonern Hemingway aufdrängen, weil sie ihn freiwillig nicht haben wollen. Sogar das Hemingway-Denkmal musste Wolf gegen große Widerstände durchsetzen. Erst 2008 konnte es enthüllt werden. Andernorts hätte man ein riesiges Bohai gemacht um den berühmten Gast. Im Montafon dagegen sucht man selbst eine Bar, die den Namen des Schriftstellers trägt, vergebens. Die Kneipen hier heißen »Heuboda« oder »Dorfcafé«.

Vielleicht braucht es so viel Reminiszenz auch gar nicht, sind doch die Berge, von denen Hemingway so geschwärmt hat, heute noch genauso faszinierend wie damals. Und auch die Gewohnheiten sind die gleichen wie vor mehr als achtzig Jahren. »Jetzt trinken wir zum Abschied noch das Lieblingsgetränk vom Hemingway«, sagt Pepsi Nels und verschwindet kurz. Zurück kommt er – nein, nicht mit Whisky – sondern mit einer Flasche Kirschwasser.

Nach der Skitour trifft man sich auf der Sonnenterrasse des Gasthofs »Piz Buin« auf der Bielerhöhe. Foto: Stephanie Geiger

Der Schnee – Blick in die Zukunft

VON JOSEF GOLDBERGER

Bildnachweis:
Abb. 1 und 3 bis 6 vom Autor, Abb. 7 von Peter Radacher, Mitterberg

Ein provokanter Titel, aber von der Gletscherforschung ausgehend, wird ein entscheidendes »Signal« sichtbar!

Zunächst ist der Blick auf den Hochkönigletscher – den »Ewig Schnee« von einstens – gebannt.

Abbildung 1: Der Hochkönig, ein »Plateaugletscher reinsten Typs« (Eduard Richter), von Steilwänden rings umschlossen.

Abbildung 2: Synopsis vom schneearmen »Olympiawinter« 1963/64.

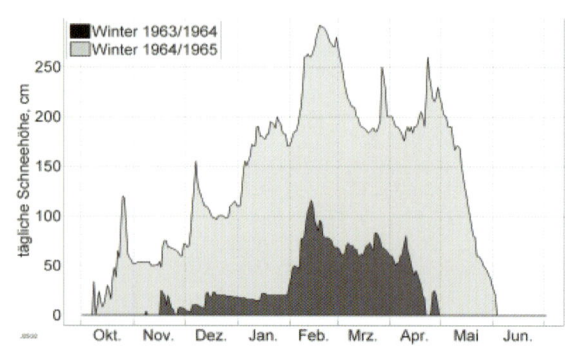

Bei Sturm und Nebel wurde von der Forschungsgruppe der Sektion Salzburg am 26. August 1965 mit Bussole und Maßband ein Pegelnetz über den Plateaugletscher gezogen. Nur mit Hilfe der Jugendlichen konnte während der Internationalen Hydrologischen Dekade 1965 – 75 der Massenhaushalt bestimmt werden.

Schon der Auftakt zur Dekade war spannend, wie Abbildung 2 zeigt. Es ist dies eine »Synopsis« (Zusammenschau) vom schneearmen »Olympiawinter« 1963/64 und dem gewaltigen Winter 1964/65. Zugleich ist es auch ein Wendepunkt von der Kälteperiode seit 1953 zur steten Erwärmung ab 1965. Dem entsprechend fiel auch der Massenhaushalt im Herbst 1965 mit einem Überschuss von 750.000 m³ Wasserwert aus. Die »Übergossene Alm« leuchtete nun wieder strahlend weiß und weithin sichtbar.

Das Ablesen des Totalisators, Monat für Monat, auch im Winter, war schwierig und wegen der Windwirkung waren die Werte fraglich. Daher wurde auf die Messwerte von Mitterberg zurückgegriffen. Die »Ombrometer-Rapporte« seit 1901 von Mitterberg (1503m) am Hochkönig sind zudem die ältesten Schneeaufzeichnungen von Österreich. Sie werden vom Land Salzburg geführt.

Der Winter 1969/70 war wieder sehr schneereich, die Schachtgrabung am 1. Mai 1970 ergab 6 m Tiefe (Abb. 4). Dafür war dann der Winter 1971/72 der wärmste des Jahrhunderts. Der Gletscher war damals vom Kryokonith (schwarzer Staub) wie von einer Trauerfarbe bedeckt. Schon nannte man die Forschungsgruppe »Leichenbeschauer«!

Bereits in der Synopsis 1 lässt sich erkennen, was sich am Gletscher im Laufe der Dekade so gewaltig abspielte: Der Wechsel zwischen den schneereichen atlantischen Wintern und dem Zerfall in der kontinentalen Phase.

Den Abschluss der Dekade bildete der schneereiche Winter 1975. Am 5. Mai 1975 wurde die Forschungsgruppe sogar auf den Gletscher geflogen; sonst immer ein Fünf-Stunden-Fußmarsch. In einem interessanten Verfahren (Abbildung 5) wurde damals mit Schachtgrabungen und Ausloten mittels Lawinensonden der Wasserwert auf der gesamten Gletscherfläche bestimmt.

Abbildung 3: Totalisator. Manchmal endete das Unternehmen im Winterraum des Matras-Hauses.

Abbildung 4: Schachtgrabung am 1. Mai 1970. In der Tiefe der Schulwart Toni Höller. Er schimpfte am meisten, war aber am öftesten beteiligt.

Abbildung 5: Peter Tomasi misst mit dem Wild-Distomat die Schächte ein.

Abbildung 6: Reinhold Mayer und der Plateaugletscher mit Spalten im Sommer 1987.

Abbildung 7: Bubi Bradl, der erste Schiflieger über 100 Meter mit Peter Radacher, heute Seniorchef vom Arthurhaus. Die Familie Radacher hat durch drei Generationen die Mitterberger Station bis heute betreut.

Der erste Schritt – die Winteranalyse 1901–1992

Er wurde ausgelöst durch die fast schneelosen »Horrorwinter« 1989 bis 1991. Schon meldeten die Medien das Ende der alpinen Winter. Das war der Anstoß, in den »Ombrometer-Rapporten« von Mitterberg nachzusehen. Hunderte Monatsberichte wurden durchforscht, von jedem Winter seit 1901 ein Diagramm erstellt, viel Tinte mit der Füllfeder verschrieben!

Das Hydrologische Zentralbüro Wien hat dann diese 70 Seiten Winteranalyse 1901 – 1992 veröffentlicht.

Tolle Überraschungen! Früher gab es noch viel schlechtere Winter, wie z.B. der Winter 1929/30 mit 60% Regen. Dabei war der vorhergehende Winter 1928/29 mit seiner eisigen Kälte und der Eissperre an der Donau ein negativer Extremfall. Gerade in dieser schneeärmsten Periode des Jahrhunderts ereignete sich aber der Gletschervorstoß von 1920, den Prof. Kinzl sogar in den Anden Südamerikas feststellte. Auf diese schneeärmste Periode folgte jedoch im Jahre 1935 die schneereichste des Jahr-

Diese drei Millionen Kubikmeter Wasser – weniger ein Drittel Verdunstung – donnern in den Tiefenkarst des Kalkmassivs!

Nach dem Ende der Dekade hat Reinhold Mayer die Gletscherforschung mit Schachtgraben und Pegelsuche noch viele Jahre weitergeführt.

Am Beginn der Achtzigerjahre trat dieser Wechsel am gewaltigsten auf. Reinhold berichtete, dass der Winter 1981 mit seinen Schneemassen den Totalisator gänzlich zudeckte. Erst im August 1981 traten die oberen 60 cm des Totalisators zutage. Es war der bisher letzte Gletschervorstoß am Hochkönig und in den Ostalpen.

Es steht nun dafür, diese erstaunliche Story zu verfolgen, die von der Gletscherforschung Schritt für Schritt bis zum »Signal« weiterführt.

hunderts. Somit brauchten auch die Mitterberger Schipioniere Bubi Bradl und Peter Radacher nicht verzweifeln.

Aus dieser Winteranalyse hat aber Friedrich Lauscher, Altmeister der Meteorologie, den Trend ermittelt, dass seit 1965 die Schneemengen sogar zunehmen (Selbstverlag 1993). Noch entscheidender, gerade für Prognosen, ist aber der nachweisbare Wechsel der schneereichen und schneearmen Winter alle drei bis vier Jahre.

Der zweite Schritt – die Nordatlantische Oszillation

Er wurde durch das große »El Niño Jahr« 1997/98 ausgelöst. Gleichzeitig ist das Gegenstück dazu, die Nordatlantische Oszillation (NAO), zum Mittelpunkt des Interesses geworden. Die NAO knüpft ja bei den Wurzeln des europäischen Klimas an, beim Golfstrom und den Westwinden.

Prof. Michael Kuhn (Innsbruck) sandte mir die erste Liste von NAO-Indizes. Nun war es nur eine Frage der Zeit, anhand der Daten von Mitterberg, den Einfluss der NAO auf die nordalpinen Winter nachzuweisen. Neueste Literatur über NAO seitens des Alfred Wegener Instituts für Polarforschung in Bremerhaven war sehr hilfreich. Vor allem der Wechsel zwischen den schneereichen und schneearmen Wintern ist eindeutig durch den Wechsel von NAO-Positiv-Modus und NAO-Negativ-Modus verursacht. Der NAO-Positiv-Modus herrscht bei starkem Azorenhoch und starkem Islandtief, wodurch eine starke Weststömung entsteht, der NAO-Negativ-Modus dann bei schwachem Azorenhoch und schwachem Islandtief, also nur schwacher Weststömung. Es kann auch ein Kaltlufteinbruch durch ein Islandhoch die Ursache sein.

Der dritte Schritt führt in die Datenverarbeitung

Sie ist die Grundlage für eine gesicherte Prognose. Dieser Schritt ist einer Freundschaft mit Peter M. W. Navé zu verdanken. Als Mathematiker und Physiker hat er seine Berufserfahrung bei der deutschen und amerikanischen Luft- und Raumfahrtindustrie eingebracht: Die Klimadaten von über 100 Wintern in Mitterberg wurden in einer Datenbank gespeichert, ebenso die Werte der NAO. Beide zusammen in Verbindung gebracht, stellen einen wertvollen Schatz dar; ihn auszuschöpfen ist ein ständige Herausforderung!

Peter Navé erstellte die folgende Kette von sieben Synopsen. Die darin dargestellten 14 Winter geben die täglichen Schneemengen von den Ombrometer-Rapporten von Mitterberg wieder.

Die Beweisführung

In diesen sieben Synopsen wird der Wechsel der schneereichen und schneearmen Winter bis in die Gegenwart und die NAO als Ursache aufgezeigt. Die NAO-Kurve verläuft wellenförmig und mit den NAO-Indizes verändert sich das ganze Winterbild.

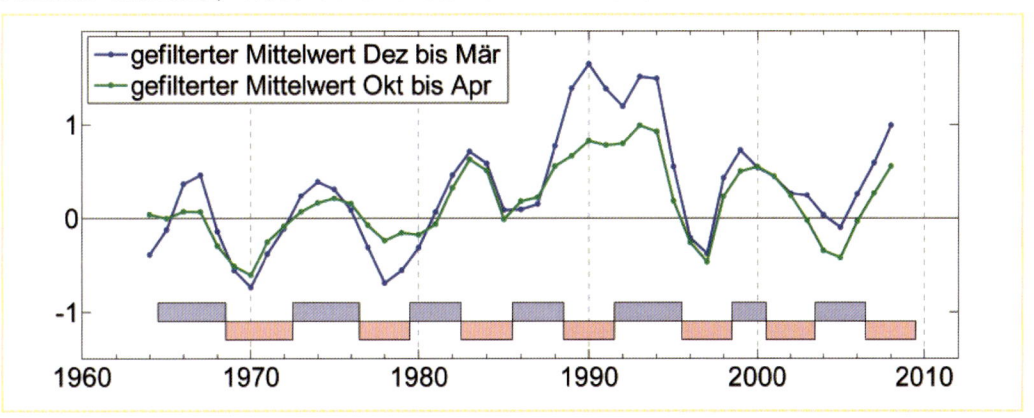

Abbildung 8: Mittelwerte der NAO-Indizes in den Wintermonaten, gefiltert mit gleitender Mittelwertbildung über drei Jahre. Die blauen Rechtecke zeigen die NAO-positiven Phasen, die roten Rechtecke die NAO-negativen Phasen an.

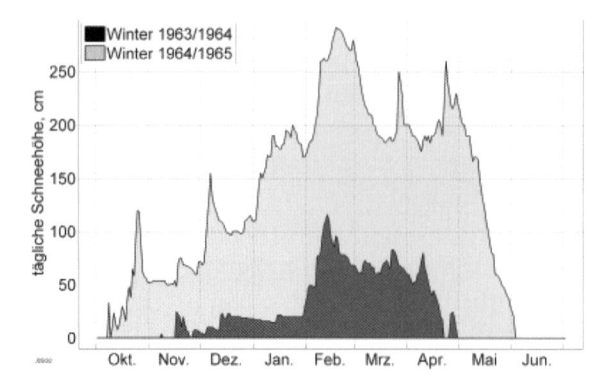

Synopsis 1 ist der Wendepunkt. Seit 1965 Steilanstieg der NAO-Kurve und Beginn der globalen Erwärmung.

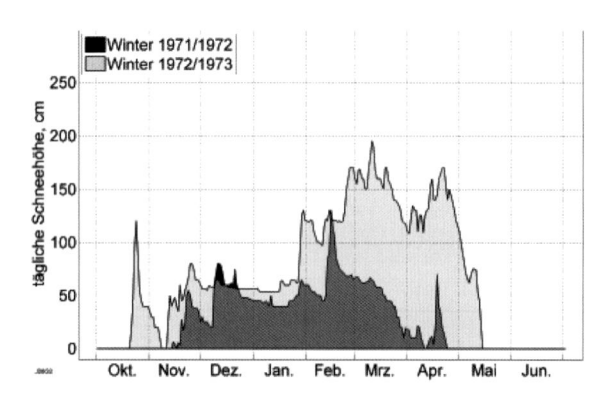

Synopsis 2: Durch den Anstieg der NAO Kurve ist der Negativ-Winter 1971/72 der wärmste des Jahrhunderts. Der NAO-Positiv-Winter 1972/73 erreicht aber ein Maximum von 180 cm im März.

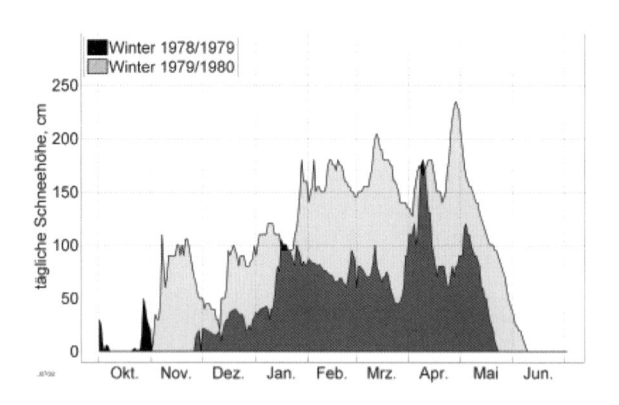

Synopsis 3: Der NAO-Durchschnitt des Negativ-Winters 1978/79 ist gesunken, daher kühler. Der NAO-Positiv-Winter 1979/80 ist schon im November sehr schneereich und auch sehr lang, 219 Tage. Kalter Jänner und April, 240 cm Maximum. Letzter Gletschervorstoß.

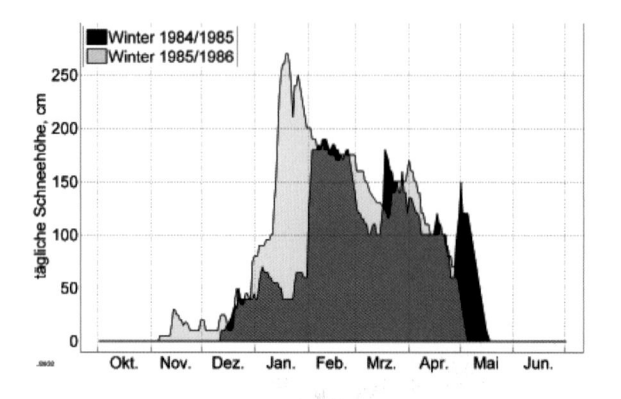

Synopsis 4: Kurz, aber dynamisch. Das Winterbild ins Frühjahr verschoben durch negative NAO. Der negative Winter 1984/85 im Jänner 4 Grad zu kalt, im Feber aber schneereich. Der positive Winter 1985/86 kurz, aber explosiv, Jänner mit +1,46 NAO bringt 240 cm Maximum. Dauer nur 180 Tage.

Synopsis 5: Überraschungen! NAO-Negativ-Winter 1990/91 mit starken Schwankungen des NAO-Index. 28% Regen. War ein Horrorwinter. Der NAO-Positiv-Winter 1991/92 hingegen ein schneereicher, atlantischer Winter, alle NAO-Werte ab November positiv. Ein Prachtwinter mit 240 cm Maximum im März.

Synopsis 6: Wilder Winter 1999! Der Negativ-Winter 1997/98 war im Feber fast 6° zu warm, NAO-Index +2,44. 24% Regen und schneearm bis auf März. Der Positiv-Winter 1998/99 um 1° zu kalt und schneereich in allen Monaten, vor allem der Feber war kalt und stürmisch. Vom 17. bis 24. Feber NW Lage. Max. 260 cm, Lawine in Galtür.

Synopsis 7: Der Negativ-Winter 2002/03 war zweigeteilt: Wärmephase (Föhn und Regen bis einschließlich Dezember, dann Kältephase bis einschließlich März durch Kältehoch; Ostsee-Eis! Positiv-Winter 2003/04 beginnt erst am 28. November; Jänner schneereich, Feber Max. 204 cm.

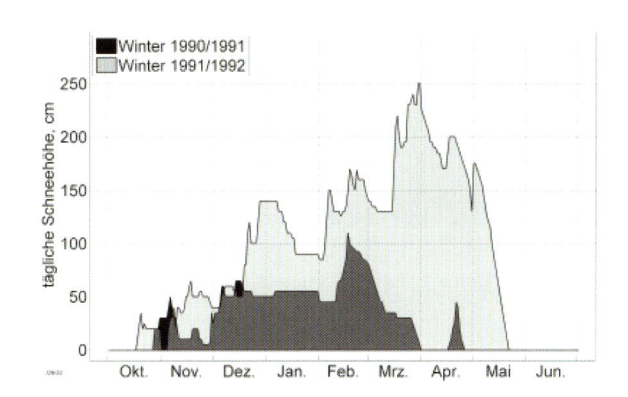

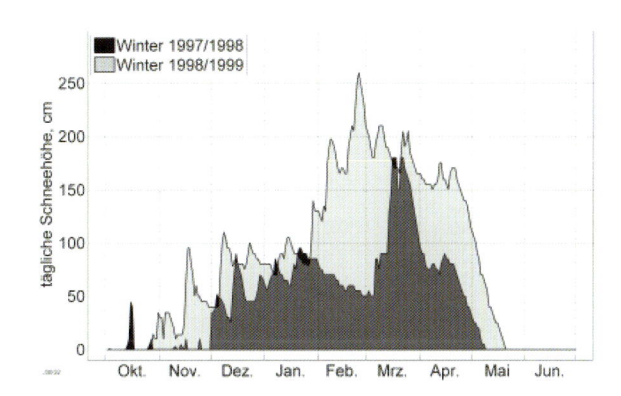

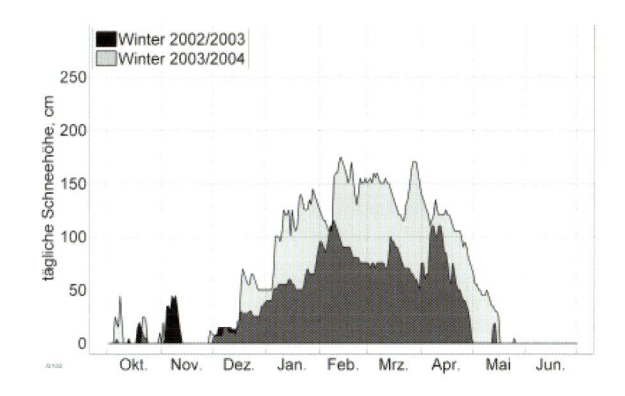

Schlussfolgerung und Prognose

Das »Signal«, das den Blick in die Zukunft ermöglichte, war die Nordatlantik-Oszillation. Sie steht auch im Mittelpunkt dieser sieben Synopsen. Diese bilden eine grafische Beweisführung, die überzeugender ist als lange Erklärungen. Die logische Folgerung daraus ist zugleich die Prognose, dass nämlich nach dieser gegenwärtigen NAO-Negativ-Phase mit dem kommenden Winter 2010/11 der NAO-Positiv-Modus mit schneereichen Wintern folgt. Mit der gleichen Sicherheit, wie in den vergangenen 40 Wintern seit 1965. Es ist eine Prognose, auf die viele warten! Nach dem Grundsatz »Audiatur et altera pars!« soll auch die andere Seite gehört werden! Es ist hoch an der Zeit, dass auch die Bergsteiger und Schifahrer von der »NAO« hören und nicht nur von negativen Zukunftsmodellen!
Wer aber von der NAO mehr wissen möchte, der braucht nur im Internet http://wkserv.met.fu-berlin.de/Beilagen/Beilagen.htm aufrufen, die »Beilagen zur Berliner Wetterkarte«, darunter auch von Horst Malberg, über eine kommende Abkühlungsperiode aufgrund der Sonnenfleckenaktivität!
P.S. »Der lange Weg« von der AV-Gletscherforschung zur NAO hat sich gelohnt!

Doping am Berg
Alpinisten stellen ihre Leistungen gerne heraus. Wie sie diese erreicht haben, verschweigen sie dagegen oft

VON THORSTEN SCHÜLLER

Freiheit über den Wolken: Hat der Bergsteiger zu leistungssteigernden Mitteln gegriffen? Niemand weiß es.
Alle Fotos vom Autor.

Pat macht aus der Sache kein Geheimnis: »Ohne Diamox habe ich da oben keine Chance. Sonst brauche ich den Cho Oyu gar nicht erst versuchen.« Der 33jährige Australier, der sonst gerne vor den Stränden von Perth surft, hofft, dass ihm mit dem Medikament die Akklimatisierung an dem 8201 Meter hohen Himalayariesen leichter fallen wird. Auch sonst ist Pat bei der Wahl seiner Mittel nicht zimperlich. Oberhalb von 7000 Metern wird er sich eine Sauerstoffmaske aufsetzen. Außerdem hat er zwei Hochträger angeheuert, die sein Gepäck tragen werden, die Zelte aufbauen, kochen und ihm den Weg weisen.

Pat ist kein Einzelfall. Schätzungsweise zwei Drittel aller Bergsteiger, die den Cho Oyu versuchen, haben Sauerstoffflaschen dabei. Der größte Teil der Gipfelaspiranten ist zudem mit Trägern unterwegs. Und nahezu alle greifen in die Fixseile, die von Sherpas verlegt worden sind.

Diese Art des Expeditionsbergsteigens ist an allen bekannten hohen Gipfeln mehr oder weniger ausgeprägt. An der Shisha Pangma, am Gasherbrum II, am 7500 Meter hohen Mustagh Ata, am Fast-7000er Aconcagua und selbst am 5900 Meter hohen Kilimanjaro.

Doch wenn man genauer wissen möchte, in welchem Umfang Bergsteiger zur Selbstmedikation greifen, stößt man schnell an Grenzen. Auch oberhalb der Baumgrenze ist die Omerta, das große Schweigen, ausgeprägt. Kontrollen gibt es da oben nicht. Und die wenigen existierenden Untersuchungen zum Höhendoping geben nur ein unvollständiges Bild. So verweist das deutsche Robert-Koch-Institut auf eine österreichische Studie, in der Bergsteiger gebeten wurden, freiwillig einen Urintest zu machen. In 3,6 Prozent der 253 Proben seien Amphetamine, also verbotene Dopingsubstanzen aus der Gruppe der Stimulanzien, gefunden worden. Bei einer Schweizer Studie wurden im Jahr 2000 rund 250 Teilnehmer des Davos-Marathons getestet. Resultat: Zwölf Prozent hätten Medikamente wie Schmerzmittel oder Aspirin eingenommen.

Angesichts solcher Ergebnisse kann man nur vermuten, dass auch unter Höhenbergsteigern der prophylaktische Griff zur Medikamentenschachtel verbreitet ist. »Würde man Alpinisten im Basislager des Mount Everest untersuchen, würde sich der ein oder andere positive Fall ergeben«, glaubt beispielsweise Wolfgang Wabel, Ressortleiter Spitzenbergsport beim DAV.

Die Liste der potenziell leistungssteigernden und erleichternden Mittelchen ist jedenfalls eindrucksvoll. An erster Stelle steht zweifellos Diamox. Der Wirkstoff Acetazolamid ist in der Medizin als Diuretikum (harntreibendes Mittel) bekannt. Bergsteiger haben das Mittel hingegen für ihre ganz eigenen Zwecke entdeckt. Das Frappierende: Diamox funktioniert tatsächlich. »Morgens und abends eine Tablette zu je 250 Milligramm über zwei Tage lang vor dem Aufstieg in eine ungewohnte Höhe – das erleichtert vielen Alpinisten die Akklimatisierung und vermindert nächtliche längere Atempausen«, sagt Dr. Ulf Gieseler, Höhenmediziner aus Speyer. Acetazolamid erhöht die Ventilation, verbessert den Gasaustausch, senkt den Gehirndruck und steigert die Sauerstoffversorgung im Gewebe.

Angesichts dieses Leistungsprofils gibt das US-Center for Disease Control and Prevention in Atlanta unter Berufung auf den Höhenmediziner Dr. Peter Hackett eine klare Empfehlung: »Acetazolamid beugt gegen die akute Höhenkrankheit vor, wenn es vor Beginn des Aufstiegs genommen wird. Es kann außerdem die Regeneration beschleunigen, wenn es bereits Symptome der Höhenkrankheit gibt.« Hackett empfiehlt, alle zwölf Stunden eine Dosis von 125 Milligramm Diamox zu nehmen.

Wenig erstaunlich, dass das Mittel deshalb vor allem von US-Bergsteigern gerne gezielt eingesetzt wird, wie der Sportwissenschaftler und Höhenbergsteiger Thomas Lämmle festgestellt hat: »Die haben dazu eine recht lockere Einstellung.«

Allerdings hat die Tablette, wie fast alle Medikamente, auch ihre Schattenseiten. So steigt durch die Einnahme von Diamox der

Die Nordwestflanke des Cho Oyu. Auf den letzten 1000 Höhenmetern benutzen die meisten Bergsteiger künstlichen Sauerstoff.

Dünne Luft: In 8000 m Höhe ist jeder Schritt eine Strapaze. Wer will, kann sich das Leben dort oben erleichtern.

Flüssigkeitsverlust deutlich an. »Ich weiß von Bergsteigern, die wegen Diamox pro Nacht zwei Liter Urin zusätzlich ausscheiden«, verrät Höhenmediziner Gieseler. Das ist in großen Höhen ausgesprochen kontraproduktiv und kann zu einer dramatischen Verminderung der Leistungsfähigkeit führen. Wer unter Dehydrierung leidet ist außerdem anfälliger für Erfrierungen.

Beinahe nebensächlich erscheinen da weitere Nebenwirkungen wie Kribbeln und Taubheit in den Gliedmaßen. Der Schweizer Arzt und Höhenbergsteiger Dr. Oswald Oelz hat zudem festgestellt: »Das Bier schmeckt grausig.«

Diamox ist Teil des sogenannten Margherita-Cocktails, benannt nach der 4559 Meter hoch gelegenen Hütte in der Monte-Rosa-Gruppe. Auch der Wirkstoff Dexamethason, ein Kortison, zählt zu dieser Mixtur. Das Präparat hemmt Entzündungen und kann laut Gieseler die akute Bergkrankheit verhindern oder den Verlauf verbessern. Außerdem sei es das wichtigste Mittel beim Höhenhirnödem, also der Einlagerung von Flüssigkeit im Gehirn.

Wie Diamox wird auch Kortison vornehmlich von Bergsteigern aus dem englischen Sprachraum eingenommen. Der Mediziner Hackett dürfte auch hieran nicht ganz unschuldig sein. Erneut schreibt er im Namen des Center for Disease Control and Prevention: »Dexamethason ist sehr effektiv bei der Vorbeugung und Behandlung der akuten Höhenkrankheit.«

Weiterer Bestandteil des Margherita-Cocktails ist Nifedipin, ein Calciumantagonist, der zur Therapie des Höhenlungenödems eingesetzt wird und Diamox in den vergangenen Jahren zunehmend Konkurrenz gemacht hat. Das Mittel macht laut Gieseler in der Prophylaxe durchaus Sinn bei Patienten, die zum Lungenödem neigen. Seinen Zweck erfüllt das Präparat auch bei nicht akklimatisierten Bergrettern, die für einen Noteinsatz schnell in große Höhen vordringen müssen. Abgerundet wird der Margherita-Cocktail durch Psychopharmaka – vor allem bei Amerikanern. Sie helfen, die Stimmung von Höhenaspiranten aufzuhellen. Denn angesichts der Herausforderung, auf einen 7000- oder 8000er zu steigen, zeigen zahlreiche Bergsteiger depressive Symptome. Mit Psychopharmaka können sie das große Projekt lockerer angehen.

Die Ingredienzien des Margherita-Cocktails erfreuen sich offenbar insbesondere unter den Teilnehmern kommerzieller Höhenbergsteiger und Trekkinggruppen großer Beliebtheit. »Quantitativ wird in diesem Bereich wohl am meisten genommen«, stellt DAV-Mann Wabel fest. Eine Erkenntnis, die sich mit den Erfahrungen Lämmles deckt: »Bei vielen Touren auf 7000 und 8000er verteilt der Expeditionsleiter Diamox schon zum Frühstück.«

Diese Beobachtung deckt sich mit der Medikamentenpraxis von Amateuren anderer Sportarten. So wies das Schweizer Magazin Le Temps darauf hin, dass alle Disziplinen, vom Schach bis zum Laufen, vom Doping betroffen seien. »Es gibt keinen Grund, warum der Amateursport nicht dieselben Probleme haben sollte wie sein Pendant, der Profisport«, wird Martial Saugy, Direktor des Dopinganalyselabors in Lausanne, in dem Bericht zitiert.

Auch Ralf Dujmovits, Inhaber des alpinen Reiseveranstalters AMICAL Alpin, beobachtet unter seinen Gästen oftmals einen leichtfertigen Umgang mit Medikamenten: »Es ist teilweise erschreckend, was die Leute auf Trekkingtouren zu sich nehmen.« Die Teilnehmer, vielfach Akademiker, setzten sich oft schon vor den Touren mit medizinischen Fragen auseinander. Diamox beispielsweise sei auf den Vorbereitungstreffen regelmäßig ein Thema. Außerdem sammeln seine Bergführer am Ende der Touren übrige Medikamente der Teilnehmer ein, um sie örtlichen Krankenhäusern zu übergeben. Dujmovits: »Da kriegen wir angebrochene Diamoxpackungen genauso wie gebrauchte Schachteln mit Viagra.«

Viagra im Hochgebirge? Tatsächlich stellten die Giessener Lungenforscher Ardeschir Ghofrani und Friedrich Grimminger 2004 im 5340 Meter hoch gelegenen Basislager des Mount Everest fest, dass der durch Sauerstoffmangel hervorgerufene Lungenhochdruck durch die Gabe von Sildenafil – dem Viagra-Wirkstoff – sinkt. Ein Hinweis, dass das Medikament für die Therapie des Höhenlungenödems eingesetzt werden kann. US-Mediziner Hackett geht sogar noch weiter. Öffentlich verkündet er, dass das zum Sildenafil verwandte Tadalafil (Cialis) vorbeugend gegen das Höhenlungenödem wirke.

Es gibt aber auch kritische Stimmen. So sieht Dujmovits, der seinen Amical-Alpin-Teilnehmern von der prophylaktischen Einnahme von Medikamenten generell abrät, keine akklimatisationsfördernde Wirkung von Viagra: »Ich bezweifle die Wirksamkeit.« Und Höhenmediziner Gieseler hat Viagra am 6769 Meter hohen Huascaran im Selbstversuch eingenommen. Seine Erkenntnis: Keine Leistungssteigerung. Allerdings wirke sich Viagra positiv auf den in der Höhe erhöhten Druck in der Lungenarterie aus. Der dadurch ausgelöste leichte Druck hinter dem Brustbein werde vermindert.

Das Phänomen, mittels Medikamenten schneller weiter und höher zu kommen, ist in der alpinen Szene nicht neu. Schon die Hochalpinisten der fünfziger und sechziger Jahre hatten den Nutzen pharmazeutischer Erzeugnisse für sich entdeckt. So sollen Maurice Herzog und Louis Lachenal, die 1950 als erste die 8091 Meter hohe Annapurna bestiegen haben, Vitamintabletten, Schlafmittel, Aspirin und Aufputschmittel genommen haben. Ausnahmebergsteiger Hermann Buhl griff zum leistungssteigernden Amphetamin Pervitin, einem Mittel, das die letzten Reserven des Körpers aktiviert.

Als potenziell leistungssteigernder Kandidat für Höhenbergsteiger gilt auch das klassische Dopingmittel Epo. Immerhin erhöht dieses Produkt den Sauerstoffanteil in den Muskeln, ein Effekt, der in der Höhe höchst willkommen ist. Doch in der Praxis ist dieses Mittel unter Alpinisten offensichtlich nicht sehr verbreitet. Amical-Alpin-Chef Dujmovits: »Ich glaube nicht, dass das großartig eingesetzt wird.«

Dagegen machen teils kuriose Hilfsmittel die Runde. So sieht US-Arzt Hackett nach einer Studie an 40 Studenten bei Ginkgo eine positive prophylaktische Wirkung: Die Blätter reduzierten die Gefahr, höhenkrank zu werden. Auch Rotwein, so Dujmovits, soll bei medizinischen Untersuchungen eine positive Wirkung auf Höhenbergsteiger entwickelt haben. Sportwissenschaftler Lämmle greift dagegen gerne auf das Alltagsgetränk Kaffee zurück. »In einer Untersuchung haben wir festgestellt, dass Kaffee leistungssteigernd wirkt. Er erhöht die Atemfrequenz. Ich empfehle deshalb mittlerweile, beim Höhenbergsteigen Kaffee zu trinken.«

Sind Ginkgo, Rotwein und Kaffee damit als Dopingmittel einzustufen? Dienen sie der Leistungssteigerung? Die Antwort bewegt sich in einer Grauzone, denn die strenge Definition von Doping trifft auf das Bergsteigen kaum zu. Denn Artikel 2 des Europäischen Übereinkommens gegen Doping von 1989 erklärt »Doping im Sport« als den Einsatz von verbotenen Wirkstoffen oder verbotenen Methoden bei Sportlern, die regelmäßig an organisierten Sportveranstaltungen teilnehmen. Andere Definitionen heben außerdem den Wettkampfcharakter hervor, der dem Doping zugrunde liegen müsse.

Nun ist Bergsteigen in seltenen Fällen ein Wettkampf gegen andere, allenfalls einer gegen sich selbst. Außerdem gibt es oberhalb der Täler keine verbindlichen Regeln, wie eine Besteigung auszusehen hat.

Andererseits bekommt das Bergsteigen durchaus wettkampfähnlichen Charakter, wenn die alpinen Leistungen Einzelner in Medien wiedergegeben, als Qualitätsmaßstab herangezogen und in Vergleich zu anderen Besteigungen gesetzt werden.

Ähnlich differenziert wie die Begriffsdefinition ist die Wirksamkeit von Arzneien zu betrachten. In erster Linie dienen Medikamente beim Höhenbergsteigen dazu, ein körperliches Problem zu lindern oder zu lösen – beispielsweise bei einer akuten Höhenkrankheit das Leben des Bergsteigers zu retten. Außerdem können sie prophylaktisch eingenommen werden, um bei einer Veranlagung zur Höhenkrankheit diese zu verhindern.

Genauso bewirken Arzneien aber auch, dass sich der Körper leichter an die Höhe gewöhnt. In solch einem Fall, in dem ein Präparat ohne medizinische Notwendigkeit genommen wird, hat es durchaus eine leistungssteigernde Wirkung. Es verschafft dem Bergsteiger einen Vorteil gegenüber denjenigen, die auf die Einnahme verzichten. Die Frage, wann das gesundheitlich Notwendige und Sinnvolle in den Bereich des Machbaren übergeht, ist somit fließend.

Nach Meinung von Dr. Peter Bärtsch, Ärztlicher Direktor an der Universitätsklinik Heidelberg, kann die Prophylaxe beziehungsweise Prävention der Höhenkrankheit mit Medikamenten jedenfalls nicht als Doping bezeichnet werden. Wenn hingegen ein Medikament in der Absicht eingenommen werde, die Leistungsfähigkeit in der Höhe zu verbessern, könne man allenfalls aus ethischer, nicht aber aus juristischer Sicht von Doping sprechen.

Anders sieht das Alpinsport-Experte Wabel. Nach seiner Meinung ist die Schwelle überschritten, wenn die Einnahme von Diamox oder anderen Mitteln, die auf der Liste der verbotenen Wirkstoffe stehen, zur Prophylaxe im Expeditionsbergsteigen befürwortet wird. Er liegt damit auf einer Linie mit Reinhold Messner, der 1978 in seinem Buch »Everest. Expedition zum Endpunkt« schrieb: »Wer sich beim Bergsteigen nicht auf seine eigenen Kräfte verlässt, sondern Apparate und Drogen benützt, betrügt sich selber, ja sein Selbst.«

Fraglich ist im Übrigen, ob die Einnahme von Medikamenten für Höhenbergsteiger tatsächlich etwas bringt. Der Mediziner Gieseler verweist auf Untersuchungen, nach

Der Zeltaufbau oberhalb von 7000 m ist eine anstrengende Sache.

denen je 1000 Höhenmeter die Leistungsfähigkeit um zehn Prozent abnimmt. Auf dem Gipfel des Kilimanjaro haben wir also nicht mal mehr die Hälfte unserer Leistung wie auf Meereshöhe zur Verfügung. Medikamente hätten unter diesen Umständen nur noch einen marginal leistungssteigernden Effekt. Unter bestimmten Umständen könnten die positiven Effekte der Arzneien sogar ins Negative umschlagen. So, wenn durch die Einnahme von Diamox die Symptome einer beginnenden Höhenkrankheit überdeckt werden.

Zu berücksichtigen ist auch, dass weder Diamox noch Nifedipin, der Wirkstoff Kortison oder Viagra eine Zulassung für höhenmedizinische Anwendungen haben. Off-label-Use nennt das der Fachmann, Anwendung außerhalb der zugelassenen Indikation.

Während die Wirkung von Medikamenten in der Höhe kontrovers gesehen wird, gibt es am Effekt von künstlichem Sauerstoff keinen Zweifel. Dieser sei in großen Höhen »massiv leistungssteigernd«, bestätigt 8000er-Mann Lämmle. Er selbst hat am Mount Everest in großer Höhe eine Sauerstoffdusche, also ein paar Züge aus der Maske, genommen, nachdem er bis dahin ohne unterwegs war. »Plötzlich wurde mir ganz warm. Ich fühlte mich viel besser.«

Für viele 8000er-Aspiranten ist Sauerstoff mittlerweile eine Selbstverständlichkeit genauso wie der vorbereitende Besuch einer Hypoxiekammer, in der man den Körper vor der Tour an größere Höhen gewöhnen kann. Eine Sauerstoffmaske vor dem Gesicht reduziert einen 8000er aber zum 7000er, wenn nicht gar zum 6000er, wie manche meinen.

Für DAV-Experte Wabel ist künstlicher Sauerstoff somit »klares Doping.«

Auf extrem hohen Bergen wie dem Everest oder dem K2 ist künstlicher Sauerstoff für die meisten jedoch zwingend. Laut Gieseler verzichten dort lediglich vier Prozent aller Gipfelaspiranten auf diese Hilfe, 90 Prozent davon seien Sherpas. Und die gehen ein großes Risiko ein, schwere körperliche Schäden zu erleiden oder gar zu sterben. So verweisen die Höhenmediziner Franz Berghold und Wolfgang Schaffert in ihrem Buch »Handbuch der Trekking- und Höhenmedizin« darauf, dass vielfach hypoxiebedingte Fehlleistungen und Ausfallerscheinungen – verursacht also durch fehlenden Sauerstoff – Grund für die hohe Unfallrate beim Expeditionsbergsteigen seien.

Zwar zeigte die erste sauerstofffreie Besteigung des Everest 1978 durch Peter Habeler und Reinhold Messner, dass das Experiment gelingen kann. Diese Art des reinen

Bild rechts. Blindes Vertrauen ist gefährlich. An hohen Bergen sollte man die Fixseile genau anschauen, bevor man sich an ihnen sichert. Bild unten: Selber schleppen oder schleppen lassen? Vielfach nehmen Träger das schwere Material auf ihre Schultern.

Bergsteigens ist jedoch offenbar nicht übertragbar auf die Masse der Bergsteiger.

Ähnlich wie bei künstlichem Sauerstoff ist die Benutzung von Trägern für viele Gipfelaspiranten eine Selbstverständlichkeit. Wenngleich es sich dabei nicht um Doping im klassischen Sinne handelt, sind Träger und Führer beim Höhenbergsteigen doch eine massive Erleichterung – und dienen damit der Leistungssteigerung. Lämmle: »Es macht einen großen Unterschied, ob ich mein gesamtes Gepäck selber auf 7000 Meter Höhe schleppen muss – oder ob es durch Träger hochgebracht wird.«

Auch die Benutzung von Fixseilen entspricht nicht der reinen Lehre vom Bergsteigen. Andererseits: Sollte jede Bergsteigergruppe ihren Weg durch den gefährlichen Khumbu-Eisbruch selbst versichern? Sollte man im Aufstieg zur Ama Dablam die Fixseile am Gelben Turm ignorieren und sich stattdessen in beinahe 6000 Meter Höhe mit klobigen Stiefeln und schwerem Rucksack eine steile Fünfer-Wand hinauffürchten? Soll man die aufgedröselten Fixseile am Khan Tengri nicht benutzen und dadurch das Risiko eines tödlichen Ausrutschers in dem steilen, teils brüchigen Felsgelände auf sich nehmen?

Ob Träger oder Fixseile, an den gängigen hohen Bergen sind diese Helfer heutzutage Fakt und werden von den meisten Teilnehmern kommerzieller Veranstalter als selbstverständlich angesehen. Andererseits ist Wolfgang Wabel der Überzeugung, dass die Wenigsten über die 6000 Meter-Grenze hinaus kämen, wenn sie auf all die technische und menschliche Unterstützung in der Höhe verzichten müssten – Leitern, Fixseile, Träger, Sauerstoff. »Den meisten fehlen einfach die Fertigkeiten und die psychische Stärke«, so Wabel. »Viele, die an den hohen Bergen der Welt unterwegs sind, wären kaum fähig, selbstständig ein Zelt aufzubauen oder dort oben zu kochen.«

Der Schwarzwälder Dujmovits bestätigt das: »Kommerzielle Besteigungen funktionieren nicht ohne gewisse Hilfsmittel. Ohne diese Unterstützung hätten viele Teilnehmer keine Chance auf den Gipfel.« Er gibt zu, dass ihn das in einen Konflikt bringt. Denn wenn er mit seiner Frau, der Höhenbergsteigerin Gerlinde Kaltenbrunner, privat an den Bergen der Welt unterwegs ist, legen beide an ihre Besteigungen hohe Maßstäbe an: »Wir tragen alles selbst. Auf die prophylaktische Einnahme leistungssteigernder Medikamente verzichten wir ebenso wie auf Flaschensauerstoff.«

Auch Reinhold Messner stellte sich stets als Apologet des sauberen Bergsteigens dar: »Dieses Abenteuer verflacht, sobald sich der Mensch in seinem Ehrgeiz der Technik bedient. Selbst das höchste Gebirge schrumpft, sobald man mit hunderten von Trägern, Haken und Sauerstoffgeräten in ihm herumsteigt«, schrieb er in »Everest. Expedition zum Endpunkt«.

Bei genauerer Betrachtung relativiert sich dieser hohe Anspruch allerdings. So weist Dujmovits darauf hin, dass Messner und Habeler bei ihrer historischen Everest-Besteigung 1978 zwar auf künstlichen Sauerstoff verzichtet haben, sich aber ihr Gepäck von Sherpas bis zum Südsattel tragen ließen. Dujmovits: »Mit sauberer sportlicher Ethik hatte das nichts zu tun.«

Der Ruf nach ethisch hohen Standards hallt im Übrigen nicht nur durch das Hochgebirge. Auch unterhalb der 8000er-Marke gibt es Möglichkeiten, sich durch leistungssteigernde Mittelchen einen Vorteil zu verschaffen. »Bei der Sportart Wettkampfklettern ist Doping grundsätzlich ein Thema, da bei dieser Kraft- und Ausdauersportart der Einsatz von leistungssteigernden Medikamenten durchaus Wirkung zeigen könnte«, weiß Thomas Urban, Hauptgeschäftsführer des DAV. Amphetamine steigern den Muskelaufbau. Stimulanzien machen den Kletterer lockerer. Epo fördert die Regeneration.

Da beim Wettkampfklettern jedoch Dopingkontrollen stattfinden, haben die Verantwortlichen einen guten Überblick. Das Ergebnis ist ermutigend: In Deutschland hat es bislang keinen relevanten Dopingfall gegeben. Urbans Kollege Wolfgang Wabel weiß allerdings von zwei Dopingfällen im internationalen Wettkampfklettern. Dabei hätten die Teilnehmer Kokain beziehungsweise Aufputschmittel eingenommen.

Ein Grund, dass in diesem Sport bislang offenbar wenig gedopt wird, könnte laut Wabel an der geringen Kommerzialisierung liegen. Zum einen sei damit der Anreiz gering, leistungssteigernde Mittel einzunehmen, da Risiko und möglicher Mehrwert in keinem Verhältnis zueinander stünden. Zum anderen sei der Fairnessgedanke im Wettkampfsport Klettern stark ausgeprägt, eine Dopingmentalität ist nicht zu erkennen.

Auch Skitourenrennläufer könnten sich durch leistungssteigernde Mittel einen Vorteil verschaffen – ob sie das auch tun, darüber gibt es allerdings kaum offizielle Erkenntnisse. Immerhin weiß man von einem Fall beim Schweizer Skitourenrennen Patrouille de Glacier. Dort ist ein französischer Skibergsteiger positiv auf das Hormon Epo getestet worden.

DAV-Geschäftsführer Urban räumt ein, dass es in Deutschland bei dieser Sportart bislang eine »gewisse Kontrolllücke« gibt. Sprich: Dopingkontrollen werden derzeit nicht durchgeführt, sollen aber ab der Saison 2010/2011 eingeführt werden.

Auch beim alpinen Radfahren können leistungssteigernde Mittel ihre Wirkung entfalten, wie von der Tour de France hinlänglich bekannt ist. Wer dank Doping bei schweren Passauffahrten eine Kurbelumdrehung mehr schafft, ist eben schneller im Ziel. Wie weit jedoch hier im Amateurbereich in die Medikamentenpackung gegriffen wird, entzieht sich genauer Erkenntnis. Dass diese Klientel jedoch nicht frei von Versuchungen ist, zeigt der Fall des Italieners Emanuele Negrini. Der Sieger des Ötztaler Radmarathons 2009 wurde des Dopings überführt.

Wer wollte in diesen Höhen regeln aufstellen und kontrollieren, ob sie eingehalten werden? Am Ende muss jeder mit sich selbst ausmachen, wie er einen Berg besteigt.

Völlig dem Blick der Kontrolleure entziehen sich Bergläufe. Diese Veranstaltungen haben meist Volkslaufcharakter, Geld ist dort kaum zu verdienen – wer wollte sich also anmaßen, hier zu kontrollieren? Allerdings vermuten Kenner, dass unter den Amateurläufern die Bereitschaft zur Einnahme leistungssteigernder Mittel höher ist als im Topbereich. Mögliche Gründe: Hobbyläufer wollen ihre persönliche Bestzeit verkürzen oder private Konkurrenten ausstechen.

Über das Warum der Medikamenteneinnahme unter Bergsportlern lässt sich jedenfalls trefflich diskutieren. Dujmovits vermutet, dass insbesondere bei privaten Höhenalpinisten versteckter Leistungsdruck ein Grund ist: »Die Leute geben eine Menge Geld für die Tour zu ihrem Traumberg aus. Sie nehmen sich viel Zeit dafür, opfern meist ihren gesamten Urlaub. Dafür möchten sie ein möglichst handfestes Ergebnis – eben den Gipfel.«

Oder es spielen, wie beim Kilimanjaro, marktwirtschaftliche Gründe eine Rolle. Der Aufenthalt im Kibo-Nationalpark ist teuer und wird deshalb meist so kurz wie möglich gehalten. Andererseits ist der Fast-Sechstausender in nur wenigen Tagen ohne vorherige Akklimatisierung kaum zu machen. Also wird der Mangel an Zeit kompensiert – mit einem Mehr an Tabletten. Diamox ist dort oft das Mittel der Wahl.

Sind Alpinisten wenigstens die ehrlicheren Sportler, die offen dazu stehen, wie sie ihren Berg bestiegen haben? Offenbar nicht. Gerne fügen sie ihren Erzählungen mal etwas hinzu. Dass sie an der Shisha Pangma auf dem Hauptgipfel waren, obwohl sie nur den Vorgipfel betreten haben. Oder sie lassen in ihren Schilderungen etwas weg. Dass sie Medikamente schluckten, künstlichen Sauerstoff atmeten oder die Dienste von Hochträgern nutzten.

Auffällig ist allerdings, dass vor allem Profi- und Hochleistungsbergsteiger oft ein Bekenntnis zum reinen Bergsteigen abgeben – und sich wohl meist auch daran halten. So stellt der Bergschnellläufer Christian Stangl klar: »Chemie, in Form von Spritzen, Pillen und künstlichen Sauerstoff lehne ich kategorisch ab. Für mich fällt das schlichtweg unter Doping.«

Profis wissen, dass ihre extremen Leistungen unter Ihresgleichen kritisch beobachtet werden. Besonders argwöhnisch verfolgten sie beispielsweise die Aktivitäten der 44jährigen Südkoreanerin Oh Eun-Sun, die als erste Frau alle 14 Achttausender bestieg. Allein vier Achttausender hatte sie innerhalb eines Jahres erklommen. Sie ließ sich mit dem Helikopter von Basislager zu Basislager fliegen, benutzte Flaschensauerstoff, Träger schleppten ihren Rucksack. Ein Foto, das sie auf dem Gipfel des Kangchendzönga zeigt, wurde von manchen als Fälschung bezeichnet. »Man hatte den Eindruck, die Südkoreaner wollten mit allen Mitteln als erste Nation eine Frau auf alle 14 Achttausender haben – mit welchen Mitteln auch immer«, so Dujmovits. »Frau Oh Eun-Sun ging da rauf, ohne eine Vorbildfunktion zu haben oder haben zu wollen.«

Vielleicht würde es schon helfen, wenn sich mancher Bergsteiger stärker an den ethischen Standards der »Tirol Deklaration zur Best Practice im Bergsport« orientieren würde. Darin heißt es: »Guter Stil in den Weltbergen bedeutet den Verzicht auf Fixseile, leistungssteigernde Drogen und Flaschensauerstoff.«

Sportwissenschaftler Lämmle fordert darüber hinaus, dass jeder Höhenbergsteiger angeben sollte, ob und welche Medikamente er genommen hat. Hat er Träger engagiert, wenn ja, bis in welche Höhe? Wie viel Gewicht haben die Träger geschleppt? Wurden künstlicher Sauerstoff und Fixseile benutzt?

DAV-Mann Wabel geht sogar noch einen Schritt weiter. Es sollten nur noch 8000er-Besteigungen anerkannt werden, bei denen kein künstlicher Sauerstoff verwendet wurde: »Man müsste Besteigungen mit Sauerstoff anprangern und von der Liste streichen.« Hilfreich wäre auch, wenn Miss Elizabeth Hawley, die resolute Chronistin des Himalayabergsteigens, 8000er-Besteigungen mit Sauerstoff weniger hoch bewerten oder gar nicht anerkennen würde.

Doch wer sollte darüber wachen, ob die Ethik des Bergsteigens auch gelebt wird? In 6000 oder 8000 Meter Höhe gibt es keine Richtlinien, keinen Schiedsrichter oder Gesetze. »Das ist ein unkontrollierter Raum da oben, es bleibt immer genügend Platz sich seine eigene Ethik und Wahrheit zurecht zu legen«, räumt Wabel ein.

Und das ist auch gut so. Bergsteigen ist ein Sport der Freiheit. Frei von Reglementierungen und Gesetzen, die die Talsportarten oft in ein enges Korsett zwängen. Wie eine Tour gewertet wird, müssen deshalb die meisten Bergsteiger vor allem mit sich selbst ausmachen. Die Besteigung eines 8000ers mit künstlichem Sauerstoff und Hochträgern mag für den Einzelnen ein großes Erlebnis sein. Bergsteigerisch ist das jedoch völlig ohne Bedeutung.

Pat, der surfende Australier, steht jedenfalls dazu, dass er den Cho Oyu mit Trägern und Sauerstoff bestiegen hat. »Ich habe das für mich gemacht, für niemanden sonst.«

Mit eben dieser Einstellung will er nun sein nächstes Ziel angehen – den Mount Everest.

Literaturhinweise:
- Th. Küpper, K. Ebel, U. Gieseler: Moderne Berg- und Höhenmedizin. Gentner Verlag 2010.
- F. Berghold, W. Schaffert: Handbuch für Trekking- und Expeditionsmedizin. DAV Summit Club
- K. Mees: Aufstieg in die Todeszone. Aus dem Tagebuch eines Expeditionsarztes. Bruckmann
- Thomas Hochholzer: Trekking und Höhenbergsteigen – Ein medizinischer Ratgeber. Lochner Verlag, 1996

Miss Elizabeth Hawley: Die Chronistin des Himalayabergsteigens führt seit Jahrzehnten exakt Buch.

Wegeforschung im Himalaya
Ein Projekt- und Expeditionsbericht

VON HANNES KÜNKEL

Das Ziel

Nach zweijähriger Vorbereitung stiegen wir Ende September 2009 aus dem klimatisierten Airbus in die durch Monsunwolken verhangene, schwül stickige Luft des Kathmandu Tals. Damit tauchten wir für die nächsten 10 Wochen in die ganz andere Welt Nepals ein. Diese Reise in den Himalaya würde sich deutlich von meinen früheren Trekkingtouren und Forschungsexpeditionen unterscheiden.

Die Untersuchung alter Handelsrouten und Wegesysteme führte uns in schwer zugängliche und teilweise unbesiedelte Regionen, wobei wir die Forschungs- und Expeditionsereignisse filmisch im HDV Format festhalten wollten. In Begleitung meines Freundes und Kameramanns Nils Peuse und einer kleinen Mannschaft ausgewählter Träger, würden wir versuchen, als Kleinexpedition Neuland zu erkunden – in der Wissenschaft und in den Medien. Kein vergleichbares Projekt war uns bekannt.

Die Aufgabenteilung sah folgendermaßen aus: Ich übernahm als Forscher die wissenschaftlichen Untersuchungen sowie ihre fotografische Dokumentation und leitete die Expedition. Nils würde als Beauftragter für die technische und filmische Umsetzung, die Entstehung des Expeditionsfilmes und damit für die kreativ künstlerische Dokumentation verantwortlich sein.

Im Zuge meiner Promotion habe ich es mir zur Aufgabe gemacht, die Weganla-

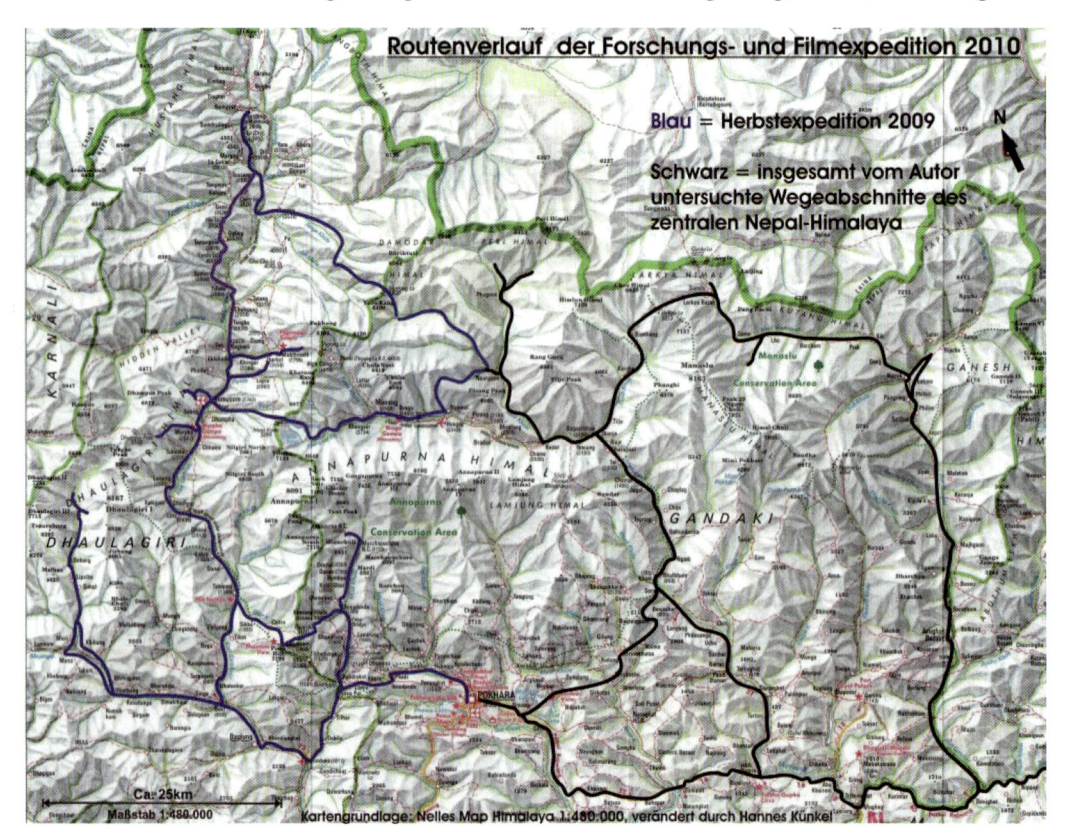

Der Kartenausschnitt zeigt die im Herbst 2009 zurückgelegte Route.

Weg im Dhaulagiri Gebiet. Alle Fotos vom Autor

ge im Himalaya aus geomorphologischer Perspektive zu untersuchen. Dieses Forschungsthema bietet mir die Möglichkeit, meine Leidenschaft für die Berge – speziell den asiatischen Hochgebirgen – mit sinnvoller Grundlagenforschung zu verbinden. Die traditionellen Wegesysteme im Himalaya wurden bis jetzt wissenschaftlich, v.a. geomorphologisch kaum bearbeitet. Dies ist umso erstaunlicher, da wir uns als Bergsteiger, Forscher und Touristen doch ständig auf Ihnen bewegen und laut bejammern, wenn sie, wie jüngst im Annapurna Gebiet geschehen (aber auch andernorts), dem fortschreitenden Straßenbau zum Opfer fallen.

Seit meiner ersten Expedition in den Indischen Himalaya bin ich als Geograph und Hochgebirgsforscher von den Wegen fasziniert. Sie stellen nicht nur die Verbindung von einzelnen Hochgebirgssiedlungen dar, sondern bilden das Rückgrat für Besiedlung, Nutzung und den intra- und transmontanen Handel im Hochgebirge.

Forschungsland Nepal

Nepal ist ein Land, das in seiner Vielfältigkeit ohne Gleichen ist. Das gilt für die unterschiedlichen Kulturen der zahlreichen Volksstämme, die vielen Dialekte und Sprachen, aber v.a. auch für Geographie, Botanik und Höhenstufung. Aufgrund der exemplarischen Vielfalt der nepalesischen Landschaft sollte es möglich sein, so meine Überlegung, eine für den gesamten Himalayabogen gültige Wegetypologie zu erstellen. Dafür mussten alle Landschaftstypen des zentralen Himalaya begangen werden. Auf insgesamt drei Expeditionen zu diesem Forschungsthema wurden nahezu alle Höhenstufen von 500 m bis 5800 m durchquert und eine Gesamtstrecke von fast 1000 Kilometer zurückgelegt.

Abstieg vom Damodar Himalaya ins Becken von Mustang. 30 cm breiter Pfad auf 5100 m.

Die Landschaft Nepals lässt sich dabei am besten in drei Hauptregionen untergliedern:

Die monsunfeuchten Himalayavorketten mit üppiger Vegetation, dichter Besiedlung und extremen Niederschlägen im Sommer. Dem hohen Himalaya (oder Himalayahauptkamm) mit extremer Reliefenergie, ganzjährigen Niederschlägen und starker Vergletscherung und dem semiariden inneren Himalaya, geprägt durch den tibetisch-wüstenartigen Landschaftscharakter, die hohen Talböden und eine geringe Vergletscherung.

Die großen Durchbruchstäler, die die Himalayahauptkette durchschneiden, wie z.B. das Kali Gandaki Tal, welches den Annapurna- vom Dhaulagiri-Himalaya trennt oder auch das Marsyandi-Khola respektive das Buri Gandaki im Manaslu Himalaya, bilden natürliche Transekte durch die drei Landschafttypen und waren von jeher die Haupthandelswege zwischen Tibet und Indien.

Um den von mir angestrebten Vergleich zu ermöglichen, besuchte ich mehrere – ihrem Landschaftscharakter nach – ähnliche Regionen. In der feuchten Himalaya Südabdachung den Dhaulagiri- und Annapurna-Himalaya, im hohen Himalaya den Rolwaling-, Manaslu- und Annapurna-Himalaya, sowie die wüstenartigen Regionen des inneren Himalaya von Nar-Phu und Mustang.

Die Forschungsaufgabe

Die Fragestellung meiner Forschung ist die nach der räumlich-topographischen Verortung von Wegesystemen und ihren traditionellen Bauarten: Wie hängen Weganlage und Geomorphologie zusammen? Inwieweit bestimmt also das Klima-Relief-Gefüge die Wegführung und die Bauweise?

Grundlegend für diese Auseinandersetzung ist, dass mir bei gleichen oder sehr ähnlichen Relief- und Klimaverhältnissen immer wieder gleiche oder sehr ähnliche Wegearten und Konstruktionsweisen auffielen. Solchen »Wegetypen« begegnete ich auch in anderen Regionen des Himalaya. Für mich ergab sich daraus folgende Hypothese:

»Bei gleichen oder sehr ähnlichen Klima-/Reliefverhältnissen (innerhalb des Himalaya) treten wiederkehrend die gleichen oder sehr ähnlichen Wegetypen und Konstruktionsweisen auf. Dies bedeutet, dass sich durch exemplarische Untersuchungen von verschiedenen, sich ähnelnden Regionen wiederkehrend die gleichen Wegetypen antreffen lassen und sich daraus eine für den gesamten zentralen Himalaya gültige Wegetypologie ableiten lassen muss.«

Die geomorphologischen Verhältnisse, wie das Reliefgefüge und die dort ablaufenden hangialen Prozesse, die die Wegarten unmittelbar betreffen (Murabgänge, Lawinen, Rutschungen oder Unterschneidungen durch Flüsse) konnten durch den Abgleich hochauflösender Satellitenbilder und digitaler Geländemodelle mit meinen Fotografien wiedergegeben und erkannt werden. Die genauen Auswirkungen auf den Wegebau und seine Konstruktionsweisen ließen sich dadurch jedoch nicht ausmachen. Damit wurde eine vollständige Begehung der zu vergleichenden Wege notwendig.

In den ca. 125 Geländetagen von drei Expeditionen wurden die Wege ausreichend erkundet und damit eine hinreichende Datengrundlage erstellt, um die Beantwortung meiner Frage und die Belegung meiner Arbeitshypothese zu ermöglichen.

Wege ohne Menschen?

Als Geograph ist man bemüht Gegebenheiten in einem globalen und interdisziplinären Kontext zu sehen, weswegen natürlich viele weitere Fragestellungen bezüglich der Wegeanlage auftauchen.

Gerade die Wege, als von Menschen angelegte Trassen, werfen zwangsweise den Blickpunkt auf die Gründe ihrer Anlage und Nutzung. Aber es tut sich in der Wegeforschung niemand einen Gefallen, der versucht alle Aspekte des Wegebaus gemeinsam zu beleuchten. Erst recht nicht in einem so riesigen und vielfältigen Gebirge wie dem Himalaya.

Mit der naturräumlichen Einordnung, so mein Gedanke, kann ich zumindest eine Grundlage für spätere weiterführende sozioökonomische oder ethno-kulturelle und historische Forschungen »auf den Weg« bringen. Die Beschränkung auf die Geomorphologie wurde deswegen von vorne herein wichtig und unumgänglich.

Ein weiteres Problem war die Abgrenzung »traditioneller« Wege und Wegearten von den Autostraßen, die ständiger Modifizierung und Überprägung unterliegen. Gerade die traditionellen, transmontanen Haupthandelsrouten, wie etwa die Wege in den großen Durchbruchstälern werden heute mittels schwerem technischem Gerät und Sprengstoff massiv ausgebaut. Sie eignen sich damit nicht mehr für eine Inventarisierung traditioneller Weganlagen. Mir blieb dadurch nichts anderes übrig, als mich ausschließlich auf die Wege zu fokussieren, welche für den Fußverkehr und den Gebrauch von Saumtieren angelegt und mit althergebrachten Bautechniken und Materialien geschaffen wurden.

Unterwegs wie die Pioniere

Der Expeditionstil, der für die heutige empirische Himalayaforschung notwendig ist, unterscheidet sich kaum von dem der ersten Kleinexpeditionen der frühen Entdecker, wie H.W. Tilman oder Herbert Tichy.

Morgendliches Packen. Im Hintergrund der Tillicho Peak (7134 m) und der Nilgiri (7061 m).

Bild oben: Dhaulagiri von Süden (8167 m).

Bild unten: Hochlager am Tillicho See (5050 m).

Bei unseren Expeditionen wurden wir von einer etwa zehnköpfigen Mannschaft einheimischer Träger begleitet. Dabei musste alles mitgetragen werden, was wir zum (Über)Leben brauchten. Von den vielen Kilo Reis (ein einzelner Träger isst am Tag ungefähr 700 g davon!), über die gesamte Küchenausrüstung einschließlich etwa 5-7 Liter Kerosin/Tag zum Kochen, bis hin zur gesamten Zelt- und Hochgebirgsausrüstung, die man bei Temperaturen von bis zu -20° C benötigt.

Ich hatte unglaubliches Glück, bereits bei einer früheren Forschungsreise um den Manaslu, bei der Überquerung des 5150 m hohen Larkyr La in 120 cm hohem Schnee, exzellente Träger dabei gehabt zu haben. Viele von ihnen konnte ich für die Expedition im Herbst erneut rekrutieren und hatte somit bereits eine erfolgreiche Generalprobe hinter mir. Ein Großteil der Mannschaft gehört der in Ostnepal beheimateten Volksgruppe der Rai an. Sie leben südlich der von den Sherpa bewohnten Hochtälern des Khumbu und arbeiten traditionell eng mit ihnen zusammen. Als Guide begleitete uns ein Sherpa meines Alters, der sich durch Zurückhaltung, gepaart mit der notwendigen Offenheit und allgemein großer Aufmerksamkeit auszeichnete. Zwei Tamang, ebenfalls Buddhisten und erfahrene Hochträger, gingen zusätzlich mit.

Wir rüsteten die Träger, die schon von sich aus über gute Ausrüstung verfügten, in Kathmandu zusätzlich mit warmen Jacken, Mützen, Handschuhen, Gamaschen, Fleeceunterwäsche und Sonnenbrillen aus. Unser Hauptsponsor VAUDE stellte für die Mannschaft ein großes Base Camp Kuppelzelt zur Verfügung. Es avancierte schnell zum Stolz der Gruppe und wurde in der Nähe von Ortschaften immer so platziert, dass alle sehen konnten, das hier keine Trekkinggruppe, sondern eine »richtige Expedition« unterwegs war.

Über die lange Zeit von zweieinhalb Monaten lernten wir uns gegenseitig mit unseren ganz unterschiedlichen Charakteren kennen. So entstanden echte Freundschaften, auf die ich mich auch bei meinen nächsten Touren verlassen kann. Wir sprechen offen miteinander, und so trat die oft hinderliche Art der Nepalesen, Kritik, Unwissenheit und Bedenken nicht zu äußern, in den Hintergrund. Es war schön zu sehen, dass sich die ganze Gruppe als eine Expedition verstand und stolz auf die gemeinsam erreichten Ziele war.

Auf den Spuren der Himalaya Pioniere

Neben den Menschen und Bergen des Himalaya fesselten mich seit jeher die Berichte alter Forschungsexpeditionen.

Nepal hat, was die Dokumentation seiner Forschungsgeschichte angeht, einen gewissen Vorteil gegenüber Indien. Seit der späten Öffnung der Grenze Nepals für Europäer, 1950, wurde eine (vielleicht typisch asiatische) bürokratisch-aufwändige Buchführung über die einzelnen Expeditionen betrieben. Auf der Herbstexpedition folgten wir in großen Teilen abgelegenen Routen, die alle schon begangen waren und dadurch in der Forschungs- und Bergsteigerliteratur auch schon beschrieben wurden. Ich hoffte, dass sie sich durch ihre Abgelegenheit und touristische Unerschlossenheit nicht wesentlich von den »Pionierpfaden« der 1950er Jahre unterscheiden und damit ihre Ursprünglichkeit gewahrt sein würde.

Erster Abschnitt der Expedition: Das Dhaulagiri-Gebiet

Der Dhaulagiri ist mit 8187m der siebthöchste Berg der Erde und hebt sich, nach Süden aus der Himalaya Hauptkette hervorgeschoben, sichtbar heraus. Der Dhaulagiri ist berüchtigt für sein schlechtes Wetter und weist die größte Steilwand der Erde, die Dhaulagiri West-Wand (über 4620 m vom Gipfel bis zum Wandfuss) und damit die höchste Reliefenergie der kontinentalen Erdoberfläche auf (Kuhle 1982). Aufgrund der Unzugänglichkeit des Gebiets ist es sehr schwierig für Expeditionen zu einem gut gelegenen Basislager zu kommen. Allesamt Gründe, weshalb der Dhaulagiri erst 1959, durch eine schweizerische Expedition, als vorletzter Achttausender bestiegen wurde (vgl. Eiselin 1960).

Zunächst wollte ich die Wege und Jägerpfade in der extrem steilen Myagdi-Schlucht untersuchen, um anschließend über das Hidden Valley (von den Franzosen um Herzog 1950 entdeckt), nördlich des Talschlusses und des Dhaulagiris, in den inneren Himalaya zu gelangen. So wie Herzog & Co., die ihr Vorhaben, den Dhaulagiri erstzubesteigen nach der Sichtung der Nordwand und des Nordostgrates abbrachen (Zitat Terray: »Der Dhaulagiri wird niemals bestiegen werden.« Herzog 1952:99). Sie wandten sich dann dem einfacher erscheinenden Annapurna Hauptgipfel zu – der ihnen auch gelang. Auch wir wurden von diesem »Berg ohne Gnade« (so der Titel des österreichischen Dhaulagiri Expeditionsberichts von Moravec 1960) zurückgewiesen.

Nach einwöchigem Anmarsch erreichten wir Anfang Oktober das Italian BC auf 3600 m direkt unterhalb der über 4600 m hohen Dhaulagiri Westwand. In diesem steil eingefassten Talkessel regnete es in den folgenden drei Tagen 56 Stunden ununterbrochen. Bereits nach einem Tag hörten wir die

Wegverlauf im oberen Myagdi-khola. Dhaulagiri-Südabdachung. Im glazial preparierten Steilrelief müssen die Wege ins Anstehende geschlagen oder gesprengt werden.

Rückzug aus dem Dhaulagiri Gebiet. Frische Murabgänge haben den wenige Tage zuvor begangenen Weg verschüttet. Der Himmel zeigt sich zum ersten Mal nach vier Tagen wieder blau.

ersten größeren Lawinen abgehen und nachdem sich der Himmel endlich aufklarte, war die vor uns liegende obere Myagdi-Schlucht, ein steiles Trogtal, nicht mehr passierbar.

Eine französische Trekkinggruppe ignorierte unsere Warnungen und stieg trotz der extrem hohen objektiven Gefahr weiter auf. Sie gerieten direkt in eine Staublawine. Zum Glück verloren sie dabei nur Teile ihrer Ausrüstung und konnten vollständig, wenn auch leicht verletzt und schwer geschockt, wieder ins sichere Italian BC zurückkehren. Hier empfingen wir sie mit heißem Tee, aber auch mit (sehr) deutlichen Worten.

Da wir nun bereits den vierten Tag untätig in diesem Lager saßen und ein weiterer Aufstieg durch Lawinengefahr und den über ein Meter hohen Neuschnee im Hidden Valley zu risikoreich war, entschied ich, über die Anmarschroute nach Beni am Kali Gandaki zurückzukehren.

Aus wissenschaftlicher Perspektive stellte sich dies als eine sehr günstige Entscheidung heraus, da durch die Extremniederschläge die Wege in erheblichem Maße durch frische Muren, Rutschungen und Unterschneidungen zerstört waren. So kam ich zu einem idealen »Vorher-Nachher-Vergleich« für die Wegzerstörung durch Starkniederschläge.

Natürlich ärgerten wir uns alle, die abkürzende und spannende Route über das Hidden Valley nicht gegangen zu sein. Auch ein späterer, zweiter Versuch im November, bestens akklimatisiert vom Kali Gandaki Tal aus über den Dhampus Pass von Nordosten ins Hidden Valley zu gelangen, scheiterte erneut an starkem Schneefall. Mit diesem erfolglosen Beginn erging es uns wie sehr vielen Expeditionen im Dhaulagiri Gebiet. Das tröstete uns ein wenig. Wir wandten uns dann ebenfalls dem Annapurna-Himalaya zu, zwar nicht um den Hauptgipfel zu besteigen, aber um damit den erfolgreicheren Teil der Expedition einzuleiten.

Straßen durch den Himalaya: Fortschritt und Touristenschreck

LKW-Hupen und Motorradgeknatter haben das Gebimmel der Eselskarawanen in der Kali Gandaki Schlucht abgelöst. Ich kann mich noch gut daran erinnern wie ich vor wenigen Jahren in mehreren Marschtagen diese, zwischen Dhaulagiri (8167 m) im Westen und Annapurna I (8091 m) im Osten, fast 7000 m tief eingeschnittene Schlucht durchwanderte. Heute brauchten wir mit dem Bus von Beni nach Jomsom, dem Ausgangspunkt für die nächste Etappe, keine 10 Stunden; inklusive einmaligem Umsteigen an der Distriktgrenze von Mustang.

Für die Einheimischen bedeutet das eine Vergünstigung der Transportkosten, höhere Mobilität und bessere Güterversorgung. Auch ein psychologischer Aspekt, nämlich das Gefühl nun nicht mehr »Hinterweltler« zu sein, sondern direkte Anbindung an das nepalesische Hauptsiedlungsland zu haben, spielen sicher eine wichtige Rolle. Eindeutige Argumente für den Straßenbau.

Auf der anderen Seite stehen die romantisierenden Touristen, die eben gerade wegen der »Hinterweltlichkeit«, der »heilen« Bergwelt und -kultur kommen oder gekommen sind. Und nun geht es ihnen wie mir, sie sitzen da und wünschen sich all den Fortschritt weg. Gerade die erfahrenen älteren Trekkingtouristen bleiben nun fern und suchen sich abgelegenere, »ursprünglichere« Ziele. Zwar fehlen damit wichtige Einnahmen, aber es kommen doch noch genug neue Touristen. Denn die schnelle Erschließbarkeit eröffnet zeitbegrenzten Westlern, aber vor allem auch wohlhabenden Fernöstlern die Möglichkeit, in einem engen Zeitkorsett Gebiete zu bereisen, für die man früher mehrere Wochen gebraucht hätte.

Es lässt sich also sicher kein einfaches objektives Pro oder Kontra zum Straßenbau im nepalesischen Himalaya aussprechen. Denn unsere europäische, touristische Sichtweise reflektiert nicht immer in ausreichendem Maße den Nutzen, den die lokale Bevölkerung daraus zieht. Welcher Schweizer würde auf seine Straßenanbindung verzichten wollen?

Höhenkrankheit am Tillicho See

Die Akklimatisierung, die wir uns bei der geplanten Anmarschroute über das Hidden Valley erhofften, blieb im wahrsten Sinne des Wortes auf der Strecke. Nun war mein Plan, über Hirtenpfade zu dem – ebenfalls von den Franzosen 1950 – entdeckten Mesokanto Pass (5200 m) aufzusteigen. Von dort entlang des Nordufers des Tillicho Sees (4950 m) ins obere Marsyandi Khola nach Manang abzusteigen, um dann in die abgelegenen Talschaften von Nar-Phu und in den Damodar Himalaya zu gelangen.

Um die nötige Grundakklimatisierung zu erreichen, besuchten wir den hinduistischen Pilgerort Muktinath. Wir wanderten auf einem neu ausgearbeiteten Panoramaweg über ein noch sehr ursprüngliches, orographisch linkes Nebental des Kali Gandaki, das Panda-Khola und überqueren

Anstrengende Wegfindung über 5000 m. Wir müssen vom Mesokanto Pass bis zum Lager am Tillicho See spuren.

einen etwa 3800 m hohen Pass. Nach zwei Tagen und weiteren Aufstiegen in Richtung des Thorong La (5465 m) hatten wir genug von den zahlreichen, erschöpften Touristen, die uns vom Annapurna Circuit Trek entgegen kamen und fühlten uns fit für den Aufstieg zum Tillicho See.

Lagerleben: Material trocknen und lüften.

Über zwei Hochlager auf 4060 m und 4650 m erreichten wir bei eisigen Temperaturen von bis zu -16°C, durch ein etwa kniehoch verschneites, relativ steiles Couloir, den mittleren der drei Mesokantopässe (etwa 5200 m). Die Niederschläge, die wir am Dhaulagiri als Regen erfahren haben, kamen hier als Schnee herunter, der in dieser Höhe und Jahreszeit natürlich liegenblieb. Entsprechend anstrengend war der Marsch über dieses plateauartige Hochtal nördlich des Sees. Wir mussten nun mehrere Stunden mühevolle Spurarbeit leisten, um uns in Höhen zwischen 5000 – 5300 m durch den Tiefschnee zu pflügen. Die Aussicht auf die »Grand Barrière«, eine fast 10 Kilometer lange, komplett mit mächtigen Eisbalkonen und Riffelfirn verhangene weiße Wand, bot dabei die unglaubliche Kulisse. Vor der Wand lag der noch nicht zugefrorene, tiefblau schimmernde Tillicho See, an dem wir gegen frühen Nachmittag, auf einem ausgeaperten Moränenwall in 5100 m Höhe, unser Hochlager errichteten.

Unsere gesamte Mannschaft war gezeichnet von dem ermüdenden Marschtag in großer Höhe. Einer der Träger litt unter starken Kopfschmerzen und war apathisch; Anzeichen für eine akute Höhenkrankheit. Damit war klar, dass wir ihn am nächsten Tag sofort runter bringen müssten. An diesem Abend hatte keiner mehr die Kraft dazu und Anzeichen auf todbringende Höhenödeme hatte er nicht. Ich ließ ihn unter Aufsicht immer wieder viel trinken und gab ihm leichte Medikamente gegen Ödeme. Auch Nils und ich hatten Kopfschmerzen. Die großen Höhenunterschiede der letzten Tage und die extreme Sonne in diesem Schneekessel verlangten ihren Tribut.

Von den erhofften Yakpfaden und Passübergängen konnte ich wegen des vielen Schnees dort oben auch deutlich weniger sehen, als erwartet. Aber der Ausblick und die Ästhetik dieser einzigartigen Landschaft glichen die Anstrengung allemal aus.

Regeneration

Unser Küchengehilfe, der an und für sich ausdauernde Dolman aus dem Rolwaling-Tal, litt auch am nächsten Morgen noch unter starken Kopfschmerzen. Sein Gepäck wurde aufgeteilt, und wir begaben uns allesamt schleunigst auf den Abstieg, hinab ins Marsyandi-Khola bzw. nach Khanser, einem Dorf, eine knappe Stunde oberhalb Manangs.

An diesem Tag konnte ich wieder Daten für mein Forschungsprojekt sammeln. Auf abenteuerlichste Weise fügte sich ein, an manchen Stellen nur zwei Fuß breiter Pfad, durch das steinschlaggefährdete Lockermaterial der Schutthänge. Immer wieder hatten die Einheimischen auf geschickte Weise Wacholderzweige in den Schutt eingeflochten, um so ein weiteres Abrutschen des Weges zu verhindern.

Dolman erholte sich in Khanser so schnell wie erwartet. Um ihn zu beruhigen, überprüfte ich noch mal mit einem digitalen! Fieberthermometer seine Temperatur, und als ich ihm die letzte Aspirin »verschrieben« hatte, war er fast schon wieder genesen. Einen Schonungstag kam der gesamten Mannschaft sehr gelegen, zumal es einiges zu besorgen gab. In den nächsten zwei Wochen würden wir, fernab jeder Versorgungsmöglichkeit, auf uns allein gestellt sein. So verlagerten wir das Camp kurzerhand nach Manang, wo sich unser Koch auf die Suche nach Vorräten machte, unsere Träger nach selbstgebrautem Chang (Gerstenbier) Ausschau hielten und auch wir uns ein gutes Bier gönnten.

Ich war voller Vorfreude auf das was kommen würde, denn über die abgelegenen Hochtäler von Nar und Phu hatte ich bereits 2008 meine Diplomarbeit geschrieben. Nun wollte ich in ein drittes Nebental, von wo aus eine alte Handelsroute in das verborgene Königreich Mustang führen sollte.

Die verborgenen Täler von Nar-Phu

Aus dem Marsyandi Khola gelangt man nur über zwei Wege in diese abgelegenen Täler des Damodar-Himalaya. Entweder man wandert eineinhalb Tage durch die enge Schlucht des Phu-Khola oder man überquert den 5300 m hohen Kangla Pass. Die Schlucht kannte ich von einer früheren Forschungsexpedition, ebenso die Nordseite des Kangla Passes. Ich hatte 2007 in dem Gebiet für meine Diplomarbeit geforscht und konnte einige Ergebnisse zur geomorphologischen Höhenstufung und Vergletscherungsgeschichte erarbeiten. Nun wollte ich von Süden, über den Kang La, in das Hochtal von Nar.

Der 1600 m hohe Aufstieg verläuft über Moränenwälle und Wanderschuttdecken und ist wenig anspruchsvoll. Der Pass wird regelmäßig mit Esel und Yak-Karawanen begangen. Die tibetisch stämmigen Bewohner der Siedlungen Nar und Phu versorgen sich noch heute mittels Karawanen über diesen Pass. So stießen wir dann auch direkt hinter ihm, in der verschneiten Nordseite, auf eine Yak Karawane die zum Einkaufen von Wintervorräten nach Manang unterwegs war.

In Nar war das ganze Dorf auf den Beinen und mit dem Dreschen und Einfahren der Wintergerste beschäftigt. Rhythmisch flogen die Dreschflegel und abgesehen von ein paar blauen Plastikplanen ähnelten diese, perfekt aufeinander abgestimmten Abläufe, einem seit Jahrhunderten unveränderten Bild. Die Frauen stießen immer wieder helle Schreie und Pfiffe aus. Zum einen um die Krähen zu vertreiben, zum anderen aus Gewohnheit. Beim Anblick ihrer tibetischen Tracht mit braunen Wickelkleidern, den bunten Schürzen und den dazu-

Bild oben: Yakkarawane von Nar kommend im Aufstieg zum Kang La Pass (5300 m).

Bild unten: Die Frauen von Nar bei der Erntearbeit.

Wegverlauf im oberen Labtse Khola (Damodar Himalaya). Ein noch nahezu unbekanntes, traumhaftes Trekkinggebiet.

Bild rechte Seite oben: Die Träger helfen sich gegenseitig beim Queren eines Nebentalbaches.

Bild Mitte: Filmarbeiten an einer Behelfsbrücke im Labtse-Kohla. Am Ufer ist das Wasser angefroren.

Bild unten: Schwierige Passage. Im Labtse-Kohla ist der Weg teilweise kaum mehr vorhanden.

gehörigen Filzstiefeln mit Yakledersohlen, fühlten sich nicht nur wir, sondern auch unsere Träger in der Zeit zurückversetzt.

Auf den Spuren der Explorer durch Labtse Khola

Eins meiner größten Ziele lag noch vor uns. Ich wollte auf einer alten, nicht mehr genutzten Handelsroute von Nar in das ehemalige Königreich Mustang gelangen. Während der Recherchen zu meiner Diplomarbeit stieß ich auf die Berichte des Engländers H.W. Tilman, der als einer der allerersten Europäer 1949 und 1950 Nepal bereisen durfte. Er berichtet von dem »Mustang-La« (Tilman 1952). Seinen Beschreibungen nach konnte dies unmöglich der über 6000 m hohe, viel weiter nördlich gelegene und vergletscherte Seribung Pass sein. Wenig später querte auch die deutsche Himalaya-Expedition 1954 über den Pass nach Mustang (Steinmetz 1957). Heute ist dieser 5600 m hohe, unvergletscherte Übergang auf vielen Karten auch als »Teri La« eingezeichnet.

Den Auskünften der Bewohner von Nar zufolge wird dieser Weg heute nicht mehr zum Handel gebraucht. Lediglich der erste Teil des 3-tägigen Marsches zum Pass führt zu ergiebigen Almwiesen, die im Sommer von Yak-Hirten aufgesucht werden. Seit der Schließung der nepalesisch-tibetischen Grenze durch die Chinesen und dem stärker aufkommendem Trekkingtourismus im südlich gelegenen Marsyandi-Khola brach der traditionelle Tauschhandel zusammen. Ursprünglich betrieben die Yak-Züchter von Nar-Phu regen Tauschhandel mit ihren Yak-Produkten und den Händlern von Lho-Manthang, der Hauptstadt von Mustang. Seit ca. 20-30 Jahren wird der Weg sich selbst überlassen, was für mich aus geomorphologischer Perspektive sehr spannend ist.

Von Nar-Phu nach Mustang

Niemand konnte uns sagen, wie weit und ob der Weg überhaupt passierbar war. Mindestens sieben Tage würde es dauern bis wir in Mustang das erste Dorf erreichten. Für die Zwischenzeit hieß es also auf sich allein gestellt zu sein.

In Anbetracht der Tatsache, dass es etwas zu verdienen gab, erklärte sich ein Dorfbewohner bereit mitzugehen, um uns eventuell doch den Weg zu zeigen. Er meinte schon einmal fast bis zum Pass gegangen zu sein, da er dort nach verloren gegangen Yaks gesucht hätte.

Ich war einverstanden und auf einmal waren wir in Begleitung zweier Ortskundiger, da uns außerdem sein kleiner Bruder begleiten sollte. Lange versuchten wir das Filmen zu verbergen, denn ohne Erlaubnis ist es in diesen, nur mit Genehmigung zugänglichen Regionen, untersagt. Da unsere beiden Begleiter dies selbst nicht zu wissen schienen und von der Technik begeistert, sich ständig selbst filmen lassen wollten, nutzten wir die Gunst der Stunde. Wir hielten mit der Kamera Landschaften fest, in denen wahrscheinlich noch nie jemand gefilmt hatte.

Der Weg war tatsächlich in einem sehr schlechtem Zustand: Im moränischen Lockermaterial oft verschüttet, auf den Wanderschuttdecken der Frostschutthänge durch Solifluktion fast nivelliert oder durch Schmelzwasser unterschnitten und abgebrochen. Auch Brücken gab es keine und so mussten wir immer wieder die Schuhe ausziehen und durchs eiskalte Wasser waten. An den Flussufern war das Wasser bereits angefroren – es war schon November. Über große Teile verlief der Weg in einer verschneiten Nordflanke, so dass man den Verlauf mehr erahnen als tatsächlich nachvollziehen konnte. Zum Glück spielte das Wetter mit und so konnten wir die herrliche Abgelegenheit dieser wunderschönen, aber fast vegetationslosen Gegend, bei tiefblauem Himmel und Sonnenschein genießen.

Der unbekannte Mustang Pass oder Teri La (5600 m)

Nach drei Tagen erreichten wir das Camp unterhalb des Passes. Der Aufstieg zog sich aufgrund des Tiefschnees ab 5300 m in die Länge, war aber technisch unproblematisch. Vom Pass konnte man nach Osten den gesamten Damodar Himalaya überblicken, einschließlich des Himlung-

Bild oben: Auf dem Weg zum Teri La (5600 m), im Hintergrund der über 7000 m hohe Himlung und Nemjung Himal.

Bild unten: Oben am Pass in 5600 m – geschafft!

und Manaslu-Massivs. In entgegengesetzter Richtung, nach Westen, tat sich das wüstenartige Becken von Upper Mustang mit seinen rötlich-gelben Sedimenten auf.

Drei weitere Tage des immerwährenden Auf und Ab folgten, bis wir auf das erste bewohnte Dorf, Tangge auf 3240 m, stießen. Die ganze Mannschaft war froh diesen wilden Abschnitt hinter sich und diese wenig begangene Route gemeistert zu haben. Noch in den Bergen trafen wir ein paar halbnomadisierende Hirten mit tibetischen Zelten aus schwarzer Yakwolle und aggressiv kläffenden tibetischen Halbdoggen: Der Grund, weswegen ich kein spontanes Interview durchführte.

Zahlreiche verfallene Häuser und Felder in versteckt gelegenen Nebentalausgängen zeugen von der Zeit, in der die aus Osttibet stammenden Khampa-Rebellen sich in der zerklüfteten Landschaft Mustangs verschanzten, um von dort aus Guerillaangriffe auf in Tibet stationiertes chinesisches Militär zu verüben. In den 70er Jahren setzte die chinesische Regierung die Nepalesen so stark unter Druck, dass sie in einem groß angelegten Feldzug die Khampas zum Aufgeben zwangen. Viele der stolzen Khampa wählten aber lieber den Freitod oder pilgerten nach Dharamsala, dem indischen Exil des Dalai Lama, anstatt sich friedlich aber untätig im nepalesischen Mittelland anzusiedeln. Diese militärgeschichtliche Vergangenheit ist einer der Gründe dafür, weswegen der Zugang nach Upper Mustang für Touristen und Forscher so lange verweigert wurde und auch heute nur mit teurem Permit möglich ist (vgl. Peissel 1972, Baumann 2008).

Das verbotene Königreich

Wir befanden uns im Besitz einer solchen wertvollen Erlaubnis. Da wir aber in Absprache mit unserem Guide und der Mannschaft auf ein ebenso teures Filmpermit verzichteten, konnten wir uns zwar frei bewegen, mussten jedoch beim Filmen vorsichtig sein.

Bald stellte sich heraus, dass alle Bedenken überflüssig waren. Der Großteil der Bevölkerung von Upper Mustang war bereits für den Winter nach Pokhara oder Kathmandu abgewandert. Nur noch wenige, meist ältere Menschen verblieben in den Dörfern und nahezu niemand war mehr auf den Feldern zu sehen.

Upper Mustang ist im nepalesischen Himalaya unvergleichlich. Eine wüstenartige Erosionslandschaft mit tief eingeschnittenen Canyons und auffälligen Verwitterungs- und Auswaschungsformen in den lockeren Sedimenten. Dabei kommen beinahe alle Gelb- und Orangetöne in dieser kargen Landschaft vor. Die tibetischen, weiß-schwarz-orange gestrichenen Flachdachsiedlungen und die rot angestrichenen Klöster fügen sich so harmonisch in das Landschaftsbild, als wären sie nicht vom Menschen, sondern gleichfalls von der Natur geschaffen.

Wir wanderten meist in halber Höhe. Auf Wegen, die parallel zur Höhenlinie angelegt und in den weichen Sandstein und das Lockermaterial eingegraben waren oder über die weiten Flächen der aus den Nebentälern austretenden Schwemmfächer verliefen. Auf dem Weg von der Ostseite Mustangs zur stärker besiedelten Westseite, nach Tsarang und Lho Manthang nutzten wir die saisonale Abkürzung auf der Schottersohle des Kali Gandaki, der aufgrund der trockenen Kälte nur wenig Wasser führte.

Der prägende tibetische Buddhismus spiegelt sich in jedem Dorf wider; überall begegnet man großen Stupas, Manimauern und Klöstern. Als absoluter Laie im Hinblick auf den Buddhismus konnte ich keine genauen Zuordnungen treffen. Aber allein die Anmut, die diese jahrhundertealten, ehrwürdigen Klöster ausstrahlten, bewegte mich tief. Eingebettet in diese ruhige und doch kraftvoll wirkende Landschaft liegt Tsarang. Ein Dorf, das zusätzlich zu seinem großen Kloster und den vielen Stupas über ein altes Palastgebäude verfügt. Hier konnte ich auf einmal nachvollziehen, was von mir zuvor – aus abgeklärt wissenschaftlicher Betrachtungsweise –, immer als esoterisch oder religiös verblendete Schwärmerei abgetan wurde: Die spirituelle Energie heiliger Stätten. Die Herbstsonne stand nun schon deutlich tiefer und bot uns ein grandioses Licht, um diese so stimmige Atmosphäre auch auf Fotos und Film festzuhalten. So beschäftigten wir uns einen vollen Nachmittag nur mit Fotografieren und Filmen, während sich unsere Träger den immer zahlreicher vorkommenden Lodges zuwandten. Dort erheiterten sie sich mit selbstgebrautem Chang und ausgelassenem Kartenspiel, wobei auch nicht zuletzt die Wirtin und ihre durchaus attraktiven Töchter eine gewisse Anziehung gehabt haben mochten.

Upper Mustang: Harmonie aus Landschaft und Kultur.

Vom Mittelalter und dem 21. Jahrhundert

Den schwierigsten Teil der Expedition hatten wir hinter uns. Die vergleichsweise niedrige Route in Mustang zwischen 3400 und 4000 m machte uns überhaupt nichts aus. Wir gingen auf der klassischen, alten Salzhandelsroute, die Tibet mit Nepal und Indien verband, nach Norden. Unser Ziel war die von einer gewaltigen, rechteckigen Stadtmauer umgebene Königsstadt Lho Manthang. Von hier regierte einst der König von Mustang, der noch heute dort wohnt.

Die Stadt könnte, abgesehen von den vielen billigen Plastikartikeln, die über die nur 12 km entfernte chinesische Grenze gebracht wurden, ohne weiteres seit ihrer Errichtung 1380 n.Ch. unverändert geblieben sein. Die aneinandergebauten ca. 180 flachdachigen Lehmhäuser sind durch

Im oberen Kali Gandaki kann man auf der Schottersohle laufen, da es um diese Jahreszeit kaum mehr Schmelzwasser gibt.

Verwendete Literatur:
Baumann, B. (2008): Das verborgene Königreich Mustang
Eiselin, M. (1960): Erfolg am Dhaulagiri: Die Erstbesteigung des Achttausenders durch die Schweizer Himalaya-Expedition 1960
Herzog, M. (1952): Annapurna First Conquest of an 8000m Peak
Kuhle, M.(1982): Der Dhaulagiri- und Annapurna-Himalaya: Ein Beitrag zur Geomorphologie extremer Hochgebirge
Moravec, F. (1960): Dhaulagiri – Berg ohne Gnade
Peissel, M. (1972): Les Cavalliers du Kham
Steinmetz, H. (1957): Vier im Himalaya
Tilman, H.W. (1952): Nepal Himalaya

enge Gassen unterteilt, in denen es, wie im Mittelalter, noch heute nach Fäkalien riecht. Drei Klöster und der dreistöckige Königspalast dominieren das Stadtbild.

Heute finden im »verbotenen Königreich« (wie es romantisierend oft genannt wird) große sozioökonomische und kulturelle Transformationsprozesse statt. Die Chinesen geben Finanzhilfen und stellen Baufahrzeuge für die Konstruktion einer durchgehenden Straßenanbindung des 4700 m hohen Grenzpasses bis nach Jomsom. Damit wird in den nächsten Jahren eine Verkehrsverbindung von Pokhara bis nach Tibet entstehen. Schon jetzt haben sich die traditionell kaufmännisch talentierten Bewohner von Lho auf den modernen Grenzhandel eingerichtet und ihr Angebot der herangaloppierenden Globalisierung angepasst. Hinter manch mittelalterlicher Ladentheke stehen neben alten Yakfellen und handwerklichen Gütern, chinesische Fernseher und chinesisches Bier, welches – wie sollte es anders sein – natürlich preisgünstiger als das nepalesische ist…

In den folgenden drei Tagen kehrten wir entlang der zwar stückweise schon fertiggestellten, aber noch unbefahrenen Autopiste nach Jomsom zurück. Damit waren wir wieder im 21. Jahrhundert angekommen.

Flughafen, Internet, Touristen, Busse und Jeeps. Wir waren zugegebenermaßen froh über eine warme Dusche und Nachrichten und nutzten voller Begeisterung (und für ein horrendes Entgelt) eine Waschmaschine. Die wirkliche Freude aber bestand darin, dass wir in den letzten Wochen ein Stück der unwiederbringlichen Vergangenheit erleben, untersuchen und dokumentieren durften.

Die Anspannung war nun von uns abgefallen und damit stellte sich automatisch Müdigkeit ein. Ab jetzt war wieder alles wohlbekannt; wenn wir Glück hatten kämen wir noch über den Dhampus Pass ins Hidden Valley. Andernfalls würden wir auf üblichen Pfaden entlang der Annapurna Südabdachung nach Pokhara zurückkehren. Wir spürten langsam, dass unsere Tour zu Ende war. Und es kam wie befürchtet: Schneefall vereitelte den zweiten Versuch ins Hidden Valley zu gelangen und so zogen wir längs der Annapurna Südabdachung mit einem Abstecher ins Modi-Khola nach Pokhara. Dort fand die Expedition ihr definitives Ende.

Fazit

Die Expedition war trotz der Routenänderungen, die dem schlechten Wetter geschuldet waren, ein voller Erfolg. Sowohl aus wissenschaftlicher, als auch filmischer Perspektive sind vielversprechende Daten gesammelt worden. Dies war nur möglich, da die Zusammenarbeit der aufeinander abgestimmten Mannschaft funktionierte und sich damit eine professionelle Abwicklung der gesamten Unternehmung einstellte. Der Kleinexpeditionsstil hatte sich wieder einmal bewährt. Ich möchte meinen ausdrücklich Dank an alle Freunde aus Nepal aussprechen, die dies alles – im wahrsten Sinne des Wortes – »mitgetragen« haben.

Die Beobachtungen und Ergebnisse der Expedition bieten eine umfangreiche und nützliche Datengrundlage. Die Geländebefunde befinden sich im Moment in Bearbeitung und die Fertigstellung des umfangreichen Werkes ist gegen Ende 2012 angestrebt. Aktuelle Informationen über das Filmprojekt sowie Kurzfilmausschnitte findet man unter der Projekthomepage www.himalways.de im Internet.

Die Resonanz auf Forschungsarbeit und Film, das Feedback aus Wirtschaft und Wissenschaft legen nahe, den eingeschlagenen Kurs der Verbindung von Hochgebirgsforschung und modernen Medien, weiterzufahren. Ich halte die Möglichkeit, Inhalte durch Medien wie HD-Film und Internet einem breiten Publikum zugänglich zu machen, gerade im Bereich der Hochgebirgsforschung für bedeutsam. Denn in vielerlei Hinsicht liefern die Hochgebirge Antworten und reagieren schneller und offensichtlicher auf Einwirkungen des Menschen, als es gut zugängliche in der näheren Umgebung liegende Gebiete tun. Nur wenn Auswirkungen unseres Handelns von der breiten Masse wahrgenommen und erkannt werden, besteht die Möglichkeit durch rechtzeitiges Reagieren Negativentwicklungen zu verhindern und dafür Positives zu fördern.

Durch weitere Arbeit im Himalaya, im Karakorum und in den Medien möchte ich versuchen neue Expeditionen durchzuführen, zu dokumentieren und möglichst viele Menschen an den Ergebnissen teilhaben zu lassen.

Auf der www.hk-mountain-projects.com kann man sich über alle weiteren Projekte von mir informieren. Über die vorgestellte Forschungsexpedition habe ich einen HDAV-Vortrag ausgearbeitet. Informationen zu Terminen und Booking, sowie einer von mir geleiteten Reise auf den Spuren der vorgestellten Expedition, finden Sie ebenfalls auf der Homepage.

Der Autor und sein Team am Kang La Pass (5300 m).

Naturerfahrung, in Malerei übersetzt
Helmut Ditschs monumentale Landschaftsbilder als Kontrapunkt zum digitalen Zeitalter

VON KARIN STEINBACH TARNUTZER

Helmut Ditsch steht auf einer Leiter, die Farbpalette in der linken Hand, in der rechten den Pinsel. Vorsichtig trägt er einen Pinselstrich auf, hält inne, setzt erneut an. Die Leiter ist rund 4 Meter hoch, und jedes Mal, wenn er frische Farbe, einen etwas anderen Blauton benötigt, muss er sie hinunter- und wieder hinaufsteigen. Der Blick auf das gesamte Gemälde, für den es im Normalfall ausreicht, einige Schritte zurückzutreten, ist nur möglich, wenn er die Leiter nach hinten versetzt: 7,30 Meter in der Höhe und 2,90 Meter in der Breite misst das Gemälde »Das Eis und die vergängliche Ewigkeit«, eines seiner seltenen Hochformate. Vor den gewaltigen Ausmaßen seines Werks wirkt der Künstler fast verloren.

Wenn Helmut Ditsch an einem Bild arbeitet, malt er nicht Tage oder Wochen, sondern über Monate hinweg am selben Motiv. Das extreme Querformat »Das Gebirge«, eine Auftragsarbeit für die Österreichische Nationalbank und bei einer Höhe von 1,50 Metern fast 12 Meter breit, entstand über einen Zeitraum von zwei Jahren. Aus der Unendlichkeit der Natur, die er anhand der vier Themenkreise Gebirge, Wüste, Eis und Wasser darstellt, schöpft Ditsch nicht nur inhaltlich, sondern er folgt ihr auch während des Schaffensprozesses: »Ich verausgabe mich komplett, wenn ich die Natur erfahre, sei es beim Bergsteigen, Erlaufen von Wüsten oder Eisbergen; und je mehr ich mich verausgabe, umso frischer fühle ich mich. Und das trifft auch für das Malen zu. Auch hier verausgabe ich mich restlos, wobei die immer größer werdenden Formate nicht nur ein Echo auf die unendliche Weite der Natur, sondern auch eine Entsprechung meiner extremen Naturerfahrungen sind. Für mein Malen verausgabe ich mich körperlich ebenso wie beim Bergsteigen; zunächst verlangen die großen Formate eine extreme mentale und körperliche Konzentration, auch ist dafür Zeit und vor allem langjährige Malerfahrung vonnöten.«

Nach der Grundierung mit Acrylfarbe setzt Helmut Ditsch Ölfarben ein, um unterschiedliche Lichtstimmungen einzufangen oder die Durchsichtigkeit von Eis oder Wasser darzustellen zum Teil auch Eitempera. Vor Ort im Gelände zu malen wäre angesichts der Formate und der dafür benötigten Zeit – in der sich das Motiv ständig verändern würde – kaum möglich, weshalb Ditsch mit Fotografien arbeitet. Diese dienen ihm weniger als Vorlage, vielmehr als Hilfsmittel, um die Gefühle wiederaufzurufen, die eine Landschaft ursprünglich in ihm erzeugt hat. In diesem Sinne versteht er sich nicht als realistischer Künstler, der die Landschaft so darstellen will, wie sie tatsächlich existiert, sondern als Vermittler von Emotionen: »Ich bin kein Foto- oder Hyperrealist, meine Grundlage ist meine eigene Erfahrung, mein eigenes Erleben.«

Über die Realität hinaus Gefühle wiedergeben

Indem er die Natur nicht imitiert, sondern auszudrücken versucht, welche Erlebnisse die Natur vermitteln kann – mit dem Anspruch, diese Eindrücke auch beim Betrachter auszulösen –, geht Helmut Ditsch über die Fotografie hinaus. In seinem 2006 entstandenen Bild »The Triumph of Nature«, das wie zahlreiche seiner Bilder einen Gletscherbruch darstellt und für das im österreichischen Lesachtal eigens ein hölzernes Ausstellungshaus, die »Casa Ditsch«, gebaut wurde, zieht eine Höhle im Eis den Blick auf sich. Der dunkle, ins Innere des Eises führende Hohlraum scheint etwas Geheimnisvolles an sich zu haben und steht im Kontrast zu dem durch das Eis hindurchscheinenden Licht und den Unschärfen, die sich am Übergang zwischen Eis und Himmel ergeben. Der Gletscher wird für den Betrachter zum Lebewesen, das sinnlich wahrnehmbar ist, das sich mit Geräuschen wie dem Tropfen schmelzenden Wassers oder dem Knacken und Ächzen des sich bewegenden Eises mitteilt.

Diese elementare Kraft der Natur wahrzunehmen und wiederzugeben hat sich Helmut Ditsch zur Aufgabe gemacht. In

»Dolomiten«, 2007, Öl und Acryl auf Leinwand, 130-150 cm, Privatsammlung, Österreich
Foto: Prestel Verlag

Bilder umsetzen kann er jedoch nur, was er selbst erlebt hat, weshalb seine persönlichen Erlebnisse als Bergsteiger, als jemand, der zu Fuß unterwegs ist, für ihn unabdingbar sind, um Berge darzustellen. »Ich muss alles von Neuem erleben. Es hilft mir nicht, wenn mir jemand erzählt, wie ein Berg zu besteigen ist. Das muss ich selbst erfahren, auch die damit verbundene Gefahr, selbst die damit verbundene Möglichkeit, dabei zu sterben.« Einsamkeit scheint für diese Art von intensiver Erfahrung Voraussetzung zu sein. Auf Ditschs Gemälden ist nirgends ein Mensch zu sehen, und auch als Bergsteiger war er, ob auf Expeditionen in den argentinischen Anden, ob während der Überquerung des Patagonischen Inlandeises, zumeist allein.

Ähnlich wie die Anstrengung bei einer extremen Bergtour erlebt der Maler den schöpferischen Akt als körperliche Erfahrung, die im besten Fall eine Art Rhythmus erzeugt und eine völlig auf das eigene Tun konzentrierte, selbstvergessene Kreativität ermöglicht. »Ich muss, um eine ganz bestimmte Dichte der Malerei zu erzeugen, intensiv mit meinen Händen arbeiten, ich muss in einen rauschartigen Zustand gelangen, so wie bei Extremsportarten. Die dabei im Gehirn produzierten Endorphine erzeugen ein fantastisches Glücksgefühl, einen außerordentlichen körperlichen und mentalen Zustand, auch wenn einem körperlich dabei alles wehtut. Genauso geht es mir, wenn ich über lange Stunden hinweg male. In diesen Momenten ist auch die Zeit überwunden, ein Loslassen beginnt, ein radikales Sich-Aussetzen, in dem Vergangenheit und Zukunft zu verschmelzen scheinen. Das ist kein selbstverständlicher Prozess, und er bedeutet für mich, in einen Zustand zu gelangen, wo ich Kunst machen kann. Und um in diesen Zustand zu gelangen, bedarf es langer Versuche und Erfahrungen, so wie man ja auch keinen Achttausender von heute auf morgen bezwingen kann.«

Das immer wiederkehrende Motiv des Gletscherbruchs deutet wie die Weite der Wüste oder des Meeres die Mächtigkeit und Unendlichkeit der Natur an, sei es in räumlicher oder in zeitlicher Hinsicht. Neben dem Wasser mit seiner permanenten Bewegung weist vor allem das Eis eine weitere Qualität auf, jene der ständigen Veränderung. Besonders greifbar wird diese in der Bilderserie »Glaciar Perito Moreno, 50° 29' 22" Sur, 73° 02' 48" Oeste«, in der Ditsch den bekanntesten der patagonischen Gletscher zu verschiedenen Zeitpunkten in den Jahren 2005 bis 2007 vom selben Standpunkt aus fotografiert und anschließend gemalt hat. Mal liegt mehr als ein Jahr zwischen den Aufnahmen, mal nur ein Tag, mal wenige Stunden – doch jedes Gemälde hat andere Farbnuancen, jedes hinterlässt einen unterschiedlichen Eindruck.

Vom Surrealismus zum Postmedialen Realismus

Dass in Helmut Ditschs Werk neben österreichischen und Südtiroler Gipfeln immer wieder Motive aus Argentinien, vor allem aus Patagonien auftauchen, ist kein Zufall. Der Maler mit österreichischen, deutschen und norditalienischen Wurzeln, der auch österreichischer Staatsbürger ist, wurde am 6. Juli 1962 in Argentinien geboren und wuchs in der Provinz Buenos Aires auf. Prägende Erlebnisse der Kindheit waren neben dem frühen Tod der Mutter die unüberblickbare Weite der Pampa und die beeindruckenden Wände und Höhen der Anden. Schon als Schüler zeigte Ditsch großes Interesse an der Malerei und auch Talent, doch als er nach dem Militärdienst in der argentinischen Marine begann, als freischaffender Künstler unter anderem auch in den USA zu arbeiten, machte er zunächst negative Erfahrungen mit Galerien. In der Folge zog er sich aus dem Kunstbetrieb zurück – in die Berge. Auf mehreren Expeditionen in den Anden sammelte er zum Teil extreme Erfahrungen in der Auseinandersetzung mit der Natur und mit sich selbst. Er wurde zum leidenschaftlichen Bergsteiger.

Als er sich mit 24 Jahren erneut der Landschaftsmalerei zuwandte, veränderten die Erlebnisse im Gebirge seine Herangehensweise. Die zuvor oft surrealistisch überhöhte Darstellung fiktiver Landschaften, die lediglich in seiner Vorstellung existierten, wich der Wiedergabe der realen Welt; Ditsch malte definierbare und als solche benannte Gipfel. 1988 entschloss er sich, nach Österreich überzusiedeln und an der Wiener Akademie der bildenden Künste das Studium der Malerei aufzunehmen, das er 1993 mit Auszeichnung abschloss. Ab 1994 arbeitete er in einem Atelier im niederösterreichischen Laab im Walde bei Wien. In seinen Bildern in mittleren und großen Formaten beschäftigte er sich vor allem mit der österreichischen und der argentinischen Bergwelt, für deren Darstellung er nun auch die sogenannten »altmeisterlichen« Maltechniken einsetzte, die Öl- und Temperafarben miteinander kombinieren.

Die Faszination durch die Wildheit und Schönheit unberührter Natur lässt sich daran ablesen, dass Helmut Ditschs Bilder in den Neunzigerjahren immer größer wurden. Nachdem er 1995 das Patagonische Inlandeis durchquert hatte, tauchte in seinem Werk regelmäßig das Motiv des Eises auf, das er in großen Formaten abbildete. Für die Studien zu dem fast monumentalen Querformat »Das Gebirge« zog sich der Maler 1998 mehrere Wochen isoliert in die österreichischen Alpen zurück. Im Jahr 2000 richtete sich Ditsch ein Atelier in Irland ein, wo er seither lebt und arbeitet. In den letzten Jahren weitete er seine Akti-

»Das Gebirge«, 1999, Öl und Eitempera auf Leinwand, 150 x 1190 cm, Sammlung Österreichische Nationalbank, Österreich
Foto: Prestel Verlag

vitäten auf Design aus und gründete 2008 die Helmut Ditsch Artfactory für Kunst, Musik, Mode und Design, das Projekt einer als Kombination aus Ausstellungshalle und Atelier konzipierten Akademie, die in futuristischer Architektur am Ufer des Meeres entstehen soll.

Motive aus den österreichischen Alpen malte Ditsch oft als Auftragswerke für Firmen oder die Bundesimmobiliengesellschaft Österreichs, die sie für verschiedene Ämter und Institutionen erwarb. Seine Gemälde hängen aber auch in öffentlichen und privaten Sammlungen, etwa im »Messner Mountain Museum« – Reinhold Messner, der ein großer Bewunderer des Malers ist, zeigt in Firmian »Aconcagua«, »The Answer« und »K2« sowie in Sulden »Perito Moreno«. Helmut Ditsch war seit 1983 mit mehreren Einzelausstellungen – in Buenos Aires, Klagenfurt, Santiago de Chile, Wien und Krems – und zahlreichen Ausstellungsbeteiligungen vertreten, in den letzten Jahren verstärkt über Argentinien und Österreich hinaus. 1990 erhielt er den Meisterschulpreis der Akademie der bildenden Künste Wien, 1993 den Würdigungspreis des Bundesinnenministeriums für Wissenschaft und Forschung der Republik Österreich und 1997 den Sonderpreis des Bauholding Kunstforums. 2005 erschien im international bedeutenden Prestel Verlag unter dem Titel »The Triumph of Nature« eine großformatige, retrospektiv angelegte Monografie mit Essays von Reinhold Messner und Carl Aigner, welche die wichtigsten Werke aus dem bisherigen Schaffen des Künstlers enthält und die 2009 in einer erweiterten Neuausgabe unter dem Titel »The Triumph of Painting« veröffentlicht wurde.

Die Sicht des Künstlers auf die Berge

Mit dem »Triumph der Malerei« bezeichnet der Herausgeber Carl Aigner – angelehnt an den Titel eines der Gemälde Helmut Ditschs, »The Triumph of Nature«, das auf dem Umschlag der Neuausgabe abgebildet ist – die Überlegenheit der Malerei gegenüber der realistischen Darstellung, wie sie die Fotografie leistet. Beeindruckt auf den ersten Blick der überraschende Naturalismus der gemalten Landschaften, eröffnet sich auf den zweiten Blick eine darüber hinausgehende Erfahrungsdimension, die erst die Authentizität, die unmittelbare Wirkung auf den Betrachter ausmacht, eine Wirkung, die je nach Erfahrungshorizont des Betrachtenden unterschiedlich sein kann.

Helmut Ditsch ist nicht der einzige Extrembergsteiger, der seine Erfahrungen in Kunstwerke umsetzt. Der aus Sheffield stammende Brite Andy Parkin, der seit 1983 in Chamonix lebt und dem in jenem Jahr die erste Winter-Solobegehung des Walkerpfeilers der Grandes Jorasses in 19 Stunden gelang, gehört ebenfalls zu jenen Künstlern, welche die Schönheit darzustellen versuchen, die sie in der Natur wahrgenommen haben. Für ihn ist auch das Klettern selbst eine Kunst, eine Form, sich selbst auszudrücken, wie in seinen Gemälden und Skulpturen. Als Bergsteiger sind sowohl Parkin als auch Ditsch gewohnt, genau hinzuschauen: in der Struktur einer Wand eine Linie für eine mögliche Erstbegehung zu erkennen, im Fels eine Schwachstelle zu entdecken oder eine mit Eis gefüllte Rinne, die den Durchstieg ermöglich könnte. Vielleicht ist ihr »Auge für die Landschaft« größer als dasjenige eines Künstlers, der diese Landschaft zwar sieht, aber nie in ihr unterwegs war.

Der 1964 in Nijmegen geborene holländische Maler Rik Beemsterboer, der im schweizerischen St. Gallen lebt und arbeitet, würde sich wohl eher als Wanderer denn als Bergsteiger bezeichnen, doch auch er ist in den Bergen seiner Wahlheimat unterwegs, bringt Fotografien mit und setzt diese dann in Malerei um. In seinen Gemälden des Ostschweizer Alpsteins tilgte er die Spuren der Fotografie nicht, sondern verband die beiden Medien, indem er durch eine horizontale Verwischung der Pinselspuren Unschärfen entstehen ließ, die wie eine falsche Fokussierung einer fotografischen Aufnahme wirken. Schaut man von der Ferne auf diese Bilder, entsteht der Eindruck eines Fotos, erst aus der Nähe erkennt man die Malerei. Derselbe Effekt lässt sich beispielsweise bei Helmut Ditschs Gemälde »Also sprach Zarathustra« aus dem Jahr 2004 beobachten, in dem er ebenfalls Unschärfen einsetzt.

Auch wenn sich eine Landschaftsmalerei wie die von Helmut Ditsch weit von den historischen Vorbildern der Romantik entfernt hat, in denen wie bei Caspar David Friedrich stets der Mensch in seiner Beziehung zur Natur dargestellt wurde, steht sie diesen Vorbildern in der Betonung der Empfindungen näher als der Fotografie. In unserem Zeitalter digitaler Kameras und Bildbearbeitung lassen sich zum einen in kürzester Zeit Hunderte von Bildern erzeugen und wieder verwerfen, zum anderen gibt es keine Sicherheit mehr, welche Aufnahmen »echt« sind und welche nachträglich verändert, manipuliert wurden. Schwerpunkte heutiger Fotografie liegen oft in Dramatik und Sensation, wohingegen die Malerei sich die Zeit nehmen kann, das Absolute und Unvergängliche zu suchen. Für sie mag entscheidender sein, wie sich der Fels oder das Eis anfühlt, als ihr genaues Aussehen, weil Naturwahrnehmung vor allem mit Emotionen zu tun hat. »Es ist das Essenzielle der Natur, das mich bewegt und beschäftigt«, sagt Helmut Ditsch, »ihre physische, emotionale, geistige und mentale Spürbarkeit, das Elementare des Einatmens von Feuchtigkeit und frischer Luft, das Wahrnehmen von Natur in einer Art und Weise, die nicht austauschbar oder ersetzbar ist.«

Literatur:
Carl Aigner (Hrsg.): Helmut Ditsch. The Triumph of Painting. Prestel, München/Berlin/London/New York, 2., erweiterte Auflage 2009
Ed Douglas: A Muscular Imagination. Andy Parkin and the Art of Climbing. In: Alpinist 28, Autumn 2009, S. 60–69

»Das Eis und die vergängliche Ewigkeit«, 2001/2002, Öl und Acryl auf Leinwand, 730 x 290 cm, Collection BIG, Österreich
Foto: Verlag Prestel

Cultural hideaways
Weltberühmte Ecken und weltabgeschiedene Winkel in den Ammergauer Alpen

von Christian Rauch

> »O du grüner, wogender Ammerwald! Dunkle Wälder steigen aus deinen Grasflanken, silbergraue Baumriesenleichen bleichen an blumigen Hängen, kalkiger Fels steht leuchtend vor blauenden Fernen und unter wandernden Wolken, und über allem ist die tiefe Ruhe der Unberührtheit. Burgen und Spielzeugschachteldörfer umlagern dich, helle Straßenbänder umschlingen deine waldrauschenden Täler und deine zerhackten Gipfelkämme und heute sind wir dankbar, dass fürstlicher Egoismus dich als Naturpark in unsere Gegenwart rettete.«
>
> August Schuster in seinem »Führer durch die Ammergauer Alpen« von 1922

Der Begriff »Cultural hideaways« hat sich jüngst in der Sprache der Tourismusfachleute etabliert. Der Wunsch, »sich weg zu verstecken«, dem Alltag und Zivilisationsstress zu entfliehen, der ist für Erholung suchende Urlauber nun zwar nicht wirklich neu. Wird dies aber mit Angeboten aus der Sphäre der »Hochkultur« und allerlei angenehmem Wellness kombiniert, scheint es dem Zeitgeist aus der Seele zu sprechen.

Die Berge waren seit jeher ein geeigneter Rahmen, um solche »Refugien« zu schaffen. Das wusste schon Ludwig II., der bayerische Märchenkönig, der freilich das Glück hatte, für einen solchen Komfort nicht extra bezahlen zu müssen. Seine liebsten Rückzugsorte fand er in den Ammergauer Alpen. Dort stehen bis heute zwei seiner Märchenschlösser, deren Besuch jedes Jahr Millionen Menschen aus aller Welt den zum Urlaub passenden Kulturgenuss bietet. Doch nicht nur die königliche Vergangenheit, weitere weltbekannte Sehenswürdigkeiten aus Jahrhunderten christlicher Tradition sind kulturelle Aushängeschilder der Region.

Just hinter den prachtvollen Bauten und Bühnen ragt die Bergwelt der Ammergauer Alpen in die Höhe. Für nicht wenige Touristen bleibt sie Hintergrundmotiv auf Postkarten und Kamerasticks. Etliche aber nutzen die Wege und Bahnen auf die hundertfach beschriebenen Hausberge zwischen Oberammergau und Füssen und schaffen oben eine eigene »Kultur« zwischen Picknickplätzen, Hüttengaudi, Gipfeljauchzern und Handyklängen.

Nur einen Steinwurf von den Wegen entfernt, und doch von den meisten unbemerkt und unbeachtet, beginnt eine eigene Welt. Dort zeigen selbst die bekanntesten Ammergauer Berge ein unmittelbar anderes Gesicht. Menschliche Kultur reduziert sich dort auf spärlich begangene Pfadspuren, versteckte Marterl und Jägerstände; und urplötzlich erblickt der Pfad suchende Einsamkeitsliebhaber ein Kreuz auf einem Felsen, den kaum ein Führer oder eine Karte erwähnen, obwohl Einheimische ihm gleichwohl einen Namen gegeben haben. Man fühlt sich fast wie August Schuster, der in seinem Ammergauer Bergführer von 1922 von der »tiefen Ruhe der Unberührtheit« schwärmt. Obgleich »Burgen, Spielzeugschachteldörfer und helle Straßenbänder« schon damals die Ammergauer Berge umlagerten, so rettete doch »fürstlicher Egoismus« den Naturpark in das frühe 20. Jahrhundert.

Es lohnt sich also, eine kulturelle Exkursion in den Ammergauer Bergen zu starten, um diesem faszinierenden Nebeneinander von Hochkultur, Wanderkultur und Wildniskultur (wie ich es etwas unscharf formulieren möchte) näher auf die Spur zu kommen. Wir beginnen unsere Exkursion ganz im Osten der Ammergauer Alpen, in Ettal. Trotz der jüngst bekannt gewordenen Missbrauchsfälle im klösterlichen Gymnasium bleibt der im 18. Jahrhundert neu gestaltete Barockbau mit seiner 70 Meter hohen Kuppel ein Anziehungspunkt für Gäste aus nah und fern. Fast ebenso berühmt wie das Kloster und die zugehörigen Biere und Liköre ist der Ettaler Hausberg, das »Manndl«. Auf dem durch Eisenketten gesicherten Klettersteig durch die ausgesetzte, abgegriffene Gipfelwand haben schon Generationen das »Kraxeln« gelernt. Vor über 20 Jahren beschrieb Paul Werner das »alpine Allerlei am Ettaler Manndl«: von drei Kleinkindern am Wandfuß, die der sich verantwortungsvoll für den Aufstieg rüstende Papi wie »Kleinvieh« hintereinander an's Seil bindet; von einem winselnden Hund, der am kleinen Bäumchen an der unteren Scharte angebunden ist; von den Angebern, die mit »verächtlich herabgezogenen Mundwinkeln« in

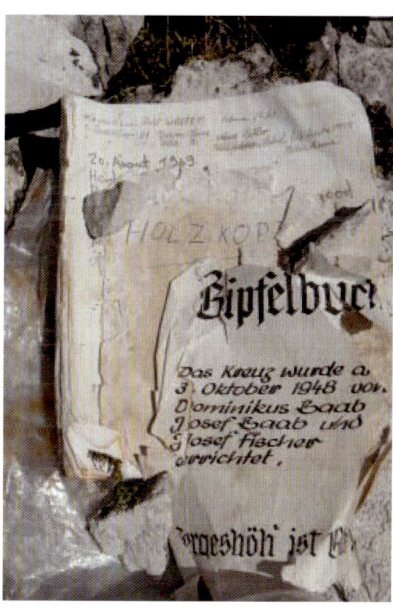

Barockkloster Ettal und Andrang am Ettaler Manndl (oben); Einsamkeit auf dem nahen Holzkopf und sein altes Gipfelbuch (unten). Alle Fotos vom Autor

Alpine Stille am Zahnmassiv (oben); Hüttengaudi und Zugspitzblick an den nahen Pürschlinghäusern (unten).

wenigen Minuten an den geduckten Ängstlichen vorbeiturnen.

Dieses Bild hat sich bis heute nicht geändert. An guten Tagen ist die Zahl der Gipfelstürmer dreistellig; gut, dass sich einige dann auch auf den schmäleren Zwillingsgipfel des »Weibls« wagen, um Platz zu sparen (oder ihren Mut für den luftigen Abstecher zu beweisen). Die Gipfelbesucher genießen ein Rundumpanorama, das zwischen Starnberger See und Zugspitze nichts zu wünschen übrig lässt. Kaum ein Blick wird hingegen den waldigen Kamm würdigen, den das Manndl Richtung Osten, hoch über dem Murnauer Moos, entsendet. Wer genau hinsieht, wird ein paar felsige Zacken aus dem dicht von Fichten überzogenen Gratrücken empor spitzen sehen. Sie überragen nordseitig die tiefe waldige Schlucht, die, in passendem Kontrast zum christlichen Talort, »In der Hölle« getauft wurde. Einer der Zacken, der die »Hölle« überragt, heißt konsequenterweise »Höllstein«, der zweite »Holzkopf«. Wer die Tour zu den beiden »Gipfeln« wagt, braucht ganze Pfadfinderqualitäten. Sind das vor mir nur Tierspuren oder haben menschliche Schuhabdrucke die schwachen Konturen auf dem von Nadeln übersäten Waldboden geschaffen? Keine Eisenkette hilft hier, im Zweifelsfall stößt man auf einen alten stachligen Weidezaun, der sagen möchte, dass hier nur ganz wenige Förster, Jäger oder Hirten »hergehören«. Ist man dann, ob mit oder ohne Pfad, dem trickreich gebogenen Kammverlauf richtig gefolgt, wird man am Ende auf den Felsturm des Holzkopf stoßen, der die höchsten Fichten nur wenig überragt. Auf den Karten ist sein »Kulminationspunkt« kleiner als Fliegendreck; in Büchern, selbst im Internet, habe ich ihn bislang nie beschrieben gesehen. Und dennoch, steht man als einzelner Mensch unmittelbar vor ihm, so stellt er einem eine gehörige Masse Fels entgegen. Gottlob gibt es eine gutmütige Erdrinne auf der Nordwestseite und wer nach ein paar Mal zupacken die selbige hinter sich gebracht hat, wird sich verdutzt die Augen reiben: Seit 1948 steht auf dem felsigen Spitz, der vom Eschenloher Tal aus kaum zu identifizieren ist, ein Gipfelkreuz und grüßt hinaus in die Ebene des Alpenvorlands. Und es wird noch besser: Im Gipfelbuch finden wir den ersten Eintrag aus dem Jahr der Mondlandung vor über 40 Jahren und seitdem sind erst wenige Seiten gefüllt! Einsamkeit paart sich hier mit echter Bergsteigerkultur, die erst später der Kontrast auf dem viel frequentierten Abstieg nach Ettal und noch mehr die vielen Autos unten um die Klosterparkplätze wirklich erspüren lassen.

Von Ettal geht unsere Exkursion weiter in den größeren und noch berühmteren Nachbarort, Oberammergau. Wir finden hier ein ähnliches »Schema«. Über dem Passionsspieltheater, das nicht nur alle zehn Jahre von Besuchern gesegnet wird, und dem Ortskern mit den Lüftlmalereien und Holzschnitzern, erhebt sich die Nordwand des Kofels. Der ist unter Bergsteigern ähnlich berühmt und begehrt wie das Ettaler Manndl. Der Unterschied ist, dass der leichtere Gipfelsteig zu weniger »Verstopfungsszenen« führt und die Sicht vom Gipfel mehr durch den senkrechten Tiefblick auf Oberammergau als durch ein Rundumpanorama (alle umliegenden Gipfel sind höher als der Kofel) fasziniert.

Vom Kofelsattel, an dem Wandergruppen häufig beratschlagen, ob sie den »jähen« Gipfel denn nun packen wollen oder doch weiter Richtung Kolbensattelhütte spazieren, offenbart sich für uns Findige eine dritte Alternative. Einige Schritte in den lichten Wald hinein reichen, dann wird ein waches Auge schwache Farbtupfer erkennen, die einem im weiteren Verlauf immer wieder begegnen (aber auch abhanden kommen) werden. In einem schmucken Wiesentälchen wird man sich fragen, ob dieses Steiglein nur Zugang zu dem Jägerstand war, der rechts versteckt auftaucht. Wer aber mutig weiter der Kammhöhe entgegen steigt, wird die roten Tupfer irgendwann wieder finden und mit ihrer Hilfe auf den Vorderen Rappenkopf gelangen. Dieses Gipfelchen hat weder Kreuz noch Buch, dafür einen luftigen Ansitz auf einer Wurzel, von der man direkt auf des Kofels Haupt mit seinen vielen Besuchern nieder spucken möchte (zum Glück der Kofelbesteiger ist der horizontale Abstand beider Gipfel ausreichend groß). Das immer wieder mehr oder weniger deutliche Steiglein führt dann weiter westwärts, über waldige Erhebungen und durch kleine Einsattelungen und Lichtungen. Alte, umgestürzte Baumstämme gilt es zu überklettern,

von einem menschlichen »Eingriff« ist nichts zu sehen. Doch dann, auf einer Anhöhe vor dem Brunnberg, stehen wir plötzlich vor einem Holz gezimmerten Unterstand neben einer schwarzen Feuerstelle. Ein Ludwigfeuer wird hier zu Ehren des Monarchen alljährlich an seinem Geburtstag, dem 25. August, entzündet. Der »Hochkultur« wird hier gehuldigt, die vom nächtlichen Tal aus wieder viele mit ihrer Kamera einfangen. Von der (einheimischen) Bierkultur, die oben von den Feuerwerkern gepflegt wird, werden die andächtigen Betrachter 700 Höhenmeter unterhalb aber kaum etwas mitbekommen.

Weiter führt unsere Reise in das Reich der Zähne. Hauptdolomit hat hier viele runde, spitze und krumme Türme aus dem Kamm

Bilderbuchidylle im Hasental, doch kein (Bilder-) Buch zeigt es.

[1] alpine Namensforschung

wachsen lassen. Mit leichter Kletterei über abschüssige Bänder und durch brüchige Schärtchen lässt sich das Zahnmassiv durchqueren, manch luftiger Abstecher auf Pferdeköpfe, Bären, Mönche und alte Weiber inklusive (solche »inoffiziellen« Namen für einige Zahngipfel kursieren in der Subkultur einheimischer Kraxler und Schafshirten, die gerne mal die Wissenschaftsgilden der Kartografen, Topografen und der Oronymie[1] unterwandern). In die zivilisierte Kultur der Wegebauer, Wandergruppen und der Hüttengaudi gerät man allerdings spätestens wieder am Sonnenberggrat und allerspätestens am August-Schuster-Haus am Pürschling. Hier paart sich mit der modernen Freizeitkultur auch wieder ein wenig Hochkultur, denn nicht wenige Pürschlingbesucher wissen um die mehr als 150 Jahre alte königliche Herkunft der heutigen Berggaststätte, die einst Jagdsitz von Max II. und seinem Sohn Ludwig II. war.

Die dritte Station unserer Ammergauer Kulturreise ist leicht zu erraten. Wer Ettal und Oberammergau kennt, dem ist auch Linderhof im Graswangtal ein Begriff. Ob es nun wirklich des Märchenkönigs Lieblingsschloss war, tut dem Besucherstrom keinen Abbruch. Viele wagen sich mit Turnschuhen und Sandalen noch auf den einst königlichen Reitweg, der knapp hinter den Schlossparkplätzen beginnt, und den Ludwig II. samt zahlreicher Lakaien zu seinen Jagdhäusern am Brunnenkopf hoch geritten war. Die Mountainbiker radeln auch gern hinter in's Sägertal. Doch wissen auch sie meist nicht um den »weltabgeschiedenen Winkel«, wie unser Ammergauer AV-Führerautor Dieter Seibert das Hasental nennt. Geografisch ist dieses Tälchen nicht sehr bedeutsam, es liegt südwestlich oberhalb des Sägertals und gräbt sich nördlich des Hasentalkopf-Ostgrats ein. Den »ganz alten Steig«, wie ihn Dieter Seibert umschreibt, findet daher auch kaum einer eine Beachtung wert. Dabei beginnt er unscheinbar parallel zum ausgebauten Wanderweg Richtung Lösertaljoch, überwindet eine ganz sanfte, licht bewaldete Rampe und plötzlich, nach nur wenigen Minuten, stehen wir vor den malerischen Felsen aus Oberrätkalk, von denen wir in Dieter Seiberts Führer gelesen hatten. Sie gehören zum Hasentalkopf und überragen den sanft plätschernden Bach des Hasentalgrabens. Weiter hinten muss irgendwann einmal die

Sauberer Holzstoß an der Hirtenhütte im Buchinger Baumgarten (oben). Knorrige Wildnis im Schafstallkar wenig höher (unten).

Hasentalalm gestanden haben, doch ist der Talboden längst so überwuchert, dass der Schuh zwischen den ausladenden Schirmgewächsen kaum mehr Boden unter den Füßen findet.

Weiter westlich in der Ammergauer Nordkette befindet sich ein weiterer »weltabgeschiedener Talkessel«. Ausgangspunkt ist eine Fahrt mit den Kenzenbussen. Die brummen und holpern seit Jahrzehnten die viele Kilometer lange, »eintönige« Forststraße durch das Halblech- und Lobental hinauf, in's wohl berühmteste Felsrevier der Ammergauer Alpen. Wenige steigen am Wankerfleck aus, und bestaunen ehrfürchtig die Wände des »Ammergauer Matterhorns«, des Geiselsteins. 1915, als es noch keinen Wanderbus gab, war der Wankerfleck noch einen Fußmarsch wert und ein Reiseführer aus dieser Zeit rühmt die »große, von klaren Gebirgsbächen durchflossene Waldwiese, eingesäumt von prächtigen Nadelwaldungen, das Ganze wieder umrahmt von himmelanstrebenden Felsbergen, unter denen besonders hervortreten die Hochplatte und der [...] Geiselstein, welcher mit seinen senkrecht abfallenden Felsmassen einen unbeschreiblich großartigen Eindruck hervorruft.« Jahrzehnte später hatte dieser kühne Gipfel (mit mittlerweile mehr als 40 Kletterrouten in sechs Wandsektoren bis zum 9. Grad) bereits etliche Bergtote gefordert, so dass die Alpenvereinssektion Peiting 1956 am Wankerfleck eine Gedächtniskapelle errichtete. Die meisten Businsassen bestaunen die Kulisse von Kapelle und Felsgipfel jedoch aus dem Fahrzeuginneren und fahren weiter bis zur Kenzenhütte. Die war vor Jahrhunderten Stützpunkt für Jäger und Holzfäller (schon 1645 war sie Branntweinbrennerei), später auch – wen wundert's – für königliche Jagden und in neuerer Zeit schließlich für die Wanderer (vor allem mit dem Ziel Hochplatte). Den noch in der unteren Hälfte der Busfahrt befindlichen Haltepunkt »Reiselsberghütte« kennt hingegen kaum jemand. Wieso auch, beginnen hier doch nur weitere Forststraßen, die an unscheinbaren Waldgupfen wie dem »Herzigen Bergl« vorbei führen (auch bei dieser liebevollen Namensgebung haben sich einheimische Flurnamensgeber nicht um die orografische Bedeutsamkeit des Geländepunktes gekümmert). Wer hartnäckig auf der Suche nach zauberhafter Bergeinsamkeit bleibt, wird schließlich einen kleinen Weg finden, der in die besonders im Herbst dank Buchen und Ahornen farbenfrohen Bergwälder hinein führt, aus dem so bizarre Felsgipfel-

Ludwigs berühmtestes Märchenschloss aus Bergsteigerperspektive (oben), und Bergsteiger- »Latschen-Kultur« am einsamen Rossgern (unten).

chen wie Roßstallkopf und Baumgartenkopf ragen. In einem weiten lichten Kessel unter den Feigenkopf-Nordabbrüchen, »Buchinger Baumgarten« genannt, finden wir um diese Jahreszeit verwaiste Weideflächen und mitten darin eine kleine Hirtenhütte mit gemütlichem Bankerl. Noch einsamer wird es dann auf dem (nur abschnittsweise vorhandenen) Steig durch das Kar »Schafstall« hinauf zum Schwarzenkopf, wobei dieser auch schon mal zum Schauplatz einer Bergmesse wurde.

Wie Sie sicher bemerkt haben, sind wir im Westteil der Ammergauer Nordkette und im Ostallgäu angekommen. Hier bilden die Ammergauer Berge (allen voran der Säuling) nebst ihren Tannheimer Nachbarn die wohl berühmteste Postkartenkulisse – Schloss Neuschwanstein sei Dank. Den Rummel rund um den steil aufragenden Schlossfelsen braucht man wirklich nicht mehr zu beschreiben. Er pflanzt sich fort bis auf die Marienbrücke mit ihrem sagenhaften Schlossblick, auf der sich die Kameras drängen und pausenlos ihre eintönigen Klicks wiedergeben. Gottlob stammen ihre Besitzer aus so vielen unterschiedlichen Ländern, dass für quasi multilinguale Abwechslung gesorgt ist. Manche wagen sich weiter auf den langen Westaufstieg zum Tegelberg; die Mehrheit aber, die hier einen Berg von oben sehen will, wählt die Tegelbergbahn. Oben bleiben die Wege frequentiert, die Suche nach weltabgeschiedenen Winkeln scheint aussichtslos. Wäre da nicht, ein Stück östlich des Tegelbergs, der imposante Felsturm des Spitzigschröfle mit 80 Meter hoher senkrechter Westwand. Sein Gipfel, der auch »Franziskaner« genannt wird, hat Kreuz und Holzbankerl, und stellt einen wunderbaren Logenplatz unmittelbar über dem Netz des Wandertourismus dar. An seiner (von den Wegen freilich unsichtbaren, östlichen Rückseite) gibt es einen luftig schönen Kraxelaufstieg mit IIer Stelle. Noch einsamer ist der benachbarte Rossgern. Der felsige Hahnenkamm ragt nur knapp über den Wäldern empor und fordert einen latschenbewachsenen Zustieg. Dann aber ist der kurze Westgrat reiner Genuss und lässt auf die Ostallgäuer Seenplatte hinabblicken.

Wir springen nun über den hochalpinen Mittelteil der Ammergauer Alpen hinweg (an der Kieneckspitze, am Kuchelberg, Kreuzspitzl und an den Geierköpfen, auch an so abschreckenden Latschenhochburgen wie dem »Gugger«, den Dieter Seibert als den »wohl unzugänglichsten Berg« in den Ammergauer Alpen erwähnt, finden sich natürlich reihenweise abgeschiedene Winkel, doch finden wir dort für unsere Geschichte hier keinen Kontrast zu Hütten, Wegen und Schlössern). So gelangen wir im Bereich des Kramers unmittelbar an die südöstliche Ecke der Ammergauer Alpen. Richard Strauss hat lange am Kramerfuß gewohnt und seine Wahlbürgerschaft ehrt Garmisch-Partenkirchen heute mehr denn je, um nicht nur Hochburg des Wintersport-Tourismus zu sein.

Östlich am Kramer-Bergfuß steht die in ihren Ursprüngen rund 800 Jahre alte Burgruine Werdenfels mit dem Pflegersee und unmittelbar darüber, oberhalb der

Die Schwarze Wand am Königsstand.

Zugspitzblick von einem Ammergauer Plätzchen, das wir hier mal ausnahmsweise nicht benennen…

senkrechten Seleswände, hatte Max II. seinen Lieblingsjadgplatz am so genannten Königsstand (Sohn Ludwig nutzte diesen Platz nicht weiter, er hatte sich gegenüber das höhere Wetterstein für sein luxuriöses Berghaus am Schachen ausgesucht). Auf dem Weg hinauf zum Königsstand, an einer besonders schönen Aussichtsstelle knapp 300 Meter über Garmisch, stand früher eine Bank und Max II. rühmte diesen Ort als den »schönsten im Werdenfelser Lande.« Heute steht hier eine zu allen Jahreszeiten beliebte Bergwirtschaft, St. Martin. Eine alte Karte im Inneren der Hütte beachten viele Besucher jedoch kaum. Und wenn, dann sind die vielen ganz klein gestrichelten Steige darauf, welche die Kramer-Südflanke durchziehen, für die meisten nicht zu enträtselnde Chiffren.

Für uns jedoch, die wir uns der Suche nach den kleinen kulturellen und landschaftlichen Schätzen verschrieben haben, sind diese alten Jägersteige ein wahres Schmankerl. Zwei davon führen besonders schön auf den Königsstand hinauf. Der eine ist der Maurersteig, der andere der Steig durch die Schwarze Wand. Den Olympiaort zu Füßen, steigt man über Schluchten und durch Steilgras, stets das Wetterstein im Blick. An der Schwarzen Wand, einigen dunklen überhängenden Felsabbrüchen, finden sich mehrere Gedenkkreuze und ein anrührendes Gedicht, an das ich, seitdem ich es erstmals gelesen hatte, immer wieder denken muss.

Es erzählt von einem Garmischer Burschen und seiner geliebten »schönen, wilden Schwarzen Wand«, an die er in Sehnsucht dachte, als ihn der Zweite Weltkrieg in den furchtbaren Schlachtenlärm schickte und schließlich sein junges Leben forderte. – In ein so ganz anderes Lied stimmen diese Verse mit ein, ein Lied von einer Gebirgsregion und den Lieblingsplätzen einstiger Einheimischer, das wir heute kaum mehr kennen, so sehr ist das Werdenfelser Land von Hochglanzbroschüren und touristischen «Innovationen« überstrahlt.

Wer einmal ein so schönes Platzl gefunden hat, braucht nicht einmal mehr die Zugspitze. Wer sie dennoch sehen will, mit der ganzen stolzen Pracht ihrer Nordseite, und ohne die »Gebäudekultur« auf dem Gipfel, sucht sich am besten ein lauschiges Ammergauer Plätzchen…

Bucherscheinungen des Autors: »Bergerlebnisse – Gedanken zu Natur und Philosophie« (wt Buchteam, 2005) und »Blaues Land« (Kulturwanderführer, Rother, 2010).

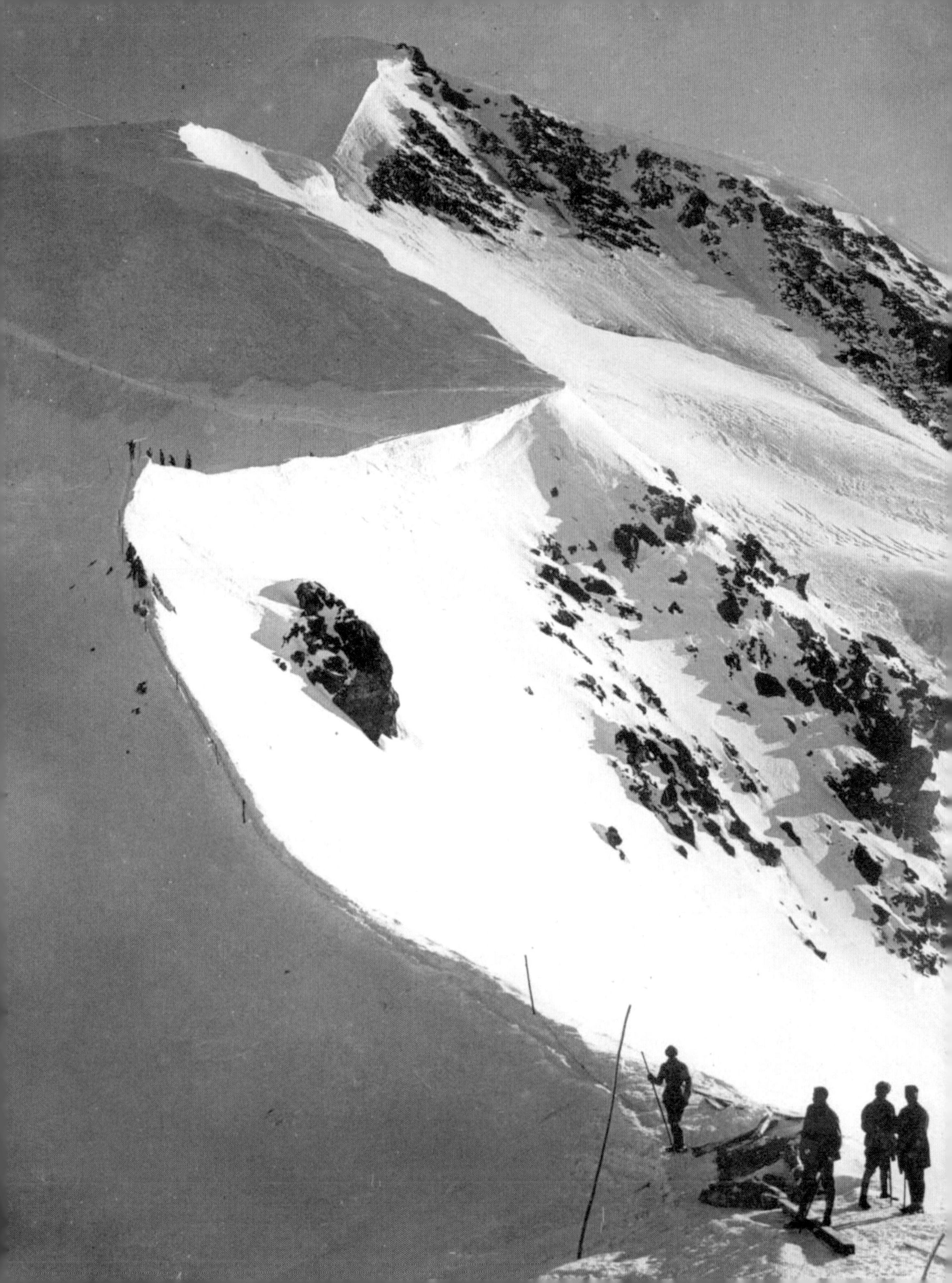

Alpine Geschichte

Albrecht Kittler

Rollo Steffens

Ingeborg Schmid-Mummert

Ingrid Runggaldier Moroder

Robert Steiner
Hans Schafranek

Vom Isergebirge in die Alpen
Zur Erinnerung an den Kletterer, Lyriker, Rodelmeister und Alpinisten Rudolf Kauschka

VON ALBRECHT KITTLER

Rudolf Kauschka am Fermedaturm, 1917. Im Hintergrund Sas Rigais (3025 m).
Foto: Archiv Wolfram Pannert

An das Isergebirge

Deine Wälder blauen, deine Bäche brausen,
Regen tränkt dein Herz wie nirgendwo.
Deine Wolken wandern, deine Stürme sausen
wild und wundervoll wie nirgend so.

Deine Rehe äsen, deine Hirsche stampfen
stark und königlich durch deine Nacht.
Deine Weiler grünen, deine Meiler dampfen,
wenn dich später Frühling überlacht.

Stolze Falken fliegen über deinen Mooren,
über dir mein Leben ungestillt:
Meine dunkle Jugend stürmt aus deinen Toren,
immer mir ans Herz, verschämt und wild.

Rudolf Kauschka

Böhmische Dörfer – das sind landläufig Dinge, die man nicht genau kennt, die außerhalb des interessierenden Themenkreises liegen. Der Anteil der böhmischen Bergsteiger an der Erschließung der Alpen ist dieser Kategorie zuzuordnen. Wer weiß schon noch, dass es mehr als ein Dutzend Alpenvereinssektionen im ehemaligen Kronland Böhmen gab? Der Prager »Alpenvereinsvater« Johann Stüdl ist bekannt, der gebürtige Teplitzer Julius Payer ist als Forscher mit Ruhm bedacht. Doch es gab auch den böhmischen Normalbergsteiger, der schon 1910 im heimischen Sandstein den 6. Grad UIAA kletterte und in den Alpen den Lokalmatadoren auf Augenhöhe begegnen konnte.

Ungefähr 500 Kilometer Luftlinie von den Drei Zinnen entfernt liegt die nordböhmische Stadt Reichenberg am Rande des Isergebirges, in der Rudolf Kauschka zu Hause war. Im Herbst 1907 hatte er das erste Mal Gelegenheit, in den Dolomiten zu klettern. Nach der Durchsteigung der Nordwand an der Kleinen Zinne, der Solo-Überschreitung der Croda da Lago und dem Alleingang an der Fünffingerspitze Schmittkamin mit Abstieg über den Daumen, wandte sich Kauschka den Vajolettürmen zu. Auch hier ging er die Überschreitung seilfrei und allein an. Sein Traum war die Bezwingung des Pichlrisses:

»*Es ist dies der berühmt gewordene Pichlriß, eine der schwersten Kletterstellen in den Alpen, nach der Meinung Ittlingers schwieriger noch als der Mummeryriß an der Aiguille de Grépon in der Schweiz. Als ich ihn nun sah, rauschte das Blut heftiger in meinen Ohren, ein einziger Jubel aus Lust und leisem Bangen wirbelte in mir, ein Aufruhr bemächtigte sich meiner wie der eines sturmüberwehten Meeres. Denn da* lag ja die Erfüllung so vieler brausender Träume vor mir, und ich brauchte gleichsam nur die Hand nach ihr auszustrecken, mir nur ein Herz zu nehmen, sie zu fassen. ... Und nun bin ich da und gehe über die natürliche luftige Brücke von eingeklemmten Blöcken, welche die Scharte zwischen Stabeler- und Delagoturm überbrückt. Ein 4 Meter hohes, gut gestuftes Wandstück tritt mir zuerst entgegen. Ich bewältige es leicht und komme auf einen kleinen Schuttplatz, darüber sich eine vollkommen senkrechte, 8 bis 10 Meter hohe Wand auftürmt. Ihre untere Hälfte erklettere ich schräg nach rechts aufwärts, quere in der Mitte etwas nach links und klettere dann ziemlich gerade empor über die obere Wandhälfte auf einen guten Rastplatz. Diese Stelle ist recht schwer, namentlich in der Mitte, wo die kleinen Griffe und Tritte ungünstig verteilt sind. ... Von diesem Plätzchen, das ich nun erreicht habe, beginnt der Pichlriß über einer grauenvollen Tiefe, die bedrückend stumm heraufgähnt. Vorsichtig presse ich mich in den Riß und gelange in seinem unteren Teile, der von der Wand und einem kulissenartig vorspringenden Teile derselben gebildet wird, gut empor, von zwei kleinen Absätzen wirksam unterstützt. Wo nun diese Kulisse endet, beginnen die eigentlichen Schwierigkeiten des Risses, die ihm seine Bedeutung sichern. Nur mit dem rechten Fuß und rechten Arm im engen Spalt verklemmt, stemme ich mich empor, zuerst einen Meter, dann noch einen halben und noch ein Stück, und dann schnappt es ab: es geht nicht. Ich suche den Fehler darin, daß ich doppelt angejackt bin. Rutsche also langsam zurück auf den oberen kleinen Absatz, entledige mich mühevoll der Joppe und lasse sie vorsichtig auf die kleine Platte hinunterfallen. Holloh! Da hätte der Wind sie gleich genommen auf Nimmerwiedersehen; in meiner Kletterjacke versuche ich es zum zweiten Mal: aber auch jetzt komme ich nicht über den gewundenen, ganz engen Teil des Risses hinaus. Also noch einmal zurück und auch diese Jacke ausgezogen. In Hemdärmeln setze ich nun das dritte Mal an, fest entschlossen, nicht mehr nachzugeben. Rasch, wie er gekommen, verfliegt der Gedanke an daheim, und es ist, als hätte ich nur noch den einzigen Willen: Sieger zu werden über diesen Turm, ihn niederzuringen und zu knebeln. Ich will nicht mehr loslassen, nur zu Ende ringen!

Ich gewährte mir nur eine kurze Gipfelrast, denn der Abstieg, den ich meiner Kleider wegen auf demselben Wege machen wollte, hielt mich in begreiflicher Spannung. Da ich wußte, daß ein Riß wie der Pichlriß im Abstiege leichter ist, ließ ich mich ohne Zagen hinein, schliefte den oberen, etwas weiteren Teil gemütlich hinab, bis ich nach und nach ganz herausgedrängt wurde. Rechte Hand und rechter Fuß taten da wieder alles, um mich über dem gierigen Abgrund sicher hinabzubringen. Ich kann nicht im mindesten dieses unbeschreibliche Gefühl wie-

Besteigung des Gahlersteines durch R. Kauschka und Gefährten 1920. Der Kletterweg ist heute mit VIIa (sächsisch) eingestuft.
Foto: Archiv Walter Pannert

Bild oben: Rudolf Kauschka auf dem Gipfel der Sommerwand (Sächsische Schweiz) am 6. August 1944.
Foto: Archiv Albrecht Kittler

Bild unten: Kauschka als Führender in der Schachtwand IV an der Fellerwand (Zittauer Gebirge), 1906.
Foto: Archiv Walter Pannert

dergeben, mit einem Fuße schon im Grabe zu hängen und dabei mit jeder Fiber des Seins um das strahlende Licht des Lebens zu ringen. Als ich den ersten Absatz der Kulisse erreicht hatte, atmete ich auf wie nach einem heißen Kampfe. Aber ich hatte noch nicht ganz gesiegt, denn der schwerste Kampf mit diesem dämonischen Turme erwartete mich jetzt: Als ich von der kleinen Plattform hinablugte über die Wand, die mir schon im Aufstiege schwer geworden war, berührte es mich wie ein Hauch aus einer anderen Welt. Über diesen schaudervollen Rand glotzte das Entsetzen mit unheimlicher Fratze herauf und rüttelte mit gierigen Händen an meinen Nerven. Ich gestehe, daß ich da einen Augenblick betroffen zurückwich und mich an die Turmwand lehnte. Ruhig lag der Seilring zu meinen Füßen, so ruhig hämisch, so boshaft, daß ich ihn hätte herausreißen mögen, um ihn mit einem Fluche in den ungeheuren Schlund vor mir zu schleudern. Hätte ich nur das Seil gehabt, mir wäre nicht bang gewesen; aber das lag still auf dem Rande des Winklerturmes. Zudem schwang nun ein feuchter, trüber Nebel seine grauen, heftigen Flügel um den Turm, der Wind blies kräftiger, und die ersten Schneegraupeln fielen. Das zwang mich, alles Zaudern wegzuwerfen. Ich knöpfte die Joppe zu und trat kühl entschlossen den Abstieg an. Mit der denkbarsten Vorsicht mittelte ich jede Bewegung aus, daß keine unnütz geschähe, und prüfte jeden der kleinen Griffe. Wieder zeigte sich, wie beim Aufstiege, daß die Mitte der Wand die größten Schwierigkeiten bietet, nur hatten sich diese im Abstiege noch erhöht und meine Fertigkeit auf eine harte Probe gestellt. Als ich wieder auf der Brücke über der Scharte stand, glitt es wie ein Alp von mir. Ich hatte gesiegt.« (1)

Das Rüstzeug für diese kaltblütige Solo-Klettertour hatte sich Rudolf Kauschka alpenfern ab 1904 in Nordböhmen angeeignet. Dort wurde er am 3. Oktober 1883 in Fugau, einem kleinen Ort unmittelbar an der sächsisch-böhmischen Grenze, geboren. Sein Vater, der als Zollbeamter immer wieder in andere Dienstorte abgeordnet wurde, siedelte 1890 ins Isergebirge (heute Jizerské hory) über. Dort erwachte in dem jungen Rudolf die Liebe zur Natur und zu den faszinierenden Granitfelsen des Gebirges, die er auf seinen einsamen Streifzügen erkletterte.

Nach seiner Matura in Reichenberg (heute Liberec) und dem einjährigen Armeedienst wandte er sich mit ehemaligen Schulkameraden dem sportlichen Felsklettern zu. An den Granitfelsen im Isergebirge und an den Sandsteinfelsen des nahegelegenen Zittauer Gebirges, des Lausitzer Berglandes und des Böhmischen Paradieses gelang den jungen Männern eine Erstbesteigung nach der anderen, das Können stieg kontinuierlich an. Kamin- und Rissletterei, Wand und Reibung, alles wurde geübt und perfektioniert für die große Sehnsucht – die Gipfel der Dolomiten. Angeregt durch einschlägige Vorträge in der heimischen Alpenvereinssektion Reichenberg, in der Kauschka ab 1906 als Schriftführer im Vorstand wirkte, waren die alpinen Ziele schnell ausgemacht. Leider gestatteten die wirtschaftlichen Verhältnisse keine großen Touren, so dass als Ersatz erst einmal die Felsen des Elbsandsteingebirges dienen mussten. Aber auch da gelangen der Gruppe um Kauschka schöne Gipfelsiege.

Seine allererste Hochgebirgstour 1907 wurde gekrönt durch die erste seilfreie Solo-Überschreitung der Vajolet-Türme, die durch den bekannten Bergführer Luigi Rizzi entsprechende öffentliche Verbreitung fand. In den nachfolgenden Jahren unternahm Kauschka noch einige Kletterfahrten in die Dolomiten, auch den »Eisbergen« um den Ortler stattete er einen Besuch ab.

Den Ersten Weltkrieg erlebte Kauschka anfangs bei den blutigen Kämpfen in Galizien, später war er in Ungarn stationiert. Nach einem Gesuch an den Österreichischen Alpenklub mit Bitte um Verwendung im Gebirge, wurde er 1916 zu einem Militär-Skikurs nach St. Johann in Tirol abkommandiert. Im Frühjahr 1917 folgte dann ein

Rudolf Kauschka, ca. 1920.
Foto: Archiv Walter Pannert

Regensburger Hütte gegen Fermedagruppe. Hier erlebte Kauschka sein Klettereldorado 1917 während der Ausbildung zum Bergführer.
Foto: Sammlung Albrecht Kittler

Familie Kauschka 1917 im heimischen Reichenberg-Niederhanichen.
Foto: Archiv Walter Pannert

Bild oben: Passstellung am Langenfernerjoch gegen Zufallspitze und Mt. Cevedale, 1918.
Foto: Rudolf Kauschka

Bild Mitte: 9 cm-Geschütz in der Passstellung des Langenfernerjoches mit Blick auf die Königsspitze, 1918.
Foto: Rudolf Kauschka

Bild unten: 7 cm-Geschütz auf Kote 3600 m bei der Kreilspitze im Abschnitt 3 der Ortlerfront, Spätherbst 1917.
Foto: Rudolf Kauschka

Kurs zum Bergführer auf der Regensburger Hütte, auf der sich damals bekannte Bergsteiger wie Gustav Jahn (1879-1919), Erwin Merlet (1886-1939) und Angelo Dibona (1879-1956) aufhielten.

Kauschka erinnert sich: »*Ich wurde als Hilfs-Instruktor für die Ausbildung der Offiziere verwendet. Es gab wohl keinen Tag während dieser 4wöchigen Kurszeit, der mich nicht auf einem Gipfel der Geisler- oder Langkofelgruppe gesehen hätte. Manche der Gipfel erkletterte ich mehrmals. Mit Amanshauser und Franz Barth, 2 Salzburger Kameraden, gelang mir die 2. Ersteigung der Westwand des Saß de Mesdi und mit Amanshauser allein überschritt ich sämtliche 8 Gipfel der westlichen Geislergruppe von der Kleinen Fermeda bis zur Mittagsscharte innerhalb 11 Stunden 25 Minuten von der Regensburger Hütte aus und zu ihr zurück.*« (2)

Hermann Amanshauser hat darüber in seiner »Monographie der Geislergruppe« berichtet: »*Die Westwand des Villnösser Turmes wurde am 4. Juni 1917 durch Gustav Jahn und Karl Huter gelegentlich der Überschreitung der gesamten westlichen Geislergruppe erstmals erstiegen. Bei einer Wiederholung dieser großzügigen Tour am 19. Juli 1917 mit R. Kauschka lernte ich diesen Aufstieg kennen, der in die Reihe der schönsten, aber auch schwersten in der Geislergruppe gehört. ... Ab Hütte 5.00 früh, Felseinstieg zur Kleinen Fermeda 6.30 – Gipfel 6.50 – Westliche Fermedaschlucht 7.50 – »Platte« 8.20 – Große Fermeda 8.45-9.00 – Östliche Fermedaschlucht 10.05 – Villnösser Turm (Westwand) 11.17-11.27 – Villnösser Schartel 12.12 – Cisleser Odla Nordgipfel 12.40-12.45 – Gran Odla (Nordwestwand) 1.34-1.50 – Obere Odlascharte 2.22 – Villnösser Odla 2.34-2.40 – Obere Odlascharte 2.46 – Kumedel 3.03-3.10 – Saß de Mesdi 3.16-3.20 – Rinne zur Mittagsscharte 3.43-3.55 – Hütte 4.25.*« (3)

Zur Belohnung für seine mit Auszeichnung bestandene Bergführerprüfung durfte sich Rudolf Kauschka den Frontabschnitt im Gebirge auswählen, an dem er sein Leben für die Donaumonarchie einsetzen sollte. Er wählte den Bereich Ortler, den höchstgelegenen Frontabschnitt des Ge-

Bild oben: Belohnungsantrag für Kauschka für tapferes Verhalten vor dem Feinde, 1918.
Archiv Albrecht Kittler

Bild Mitte: Unterkunftsbaracke der Gebirgsartillerie an der Kreilspitze.
Foto: Rudolf Kauschka

Bild unten: Bergführer des IV. Zuges mit Rudolf Kauschka (vorn rechts) auf der Kreilspitze 3389 Meter. Spätherbst 1917.
Foto: Rudolf Kauschka

1. Europameisterschaft im Februar 1914 auf der damals modernsten Kunstrodelbahn Europas am Jeschken bei Reichenberg in Nordböhmen auszutragen. Im Einzelfahren siegte Kauschka, bei dem Wettbewerb der Doppelsitzer wurde er zusammen mit dem Oberbayern Hans Gfäller Vizemeister. Seine faire Rodelkunst, die auf intensivem Training basierte, prägte den »Reichenberger Stil« des Rodelns. Bei der 2. Europameisterschaft 1928 in Schreiberhau/Schlesien errang Kauschka trotz Bahnrekord nur den 2. Platz, weil ihn sein Schüler Fritz Preissler überrundete. Seine hervorragende Technik trainierte er mit Preissler. Die Mühe zahlte

birgskampfes. Dort lernte er u.a. im August 1917 Dr. Oskar Günther Dyhrenfurth, den späteren »Himalajapapst«, kennen, der als alpiner Referent beim Rayonskommandanten eingesetzt war und sein Freund wurde. Sozusagen mit »dienstlichem« Auftrag konnte Kauschka nun alle erreichbaren Gipfel im Ortlerkamm, wie Königspitze, Cevedale usw. besteigen. Eine größere Anzahl von Fotos sind aus dieser Zeit erhalten und dokumentieren auch den Alltag der Hochgebirgsfront. Zu Dyhrenfurths Aufsatz »Ortler-Bergfahrten in Krieg und Frieden« (Deutsche Alpenzeitung 1925) lieferte Kauschka die Bilder. Gemeinsame Touren führte die Freunde 1928 in die Schweiz, so u.a. zum Zmuttgrat am Matterhorn.

Als Sportler mit vielfältigen Ambitionen hat sich Rudolf Kauschka vor allem als Europameister im Rodeln einen Namen gemacht. Am 8. November 1913 wurde in Dresden der Internationale Schlittensportverband gegründet und beschlossen, die

Berg 2011

VOM ISERGEBIRGE IN DIE ALPEN

219

Die 1. Europameisterschaft im Rodeln wurde 1914 am Jeschken in Nordböhmen vom Deutschen Gebirgsverein für das Iser- und Jeschkengebirge ausgerichtet.
Archiv Walter Pannert

Rudolf Kauschka, der Sieger der 1. Europameisterschaft im Herren-Einzelrodeln auf der Jeschkenbahn 1914.
Foto: Archiv Walter Pannert

Bild rechte Seite oben: Rudolf Kauschka auf dem Gipfel des Zuckerhutes im Isergebirge, 1920.
Foto: Archiv Wolfram Pannert

Bild rechte Seite unten: Einweihung der neuen Reichenberger Hütte (2586 m) am 26. Juli 1926.
Foto: Rudolf Kauschka

sich aus, der Schützling gewann dreimal die EM und errang viele weitere bedeutende Siege im internationalen Rodelsport. Bis ins hohe Alter beteiligte sich Rudolf Kauschka an Rodelwettbewerben, zuletzt erreichte er 1952 in Gierenbad/Schweiz den 1. Platz in seiner Altersklasse. Bei der gründenden Versammlung des Württembergischen Bob- und Schlittensportverbandes im Jahr 1955 war Kauschka als Ehrengast geladen und hielt einen beachteten Vortrag über Zweck und Aufgaben des Schlittensports. Seine Erfolge als Rodelsportler sind bemerkenswert, da sie über viele Jahre hinweg anhielten (z.B. Deutscher Meister 1922).

Neben der sportlichen Seite entwickelte sich in Rudolf Kauschka seit seiner Oberschulzeit ein feines Gefühl für Sprache und Lyrik. Eigene Prosa und Reime entstanden, die, gefördert durch seine Lehrer, bald auch öffentlich Aufmerksamkeit erregten. Um 1910 entstand der Künstlerbund in Reichenberg, in dem Kauschka ein engagierter Mitstreiter wurde. In dem ersten und einzigen Jahrbuch, das der Bund 1912 herausgab, war Kauschka mit Gedichten vertreten, die zu seinen besten gehören. 1957 und 1958 erschienen separate Gedichtbände. Sein lyrisches Schaffen – heute eher als heroisierend und rau empfunden – entsprach sicher nicht nur dem Zeitgeist der ersten Hälfte des 20. Jahrhunderts, sondern auch dem Menschenschlag der Isergebirgler, die Kauschka als den »Sänger des Isergebirges« bezeichneten. Aber Kauschkas Poesie ist auch in seinen Aufsätzen zu spüren, beeindruckt und verklärt gleichsam. Sein Heimatbuch »Wandern und Klettern« (Reichenberg 1924) ist nicht nur Kletter-Lehrbuch und Kletterführer, sondern auch ein Bekenntnis zum heimatlichen Iser- und Riesengebirge. Bemerkenswert sind außerdem Kauschkas Aufsätze in touristischen und alpinen Zeitschriften. Bei einem literarischen Preisausschreiben erhielt Rudolf Kauschka unter 200 Einsendern für den Aufsatz »Unter den Mauern des Montblanc« den 1. Preis der Deutschen Alpenzeitung (1929).

Der Zerfall der Donaumonarchie 1918 setzte Kauschka als überzeugten Deutschböhmen stark zu. Gesellschaft und Arbeitswelt veränderten sich grundlegend – nur unter Schwierigkeiten konnte Kauschka seine Stelle im Zollamt Reichenberg behalten. Die Alpenvereinssektionen in der proklamierten Tschechoslowakischen Republik durften nicht mehr dem Hauptverband angehören. Die Sektion Reichenberg musste nicht nur den Verlust der Reichenberger Hütte bei Cortina d'Ampezzo (heute Refugio Croda da Lago G. Palmieri) verkraften, sondern auch eine Umbenennung vollziehen, ab 1920 nannte sie sich Deutscher Alpenverein Reichenberg. Kauschka, der die Südtiroler Bergwelt liebte, suchte ersatzweise in den Osttiroler Bergen einen neuen Hüttenplatz für »seinen« Alpenverein und fand ihn an der Bachlenke in der südlichen Venedigergruppe; als Talstation diente St. Jakob im Defereggental. Die Gipfel des Lasörling- und Panargenkammes rings um die Neue Reichenberger Hütte, die 1926 eingeweiht wurde, erschloss Kauschka mit seinen Kameraden systematisch. Seine Monographie über dieses Gebiet erschien 1930/31 im Alpenvereinsjahrbuch. (4)

Nach der Vertreibung aus dem Sudetenland führte er alte Bergkameraden in Kempten/Allgäu im ÖAV Reichenberg zusammen. Viele Ehrenämter innerhalb der Sektion hatte er über Jahrzehnte inne. Bis kurz vor seinem Tod betreute Rudolf Kauschka als Hüttenwart das Schutzhaus der Reichenberger. Nicht zuletzt wegen dieser Verdienste wurde er 1959 zum Ehrenmitglied der Sektion Reichenberg ernannt. Ein Weg von der Durfeldalm zur Neuen Reichenberger Hütte und ein Gipfel im Panargenkamm tragen heute seinen Namen. 1961 schuf Siegfried Weiss aus Gablonz eine Gedenktafel, die er trotz der zu erwartenden Verfolgung durch die tschechischen Kommunisten an einem der Lieblingsfelsen Kauschkas im Isergebirge anbrachte. Ein nach Kauschka benannter Klettergipfel erinnert ebenso an den Pionier des Klettersports dieser Region. Rudolf Kauschka starb am 2. April 1960 im Stadtbus in Kempten an einem Herzschlag. Der Findling-Grabstein auf dem Friedhof in Lenzfried trägt die Inschrift: »Viele Wege führen zu Gott, einer geht über die Berge«.

(1) Rudolf Kauschka: Die südlichen Türme von Vajolet; in: Österreichische Alpenzeitung, Nr. 786, 1909
(2) Albrecht Kittler: Rudolf Kauschka, Dresden 2008
(3) Hermann Amanshauser: Monographie der Geislergruppe, Zeitschrift des DuÖAV 1918/21
(4) Rudolf Kauschka: Bergfahrten im Gebiet der Neuen Reichenberger Hütte, Zeitschrift des DuÖAV 1930/31

Arrivederci Lino Lacedelli
Der Erstbesteiger des K2

VON ROLLO STEFFENS

Wir hatten nicht sehr viele Begegnungen – aber es waren immer schöne. Im Frühjahr zufälligerweise an den Cinque Torri, im Winter in der warmen Stube mit dem überdimensionalen K2-Album auf dem Tisch, oder mit einem Glas Wein und mit einem Kanten Speck auf der Terrasse der Villa Kappa Due, traumhaft gelegen in einer der frühen Kurven auf dem Weg zum Falzarego-Pass, wenig oberhalb von Cortina d´Ampezzo. Jetzt ist er nicht mehr da – und es ist Zeit sich an Lino Lacedelli zu erinnern – den Mann vom K2.

Lacedellis Kappa Due – 8611 Meter hoch, noch immer der »Berg der Berge«.
Foto: Rollo Steffens

Villa Kappa Due: Lino Lacedelli im Gespräch, 1993. Foto: Rollo Steffens

Lino Lacedelli am 31. Juli 1954 auf dem Gipfel des K2. Foto: Lacedelli/Compagnoni/Archiv Rollo Steffens

Als er am Morgen des 20. November 2009 in Cortina starb, lag ein erfülltes Leben hinter ihm. Er war Abenteurer, Bergsteiger und Kletterer. Ein Weltenbummler war er nie. Er liebte seine Berge rund um Cortina, die Dolomiten im Allgemeinen, und er war nur mit einer einzigen Expedition unterwegs. Doch mit ihr erreichte er am 31. Juli 1954 alles, was er sich nur wünschen konnte: Die erste Besteigung eines riesigen Berges. Die Einheimischen vom Stamme der Balti nennen diesen Berg inmitten großer Gletscher »Chogori«, und früher nannte man ihn Mount Godwin Austen. Mit 8611 Metern ist er der zweithöchste und auch heute noch der schwierigste und unberechenbarste aller Achttausender. Wir Europäer kennen ihn als den K2. Ein großes K wie Karakorum, und eine Zwei nach einer simplen Gipfelnummerierung früher Landvermesser.

Unternehmen Kappa Due

»Als Anfang der fünfziger Jahre des letzten Jahrhunderts in Italien das Gerücht von einer K2-Expedition aufkam, da haben wir natürlich alle heimlich angefangen zu trainieren«, hat er mir mehr als einmal erzählt. Dabei war ihm von Anfang an klar, dass die Sektionen des Club Alpino Italiano (CAI) für dieses Unternehmen nur die Besten aussuchen würden. Von 220 Kandidaten für die Expedition zum zweithöchsten Berg der Erde blieben nach einem langen und komplizierten Auswahlverfahren schließlich noch elf Alpinisten übrig. Wenn Lacedelli das erzählte, fügte er sehr gern hinzu: »Und ich war dabei!«

Nach zahlreichen medizinischen Tests und Vorbereitungen am Bergstock Monte Rosa (4634 m) zog die Expedition im Frühjahr 1954 in den Karakorum. Männer wie Erich Abram waren dabei, Gino Solda und Walter Bonatti. Dass dann ausgerechnet ihm, zusammen mit Achille Compagnoni (1914–2009), die Erstbesteigung des Kappa Due gelingen sollte, erschien ihm auch

Jahrzehnte danach noch immer wie ein Traum. Während andere große Alpinisten im Lager 7 auf 7400 Meter Höhe am Ende ihrer Kraft angelangt waren, ging es ihm noch immer gut. Schmunzelnd hat er mir von seinem Geheimnis erzählt – und auch ich konnte mir ein Lachen nicht verkneifen: »Ich wusste immer: Ein leerer Sack steht nicht gut! Das ist hier bei uns ein altes Sprichwort. Darum hatte ich am Berg in allen meinen Taschen kleine Stückchen Speck dabei. So wie diesen hier.« Ich sehe noch heute sein Gesicht, als er lachend mit dem Finger auf den Teller vor uns zeigte. Auch wenn er keinen Hunger verspürte, so erzählte er weiter, habe er sich immer wieder zum Kauen gezwungen. Und so sei er auch in großer Höhe noch immer gut in Form gewesen. Trotz seiner guten Form und seiner Erstbesteigung war er sich aber auch immer im Klaren darüber, dass er Teil eines Expeditionsteams war – und er hob das später stets mit einem prägnanten Satz hervor: »Bei den Himalaya-Expeditionen unserer Zeit war es wie im Fußball. Nicht der Torschütze gewann, sondern die ganze Mannschaft.«

Die nie ganz geklärte und unangenehme Geschichte um Walter Bonatti, der als »Mannschaftsspieler« die Sauerstoffflaschen für den Gipfelgang bis in die Nähe des letzten Hochlagers schleppte, in etwa 8000 Meter Höhe biwakieren musste und sich später um den Gipfel betrogen fühlte, erzählte er mir im Jahre 1993 ein einziges Mal und nicht sehr gern: »Bonatti, der erst in der Dunkelheit in die Nähe des Lagers gelangte, rief aus etwa 150 Meter Entfernung nach Licht. Doch ich konnte ihm nicht leuchten. Unsere Lämpchen waren einfach zu schwach. Vor Bonatti lag eine äußerst schwierige Querung im steilen Eis (ohne fixierte Seile; Anm. des Verfassers). Sie war extrem gefährlich. Ich war sicher, er würde in der Dunkelheit in die Tiefe stürzen. So rief ich, er solle die Flaschen abstellen und hinuntersteigen.« Doch Walter Bonatti stieg nicht ab. »Auf das Schändlichste verlassen und zutiefst verraten« überlebten Bonatti und Hunza-Träger Amir Mahdi ohne Zelt eine furchtbare Nacht in 8000 Meter Höhe. Erst am folgenden Tag gelang der Abstieg. Als Lacedelli zehn Jahre später sein Buch über die Expedition von 1954 schrieb, sah die Geschichte ein wenig anders aus.

»Und wenn heute einer zu mir sagt: »Lino, Du hattest so viel Glück, Du durftest auf dem K2 stehen«, dann sage ich immer: »Er steht dort noch. Kannst ja auch hingehen.«

Ein amüsanter Erzähler

Abgesehen von der diffusen Bonatti-Geschichte war sein Gang zum Gipfel des K2 zusammen mit Achille Compagnoni eine ganze Ansammlung von Anekdoten, die er auch gern erzählte. Wie sie gemeinsam mit den leergelutschten, damals noch üblichen Sauerstoffflaschen weiterstiegen, wie er Zweifel hatte, auf dem Gipfel angelangt zu sein, und seinen Kopf ganz flach auf die Seite legte, weil es dort hinten noch einen zweiten Buckel aus Schnee gegeben hatte – und er dann doch ganz sicher war; wie der Wind vor dem Abstieg die Spur verblasen hatte und wie es immer schwieriger mit der Orientierung wurde. Und als sich die zwei Helden auf dem Weg nach unten über die Richtung nicht einig werden konnten, wurde Lacedelli auch mal rigoros: »Wenn Du nach links gehst, dann hau ich Dir eins mit dem Pickel«, will er dem fast zehn Jahre älteren Compagnoni gerufen haben; und davon, dass dieser später im Schnee noch einen großen Rutscher tat, wusste er auch noch zu erzählen. Ganz instinktiv hätte er sich bereits vorher hingehockt und seinen Eispickel eingerammt. Nur so sei es ihm gelungen, den Sturz aufzuhalten. Hätte er es mit der Hand versucht, »...so würde ich wohl heute noch hinterherlaufen, um ihn aufzuhalten«, erzählte

Lino Lacedelli zu Achille Compagnoni beim Abstieg vom K2:
»Wenn Du nach links gehst, dann hau ich Dir eins mit dem Pickel.«

Cirillo Floreanini's K2 Postkarte von 1954. Archiv Rollo Steffens

er vierzig Jahre nach der Erstbesteigung wieder mit einem Lachen. Wie groß die Mischung aus Wahrheit und verklärter Erinnerung ist, weiß ich nicht. Als ich über all diese Anekdoten mit Lacedellis Partner von 1954, Achille Compagnoni, bei der Ausstellung »Der Berg ruft« in Altenmarkt im Salzburger Land im Jahre 2000 ins Gespräch kommen wollte, zeigte der sich nur wenig interessiert.

Weniger fröhlich war Lacedelli, wenn man auf die Schattenseiten der Expedition von 1954 zu sprechen kam. Sein Freund Mario Puchoz starb im Basislager an einer Lungenentzündung, und er selbst erfror sich beim Gang zum Gipfel des K2 seine Finger und den Daumen: »Es waren Höllenschmerzen, die Freunde mussten mich festbinden. Nachts begriff ich gar nichts mehr. Einmal habe ich den Arzt, der sich um meine Finger kümmerte, am Morgen gefragt, was er für eine Wunde am Arm hätte?« Die Antwort war verblüffend. Lacedelli hatte während der Behandlung zugebissen! Es sei ihm sehr peinlich gewesen, so sagte er – aber er konnte sich an nichts erinnern.

Noch weniger fröhlich war es, wenn man mit Lino über die Expeditionsleitung von 1954 sprach, die allen Erzählungen nach »Chef« Ardito Desio (1897-2001), den man

Lino Lacedelli: »Nur weil jemand höher oben war, ist er ja nichts Höheres.«

auch gern »Il Ducetto« (kleiner Führer) nannte, mit strenger Hand geführt haben soll. Lacedelli konnte dann sehr verärgert sein: »Das alles ist Legende. Wir hatten keine Chefs! Bei einer solchen Expedition kann nicht einer befehlen. Dort müssen alle zusammenarbeiten. Und die, die oben waren, haben eben für sich selbst entschieden. Expeditionsleiter Desio war ja nie in den Hochlagern.«

Am wenigsten fröhlich – und für den Außenstehenden dennoch amüsant – war er, wenn er über die Journalisten der Fünfziger Jahre des letzten Jahrhunderts sprach. Schon vor der Rückkehr aus dem Karakorum hatte er prophezeit: »Sie werden über uns herfallen, und werden alle furchtbar sein. Wer von Euch beiden war als erster oben?« Als die rückkehrende Expeditionsmannschaft dann von fast 40000 begeisterten Italienern in Genua empfangen wurde, ging es in der Tat zur Sache. Und als ihn, zurück in Cortina, ein Journalist um sieben Uhr früh für ein Interview aus dem Bett klingelte, ließ er ihn in der Küche warten. »Als ich dann angezogen aus dem ersten Stock herunter kann, war der halbe Kühlschrank leergefressen. Da habe ich gesagt: Guter Mann, Sie haben noch dreißig Sekunden um mein Haus zu verlassen!« Die Geschichte blieb mir eine stete War-

Lacedelli's Südwestwand der Cima Scotoni (Westliche Fanisspitze), 2874 Meter.
Foto: Rollo Steffens

Eichhörnchen und Felshaken: Das Wappen der Scoiattoli.
Foto: Rollo Steffens

nung. Ich habe bei meinen Besuchen in der Villa Kappa Due Familie Lacedellis Kühlschrank niemals berührt.

Nach der K2-Expedition wankte Lacedelli lange hin und her. Auf der einen Seite hätte er gern die großen Berge des Pamir und andere im zentralen Asien bestiegen, auf der anderen Seite gab es den Wunsch nach einer gesicherten beruflichen Existenz. Letzteres überwog am Ende. Lino Lacedelli eröffnete sein später berühmt gewordenes Sportgeschäft in Cortina, das nach seinem Ausscheiden von seinem Sohn geführt wurde.

Lebensstation Scoiattoli

Scoiattoli heißt im italienischen Eichhörnchen. Wir alle kennen diese possierlichen Tierchen. »Gruppo Scoiattoli Cortina« ist aber auch der Name einer Bergsteigervereinigung in Cortina d´Ampezzo. Sie gründete sich am 1. Juli 1939 und gelangte schnell zu Weltruhm. Nicht nur weil sie große Namen in sich vereinte, sondern vor allem, weil die »Scoiattoli« groß Klettern gingen, und immer dort zu finden waren, wo man sie auch brauchte. Als einer meiner Freunde im Sommer 1969 in der Nordwand an der Großen Zinne (2998 m) in der Route von Emilio Comici (1901-1940) einen kapitalen Sturz fabrizierte, sich das Becken brach und mit seinem Partner etwa 60 Meter unter dem ausgeprägten Ringband biwakieren musste, waren es die »Eichhörnchen«, die die beiden holten. Schnell, sicher und professionell. Lino Lacedelli war 64 Jahre Mitglied in diesem elitären Klub. Wenn man den Zahlen von Statistikern Glauben schenken darf, war er während dieser Jahre bei 163 Rettungsaktionen am Berg dabei – und im Fels war er ein Meister. Wohlgemerkt in seiner Zeit, als man mit Haken im wahrsten Sinne des Wortes »um sich schlug« (Punta Giovanni, 400 Meter, 385 Haken) und vielfach technisch kletterte. Zu diesem Sport kam er im Übrigen schon in jungen Jahren. Bei einem Ausflug zu den Cinque Torri entwischte er seinem Vater und folgte einer Bergführerpartie auf den Torre Grande (2361 m). Dafür handelte er sich Dreierlei ein: Eine Rüge des Bergführers, ein Stück Schokolade vom Geführten und eine schallende Ohrfeige von seinem Vater.

Lacedellis Meisterwerk

Oft gefragt, ob er der Lacedelli vom K2 sei, antwortete er gern »Nein, ich bin der Lacedelli von der Scotoni-Wand.« Die Cima Scotoni (2874 m) heißt auch »Westliche Fanisspitze« und war sein Meisterstück. Die große Wand liegt nördlich des Falzarego-Passes, und auf diesen Anstieg war Lacedelli richtig stolz. Die erste Begehung gelang ihm im Jahre 1952 zusammen mit seinen Partnern Ghedina und Lorenzi in drei harten Tagen. Und es ist gigantisch, wenn man unter seiner Wand steht – oder besser noch ihr vis-a-vis. Der rot-gelbe Fels schnalzt förmlich in die Höhe, die Wand beginnt sofort schwer. Und schon in der zweiten Länge wird es hart. Stecken viele Haken, so kann es wie zu Lacedellis Zeiten technisch und A1 sein. Gibt es keine, so erwartet den Kletterer eine Stelle im unteren achten Grad (VIII-). Doch es soll sich lohnen. Anette Köhler hat in ihrem feinen Kletterführer »Dolomiten« das Nachfolgende einmal so beschrieben: »Der goldgelbe Fels ist hier – wider Erwarten – kompakt, fest und voller »griffiger« Überraschungen. Es ist eine Freude, an diesen festen Leisten und Kanten höher zu turnen.« Köhler schreibt auch über ein Band, auf dem robben angesagt sei, und auch in der zweiten Auflage des Klassikers von Walter Pause über die 100 schwierigsten Anstiege in den Alpen (»Im extremen Fels«, blv Verlag, 1977) findet man bei der Beschreibung der Scotoni-Südwest ein »Kriechband«, »... das so niedrig ist, dass man (wie beim Barras) platt auf dem Bauche kriecht«. Erstaunlicherweise hat Lacedelli dieses »Kriechband« mir gegenüber stets verneint. Im Original hörte sich das so an: »Die Südwestwand an der Westlichen Fanisspitze war meine schwierigste Erstbegehung. Aber ein richtiges Kriechband gibt es dort eigentlich nicht. Manchmal muss man in großen Routen die Knie benutzen. Da gibt es kein: Das gilt nicht. Auch das Knie hilft...« Wer sich Bilder im Internet anschaut wird eines Besseren belehrt. Man kriecht...

Neben der Scotoni-Wand gelangen ihm frühe Wiederholungen großer Anstiege und weitere Neutouren im Stile seiner Zeit, so beispielsweise die Nordwestkante an der Westlichen Zinne (1959) und im Jahre 1951 die erste Winterbegehung an der Ostwand des Grand Capucin (3838 m) in der Montblancgruppe.

Immer wieder nach dem Erfolg am K2 gefragt: »Ich bin der Lacedelli von der Scotoni-Wand.«

Lacedelli im Alter

»Seinen« Dolomiten blieb er treu. Lange Wanderungen von zehn oder zwölf Stunden unternahm er als fast Siebzigjähriger noch gern. Nur im Jahre 1993 musste er zum ersten Mal für eine Weile aussetzen. Er lag im Krankenhaus. »Der Arzt sagte, es bestand die Gefahr einer Lungenembolie«, erzählte er mir rückblickend, »es war wohl sehr gefährlich«. Dem Rat der Ärzte folgend stieg er nun nicht mehr in große Höhen, schrieb aber zum 50. Jahrestag seines größten Triumphes zusammen mit Giovanni Cenacchi sein Buch »K2: Il prezzo della conquista/ K2: The Price of the Conquest«, suchte die Aussöhnung mit Walter Bonatti, verfolgte weiterhin aufmerksam das Expeditionsgeschehen, und kehrte dann im Jahre 2004 mit fast 80 Jahren – für viele eine Überraschung – zum 50. Jahrestag der K2-Erstbesteigung noch einmal an der Fuß des Chogori zurück. Danach ging es immer schlechter. Als im Jahre 2009 sein Partner vom K2, Achille Compagnoni, im Alter von 94 starb, war er nicht mehr im Stande bei der Beisetzung dabei zu sein. Im Sommer des Jahres 2009 musste er sich schließlich einer Herzoperation unterziehen. Von ihr hat er sich, nun fast 85-jährig, nicht mehr erholt.

Quellen:
Vorrangig eigene Aufzeichnungen und Tonbänder ab 1993; sowie
www.telegraph.co.uk;
www.worldtrekking.de;
www.alpinist.com;
www.independent.co.uk;
www.lotharklingel.de;
www.stol.it

Walter Bonatti: Berge meines Lebens, AS Verlag & Buchkonzept AG, Zürich 2000.
Walter Pause: Im extremen Fels, blv Verlagsgesellschaft 1977.
Anette Köhler/Norbert Memmel: Kletterführer Dolomiten, Rother Verlag München, 1998.

Lacedelli's Heimatort: Cortina d'Ampezzo. Hinten rechts das Massiv des Monte Cristallo (3154 m). Foto: Rollo Steffens

Gute Lage, reinliche Betten...
Das Bergsteigerdorf Großes Walsertal als Beispiel für ein OeAV-Projekt zur Stärkung alpiner Regionen

VON INGEBORG SCHMID-MUMMERT

Bad Rothenbrunnen.
Archiv Lorenz Bitsche

Als *Franz Burgartz* 1873 durch das *Walsertal* über *Schadona* nach *Schröcken* wandert, hat das einen wunderbaren Reisebericht zur Folge, welchen der *Österreichische Alpenverein* sogleich in den neunten Band seines Jahrbuchs aufnimmt. Genau diese Aufnahme scheint den Verfasser dann auch einigermaßen zu überraschen, leitet er den Beitrag doch mit den Worten ein:

Meine [...] Wanderung ist vom großen Touristenzuge nicht stark frequentiert, ihr höchst zu übersteigender Punkt hat statt ewigem Schnee nur üppigen Graswuchs, duftige und liebe Alpenblumen und Blümlein. Eine Alpenpartie ist es aber doch und eben Alpenblumen sind auch dabei und das möge entschuldigen, wenn diese Schilderung um ein bescheidenes Plätzchen im »Jahrbuch des österreichischen Alpenvereins« ersucht.

Der zu diesem Zeitpunkt gut zehn Jahre alte *OeAV* verkörpert die Entwicklung des Bergsteigens gegen Ende des 19. Jahrhunderts: Wissenschaftlich motivierte Rekogniszierungstouren treten in den Hintergrund, einen Berg um des Bergsteigens willen zu besteigen, genügt zunehmend als Argumentation. Die Schwierigkeit einer Unternehmung dient zur Beurteilung seiner Akteure. Eine erste Erschließungswelle der Bergwelt mit Wegen und Hütten wurde bewältigt mit dem Ziel, Alpenreisen zu erleichtern und einem breiteren Publikum zugänglich zu machen.

»Das Walserthal«, so nimmt Burgartz seine Erzählung wieder auf, »ist ein reines Alpenthal«. Er verweist auf die *Löffelspitze*, die *Brazerwände*, die *Rote Wand* mit einem

»Miniaturgletscher«, den *Misthaufenkopf* und den Hauptbach des Tales, die *Lutz*, »die im östlichen Thalgrunde auf der *Alpe Alpschella* ihren Ursprung hat und auf ihrem 7½ Stunden langen Wege durch das Thal viele Seitenadern aufnimmt, die sich in den verschiedenen Formen zu ihr niederstürzen.« Seine großartige Darstellung von Landschaft und Bevölkerung wird abgerundet von der Einladung speziell an Geologen und Botaniker, sich dieser ausnehmend schönen Gegend zuzuwenden. Bergtouren in Vorarlberg seien, das macht *Burgartz* deutlich, gut machbar seit der Einführung eines neuen Verkehrsmittels:

> So kam es denn auch, dass schon bald nach der Eröffnung der Eisenbahn im vorigen Sommer ein äußerst lebhafter Touristenzug ins Ländchen herein pilgerte, dessen Hauptziel größtenteils die Endstation Bludenz war, um von dort über den Arlberg durch das Montavon oder zum Lünensee und der Scesaplana zu wandern.[1]

Die Fahrstraße über den *Arlbergpass* wurde 1824 eröffnet. Zwischen *Pettneu* und *St. Anton* hatte man sie ganz neu angelegt, ab 1840 verkehrte täglich ein Postwagen, neben dem Handels- wurde der Reiseverkehr immer wichtiger.

Darauf nimmt auch *John Sholto Douglass* unmittelbar Bezug. Die Baumwollspinnerei und Weberei *Douglass* in *Thüringen* ist eng mit der Wirtschaftsgeschichte des Walgaus verbunden. Im Herbst 1874 ist *John Sholto Douglass*, unter anderem Mitbegründer des *Vorarlberger Alpenvereins*, bei einer Gemsenjagd im Gebiet des *Radonatobels* ums Leben gekommen. Die *Douglasshütte* am *Lünersee* ist nach ihm benannt.[2] Bereits 1868 macht er mit einer 20-seitigen Tourenbeschreibung im Alpenvereinsjahrbuch prominent auf die *Rote Wand* und den *Widderstein* aufmerksam:

> Für den Touristen, der nur im Post- oder Reisewagen auf Landstraßen fährt, gibt es einen einzigen Punkt, wo ihm auf einige Minuten eine der hervorragendsten Bergspitzen Vorarlbergs sichtbar wird, nämlich da, wo er, von Feldkirch kommend, über die hohe gedeckte Illbrücke in den Walgau eintritt. Aus fast genau westlicher Richtung blickt hier aus dem Walserthale die imposante Felspyramide der Rothwand-Spitze hervor.

Unter allen Bergen Vorarlbergs sei sie besonders hervorzuheben, weniger wegen ihrer absoluten Höhe, immerhin überragten sie zahlreiche Gipfel an der Graubündner und Tiroler Grenze, als vielmehr dank

---

[1] Franz Burgartz: Durch das Walserthal über Schadona nach Schröcken, in: Jb. des OeAV, Bd. 9 (1873), S. 82 – 87.

[2] Die ursprüngliche Lünerseehütte wurde als erste bewirtschaftete Schutzhütte der Ostalpen am 28. August 1871 eröffnet; Vgl. Guntram Jussel: Hüttengeschichte(n), in: http://www.alpenverein-vlbg.at/alpenverein_vlbg/images/pdf/Huettengeschichte_Sektion_Vlbg.pdf: »Zwar wurde sie im Winter 1876/77 von einer Lawine in den Lünersee gefegt, umgehend wieder verbessert und geschützt wieder aufgebaut und in der Folge bis in die Dreißigerjahre hinein viermal erweitert und vergrößert. Sie wurde zum Goldesel der Sektion, sie hatte die höchsten Nächtigungsziffern aller Sektionshütten und wurde erst durch den Aufstau des Lünersees für ein saisonales Speicherkraftwerk der Vorarlberger Illwerke als am falschen Platz befindlich unter Wasser gesetzt. Ein Ersatzprojekt bescherte 1960 direkt am Seebord eine neue Schutzhütte.« Abfrage 07.03.2010.

Im Walgau.
In: Hermann von Schmid, Die Deutschen Alpen, 1877, S. 269.

St. Gerold. — Die rothe Wand. — Mühle bei Blons.

*Madonnabach-Kessenen.
Archiv Lorenz Bitsche*

unseres Ländchens«.³ *Douglass* engagiert als Bergführer den Brunnenmacher *Toni Neyer* aus Bludenz, ein »bekannter Fremdenführer und einer der tüchtigsten Bergsteiger im Lande«. Von einem organisierten und professionalisierten Bergführerwesen kann noch keine Rede sein, ebenso mangelt es an einem guten Netz von Hütten und Wegen, so organisieren sich *Toni Neyer*, *Toni Engstler*, *Baron Sternbach*, *Dr. Haubtmann* und *J. S. Douglass* selbst:

> Wir kehrten, von seinem Sohne auf`s Freundlichste bewillkommt, beim Raggaler Vorsteher ein, wo in der sauberen und geräumigen Sennhütte Thee und Kaffee, sowie mit Hilfe eines Schnellsieders aus Liebig`schem Fleischextract mit Brodschnitten eine vortreffliche Suppe bereitet und dabei unser Angriffsplan auf die Rothwandspitze berathen wurde. Schließlich gruben wir uns, der Reihe nach, hart unter dem Dache in das frisch eingethane köstlich duftende Bergheu.⁴

Im auslaufenden 19. Jahrhundert gab es sie wohl, jene Gebiete, die zwar in unmittelbarer Nähe verkehrsreicher Touristenwege lagen oder gar von solchen durchschnitten wurden, dennoch aber vergleichsweise unbekannt geblieben waren. Zu jenen sei auf jeden Fall die Umgebung von *Schröcken* zu rechnen, meint *C. W. Pfeiffer* aus Frankfurt, der dies mit einem ausführlichen Bericht einer Besteigung der *Braunarlspitze* in der *Zeitschrift des Deutschen und Oesterreichischen Alpenvereins* von 1888 zu ändern gedenkt. Besonders interessant sei der *Braunarlkamm*, der hier übrigens noch als *Braunorglkamm* bezeichnet wird, schon allein deshalb, weil er die Wasserscheide zwischen *Lutzbach*, *Bregenzer Ache* und *Lech*,

ihrer zentralen Lage. Warum sie allerdings bislang nahezu unbekannt geblieben war, müsse wohl daran liegen, so mutmaßt *Douglass* zu Beginn seines Besteigungsberichtes, dass sie vom Tal aus so wenig eingesehen werden könne. Selbst von den Einheimischen werde sie wenig bestiegen. Dabei zählt er sowohl die *Rothewandspitze* als auch den *Widderstein*, das kommt anlässlich eines Vortrages auf der Jahreshauptversammlung der *Sektion Vorarlberg* klar zum Ausdruck, zu den »Hauptaussichtspunkten

---

³John Sholto Douglass (in Thüringen bei Bludenz). Die Sulzfluh, das Schwarzhorn und die Tschaggunser Mittagsspitze im Montavon. Ein bei Gelegenheit der Jahresversammlung der Section Vorarlberg am 28. März 1870 in Feldkirch gehaltener Vortrag. In: Zts. des DuOeAV, Bd. 2 (1870 – 1871), S. 3 – 12.
⁴John Sholto Douglass: Die Rothewand-Spitze und der Widderstein, in: Jb. des OeAV, Bd. 4 (1868), S. 161-180.
⁵Pfeiffer verwendet für diesen Berg die Bezeichnungen »Braunorgl-« und »Kleinspitze«; bei Blodig findet sich die Bezeichnung »Braunadlerspitze«, vgl. Zts. des DuOeAV, Bd. 38 (1907), S. 180 – 183.
⁶Eine Ausnahme bietet auf wissenschaftlicher Ebene die Publikation:
Waltenberger, A.: Die Rhätikon-Kette, Lechthaler- und Vorarlberger Alpen. Gotha 1875.
(= Mittheilungen aus Justus Perthes' Geographischer Anstalt über wichtige neue Erforschungen auf dem Gesammtgebiete der Geographie von A. Petermann. Ergänzungsheft. Nr. 40)

Die 1912 eingeweihte Freiburgerhütte.
Archiv Heimatpflegeverein Großes Walsertal

in weiterer Folge also zwischen *Rhein* und *Donau* bilde, meint *Pfeiffer*. Allein der *Widderstein* werde bislang als besuchenswert erwähnt, *Mohnenfluh*, *Juppenspitze* und *Braunarlspitze*5 hätten hingegen noch wenig Beachtung gefunden, die Literatur über dieses Gebiet sei zudem noch äußerst dürftig.6 Nach einigem Hin und Her wird schließlich im Sohn der Wirtsleute *Riezler* ein kundiger Führer gefunden, doch selbst der zeigt sich nur mäßig begeistert über die bevorstehende Tour. Bei prächtigem Trockenwetter sommers »im Gebirge herumzubummeln« erscheint den Einheimischen, die mitten in der Heuernte stehen, »wie ein Frevel«. Wie derartige Unternehmungen von den Talbewohnern bewertet wurden, mag wohl auch folgende Szene auf der *Fellalpe* veranschaulichen, wohin die Gipfelstürmer bei einsetzendem Regen fliehen:

Die freundlichen Hirten nahmen mit Verwunderung Kenntniss von unserem Vorhaben, konnten uns aber über unsern Berg wenig berichten. Der Eine meinte, mit einer bei einem Kuhhirten begreiflichen Verachtung: »Da gehen nur Schaf« und machte dazu ein Gesicht, wie wenn er uns auch zu diesen nützlichen Geschöpfen zähle.

Das Motiv der pfeifenrauchenden Walserin findet sich in vielen frühen Reiseberichten.
Archiv Heimatpflegeverein Großes Walsertal

Letztendlich wird der eigentliche Gipfel nicht erreicht und bei heftigem Gewitter der Rückzug angetreten. Im Sommer 1887 erfolgt ein neuerlicher Versuch. *Pfeiffer* wandert gemeinsam mit *Christian Zuderell* aus *Schruns* über das *Faschinajoch* nach *Bad Rothenbrunnen* im Walsertal. Das Kurbad wird als »vortrefflicher Standort für Touren im oberen Walsertal« beschrieben: »Man findet dort gute Betten, billige Verpflegung, sowie Auskunft über die ganze Umgebung. Auch wegkundige Begleiter dürfen stets zu haben sein.« Den finden die beiden dann auch in der Person des Gemsjägers *Joseph Martin* auf der *Alpe Metzgertobel*. Wieder wird der Gipfel nicht erreicht, der Rückweg wird über »plattige Felsgehänge«, durch Latschengestrüpp und über »schlüpfrige Grasflecke« hinab angetreten, wobei der lokale Führer gute Dienste tut:

Die Seilbahn Sonntag – Stein besteht seit 20 Jahren in der heutigen Form. Für den Erhalt der Bahn wurde ein Förderverein gegründet.
An der Mittelstation befindet sich ein heute noch ganzjährig bewohnter Hof.
Foto: Biosphärenpark-Management Großes Walsertal

Martin war übrigens hier zu Hause und wusste uns aus jeder kritischen Lage wieder auf besseres Terrain und schließlich zu seiner Sommerresidenz zu bringen, wo er uns dann aufforderte, für die Nacht seine Gäste zu sein, was wir natürlich gerne annahmen.

Einige Tage später erreichen *Pfeiffer* und ein Herr *Baither* aus Frankfurt unter der Führung von *Mathias Wüstner* von Mellau den lange ersehnten Gipfel von der Nordseite aus.[7]

Jene, welche die Faszination dieser Gegend bereits für sich entdeckt haben, versuchen, andere mit ausführlichen Berichten und guten Tourenbeschreibungen dafür zu gewinnen. Eine andere Möglichkeit findet der als »erster Viertausender-Sammler« in die Alpingeschichte eingegangene Augenarzt *Karl Blodig* (16. 10. 1859, Wien – 07. 09. 1956, Bregenz).[8] Den Alpinisten die Berge *Vorarlbergs* schmackhaft zu machen, war auch sein Bemühen. Er kann dabei auf berühmte alpine Freunde und Berggefährten zählen, wie etwa den englischen Alpenmaler und Bergsteiger *Edward Theodore Compton*. Auf diesen gehen um die 300 Ersteigungen, darunter zahlreiche Erstbesteigungen, und ungefähr 1.700 beeindruckende und topografisch präzise Aquarelle, Feder- und Pinselzeichnungen zurück. »Vielleicht«, so hofft *Blodig* in einem seiner zahlreichen Aufsätze in den Alpenvereinsjahrbüchern, sei die Aufmerksamkeit der Touristenwelt doch in größerem Maße auf diese Berge zu lenken und möglicherweise gelinge dies »der begnadeten Hand unseres Compton, der durch seine Meisterwerke schon so oft manchem bis dahin öden Alpentale das Interesse der weiteren Kreise zu gewinnen verstand.« Das *Bregenzerwaldgebirge*, wozu er die Berge des Großen Walsertales zählt, sei besonders empfehlenswert für Alpenreisende, biete es doch ungestörten Naturgenuss und Erholung, darüber hinaus könne der Tourist dort weitaus bequemer als anderswo »im Laufe eines einzigen Tags alle Erscheinungsformen eines Alpenlands in buntem Wechsel und dabei mit reizvoller Steigerung an sich vorüberziehen lassen.«[9] Anlässlich einer Besteigung der *Braunarl-*

[7] C. W. Pfeiffer: Die Braunorglspitze im Bregenzer Wald, in: Zts. des DuOeAV, Bd. 19 (1888), S. 195 – 205.
[8] Vgl. Fritz Schmitt: Karl Blodig. Der erste Viertausender-Sammler, in: Der Bergsteiger, H. 7 (1986), S. 37 – 38.
[9] Karl Blodig: Das Bregenzerwaldgebirge, in: Zts. des DuOeAV, Bd. 38 (1907), S. 159 – 193.

Zitterklapfen, nach der Natur gezeichnet von E. T. Compton, 1907. In: Zts. des DuOeAV Bd. 38 (1907).

spitze und seines Abmarschs in *Schröcken* verdeutlicht er, die Gegend sei »so recht angetan, um einige Tage aus der Welt des Kursblattes, Automobils und Telephons zu entfliehen und an Seel und Leib zu erstarken.«[10]

Mittlerweile sind gut hundert Jahre vergangen, wir sind im Zeitalter von *facebook*, *iPhone* & Co gelandet und in einer Welt mit Sommerfunparks und Schierlebniswelten. In den Alpen hatte die Epoche der Grand-Hotels, Schmalspur-, Standseil- und Zahnradbahnen mit Kriegsausbruch ein jähes Ende gefunden, in der Zwischenkriegszeit entstanden die ersten Schilifte, ab Mitte der 1950er Jahre gab es für ungefähr drei Jahrzehnte permanent hohe Wachstumsraten im Tourismus, zu einem Sommermassentourismus gesellte sich ab den 1960ern ein Wintermassentourismus. Kleinere und nicht-gewerbliche Anbieter sahen sich zunehmend mehr aus dem Markt gedrängt, permanente Strukturverbesserungen und die künstliche Beschneiung gediehen zur Norm. Gegenwärtig beansprucht der Sommertourismus auch in den Alpen speziell ausgebaute und vorbereitete Flächen, »Events« scheinen immer bedeutungsvoller zu werden, der stetig steigende Konkurrenzdruck lässt über Neuerschließungen und Schigroßräume nachdenken.[11]

Das Leben in und mit den Bergen war im Großen Walsertal schon immer eine Herausforderung. Fußballplatz hoch über dem Lutzbach. Fontanella. Foto: Ingeborg Schmid-Mummert

[10] Karl Blodig: Aus den Bergen des Klostertals, in: Zts. des DuOeAV, Bd. 36 (1905), S. 236 – 269.
[11] Vgl.: Werner Bätzing: Der Tourismus – Keine Schlüsselbranche im Alpenraum, in: Die Alpen. Geschichte und Zukunft einer europäischen Kulturlandschaft. München³ 2005, S. 143 – 171.

*Bild oben: Im Jahr 1980 führte ein Felssturz zur Unterbrechung des Bahnbetriebes und später zur Einstellung der ÖBB-Bahnlinie »Bregenzerwaldbahn«. Mitte der 1980er Jahre bildete sich der Verein Bregenzerwaldbahn-Museumsbahn. In der Folge wurde die damals noch sechs Kilometer lange Reststrecke der einst wichtigsten Verkehrsader des Bregenzerwaldes in unzähligen Einsatzstunden reaktiviert und eine nicht mehr weg zu denkende Tourismusattraktion für die ganze Region geschaffen.
Bild unten: Materialseilbahn zur Versorgung der Höfe.
Fotos: Ingeborg Schmid-Mummert*

Vor diesem Hintergrund wurde 1994 im *Oesterreichischen Alpenverein* ein Grundsatzprogramm beschlossen, welches anderen Formen der Regionalentwicklung den Weg ebnen und wesentliche Impulse für den ländlichen, insbesondere peripheren Raum geben sollte. Dieser Plan überlappte sich gut mit dem Protokoll zur Durchführung der Alpenkonvention von 1991 im Bereich »Tourismus«, mit welchem sich die Vertragsparteien verpflichten, die Wettbewerbsfähigkeit des naturnahen Alpentourismus zu stärken. Daran und an das Durchführungsprotokoll im Bereich »Raumplanung und nachhaltige Entwicklung«, vor allem aber an die im November 2006 verabschiedete Ministerdeklaration zum Themenbereich »Bevölkerung und Kultur« knüpft die *Initiative Bergsteigerdörfer* an. Das Projekt ist ein Beitrag zur Stärkung von 17 ausgewählten Bergsteigerdörfern in ganz Österreich, die »vorbildhafte regionale Entwicklungskerne im nachhaltigen Alpintourismus" darstellen. Ausschluss-, Pflicht- und Zielkriterien geben dabei die Richtung vor. Bergsteigerdörfer garantieren ein professionelles Tourismusangebot für Bergsteiger, weisen eine exzellente Landschafts- und Umweltqualität auf und setzen sich für die Bewahrung der örtlichen Kultur- und Naturwerte ein. Als alpine Kompetenzzentren setzen Bergsteigerdörfer auf Eigenverantwortung, Fähigkeit und Souveränität sowie umweltkundiges und verantwortungsvolles Verhalten ihrer Gäste am Berg.[12]

Mit diesem Schritt wird auch ein strategischer Beitrag dafür geleistet, dass diese Orte keine Entwicklung nehmen, die ihre gesamte Erscheinung und Entwicklung in konträre Richtungen treiben könnte. Dem Ortsbild und Image, der Bergland- und waldwirtschaft, dem Natur- und Landschaftsschutz, der Erhaltung und Verbesserung des öffentlichen Personenverkehrs und dem Informationsaustausch zwischen den Orten kommt daher zentrale Aufmerksamkeit zu. Das Projekt geht auf die Initiative des *Oesterreichischen Alpenvereins* zurück. Mit Unterstützung des *Lebensministeriums* und einer Förderung aus dem *Fonds für Ländliche Entwicklung 2007-2013* konnte die Chance ergriffen werden, die ausgewählten Orte bestmöglich in ihrer Entwicklung im Sinne der *Alpenkonvention* zu unterstützen. In den vergangenen beiden Jahren wurde angestrengt daran gearbeitet, eine Plattform mit entsprechenden Medien zu bieten. Das Bewusstsein um die Bedeutung der Berge

---

[12] Kriterien für Bergsteigerdörfer. Der Kriterienkatalog steht als pdf zum Download bereit unter http://www.bergsteigerdoerfer.at/3-0-Qualitaet-Grundsaetze-Bergsteigerdoerfer.html

wird in die Gemeinden, in die Betriebe, zu den Politikern und an die Leute gebracht, Bergsteiger ausdrücklich angesprochen. Gemäß der Deklaration »Bevölkerung und Kultur« schafft die Auseinandersetzung mit der jeweiligen Alpingeschichte einen identitätsstärkenden Bogen von den Anfängen bis heute.

Dieser frühe Alpintourismus im *Bergsteigerdorf Großes Walsertal* orientierte sich zunächst an Ankunfts- und Abfahrtszeiten der Eisenbahn. Menschen durchwanderten das Tal, die ersten Schutzhütten entstanden erst nach 1900, Trassierungen, Höhen- und Verbindungswege komplettierten das Angebot. Durch die Wahl von Arbeitsgebieten und mit der Errichtung von Alpenvereinshütten und -wegen im Bereich des *Großen Walsertales* haben sich auch alpenferne Sektionen vor meist mehr als hundert Jahren an die regionale Entwicklung des Tales gebunden.

Während überall in den Alpen ab den 20er Jahren das Schifahren immer beliebter wurde und der schnelle Aufstieg an Bedeutung gewann, dienten die ersten Seilbahnen im Walsertal vor allem der Versorgung. So auch die Materialseilbahn von *Fontanella* nach *Faschina*, die dem Pionier *Rudolf Sperger* 1932 zur Beförderung des Baumateriales für die Errichtung eines Hotels auf 1.500 m Seehöhe diente. 1958 hat die Hoteliersfamilie ihr Angebot durch das »damals höchstgelegene beheizte Freibad Österreichs« erweitert und das Schwimmbadwasser dafür zum Erwärmen über das Hausdach geleitet. Wenig später wurde der von *Sperger* in Eigenregie erbaute erste Schlepplift im Tal von einem Sessellift abgelöst, auch in den anderen Walsergemeinden loderte ein touristisches Feuer auf. In der Rückschau werden die 60er und 70er Jahre allerdings eher als Strohfeuer beurteilt, punktuelle Schigebiete und aufgrund von Schneemangel kaum nutzbare Talorte vereitelten die andernorts vollzogene völlige Hinwendung zum Fremdenverkehr. Chancen erhoffte man sich daher in einer künftigen Entwicklung des Tourismus im Einklang zur Landwirtschaft, das Konzept eines naturnahen Tourismus stand im Raum. Gleichzeitig wurden allerdings auch Großprojekte, Zusammenschlüsse und Erlebniszonen andiskutiert.

Archiv Heimatpflegeverein Großes Walsertal

Der Anspruch der lokalen Bevölkerung, dauerhaft in den Alpen zu leben und zu wirtschaften, wurde im Großen Walsertal immer schon auf eine harte Probe gestellt. Die Angst vor Lawinen und deren Bewältigung hatten den Alltag hier jahrhundertelang geprägt. *Ludwig Steub* etwa berichtet 1846 von seiner Wanderung nach *Sonntag* im Großen Walsertal:

> Auch an diesem Orte thut sich die Gewalt der Lauwenen oft in erschrecklicher Weise kund. So brachen sie im Jahre 1806 das Schiff der Kirche zusammen, und das neue Gotteshaus konnte nur durch einen aufgemauerten Wall vor künftigen Verwüstungen geschützt werden.[13]

Gut hundert Jahre später kommt es im Großen Walsertal zu einer nie dagewesenen Lawinenkatastrophe. Kein Ort bleibt verschont, die meisten Opfer sind in *Blons* zu beklagen. Dort kommt am 11. 01. 1954 ein Sechstel der Bewohner ums Leben, ein Drittel aller Häuser und Höfe wird zerstört. Abwanderung reduziert in der Folge die Bevölkerung weiter drastisch. Die Bergeaktionen und Wiederaufbaumaßnahmen erfolgten mit internationaler Unterstützung und unter großer Anteilnahme der Öffentlichkeit. Die traumatischen Erlebnisse und deren gemeinsame Verarbeitung haben die Menschen und deren Beziehung zu ihrer Heimat geprägt. Die folgenden Jahre sind von forst- und lawinenschutztechnischen Maßnahmen gekennzeichnet. Zum 50-Jahr-Gedenken an die Lawinenkatastrophe hat die Gemeinde *Blons* Lawinenwege und eine kleine Lawinendokumentation errichtet. Am Ausgangspunkt gibt es ausführliche Folder mit Wegbeschreibungen, auf Wunsch Führungen durch ausgebildete Begleitpersonen.

1997 wird das UNESCO-Prädikat *Biosphärenpark* als eigene Schutzgebietskategorie in die Naturschutzgesetzgebung Vorarlbergs aufgenommen. Nach eingehender Beschäftigung mit der Idee wird von ungefähr 60 Menschen aus dem *Großen Walsertal* eine Vision für die zukünftige Entwicklung ihrer Gemeinden entworfen. Deren Abgeschiedenheit und hohe Abwanderungszahlen über eine lange Zeit lassen die Hoffnung der sechs Gemeinden in positive Impulse für die Regionalentwicklung bei gleichzeitiger Erhaltung des Natur- und Kulturraumes wachsen. Somit war die Akzeptanz des *Biosphärenparks* bei der Einreichung hoch. Zwei bereits existierende Naturschutzgebiete konnten als Kernzonen ausgewiesen werden. Schon ein Jahr nach Antragstellung wird das *Große Walsertal* im Jahr 2000 in das *Weltnetz der Biosphärenreservate* aufgenommen und schließlich als erster Biosphärenpark Österreichs nach 1995 in die Liste der UNESCO-Modellregionen aufgenommen, nachdem mit den *Sevilla-Richtlinien* die nachhaltige Entwicklungskomponente stärker in den Vordergrund des anfänglichen »Mensch und Biosphäre«-Konzeptes gerückt war.

Nachhaltigkeit und Zusammenarbeit sind auch die Schlüsselworte bei der Umsetzung der Alpenkonvention: Ihre große Bedeutung

> kann nur dann bewusst gemacht werden, wenn man weiß, dass die Konvention und ihre Protokolle bei den in den Alpen lebenden Menschen ansetzen und für sie die Möglichkeit bieten, ihr eigenes Wohlergehen und das zukünftiger Generationen zu verbessern.[14]

Im Streben, die untereinander sich so unterscheidenden Bergsteigerdörfer in ihren spezifischen Stärken zu festigen, gilt es, Tradition und Alpinkompetenz mit Innovation zu verbinden. In erster Linie geht es nun darum, das alpintouristische Angebot in den Gemeinden zu komplettieren, Pakete für das angestrebte Zielpublikum zu finden, das Alpinangebot in diesen Gemeinden zu professionalisieren. Dabei hilft die Kooperation mit einer Bergsportartikel-

---

[13] Vgl.: Drei Sommer in Tirol. Von Ludwig Steub. München 1846, S. 101.

firma, welche die Gemeinden mit Knowhow unterstützt. Örtliche Alpenvereinssektionen sollen noch enger an den Sitz ihres Arbeitsgebietes gebunden und die Bande der alpenfernen Sektionen an die Gebiete gefestigt werden.[15]

Im August 1913 hatte etwa die *Sektion Hohenstaufen des DAV* mit Sitz in *Göppingen* in prächtiger Aussichtslage am *Gamsbodenjoch* eine Schutzhütte unter dem Namen *Göppinger Hütte* eröffnet. In seiner feierlichen Festansprache anlässlich der Einweihung zitiert *Dr. Frey* temperamentvoll und seiner Zeit angepasst *Horaz, Eichendorff* und *Schiller* und klagt über rasselnde Räder, qualmende Schlote, das Hasten und Drängen im Berufsleben. Dagegen stellt er die sportliche Verbundenheit, die Freiheit des Lebens in den Bergen und die Ehrfurcht vor der Natur.[16] Heute ist die *Göppinger Hütte* ebenso wie die *Franz-Josef-*, die *Frassen-*, die *Freiburger* und *Biberacher Hütte* und ein Gästehaus in *Marul* Bergsteigerdorf-Partnerbetrieb. Ein vielfältiges Umweltbildungs- und Exkursionsangebot führt in die verschiedenen Kernzonen des *Biosphärenparks Großes Walsertal*, präsentiert ausgewählte landwirtschaftliche Betriebe und wartet mit Wanderungen zum Thema »alternative Energieformen« auf. Verführerische Menüs in den Partner- oder Umweltzeichen-Betrieben, der Besuch in einer der Sennereien im Tal oder eine Wanderung auf den zahlreichen Themenwegen runden das vielfältige Angebot ab. Dabei kommt klar zum Ausdruck, die größten Potentiale eines *Bergsteigerdorfes* liegen in dessen Ursprünglichkeit, Tradition und Kultur. Oder, wie es im Text zur Dokumentation »Steiles Erbe. Das große Walsertal« zum Ausdruck kommt:

> Hier ist die Erde tatsächlich geborgt, von einer übermächtigen Natur nämlich. Hier hat es immer ein Bewusstsein darüber gegeben, dass man sie nicht besiegen kann, nicht gegen sie leben, sondern nur mit ihr. Hier rächen sich Fehler.[17]

*Gipfelbuch Kellaspitze Im Rahmen des Projektes Bergsteigerdörfer wurden der Klettergarten an der Wandfluh erweitert und spezielle Gipfelbücher angefertigt: Die aus St. Gerold stammende Künstlerin Anna Dworak steigt auf die Gipfel des Großen Walsertales und zeichnet dort 360°-Panoramen. Diese kommen samt Informationen zum jeweiligen Berg in das Gipfelbuch, die Gipfelbücher folgen dem Farbleitsystem des Biosphärenparks. Seit August 2009 liegt das erste Gipfelbuch auf der Kellaspitze auf, weitere werden noch fertig gestellt.
Foto: Biosphärenpark-Management Großes Walsertal*

---

[14]Marco Onida, Generalsekretär der Alpenkonvention: Bergsteigerdörfer – ein solidarisches Projekt. Vorwort in: Bergsteigerdörfer, Ideen – Taten – Fakten Nr. 2, Tagung Mallnitz/Kärnten, 26./27. 11. 2008.
[15]Dem Artikel zugrunde liegen ein Interview mit *Peter Hasslacher*, Referatsleiter *Raumplanung/Naturschutz OeAV* und Informationen von *Christina Schwann, Via Alpina* und *Bergsteigerdörfer OeAV*, 04. 03. 2010.
[16]Geschichte der Göppinger Hütte bis 1988. In: Mitteilungsblatt der Sektion Hohenstaufen 1988.
[17]Bildband Steiles Erbe. Von Nikolaus Walter, Gernot Kiermayer und Elisabeth Burtscher. Teil 1, aktuelle Situation. Manuskript zur Neuauflage. Text zur Verfügung gestellt vom Biosphärenpark Management Großes Walsertal.

Weiterführende Informationen, Zusammenfassungen der bisherigen Arbeitsgespräche, die Gesamtbroschüre »Kleine und feine Bergsteigerdörfer zum Genießen und Verweilen« und Einzelbroschüren zu den einzelnen Orten sind erhältlich über die gemeinsame Website der österreichischen Bergsteigerdörfer:
http://www.bergsteigerdoerfer.at

Im Rahmen der Serie „Alpingeschichte kurz und bündig" sind bislang erschienen:
- Das große Walsertal. Von Ingeborg Schmid-Mummert, Innsbruck 2009.
- Ginzling im Zillertal. Von Gudrun Steger, Innsbruck 2010.
- Das Tiroler Gailtal – Kartitsch, Obertilliach, Untertilliach. Von Ludwig Wiedemayr, Innsbruck 2010.
- Steinbach am Attersee. Von Gudrun und Herta Wallentin, Innsbruck 2010.

Paula Wiesinger Steger
Bergsteigerin, Skifahrerin, Turmspringerin, Wirtin

VON INGRID RUNGGALDIER MORODER

Paula Wiesinger war eine der besten Bergsteigerinnen und Skiläuferinnen ihrer Zeit. In den dreißiger Jahren durchstieg sie mit den damals renommiertesten Bergsteigern die schwierigsten Wände der Dolomiten und Alpen. Kaum eine andere ihrer Zeitgenossinnen konnte den sechsten (und damals höchsten) Schwierigkeitsgrad als Seilerste und mit solcher Sicherheit klettern.

Im Laufe ihres langen, abenteuerlichen Lebens lernte sie viele bekannte Persönlichkeiten kennen: Von den schon anerkannten Bergsteigern, die in ihrer näheren Umgebung lebten, wie Batista Vinatzer aus Gröden, zu den prominenten Bergsteigern im Ausland wie Anderl Heckmaier oder Heinrich Harrer, den Erstbesteigern der Eiger-Nordwand, oder ihren Konkurrentinnen im Skirennlauf Ella Maillart oder Inge Lantschner, bis hin zu illustren Persönlichkeiten wie König Albert von Belgien.

Paula Wiesinger wurde am 27. Februar 1907 in Bozen geboren. Sie war die älteste von fünf Geschwistern – vier Schwestern und einem Bruder. An ihren Vater, der im Ersten Weltkrieg gefallen war, konnte sie sich nicht erinnern, und nachdem ihre Mutter nach Sterzing gezogen war, wo sie als Köchin arbeitete, lebte Paula bei ihren Großeltern in Bozen. Anlässlich ihrer häufigen Besuche bei der Mutter in Sterzing fing sie mit dem Bergsteigen und Skifahren an. Damals war sie sechzehn. Ihre Begleiter waren junge Polizisten der Grenzmiliz – unter ihnen auch der später berühmte Gino Soldà aus Recoaro. Mit ihm und anderen Bergsteigern bestieg sie so ziemlich alle Gipfel des Grenzgebietes um den Brenner. Da Paula Wiesinger keinen Vater hatte und auch nicht unter der ständigen Kontrolle ihrer Mutter lebte, genoss sie eine für damalige Verhältnisse ungewöhnliche Freiheit für eine junge Frau ihres Alters. Sie selbst meinte, das sei ihr Glück gewesen, weil sie immer das tun konnte, was sie wollte.

Sie kletterte immer nur in Begleitung von Männern, nie mit Frauen, aber nicht etwa, weil sie nicht mit Frauen klettern wollte, sondern weil es sich einfach nie ergab. Tatsächlich gab es damals weit und breit keine einzige Frau, die auch nur annähernd so gut klettern konnte wie Paula.

Sie erzählte, wie sie einmal mit Freunden von einer Tour auf die Marmolada zurückkehrte und wie sie, als sie die Civetta in der

Paula Steger als Skifahrerin. Alle Bilder im Besitz der Autorin

Paul und Hans Steger mit König Albert von Belgien und einem Begleiter.

Abendsonne sah, nicht mehr nach Hause gehen wollte, weil sie wusste, dass Hans Steger, ihr zukünftiger Ehemann, dort in der Gegend der Civetta war. Er hatte ihr eine Karte geschrieben und sie aufgefordert zu ihm zu kommen. Allein und zu Fuß begab sie sich also zur Coldai-Hütte, aber nachdem sie ihn dort nicht fand, setzte sie ihren Weg bis zum weiter weg gelegenen Pelmo fort, wo sich die beiden schließlich trafen, um am darauf folgenden Tag die Pelmo-Nordwand als zweite Seilschaft zu durchsteigen.

Gemeinsam kletterten Paula und Hans Steger in den folgenden Jahren die damals schwierigsten Routen der Dolomiten. 1928 gelang ihnen die Erstbegehung des Nordpfeilers des Einserkofels über die bekannte »Via della Gioventù«, zu deutsch »Weg der Jugend«. Weitere Erstbesteigungen sind die Winklerturm-Südwand (1929), die direkte Ostwand der Rosengartenspitze (1929), die Südwand an der Punta Emma im Rosengartenmassiv (1929) und am Schlern, Burgstall, die Ostwand Pfeilerrisse (1929). Außerdem sind ihnen die vierte Begehung des Südpfeilers der Marmolada und die Nordwand des Zwölferkofels als zweite Begehung zuzuschreiben. Einige dieser Wände und viele andere durchstieg Paula mehrmals, so zum Beispiel die Civetta oder die Vajolett-Türme, die sie über 30 Mal überschritt.

Paula Stegers Vorliebe beim Klettern waren Risse und Kamine. Sie war eine der wenigen Frauen ihrer Zeit, die einen sechsten Grad nicht nur klettern, sondern auch souverän führen konnte.

Dazu wurde sie ihrer Meinung nach regelrecht gezwungen, da ihr Mann und nunmehr ständiger Klettergefährte ihr eingetrichtert hatte, sie müsse sich zu helfen wissen, falls ihm etwas passierte. Also musste sie sich gewöhnen, selbständig zu klettern, um eventuell auch den Vorstieg übernehmen zu können. Ein oft zitierter Ausspruch Paulas lautet: »Isch jo gleich ob dr Hons vorgeaht oder i...«.

Paula bewies beim Klettern jedoch nicht nur Können, sondern auch eine außerordentliche Ausdauer, Nervenstärke

Bild oben:
Paula Steger als Schwimmerin und Turmspringerin.

Bild Mitte: Porträtzeichnung der jungen Paula Wiesinger.

Bild unten
Das frühere Hotel Steger-Dellai auf der Seiser Alm.

und Geistesgegenwart. Einmal wurde sie mit zwei Begleitern in der Marmolada-Südwand vom Wetter überrascht. Einer von ihnen, der Seilerste, wurde vom Blitz getroffen. Sie betreute und massierte ihn, um ihn vor Unterkühlung zu bewahren, bis er sich einigermaßen vom Schock erholt hatte. Nach einer im Biwak verbrachten Nacht gelang es ihr und dem Dritten in der Seilschaft, den Verletzten auf eine höher gelegene Terrasse zu schleppen, wo die Seilschaft ein zweites Mal biwakieren musste. Am dritten Tag war der Fels von Eis und Schnee bedeckt, sie kamen nur mühsam weiter, auch der Seildritte wurde von Schwäche befallen und, da sie eine weitere Nacht in der Wand nicht überlebt hätten, sicherte Paula ihre Begleiter so gut sie konnte an die Felswand, um allein aufzusteigen und Hilfe zu holen. Am Gipfel traf sie den Bergführer Tita Piaz aus dem Fassatal, der bereits eine Rettungsaktion eingeleitet hatte. Die beiden erschöpften Männer mussten ob ihrer Verletzungen und Erfrierungen zwei Monate im Krankenhaus verbringen, Paula hingegen kam um zwei Uhr morgens in Bozen an und war um acht Uhr wieder bei der Arbeit.

Ausdauer und keine Zimperlichkeit zeigte die Spitzenbergsteigerin auch, als sie an einem von Leni Riefenstahls Filmen als Stuntwoman mitwirkte und dabei über eine steile Geröllhalde stürzen musste. Jahre später erinnerte sie sich daran mit folgenden Worten: »Die Riefenstahl wollte keine blauen und grünen Flecken abkriegen, aber mir war das egal.« Ihr schlanker Körper war so gut durchtrainiert, dass sie von einem solchen Sturz vermutlich gar nicht allzu viele blaue Flecken abkriegen konnte. Sie war so kräftig, dass sie angeblich mit einer Hand sieben Klimmzüge nacheinander machen konnte, indem sie sich nur am Türstock festhielt.

Paula und Hans Steger wurden bald über die Grenzen hinaus als hervorragende BergsteigerInnen bekannt. So kam es, dass König Albert von Belgien sie als Bergführerinnen engagierte. Aus der Bergführer-Gast-Beziehung entstand eine langjährige Freundschaft. Paulas Beteiligung an den Bergtouren wurde von dem belgischen König aber auch deshalb gewünscht, weil er dadurch seine Bergtouren – die vielfach als zu gefährlich mit Argwohn betrachtet wurden – nach außen hin mit der Begründung rechtfertigen konnte, sie seien unbedenklich, weil »sogar ein Mädchen im Stande war mitzugehen«. Dass dieses Mädchen aber eine der besten Bergsteigerinnen ihrer Zeit war und mehr Mut und Erfahrung hatte als die meisten Männer, die kletterten, war damals nur in Bergsteigerkreisen bekannt.

Auch das Skifahren war in den zwanziger und dreißiger Jahren noch keinesfalls ein Massensport wie heute. Die wenigen einheimischen Skifahrerinnen wurden eher skeptisch beäugt. Wenn sich Paula zum Skifahren auf den nahen Ritten oder nach Gröden begab, musste sie zu Fuß gehen und die Skier auf den Schultern tragen: Das Geld für ein Verkehrsmittel hatte sie nicht. So ging sie mehrmals zu Fuß bis nach Cortina, Misurina und auf den Tre-Croci-Pass. Einmal konnte sie nach einem langen Fußmarsch in Cortina keinen Schlafplatz finden. Sie war so müde, dass ihr während des Essens im Gasthaus, wo sie eingekehrt war, die Augen zufielen. Einem Angestellten tat sie so leid, dass er ihr sein Schlaflager unter der Treppe überließ.

1932 wurde Paula Steger die erste Weltmeisterin des Skiclubs Gröden: Vor 33 internationalen Konkurrentinnen gewann sie die Weltmeisterschaftsabfahrt in Cortina. Zwischen 1931 und 1936 erlangte sie in Slalom, Abfahrt und Kombination 15 italienische Titel. Ihr Trainer war ihr Mann Hans Steger, finanziert wurde sie von Hulda Jane Tutino, einer wohlhabenden Amerikanerin, die in Wolkenstein lebte und mit dem Bergführer Ferdinand Glück kletterte. In Roccaraso gewann sie ein Meisterschaftsrennen mit einer Minute und sieben Sekunden Vorsprung: Statt die zu überwindenden Mau-

[1] *Eine italienische Süßspeise, wörtliche Übersetzung »Zieh mich hoch«.*

ern durch eigens vorgesehene Gatter zu bewältigen, sprang sie als Einzige einfach darüber. Sie ging als »die Paula« oder »la Paula« in die Geschichte des Skirennlaufs ein.

Eine italienische Zeitschrift schrieb: »La nera Wiesinger con gli occhi celesti del suo Isarco è spuntata come un fungo.« (Die schwarzhaarige Wiesinger mit den hellblauen Augen ihres Eisacks ist plötzlich wie ein Pilz aufgetaucht.)

1935 wurde sie zum »Trofeo Mezzalama«, einem 45 km langen Skitourenwettlauf zwischen Matterhorn und Monte Rosa, eingeladen – als Zuschauerin, wohl gemerkt, denn Frauen durften daran nicht teilnehmen. Als aber der Athlet Giusto Gervasutti das Rennen wegen einer Verletzung aufgeben musste, zog sich Paula sogleich seine Uniform an, versteckte sich hinter Brille und Mütze und ging statt seiner weiter. An einem Kontrollpunkt flog der Schwindel jedoch auf, und sie wurde disqualifiziert.

Es gab wenig, wovor sich Paula Steger fürchtete. Schon als kleines Kind hatte sie schwimmen gelernt. Wie der Fels war für sie auch das Wasser ein Element, in dem sie sich wohl und sicher fühlte. Obwohl für die damalige Zeit alles andere als alltäglich, ist es daher nicht verwunderlich, dass sie auch im Turmspringen versuchte, so gut wie möglich zu sein. Zu diesem Zweck fuhr sie einmal die Woche von der Seiser Alm nach Bozen, wo es ein 8 m hohes Sprungbrett gab. Da es für sie kein Problem war, diese 8 m zu springen, wollte sie versuchen, von einem 10 m hohen Sprungbrett zu springen, das es in München gab. Dazu war eine eigene Genehmigung erforderlich. »Was das Wasser betraf«, sagte Paula, »war Hans ein Feigling. Niemals hätte er aber zugegeben, dass er Angst hatte, im Gegenteil!« So besorgte er gleich zwei Springgenehmigungen: eine für sich und eine für Paula. Sie bereitete sich vor, sagte nicht viel und sprang nach einiger Zeit die 10 m. Hans hingegen betonte immer wieder, dass er die 10 m sofort springen würde, dass »da überhaupt nichts dabei sei, die würde sogar die Paula springen!« Aber gesprungen ist er die 10 Meter dann doch nie. Indes, meinte er großspurig, dass er gerne noch etwas höher gesprungen wäre, weil er sich »bei nur 10 Meter ja überhaupt nicht entfalten konnte.«

In der Tat kannte Paula Steger beim Klettern und auch sonst im Leben keine Angst. Nur einmal, gab sie zu, dass ihr nicht besonders wohl zumute gewesen wäre. Und zwar waren sie und ihr Mann vom Präsidenten des Tourismusvereins in Grindelwald eingeladen worden, sich die Eiger-Nordwand anzusehen. Sie fuhren mit dem Gedanken hin, die berüchtigte Wand vielleicht zu besteigen. Als sie aber die 1800 m hohe, nicht enden wollende Wand vor sich sahen, weigerte sie sich: Nein, dort wollte sie nicht hinauf! Zum Sterben war sie sich einfach doch noch zu jung.

Möglicherweise war es eine Vorahnung gewesen, wahrscheinlich aber die richtige Entscheidung, denn wer weiß, ob Paula Steger sonst noch so viele Jahre vor sich gehabt hätte. Nach ihrer Karriere als Bergsteigerin und Skifahrerin war sie jahrzehntelang als Wirtin des Hotels »Steger-Dellai« auf der Seiser Alm tätig. Auch nach dem Tod ihres Mannes führte sie den Betrieb noch bis ins hohe Alter weiter. Sie war stets optimistisch und äußerst vital. Die Arbeit, meinte sie, sei ihr »Tirami sù.«[1] Sie starb am 11. Juni 2001 im Alter von 94 Jahren.

Tote auf Urlaub
Österreichische Bergsteiger im Exil Sowjetunion

VON ROBERT STEINER UND HANS SCHAFRANEK

Sie waren Österreicher und Bergsteiger. Als Diktatur und Faschismus sich gegen die Arbeiterbewegung richteten, griffen sie zu den Waffen, um sich zu wehren.
Danach flohen sie in die UdSSR. Doch das Leben im verheißenen Land der Werktätigen zeigte sich für die Emigranten bald von seiner düstersten Seite.
Dies ist ein Beitrag zur fast vergessenen Geschichte der Schutzbund-Alpinisten.

Februarkämpfe

Wien, 13. Februar 1934. Schüsse hallen durch die Nacht. Die Arbeiter klammern sich an ihre alten Gewehre, ducken sich hinter die Barrikaden. Ab und zu legen sie an und feuern zurück. Die Gegner draußen werden immer mehr, es sind bewaffnete Männer der Heimwehren und des Heeres. Großkalibrige Geschütze werden dort aufgestellt, Detonationen erschüttern das Arbeiterwohnheim. Ein paar von ihnen denken in den Feuerpausen an die Berge, an den rauen Kalk des Gesäuses und die gleißenden Skipisten, die nun so weit fort sind wie ein längst vergangener Traum. Sorgen haben sie jetzt. Wo ist der große Widerstand, der Rückhalt durch die Arbeiterschaft und durch die Sozialdemokraten? Wer kann die Faschisten noch aufhalten?

Innerhalb eines Jahres wird aus der österreichischen Demokratie eine Diktatur. Am 5. März 1933 schaltet der Bundeskanzler Engelbert Dollfuß das Parlament aus und regiert in der Folge fast ausschließlich mit Notverordnungen. Nach der Legislative löst Dollfuß am 23. Mai schließlich mit dem Verfassungsgerichtshof auch die Judikative auf. Die Pressefreiheit wird stark eingeschränkt, alle Zeitungen stehen unter Vorzensur. Es folgen Versammlungsverbote, jedoch nicht für die Heimwehren, die bereits seit 1930 auf ein faschistisches Programm (Korneuburger Eid) eingeschworen sind und nun mit hilfspolizeilichen Befugnissen ausgestattet werden. Der christlichsoziale Bundeskanzler selbst ist kein Faschist, beugt sich aber widerstandslos dem Druck seiner rechtsradikalen Bündnispartner. Das Regime wird zudem in zunehmendem Maß von den österreichischen Nationalsozialisten bedrängt, die nach dem Sieg Hitlers im Deutschen Reich einen ungeheuren Aufwind erhalten. Nach einer Serie von Bombenattentaten und anderen Terrorakten wird die NSDAP im Juni 1933 verboten, gewinnt jedoch in der Illegalität einen immensen Zulauf und bedroht das Regime von rechts. Die Großdeutschen und der Landbund werden fast völlig von

»Februarkampf«: Kanonen gegen Arbeiterwohnheime. Im Februar 1934 wehrte sich die österreichische Arbeiterschaft gegen die zunehmende Auflösung der Demokratie. Die Regierung schlug die Kämpfe mit aller Härte nieder und wies die Presse an, den Aufstand als »marxistischen Putschversuch« zu bezeichnen. Arbeiterwohnheime wurden mit großkalibrigen Militärgeschützen beschossen. Mehr als 200 Menschen fanden den Tod. Etliche flohen in die Tschechei und weiter in die Sowjetunion. Unter ihnen auch Alpinisten.

den Nazis aufgesogen, der steirische, seit jeher deutschnational ausgerichtete Heimwehr-Flügel (Steirischer Heimatschutz) verschmilzt mit der SA. Im November 1933 wird die Todesstrafe wieder eingeführt und erstmals an einem geistig etwas behinderten Bauernknecht vollstreckt, der einen Heuschober angezündet hatte. Zur selben Zeit wird ein reicher Bauernsohn begnadigt, der eine Magd grausam ermordete, die von ihm schwanger war. Nichts könnte deutlicher den Klassencharakter der Justiz und des ganzen Regimes demonstrieren, das sich nur auf eine sehr schmale soziale Basis in der Bevölkerung stützen konnte: Kirche, Großgrundbesitz, Adel.

Der den faschistischen Heimwehren in Österreich nahe stehende »Duce« (Führer), Italiens Staatschef Mussolini, drängt auf die Ausschaltung der einst mächtigen Sozialdemokratie. Deren Führung weicht Schritt für Schritt zurück, lähmt den Kampfeswillen von Teilen der radikalisierten Basis, vor allem im Republikanischen Schutzbund. Auch Gustav Döberl, ein herausragender Bergsteiger, ist Mitglied dieser Wehrformation. Bei ihm, seinem Bruder Franz und anderen Schutzbund-Angehörigen in Waidhofen an der Ybbs (Niederösterreich) werden Mitte März 1933 Waffen gefunden, die ausschließlich zur Verteidigung gegen faschistische Übergriffe bestimmt sind. Diese lokalen Ereignisse dienen der Regierung Dollfuß als Vorwand, um zwei Wochen später den 60.000 Mann starken Schutzbund in ganz Österreich zu verbieten. In der Illegalität existiert er weiter, freilich stark geschwächt. Als am 12. Februar 1934 ein Parteiheim der Sozialdemokraten (SDAP) in Linz von der Polizei durchsucht wird, kommt es zur offenen Auseinandersetzung. Drei Tage lang herrscht Bürgerkrieg in Österreich. Der Schutzbund kämpft gegen Heimwehr und Bundesheer. Die illegalen Nazis bleiben in dieser militärischen Konfrontation neutral, gewinnen jedoch

Gustav Döberl (Mitte) im Kreis russischer Bergsteigerfreunde nach der Überschreitung der Uschba im Kaukasus Anfang der Fünfziger Jahre. Eine anspruchsvolle Route. Die Freude ist ihm, der einen Arm verloren und neun Jahre im Gulag überlebt hat, ins Gesicht geschrieben.

Alle Bilder stammen vom Dokumentationsarchiv des Österreichisches Widerstandes, einige wenige aus dem Archiv von Robert Steiner, diese sind gekennzeichnet durch*.

*»Schutzbund-Stern«
Im Gedenken an die in den Februarkämpfen verstorbenen Schutzbündler meißelten die österreichischen Exilanten unweit vom kaukasischen Ort Schelesnowodsk einen Stern in die Felsen und hielten Gedenkfeiern ab.*

nach der Niederlage – ebenso wie die Kommunisten – Tausende führerlos gewordene, desorientierte Schutzbündler. Die SDAP und alle ihr angeschlossenen Vereine, Konsumgenossenschaften und die Gewerkschaften, insgesamt 1500 Organisationen, werden verboten. Die einst so siegessichere österreichische Arbeiterbewegung ist ein Trümmerhaufen.

»Schutzbundaufmarsch«. Training des Republikanischen Schutzbundes. Diese paramilitärische Organisation der Sozialdemokratischen Partei Österreichs verstand sich als Verteidigungsinstrument der Demokratie. Sie bildete das Gegenlager zu den faschistischen Heimwehrorganisationen und den Terrorgruppen der Nationalsozialisten. In ihren Reihen waren auch Bergsteiger.

Gespaltene Bergsteigerschaft

»Es ist eine Unverschämtheit, wenn sich Sozi in ein Buch eintragen, das von Patrioten aufgelegt wurde.« (Gipfelbucheintrag von 1912)

Wie die österreichische Bevölkerung insgesamt, so ist auch ein großer Teil der Bergsteiger der dreißiger Jahre in radikale politische Lager gespalten. Der Alpenverein eilt der braunen Massenbewegung weit voraus. Dem Judenhetzer und Funktionär Eduard Pichl folgend, schließen viele Sektionen des DÖAV bereits in den zwanziger Jahren Juden aus. Manche Alpenvereinler werden Mitglieder bei SS und SA, z.B. Heinrich Harrer. Alpingrößen wie Karl Prusik, der Erfinder des Klemmknotens, verbreiteten in der Lehre vom Kampfalpinismus den arisch-überlegenen Sozialdarwinismus der Berge. Das Gedankengut der meisten damaligen Alpenvereinsfunktionäre war, wie die historische Forschung der letzten Jahre gezeigt hat, rassistisch, antisemitisch, kriegshetzerisch, antiproletarisch, nationalsozialistisch. Allein die Berichte vom Bergsteigen lesen sich wie Kriegserzählungen, in denen Helden sich mutig in das Geschützfeuer des Steinschlags werfen, um den Sieg zu erringen.

Die Vereinnahmung des Bergsteigens durch die Nationalsozialisten wird später mit der Erstbesteigung der Eiger Nordwand einen Höhepunkt erreichen. »Wir haben die Eiger Nordwand durchklettert über den Gipfel hinaus bis zu unserem Führer«, heißt es in der Presse.

Im anderen Lager versammelten sich die Bergsteiger des Schutzbundes, sozialistische Wehrturner, Naturfreunde und einige wenige Kommunisten. Alpenverein und Naturfreunde, 1929 mit 250.000 und 200.000 Mitgliedern etwa gleich groß, kündigen sich das Gegenrecht auf, es kommt zu verbalen Beschimpfungen und auch handgreiflichen Auseinandersetzungen.

Als der Schutzbund in den Februarkämpfen 1934 dem »Austrofaschismus« Einhalt gebieten will, steht er von vornherein auf verlorenem Posten. Es mangelt ihm nicht nur an Waffen, sondern auch an einem strategischen Konzept. Von der sozialdemokratischen Parteiführung im Stich gelassen, kämpfen die Arbeiter um die Verteidigung ihrer sozialen Lebensräume und die Reste der Demokratie. Ein ungleicher Kampf: Mit wenigen Gewehren, Pistolen und selbst produzierten Handgranaten treten 20.000 Schutzbund-Aktivisten vor allem in Wien, Oberösterreich und der Steiermark in Aktion – gegen das Bundesheer, Polizei und Heimwehren. Die Staatsmacht setzt gegen die »Gemeindebauten« in Wien, den weltweit größten sozialen Wohnbau-Komplex, Artillerie, Minenwerfer und Maschinengewehre ein.

200 Schutzbündler haben am Ende der Kämpfe ihr Leben verloren, Tausende werden inhaftiert, neun durch Standgerichte zum Tode verurteilt und hingerichtet. Das Bild des schwer verwundeten Karl Münichreiter, der auf der Tragbahre zum Galgen geschleppt wird, geht um die ganze Welt. Viele flüchten in die Tschechoslowakei, manche sind schon früher geflohen, meist durch die Wälder, verfolgt von Polizei und Faschisten. Unter ihnen sind auch Bergsteiger: Etwa Gustav Döberl aus Waidhofen, Franz Berger aus Aflenz, Ferdinand Kropf aus Graz. Oder Franz Hodik. Ihr Ziel ist die Sowjetunion. Eine Einladung des Zentralrats der sowjetischen Gewerkschaften eröffnet diese ungeahnte Möglichkeit. Von der Kommunistischen Internationale jahrelang als »Sozialfaschisten« diffamiert und politisch aufs heftigste bekämpft, werden die sozialdemokratischen Emigranten jetzt propagandistisch völlig vereinnahmt. Viele Schutzbündler treten schon im kurzen tschechischen Exil der KPÖ bei, manche aus politischer Überzeugung, andere aus Opportunismus.

Flucht in die Sowjetunion

Prag. Anstehen an der sowjetischen Botschaft. Gruppenweise bekommen sie ein Visum, nach langem Warten auf den Politemigrantenstatus. Die Tschechei will sie nicht behalten. Es gibt dort keine Arbeit, auch politisch sind ihr die Exilanten zu brisant. Was die Schutzbündler in der Sowjetunion erwartet, wissen sie nur rudimentär. Arbeit gibt es sofort, in der Fabrik »Dynamo« in Moskau, im Maschinenbau in Sankt Petersburg, der Metallverarbeitung in Woronesch, im Bergbau in Charkow. Ein Teil der Flüchtlinge soll in Hotels mit Namen »Sowetskaja« oder »Spartak« untergebracht werden, das Gros jedoch in Massenunterkünften.

Ein garantierter Lohn von 250 Rubel, genügend zum Überleben, soll ihnen gezahlt werden. Den Sozialismus werden sie mit aufbauen. Manche in der Schlange sprechen von der UdSSR wie von einem Traumland. Andere machen besorgte Gesichter, sprechen davon, dass Stalin das Land in eine Diktatur verwandelt hat.

Insgeheim träumen Döberl, Berger, Kropf von den Bergen, vom Skifahren und Klettern. Döberl hat in seinen Händen Ski, Steigeisen, Pickel, Bergschuhe. Er hat sie sich über die Kontakte der »Roten Hilfe« in die Tschechei nachschicken lassen. Wie er gehört hat, soll in der Sowjetunion Bergsteigen Massensport werden. Über die Gewerkschaften kann man in den Kaukasus fahren. Zwei Österreicher, beide Gesinnungsgenossen, leben bereits dort und haben viele Bergtouren unternommen. Vielleicht gelingt es ihm, mit ihnen Kontakt aufzunehmen, seine Hände sehnen sich nach Fels, seine Füße dürsten nach dem rauschenden Schnee. Vom legendären Franz Sauberer hat er schon viel gehört. Der ist schon seit 1926 da, lebt in Charkow. Den 7010 Meter hohen Khan Tengri hat er 1931 mit Ukrainern erstbestiegen. Und Anton Zak möchte er kennen lernen. Er lebt in Moskau und war im Vorjahr bei der großen Expedition zum 7495 Meter hohen Pik Stalin dabei, als stellvertretender Leiter.

Khan Tengri.

»Gustav Döberl?«, ruft eine Stimme aus der Botschaft. Er tritt vor.

Grenze zur UDSSR, Station Negoreloje. Ein hölzerner Triumphbogen mit roten Fahnen steht dort. In Holz geschnitzt, empfängt die Losung »Proletarier aller Länder, vereinigt euch!« die Flüchtenden. Das Land der Werktätigen und des Sozialismus schirmt sich hinter Geschütztürmen und hohen Stacheldrahtzäunen ab.

»Nicht Gäste, sondern Brüder«
Ankunft in Moskau. In Österreich von Faschisten, Heimwehr und Staat verfolgt, in Sowjetrussland gefeiert. Was die realen Lebensumstände in der Sowjetunion anbelangt, kehrte jedoch bald Ernüchterung ein.

Der polnische Grenzer dämpft die Erwartungen der Schutzbündler: »Ihr werdet jetzt mit dem breitspurigen Zug mit einer Geschwindigkeit von 80 Stundenkilometern in das »Vaterland der Werktätigen« fahren. In einigen Wochen werdet ihr euch wünschen, mit einer Geschwindigkeit von 120 Stundenkilometern wieder zurück in das kapitalistische Österreich zu reisen«.

In Moskau werden die Sonderzüge mit den insgesamt rund 800 »Helden der Februarkämpfe« großartig empfangen. Orchester spielen, Reden werden geschwungen. Die Menschen am Bahnsteig grüßen mit der erhobenen Faust und dem Kampfruf »Rotfront!« Auf Plakaten steht: »Nicht Gäste, sondern Brüder«. Bei Rundfahrten zeigt man ihnen Moskau, lädt einige sogar in den Kreml zu den höchsten Politikern ein.

Arbeitsalltag

Schnell kehrte in den Industriekombinaten Ernüchterung über den realen Sozialismus ein. War in Österreich die Massenarbeitslosigkeit ein existenzielles Problem gewesen, so waren es hier mangelhaftes Werkzeug, stockende Versorgungsketten für Nachschub von Rohmaterial und Ersatzteilen, Sprachschwierigkeiten und die schlechte Organisation der Betriebe. Bald wurden den Exilanten auch die Privilegien gestrichen, sie durften nicht mehr billig in Sonderläden einkaufen und mussten für die Kantinen bezahlen. Vom Lohn blieb nach Miete und Essen nichts mehr übrig. Auch politische Zwänge machten sich bemerkbar. Man durfte seine Meinung nicht frei sagen, die Post nach Österreich unterlag der Zensur und Bespitzelung war an der Tagesordnung.

Österreichische Alpinisten gründen die erste Bergführerausbildung der UdSSR

Die Bergsteiger unter den Schutzbundalpinisten fanden bald Zugang zum sowjetischen Alpinismus. Über die Gewerkschaften erhielten sie die Möglichkeit, Bergsteigen zu gehen oder als Instrukteure zu arbeiten – schließlich war der Stand der Technik in Sowjetrussland weit zurück und es gab einiges zu lernen. So gab Gustav Döberl auf den Leninhügeln unweit von Moskau gratis Skiunterricht, wurde bald von einer Sporthochschule angestellt und unterrichtete Skifahren, Bergrettung und Bergsteigen. Eine besondere Leistung, denn Döberl fehlt seit einem Maschinenunfall in jungen Jahren ein Arm. Als Trainingsgelände fürs Klettern nutzte Döberl mit seinen Lehrlingen die halbfertigen Mauern und Torbögen des Zaryzino-Schlosses bei Moskau, das einst auf Geheiß der Zarin Katharina gebaut werden sollte und nie fertig wurde. An den Steinvorsprüngen stärkten sich die Kletterer die Finger, an den Säulen wurde der Standplatzbau geübt. Als Assistent wirkte Franz Berger. Bei den ersten offiziellen Skirennen der Gewerkschaften belegten sie den ersten und zweiten Platz.

Im Kaukasus gründeten sie die erste »Bergsteigerschule« der Union. Franz Sauberer hatte mittlerweile eine hohe Position inne – er regelte den gesamten Touristenverkehr für den Kaukasus.

Döberl und Sauberer bauten in Adyl Su ein Alplager auf, rodeten mit anderen Schutzbündlern und russischen Bergsteigern Bäume, sprengten Steine. Dann folgte der Aufbau einer Zeltstadt. Sechstägige Kurse bereiteten die Kandidaten darauf vor, ihre Tätigkeit als Instruktoren in den Alplagern auszuüben. Auf dem Programm standen Felsklettern, Gletschertechnik, Bergsteigen. Drei bis vier Tage wurde im Gebirge geübt und geprüft. Dank großer Nachfrage bot Döberl Kurse mit 40 Tagen Ausbildung an – die erste Bergführerausbildung der Sowjetunion. 11 seiner Ausbilder waren ehemalige Schutzbündler, die anderen 11 Russen. 1936 verließen 168 Instruktoren die Bergsteigerschule. Die gesamte Elite der Sowjetbergsteiger war mit dieser Schule bekannt.

Die talentierten Organisatoren veranstalteten auch Ausfahrten mit Bergtouristen, etwa 1935, als sie zusammen mit 94 Russen den Elbrus bestiegen.

Bergerfolge – ganz vorne mit dabei

Aktivster Schutzbund-Bergsteiger war Franz Sauberer. Der 1904 geborene Tiroler war als zehntes Kind einer Eisenbahnerfamilie zur Welt gekommen und musste schon früh zum Einkommen beitragen, indem er Weinflaschen zu den Hütten der Dolomiten hinauftrug. Mit 14 fing er an, Berge zu besteigen, arbeitete später in Innsbruck als Bergführer, wo er Kunden in die Ötztaler und Zillertaler Alpen, auf den Ortler, auch auf den Mont Blanc oder das Matterhorn führte. Seine Schwester bezeichnete ihn als Bergbesessenen. In Charkow bekam er Kontakt zu ukrainischen Bergsteigern. 1929 war er bereits auf einer Expedition in den Tien Shan dabei. 1930/31 gelangen die Erstbesteigungen von Pik K4 (6410 Meter), Pik Bronenosez (6840 Meter), Pik Alma Ata (6300 Meter) und Pik Nabokov (6200 Meter). Die größte Leistung war jedoch die Erstbesteigung des 7010 Me-

»Franz Sauberer«
Der gebürtige Südtiroler war ein hervorragender Alpinist. Nach seiner Emigration in die Sowjetunion 1926 gehörte er dort zu den bekanntesten und besten Bergsteigern. Er leitete zeitweise den gesamten Touristenverkehr in den kaukasischen Alplagern.

»Ruine beim Zaryzino Schloss«
Urbanes Trainingsgelände in den 30er Jahren. Das von Zarin Katharina in Auftrag gegebene und nicht fertig gestellte Zaryzino-Schloss bei Moskau wurde von Gustav Döberl zum Felsklettertraining und zur Ausbildung von Bergsteigern verwendet – die abgespeckten Griffe zeugen davon. Seit 2007 ist das Schloss fertiggestellt, das Klettern auf dem Gelände endgültig verboten.

»Khan Tengri«*
Tiefblick vom Gipfel des Khan Tengri, 7010 Meter, heute Grenze von Kirgisistan, Kasachstan und China. Die formschöne Marmorpyramide wurde 1931 von Pogrebetzki, Tjurin und Sauberer erstbestiegen. Franz Sauberer stammte aus Südtirol und war 1926 in die Sowjetunion emigriert. Ein starker Bergsteiger, der maßgeblich zum Aufbau der Bergsteigerausbildung in der Sowjetunion beitrug.

ter hohen Khan Tengri zusammen mit den Ukrainern Boris Tjurin und Michail Pogrebetski im Jahr 1931 – ein Erfolg, der sich hinter den großen Himalaya-Expeditionen der damaligen Zeit nicht zu verstecken braucht und sicher ein großes propagandistisches Echo bewirkt hätte, wenn Sauberer Nationalsozialist in Deutschland und der Khan Tengri nicht auf sowjetischem Boden gewesen wäre. Stattdessen wurde Sauberer im Westen vergessen. Später half Sauberer, Alplager im Kaukasus aufzubauen, wo Bergsteiger ausgebildet wurden. Noch heute gibt es einige davon. So leitete Sauberer das Lager im Zee-Tal. Seine freie Zeit galt den Gipfeln: Koschtantau (1933), Dichtau (1934), Schchara (1935), den Elbrus und Kasbek. 1935 ehrte man ihn mit dem Rang »Meister des Sowjetischen Alpinismus«. Er war allen zeitgenössischen Bergsteigern der UdSSR ein Begriff, die meisten kannten ihn persönlich. Es wird gesagt, er sei bei den Männern durch sein hohes Können und sein Verständnis beliebt gewesen und bei den Frauen durch sein gutes Aussehen und sein einnehmendes Wesen.

Ferdinand Kropf, 1914 in Graz geboren, ging bei Döberl in die Lehre. Nach ihm ist eine Route auf die Schchelda benannt. Er wurde Ausbilder, leitete das Rettungswesen, schrieb Lehrwerke zur Bergrettung, einen Führer über den Westkaukasus, übersetzte Bergbücher ins Russische. Auch er wurde »Meister des Alpinismus«.

Anton Zak, 1903 geboren, war bereits in jungen Jahren auf dem Venediger, Großglockner, dem Zuckerhütl und den Bergen der Tatra gewesen. Er war Ausbilder im Alplager. 1932 nahm er an der Expedition Krylenkos in den Pamir teil und bestieg sieben Gipfel von etwa 6000 Metern. 1933 folgte eine Teilnahme an Gorbunows Expedition im Pamir, wo Zak am 7495 Meter hohen Pik Stalin (heute Pik Kommunismus bzw. Pik Somoni) bis auf 7000 Meter gelangte, sich aber dort die Füße erfror. Von ihm sind folgende Worte überliefert: »Ich sehe mich als sowjetischen Alpinist, weil ich meine schwierigsten Bergtouren nicht in den Alpen, sondern in der SSSR durchgeführt habe«.

Rudolf Spitzers Name bleibt mit dem Krieg im Kaukasus verbunden. Die Aufgabe seiner Abteilung bestand darin, eine Wehrmachtseinheit aus der »Prijut 11« Hütte zu vertreiben und auf dem Gipfel des Elbrus die deutsche durch die sowjetische Flagge zu ersetzen. Seine 80-köpfige Gruppe der Roten Armee stieg auf wenig begangenen Wegen auf und befand sich bereits oberhalb der Hütte, als ein Schneesturm einsetzte. Um das Leben der Soldaten zu retten, wurde die Aktion abgeblasen. Spitzer wurde kurz darauf des Landes verwiesen.

Bergsteiger im Gulag

„Döberl! Sie sind als Feind des Volkes verhaftet. Mitkommen!«

Um Gustav Döberl ist das nächtliche Dunkel des Gulag, die kalte und stinkende Krankenstation. In seinen Fieberträumen wiederholt sich oft, was ihm 1938 widerfahren ist. Die Schergen des NKWD standen vor der Tür des Hotelzimmers und nahmen ihn mit. Wie viele andere ist er unschuldig Opfer des Stalinschen Terrors geworden, wurde verhaftet, drei Jahre saß er in Moskau im Gefängnis, überlebte Schikanen und Folter. Ein Spion sei er, ein Mitarbeiter der Nazis, hatte man ihm gesagt, ein konterrevolutionärer Feind des Volkes. Viele Zellengenossen wurden erschossen, auch ihn hatte man bereits zur Erschießung abgeführt, später aber wieder in die Zelle gebracht. Dann wollte man ihn nach Deutschland abschieben, aber er wehrte sich. Sein Glück, denn er stand auf einer Sonderfahndungsliste des SD (Sicherheitsdienst) der SS: »Döberl ist vor seiner Auswanderung nach Sowjetrussland als verbissener Marxist bekannt gewesen. Gegen den Genannten wurde vom Oberreichsanwalt beim Volksgerichtshof in Berlin ein Verfahren wegen Vorbereitung zum Hochverrat eingeleitet«.

Er unterschrieb schließlich ein Urteil, das ihm neun Jahre »Trudowij Ispravitelnij Lager« (Arbeitsbesserungslager) einbrachte. Oder wie man im Westen sagte – das Gulag. Arbeit, Kälte, Hunger, die Seka, die Gefängnisbanditen. Er kam nach Kolyma, dem gefürchtetsten aller Lager, 8.000 Kilometer von Moskau, im Nordosten Yakutiens, einem der kältesten besiedelten Plätze der Erde. 12 Monate sei dort Winter, sagte man, der Rest sei Sommer. Es gab nicht einmal Straßen dort hin, man musste über gefrorene Flüsse gehen. Nächtliche Erschießungen standen an der Tagesordnung, das Zerbrechen einer altersschwachen Schubkarre galt als Sabotageakt und konnte zu einer neuerlichen Anklage führen. Kaum jemand überlebte mehr als zwei Jahre – die erschütternden Erzählungen Warlam Schalamows berichten davon. Aus Hunger aßen die Insassen Moos und Baumrinde. Neun Jahre Leid.

Von den knapp 800 in die UdSSR emigrierten Schutzbundangehörigen wurden mehr als 200 während des »Großen Terrors« (1937/38) verhaftet, etwa dieselbe Anzahl kehrte zwischen 1938 und 1941 teils freiwillig, teils gezwungenermaßen in die Heimat zurück. 160 meldeten sich zum militärischen Einsatz bei den Internationalen Brigaden im Spanischen Bürgerkrieg. Der Rest wurde im Oktober 1941, als die deutschen Panzer vor Moskau standen, wie alle übrigen Emigranten unter deportati-

Verhaftungsbefehl der Geheimpolizei, ausgestellt auf den Schutzbündler Eduard Lange, dessen Bruder Alexander als Bergführer im Kaukasus arbeitete. Unverschuldet wurden viele der Emigranten als »Feinde des Volkes« bezeichnet, eingesperrt, verbrachten Jahre im Gulag oder wurden nach Hitlerdeutschland ausgewiesen. Lange starb im Lager Kolyma in Ostsibirien.

Ferdinand Kropf war Bergsteiger und Organisator. Er floh nach den Februarkämpfen 1934 in die Sowjetunion, baute dort die sowjetische Bergrettung auf und leitete sie bis 1993. Er schrieb vielbeachtete Lehrbücher und einen Führer über den Westkaukasus.

onsähnlichen Umständen nach Mittelasien evakuiert.

Franz Sauberer hatte man bereits im Sommer 1937 festgenommen, mitten im Alplager, zusammen mit 12 seiner Bergführer. Einige Wochen nach dem »Anschluss« wurde er aus der Sowjetunion ausgewiesen und kehrte nach Österreich zurück. Da er bereits 1926 in die Sowjetunion emigriert und publizistisch nicht gegen das NS-Regime aufgetreten war, musste er unter der NS-Herrschaft keine Verfolgungen befürchten. Bei einem amerikanischen Luftangriff auf Wien starb er 1944 ebenso wie seine Eltern unter den Trümmern des einstürzenden Hauses. Frau und Kind hatten in Moskau bleiben müssen, seine Tochter Swetlana lebt heute noch dort.

Anton Zak, mitsamt seiner Familie deportiert, überlebte den Krieg.

Die Bergsteiger Franz Berger und Johann Dittrich, die vom Aufklärungsapparat der Roten Armee hinter den deutschen Linien als Funk- und Fallschirmagenten abgesetzt wurden, sind verschollen.

Eine zwiespältige Rolle spielte der als Mechaniker im 1. Moskauer Uhrenbetrieb und später im Stalin-Autowerk beschäftigte Franz Hodik, den das NKWD für eine Informantentätigkeit geworben oder auch dazu gepresst hatte. Hodik sagte gegen einen anderen, 1938 verhafteten Schutzbündler aus, dieser hätte in seinem Hotelzimmer »antisowjetische Versammlungen« abgehalten. Zwei Jahre später kehrte sich der Repressionsmechanismus gegen den Denunzianten selbst. Die Internationale Kontrollkommission (IKK) und die Parteiführung der KPÖ entdeckten nun in seinem Kaderakt »dunkle Punkte«. Hodik selbst hatte in einem Lebenslauf angeführt, dass er, nach den Februarkämpfen auf einem Wiener Polizeikommissariat schwer misshandelt, unter dem Druck der quälenden Verhöre folgendes unterschrieben habe: »Dass ich am Aufstand im Ottakringer Arbeiterheim als Führer beteiligt war, dass ich eine Reihe von Genossen kenne, welche, sobald ich sie zu Gesicht bekomme, der Polizei ausliefern werde. Daß ich mir die Verletzungen selbst zugezogen habe«. Das war jedoch bestenfalls der Anlass, vermutlich aber nur der Vorwand für ein Parteiverfahren, das am 27. September 1940 mit Hodiks Ausschluss aus der KPÖ endete. Hodik verlor die Wohnung und den Arbeitsplatz, am 1. April 1941 nahm ihn das NKWD fest und konfrontierte ihn mit haarsträubenden Beschuldigungen. Es bezichtigte ihn enger Verbindungen mit Heinz Roscher, dem prominentesten Schutzbund-Emigranten. Der frühere Floridsdorfer Schutzbund-Kommandant, ein Mitglied des Moskauer Stadtsowjets, war bereits 1938 zum Tode verurteilt und hingerichtet worden. Nach einigen Wochen im Gewahrsam seiner früheren Auftraggeber »gestand« Hodik, er sei von Roscher als Nazi-Agent »angeworben« worden. Das Militärkollegium des Obersten Gerichts verhängte am 9. Juli 1941 die Todesstrafe, 18 Tage später wurde sie vollstreckt.

Abreise aus Moskau 1954. Nach zwanzig Jahren im Exil kehrt Gustav Döberl zurück nach Österreich. Rechts ein russischer Bergsteiger, links Sohn Peter. Döberl hatte bis zu seiner Verhaftung maßgeblich am Aufbau der sowjetischen Bergführerausbildung mitgewirkt. Auch nach seiner Freilassung bot er noch Skikurse an. Nach seiner Rückreise initiierte er Austauschprogramme von sowjetischen und österreichischen Bergsteigern und ging trotz seiner Armamputation weiter Klettern und Skifahren.*

Ein Österreicher baut die sowjetischen Bergrettung auf

Ferdinand Kropf erhielt 1940 die russische Staatsbürgerschaft, kämpfte auf Seiten der Roten Armee und starb am 16. März 2005 in Moskau. Nach Österreich war er nicht mehr zurückgekehrt. Er heiratete eine Russin, seine Tochter lebt in Moskau. Ältere russische Bergsteiger erinnern sich gut an ihn, er war eine Institution: Gründer und Chef der gesamtsowjetischen Bergrettung bis ins hohe Alter, hochdekorierter Ausbilder, Erbauer der Prijut 11 Hütte am Elbrus, Bergbuchautor, Übersetzer. Von ihm sind zahllose Anekdoten überliefert, die meist in gebrochenem Russisch vorgetragen werden. Einmal soll er Folgendes gesagt haben: Bis 25 ist man Felskletterer, bis 35 Eiskletterer, bis 45 Höhenbergsteiger. Und über 45 »Starij Perdun« – ein »alter Furz«.

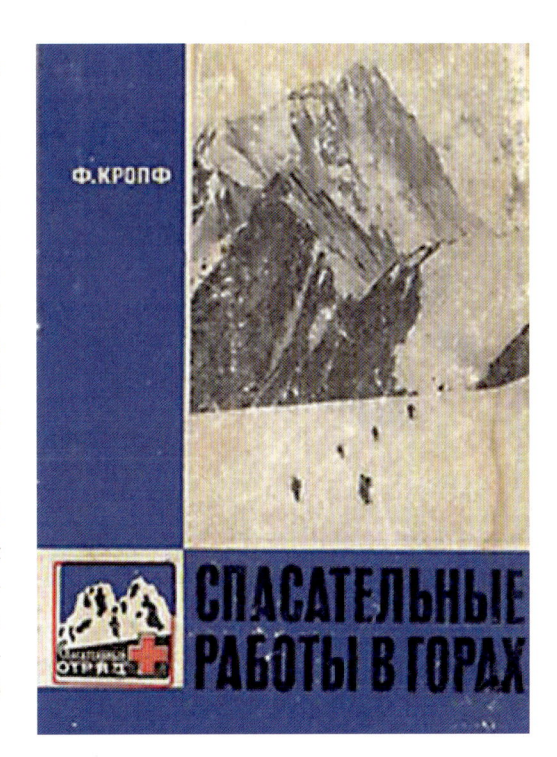

Titelseite des Lehrwerkes von Ferdinand Kropf: »Bergrettung«. Ein Standardwerk zu Sowjetzeiten – und auch heute noch im Handel.*

Armlos, aber glücklich auf der Uschba

„Dawai, Gustav! Vershina!«

Der Einarmige steigt nach, die letzte Seillänge zum Gipfel. Jahre hat er gehofft, noch einmal auf einen großen Berg zu kommen. Wofür sonst hatte er die Niederschlagung des Schutzbundes, die Verhaftung, das Gefängnis und neun Jahre Gulag überlebt? Sein Freund Belawin sichert ihn. Seit seiner Freilassung 1947 hat er den Traum in Gustavs Augen gesehen, der immer noch, trotz allem fürs Bergsteigen lebt. Es ist kein kleiner Gipfel, den sie mit ihm angehen, dem seit jungen Jahren ein Arm fehlt, die »Wolnaja Ispania«. Später wird er die anspruchsvolle Uschba (4707 Meter hoch) mit seinen russischen Bergsteigerfreunden überschreiten.

Reise in die fremde Heimat

1954. Der Zug rollt durch Russland, in Richtung Grenze. Die Verabschiedung von seinen Bergfreunden in Moskau war herzlich. »Bleib«, hatten sie gesagt »Wir brauchen solche wie dich für die Alplager. Kropf bleibt auch. Stalin ist tot. Niemand wird euch wieder etwas zuleide tun«. Doch Döberl hat genug von der Sowjetunion.

Neben ihm sitzt sein Sohn Peter, ein junger Mann. Sie fahren nach Österreich, in ein Land, das ihm längst fremd geworden ist, das Peter nicht einmal kennt. »Nach Hause«, würde man fast sagen. Aber nach zwanzig Jahren, nach Hitlers Wahnsinn und den Verwüstungen des Zweiten Weltkrieges, wird Österreich wohl kaum das gleiche Land sein, das er 1934 verlassen hat. Gustav Döberls große Reise geht zu Ende. Er ist in die Sowjetunion emigriert, um dort ein freies und besseres Leben zu finden. Sicher, er fand seine geliebten Berge und auch Freunde. Auch leistete er Großes als Bergsteiger und Bergführerausbilder. Das Leben hingegen enttäuschte ihn zutiefst. Nur knapp konnte er die Willkür und Brutalität des Stalinismus überleben. Nicht ohne Grund wurden Menschen wie er in Russland als »Tote auf Urlaub« bezeichnet.

Er wohnt nach seiner Rückkehr bis zu seinem Tod 1976 in Wien, geht selbst in hohem Alter noch Skitouren, führt russische Bergsteiger durch die österreichischen Alpen und österreichische Bergsteiger in den Kaukasus und in den Pamir. Über Politik spricht er nicht mehr viel. Mit dem Kriegsinvaliden Karl Andreas Edlinger, dem ein Bein fehlt, bildet er eine bemerkenswerte Seilschaft. Der Armlose und der Beinlose klettern zusammen eine Route im vierten Grad an der Rax. Die Besteigung ist fast so viel wie ein Zeichen.

Literatur zu den Österreichern im Sowjetischen Exil: Zwischen NKWD und Gestapo. Die Auslieferung deutscher und österreichischer Antifaschisten aus der Sowjetunion an Nazideutschland 1937 – 1941, Hans Schafranek, Frankfurt a.M. 1990; Die Betrogenen. Österreicher als Opfer stalinistischen Terrors in der Sowjetunion, Hans Schafranek, Wien 1991; Kinderheim Nr.6. Österreichische und deutsche Kinder im sowjetischen Exil, Hans Schafranek, Wien 1998; Aufbruch. Hoffnung.Endstation. Österreicherinnen und Österreicher in der Sowjetunion (gemeinsam mit Barry McLoughlin und Walter Szevera), Wien 1997.

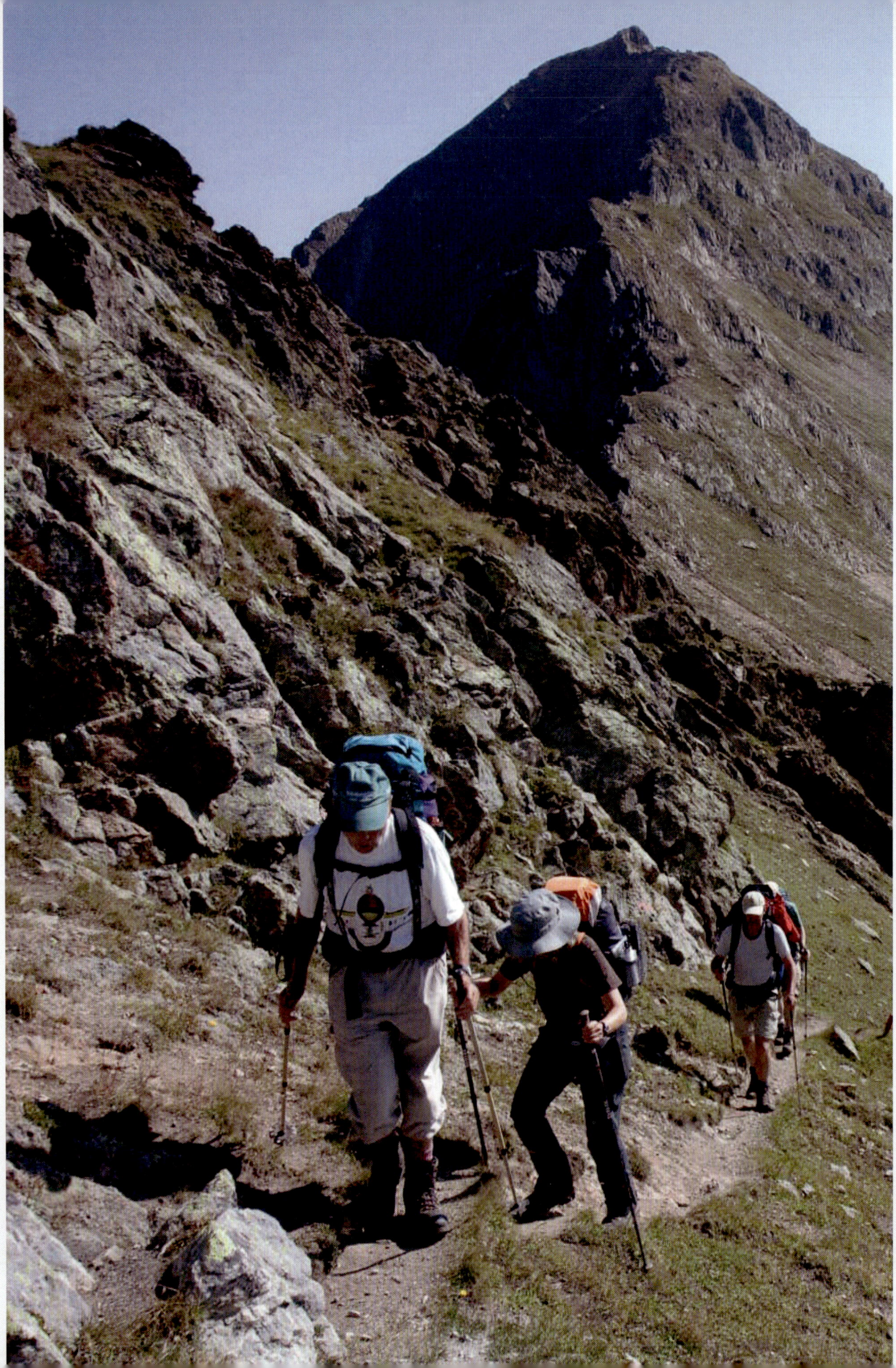

Verwall

- KARTENGEBIET
- GEBIETSTHEMA

Helmut Kober
Ingo Nicolay

Willkommen im Verwall
Wandern auf einsamen Höhenwegen

VON HELMUT KOBER

Auf dem Friedrichshafener Weg mit dem Schönverwallkopf im Hintergrund.
Alle Fotos: Helmut Kober

Eingeklemmt zwischen den Lechtaler Alpen im Norden und der Silvretta im Süden liegt ein verhältnismäßig unbekanntes Zentralalpengebiet, die Verwallgruppe. Das Gebirgsdreieck ist umgeben vom Klostertal, Arlbergpass, von Stanzertal, Paznauntal und Montafon. Durchzogen wird das Gebirge von der Tiroler- und Vorarlberger Landesgrenze. Geologisch betrachtet gehört der westliche Teil der Gebirgsgruppe zu den Nördlichen Kalkalpen, während der übrige und größere Teil des Verwalls zu den kristallinen Zentralalpen gerechnet werden muss.

Obwohl das Verwall ein stilles und eher beschauliches Dasein führt, ist es touristisch gut erschlossen, die Talorte sind mit der Bahn und dem Bus erreichbar. Die wilden und schroffen Felszacken, aber auch die sanften Almlandschaften mit ihren noch ursprünglichen Wirtschaftsbetrieben brauchen sich keinesfalls hinter den Modezielen des Massentourismus der Alpen zu verstecken. Das Verwall gehört trotz seiner Schönheiten zu den eher wenig besuchten Berglandschaften im europäischen Alpenraum. Vermutlich liegt es daran, dass es mit wenig markanten Dreitausendern aufwarten kann. Doch nirgendwo sonst gibt es so gut erschlossene Wegverbindungen zwischen den zahlreich vorhandenen Alpenvereinshütten. Wer es darauf anlegt, kann eine ganze Woche von Hütte zu Hütte wandern, ohne ins Tal absteigen zu müssen. Man braucht dazu nur etwas Zeit, Ausdauer und Sinn für die Schönheit der Natur. Und so ganz nebenbei können noch viele interessante Gipfel bestiegen werden. Dass der Massentourismus am Verwall vorbei fährt, mag vielleicht auch daran liegen, dass am Ende der vierspurigen Autobahn bei Bludenz zum einen der Hinweis ins Montafon, und zum anderen der Arlberg als Fahrtziel ausgewiesen ist. Die erste Auftrennung der Reiseroute ins Innere Österreichs durch die Verwallgruppe bleibt den meisten Reisenden verborgen. Nur wer sich Zeit nimmt und von der lärmenden Autostraße auf die alte Straße, die durch das landschaftlich schöne Klostertal mit den Hauptorten Dalaas und Klösterle fährt, wird sich der Schönheit dieser Region bewusst. Man nimmt den Itonskopf, den Sonnenkopf und den Kaltenberg wahr, für Verwallliebhaber bekannte Berge. Die wirklich großen Berge des Verwall bleiben dem Betrachter zunächst verborgen. Sie liegen bis auf den Hohen Riffler, mit seinen 3168 Metern zugleich die höchste Erhebung der gesamten Berggruppe, im Inneren des Gebirges. Ihnen kann man sich nur auf vielen einsamen Bergwegen des gut erschlossenen Verwallgebietes nähern. Ermöglicht haben das neben den Tourismusverbänden in der Hauptsache die Alpenvereine. Insgesamt neun Sektionen haben dort ihr Arbeitsgebiet gefunden und sorgen mit abwechslungsreichen Weganlagen und den Alpenvereinshütten für eine gute Infrastruktur.

Es gibt viele Flurnamen die auf **Bergbauspuren** im Verwall hinweisen. So geben zum Beispiel Silbertal, Eisentalergruppe, Knappenlöcher Hinweise auf vergangene Bergbautätigkeit. In der Verwallgruppe kommen silberhaltige Fahlerze vor. Die verlassenen Bergbaustätten am Kristbergsattel und die vielen Hinweise auf ehemalige Erz- und Silbererzgruben um Klösterle, Stuben und um St. Christoph herum zeugen von einem regen Bergbau im 16., 17. und 18. Jahrhundert. Wenn man von St. Christoph über den Paul-Bantlin-Weg zur Kaltenberghütte aufsteigt, führt nach der ersten Steilstufe der Weg an den Erzlöchern vorbei. Nicht nur der Hinweis auf der Wanderkarte zeugt von der ehemaligen Bergbautätigkeit, sondern die alten Abraumhalden und die Stolleneingänge sind für den aufmerksamen Wanderer noch gut zu erkennen. Abgebaut wurde in diesen Gruben Silbererz. Leider sind keine näheren Angaben über die alten Silbergruben bekannt. Weitere Hinweise auf Bergbau im Verwall sind im Nenzigasttal südlich von Klösterle zu finden. Dort zweigt das »Isatäli« (Eisentälchen) ab und deutet auf weitere Gruben hin. In diesem Tobel wurde hauptsächlich Roteisenerz abgebaut. Den Talschluss bildet die Eisentäler Gruppe mit den Eisentäler Spitzen, die unschwierig von der Reutlinger Hütte zu ersteigen sind. Verhüttet wurde das Eisenerz im Klostertal, so kam zum Beispiel Danöfen, was auf Deutsch »zu den Schmelzöfen« bedeutet, zu seinem Namen.

Wasser, Flüsse und Bäche werden wie in vielen anderen Gebirgsgruppen der Alpen energiewirtschaftlich genutzt. Einsame Gebirgsbäche, die munter über große und

Im Schönverwalltal blühen die Alpenrosen besonders schön.

kleine Felsblöcke rauschen, sind nur noch in der oberen Hälfte der Täler in ihrer Ursprünglichkeit anzutreffen. Irgendwann verschwinden sie in einem trichterförmigen Sammelschacht der großen Energieversorger und werden über weite Strecken durch unterirdische Stollen in einen weit entfernten Speichersee geleitet oder münden gleich direkt in einem der vielen aufgestauten Bergseen. Wenn man vom Wannenjöchli kommend die nahezu achthundert Höhenmeter hinunter ins Fasultal hinter sich hat, trifft man nicht weit vom »Kugelten Stein« auf die Wasserfassung des Fasulbachs. Von dort führt ein etwa elf Kilometer langer unterirdischer Stollen, der das Wasser zum Kops Stausee am Zeinisjoch leitet. Ab dieser Wasserfassung ist der Fasulbach über weite Strecken trocken. So trifft der Bergwanderer in den Tälern auf abschnittsweise trockengelegte Bach- und Flussläufe in denen jegliches Leben zum Erliegen kommt. Nur weit oben, wo die Bäche klein sind, ist die Wasserwelt noch in Ordnung. Es gibt keine großen natürlichen Bergseen im Verwall, dafür aber viele kleine und »kleinste« Seen, in denen sich die Berge spiegeln und die an schönen und heißen Sommertagen zum Baden einladen. Das sind herrliche Erholungsgebiete für den Wanderer und Bergsteiger. Besonders reich mit kleinen Seen und Hochmooren durchsetzt ist das Gebiet oberhalb der Arlbergstraße. Einer der Zustiegswege zur Kaltenberghütte, der Stubener Seenweg, führt durch diese großartige Moor- und Seenlandschaft. Oder gar der Wiegensee, ein natürlicher Moorsee am Fuße der Versalspitze ist eines der landschaftlichen Kleinode im Verwall. Manche Seen sind eiskalte Gletscherseen wie zum Beispiel der Kartellsee unterhalb der Saumspitze oder der See am Wannenjöchli. Viele Alpenvereinshütten im Verwall wurden an einem See oder aber in unmittelbarer Nähe eines Sees gebaut. So sind die Scheidseen an der Heilbronner Hütte nicht nur Trinkwasser-Einzugsgebiet, sondern sie sind auch Teil der europäischen Wasserscheide,

Die Rosanna rauscht kräftig durch das Ochsental. Im Hintergrund zeigt sich die Gaisspitze.

Bild linke Seite oben: Auf dem Weg zur Neuen Heilbronner Hütte. Das Muttenjoch liegt zurück.

Bild linke Seite Mitte: Für die Biker ist es das letzte Steilstück auf dem Weg zum Verbellner Winterjöchli.

Bild linke Seite unten: Saisonabschluss mit zünftiger Musik an der Bergstation der Tafamuntbahn.

Selbst die Murmeltiere fühlen sich im Verwall wohl.

die vom Arlbergpass bis zum Zeinisjoch quer durch die Verwallgruppe verläuft. Der westliche Teil der Verwallgruppe schickt sein Wasser über die Ill und den Rhein in die Nordsee, die Wasser des östlichen Verwalls fließen über den Inn und die Donau in das Schwarze Meer. Neue Stauseeprojekte wurden in den letzten Jahren verwirklicht oder aber sind in Planung. Besonders auf Tiroler Gebiet ergaben sich einige Veränderungen. So ist der Speichersee Kartell im Kartellboden unweit der Darmstädter Hütte entstanden, und im gegenüberliegenden Malfontal soll der Malfonbach in der Nähe der Edmund-Graf-Hütte zu einem Speichersee aufgestaut werden, als Baubeginn wird 2013 genannt.

Das westliche Verwall ist auf Vorarlberger Gebiet teilweise als **Natura 2000 Gebiet** ausgewiesen. Insbesondere der Wiegensee oberhalb Partenen und die Bergwälder im Klostertal sind ein Teil dieses großräumigen Schutzgebietes. So verbindet zum Beispiel ein »Landschaftspfad« die Gemeinden Gaschurn-Partenen in Vorarlberg und Galtür in Tirol. Dabei soll naturkundliches, historisches und aktuelles Wissen entlang dieser landschaftlich eindrucksvollen Route vermittelt und sowohl Einheimischen wie Gästen seinen über Jahrtausende geformten Charakter nahe bringen. Die Staaten der Europäischen Union haben sich mit dem Schutzgebietskonzept die Erhaltung der biologischen Vielfalt in Europa zum Ziel gesetzt. Die Grundidee ist dabei die Schaffung eines europaweiten Netzes von Schutzgebieten, mit dessen Hilfe wildlebende Tiere und Pflanzen und ihre natürlichen Lebensräume erhalten oder wiederhergestellt werden sollen. Es umfasst gleichermaßen Vogelschutzgebiete wie den Schutz von Bergwäldern als natürlichen Lawinenschutz für den Lebensraum der Menschen.

Vor fünf Jahren wurde die **Initiative »Verwall-Runde«** mit dem Ziel ins Leben gerufen, das im Dornröschenschlaf versunkene Verwallgebirge bekannt zu machen und damit auch die Eigenerträge der Berghütten zu verbessern. Eingebunden in die Initiative sind auch die örtlichen Touris-

Bild oben: Einer der vielen kleinen Seen, die das Verwall bietet.

Bild unten: Die Edmund-Graf-Hütte oberhalb des Malfontales. Im Hintergrund die Lechtaler Alpen

musverbände und die Talgemeinden, denn nur mit einer Beteiligung möglichst Vieler können die zum Teil unterschiedlichsten Interessen zusammengeführt werden. Ein zunächst vorsichtig angelegtes Marketingkonzept unterstützt die ehrgeizigen Maßnahmen zur Zielerreichung. In einer Broschüre, die bereits in der fünften Auflage erschienen ist, werden dem Bergwanderer fünf verschiedene Tourenvorschläge angeboten. Die »Klassische Verwall-Runde« mit Start in St. Christoph führt zum Beispiel in acht Tagen vom Arlbergpass über die Kaltenberghütte, Konstanzer Hütte, Neue Heilbronner Hütte, Friedrichshafener Hütte, Darmstädter Hütte zur Niederelbehütte und über die Edmund-Graf-Hütte ins Tal nach Pettneu und mit dem Bus zurück zum Arlbergpass nach St. Christoph. Das Besondere daran ist, dass zu keinem Zeitpunkt ein Talabstieg notwendig ist und dass im Gebiet aller Hütten noch zahlreiche Gipfel bestiegen werden können. Wer will, kann die Aufenthaltstage im Verwall ausdehnen oder aber die Runde abkürzen, was jederzeit möglich ist. Zur Belohnung gibt es für den Bergwanderer bei Übernachtungen auf mindestens sechs Hütten ein kostenloses Finisher-T-Shirt.

Tourismus, Alpinismus und Landschaft
Wer im Verwall als Hochtourengeher die klassischen Gletschertouren mit sich anschließenden Gipfelbesteigungen sucht, ist hier fehl am Platz. Das typische Gletscherfeeling kommt bei den meist steil aus den Restgletschern und Geröllhalden aufragenden und mit brüchigen Felsgraten versehenen Gipfeln nicht auf, denn nur eine Handvoll kleiner Gletscher, die sich in den nordseitigen Bergflanken, geradezu schutzsuchend vor der warmen Sonne eingenistet haben, sind übrig geblieben. Im Sommer sind sie aper und mit Blankeis überzogen, meist sind sie ohne die schützende weiße Schneeauflage schwarz und unansehnlich. Als die alpinistische Erschließung der Verwallgruppe in der zweiten Hälfte des 19. Jahrhunderts in Angriff genommen wurde, waren in den anderen Gebirgsgruppen die wichtigsten Gipfel schon seit mehr als fünfzig Jahren bestiegen. Die meisten Dreitausender der Verwallgruppe wurden von österreichischen Vermessungsingenieuren mit Hilfe von ortskundigen Führern erstbestiegen. Also schon damals waren für die ersten Gipfelstürmer die Verwallberge nicht ins Blickfeld geraten. So ist der Kaltenberg zum Beispiel erst um 1864 von J. Schwarzhannes erstiegen worden. Mit dem einsetzenden Alpinismus und den Gründungen der Alpenvereine kam auch der Tourismus Mitte des 19. Jahrhunderts in die zuvor abgelegenen Ortschaften im Einzugsgebiet der Verwallgruppe. Insbeson-

Auf dem Rifflerweg kommt man an dieser Steinmanngalerie vorbei.

Erfrischendes Bad im See bei der Niederelbehütte.

re hat hier der Skitourismus einen hohen Stellenwert erreicht. Das Zugpferd Nummer eins dürfte dabei Ischgl im Paznauntal sein. Das Verwall ist durch seine weithin bekannten Urlaubsorte touristisch von allen Seiten gut erschlossen. Den Weg zum Ganzjahrestourismus, der für den Fortbestand vieler Tourismusbetriebe unumgänglich ist, kann man bei den meisten Urlaubsorten erkennen. Vielerorts gibt es Bemühungen den schwach ausgeprägten Sommertourismus weiter zu entwickeln. Sommerliche Geisterdörfer wie zum Beispiel Zürs am Arlberg werden auf die Dauer zu den Exoten gehören. Die Tourismusverbände sind schon auf Grund der guten Infrastruktur und des Wegenetzes, das die Alpenvereine seit mehr als einhundert Jahren unterhalten, an einer engen Zusammenarbeit mit den Sektionen des Deutschen und/oder des Österreichischen Alpenvereins interessiert. Das Wandern in den Alpen ist nach wie vor sehr beliebt. So bieten die Alpenvereinssektionen im Verwall ein gut ausgebautes Netz von alpinen Höhenwegen und gute Wandermöglichkeiten von Hütte zu Hütte. Das einsame Verwall ist das optimale Tourengebiet für Bergwanderer und Bergsteiger! Hat man erst mal die stärker frequentierten Hütten hinter sich gelassen und zum Beispiel den wenig begangenen Reutlinger Weg unter seine Füße genommen, ist man schnell mit sich und der Landschaft alleine. Wer von der Konstanzer Hütte die Etappe zur Kaltenberghütte in Angriff nimmt, den führt der Weg durch das Pfluntal steil bergauf in Richtung Gafluner Winterjöchle. Etwas oberhalb der Waldgrenze liegt die alte Pflunhütte, dort zweigt rechts der Steig zur Kaltenberghütte ab. Doch zunächst steigt man den steilen Hang aufwärts in Richtung Gstansjoch, ei-

Am Schneidjöchli. Im Hintergrund die Seeköpfe.

nen der wenigen Übergänge ins Maroital. Von dort ist gegenüber auf der anderen Talseite bereits das Krachel zu erkennen, der zweite alpine Übergang, der an diesem Tag bewältigt werden muss. Zuvor geht es über große Felsblöcke und Geröll hinab in den Talgrund unterhalb des Kaltenbergs und an dessen Ausläufer entlang. Über Geländestufen führt nun der Weg mäßig steil aufwärts zum eiskalten Kaltenbergsee, der nicht gerade zum Baden einlädt. Wer gut drauf ist, kann von da aus in einer Stunde den 2896 Meter hohen Kaltenberg ersteigen. Allerdings benötigt man dazu Gletscherausrüstung. Steigeisen sind hier unerlässlich, denn am Gipfelaufbau klafft im Spätsommer immer eine große Randspalte. Die Bergwanderer haben noch einhundert Höhenmeter vor sich, bis das nächste Joch, das »Krachel«, erreicht ist. Es ist die letzte Hürde vor dem Abstieg am »Elefanten« vorbei und hinunter »Ins Krachel«. Dann geht es weniger steil abwärts auf gutem Bergweg weiter zum Tagesziel Kaltenberghütte. Dort erwarten den Bergwanderer nicht nur die freundlichen Hüttenwirtsleute Renate und Uli Rief, sondern auch der schon legendäre und inzwischen weit bekannte Marillenstrudel. Es sind nicht wenige Tagesgäste, Touristen und Ausflügler, die ihren Urlaub im Klostertal verbringen und an schönen Sommertagen den bequemen Paul-Bantlin-Weg in gut 2½ Stunden zur Kaltenberghütte hinauf steigen. Dort lassen sie sich von Uli und Renate einen Tag lang mit ihren Kochkünsten verwöhnen. Wer noch länger bleiben will, darf auf der Hüttenterrasse im warmen Sonnenschein vor sich hin dösen und sich auf den immer wieder beeindruckenden Sonnenuntergang freuen. Die Kaltenberghütte ist einer von acht Stützpunkten der Alpenvereine, die im Verwall ihr Arbeitsgebiet haben. Sie wurde 1929 erbaut und in den vergangenen Jahrzehnten immer wieder erweitert und ausgebaut. Der letzte größere Umbau erfolgte dann 1986, so dass jetzt siebzig Schlafplätze mit einem schönen Gastraum zur Verfügung stehen. Seit sechs Jahren darf die Kaltenberghütte das Qualitätssiegel des DAV »Familienfreundliche Hütte« führen, das dann durch die Bezeichnung »Mit Kindern auf Hütten« abgelöst wurde. Ausschlag gebend für dieses Qualitätsigel ist die für Kinder geradezu ideale Berglandschaft rund um die Kaltenberghütte, bietet sie doch die besten Bedingungen für natürliche Spielangebote rund um die Hütte. Wer kann schon damit prahlen, den weltweit größten Elefanten (eine natürliche Felsformation mit dem Aussehen eines Elefanten) gesehen zu haben, oder welche Hütte auf

2100 Meter bietet einen so herrlichen Badesee? Aber es gibt bei der Hütte nicht nur große Tiere – wie die vielen Haflinger Pferde. In den vielen kleinen Teichen können die Frösche beim Hüpfen beobachtet werden und wenn man ganz leise ist, kann man den Murmeltieren beim Spielen zusehen. Unweit der Hütte befindet sich ein Klettergarten mit gesicherten Routen für die Kleinen. Seit 2009 beteiligen sich die Hüttenwirtsleute, wie auch bereits einige andere Alpenvereinshütten im Verwall, an der DAV-Kampagne »So schmecken die Berge«. Was bedeutet, dass mit dem Bezug von regionalen Produkten die bergbäuerlich geprägte Kulturlandschaft erhalten bleiben und damit die Wirtschaft gefördert werden soll, also alle Grundprodukte aus der heimischen Landwirtschaft oder von Betrieben in den Talschaften der betreffenden Hütte eingekauft werden. Der Hüttengast erhält gesunde, hochwertige und schmackhafte Speisen, regionale Produkte und regionale Spezialitäten. Die Kochkünste von Renate und Ulli Rief bedeuten Hochgenuss auf zweitausend Meter. Austern in Champagnersauce und Irischen Lachs wird es auf der Kaltenberghütte auch in Zukunft nicht geben, aber Spezialgerichte mit regionalen Produkten werden mit der Kampagne noch reichhaltiger auf den Tisch der Hütte kommen. Neben den traditionellen Gerichten wie Käspressknödel oder den Kässpätzle gibt es ein »Berggeistgericht«. Dahinter verstecken sich zum Beispiel Kümmelkareebraten mit Dinkeleierspätzle und Blaukraut. Als Nachtisch oder für den kleinen Hunger sollte man sich den Marillenstrudel nicht entgehen lassen. Überhaupt geht auf der Kaltenberghütte der Geist um. Mit dem Berggeist wurde eine »Marke« geschaffen, die sich nicht nur in Form eines besonderen Gerichtes offenbart, sondern nach dem Berggeist ist auch ein landschaftlich besonders reizvoller und aussichtsreicher Höhenweg benannt und auf der Hütte kann der lustige Berggeist als Anstecker erworben werden. Die Alpenvereinshütten im Verwall bieten eine Vielfalt von Landschaften mit den jeweiligen Eigenheiten des Standortes. Die Bergwelt um die Konstanzer Hütte wird vom Patteriol dominiert, einem der wenigen Dreitausender im Verwall. Die Hütte liegt tief eingeschnitten an seinem Fuße und am Schnittpunkt zweier Täler. Dort treffen der Fasulbach und die Rosanna zusammen. Wer sich für den Weiterweg durch das Fasultal entscheidet, beginnt den Einstieg in das Innere des Verwalls, dort wo sich der breite Rücken der Kuchenspitze auftürmt. Die Konstanzer Hütte wurde 1990 von der Sektion an dieser Stelle neu erbaut, nachdem die alte Hütte durch einen

Bild oben: Aufstieg zur Kreuzjochspitze.

Bild unten: Am Hoppe-Seyler-Weg unterhalb der Kieler Wetterhütte.

Erdrutsch stark beschädigt wurde. Sie ist von St. Anton über einen Fahrweg an der Rosanna entlang gut zu erreichen. Die Übernachtungskapazität beträgt neunzig Schlafplätze. Vom Moserkreuz bis zum Gasthof Verwall verkehrt tagsüber ein Wanderbus und verkürzt somit die Anmarschzeit um etwa eine Stunde. Sabine und Markus Jankowitsch, die umtriebigen Hüttenwirtsleute, haben für sich und die Sektion ebenfalls das Qualitätssiegel »Mit Kindern auf Hütten« erarbeitet. Der kleine Wald rund um die Hütte mit seinem kleinen Wildbach ist ein idealer Abenteuer- und Spielplatz für Kinder. Das Begehen einer »Slackline« neben der Hütte, gespannt von Markus, ist nicht nur für die Jugend eine echte Herausforderung. Bergwanderer und Bergsteiger aller Altersgruppen haben ihre Freude daran. Der Badesee am Silbertaler Winterjöchli bringt besonders im Hochsommer die notwendige Abkühlung. Wer das Leben auf einer Alpe kennen lernen möchte, findet auf der nahe gelegenen Verwallalpe ideale Voraussetzungen, Käse und Butter kann direkt beim Erzeuger gekauft werden. Mit der Auszeichnung »Umweltgütesiegel« wurden auf der Konstanzer Hütte die Maßnahmen zum umweltbewussten Hüttenbetrieb unterstrichen. Insbesondere die Reinigung des Abwassers und der geringe Verbrauch von Trinkwasser werden hier konsequent durch entsprechende Maßnahmen umgesetzt. Ein Ziel des Umweltgütesiegels ist in dem Bereich der Energiewirtschaft zu suchen. Der Energieträger der Schutzhütte ist zur Vergabe des Gütesiegels ausschlaggebend. Regenerierbare Energieträger wie Wasser, Sonne, Wind, Biomasse oder Pflanzenöle sollen hierbei vorrangig zum Einsatz kommen. Allein im Verwall haben sechs Berghütten das Recht, das »Umweltgütesiegel« der Alpenvereine zu führen. Wandern wir von der Konstanzer Hütte in Richtung Süden durch das Schönverwalltal kommen wir in das Arbeitsgebiet der DAV Sektion Heilbronn. Am Verbellner Winterjöchli steht die Neue Heilbronner Hütte. Sie wurde 1927 an diesem Platz neu erstellt, nachdem die alte Heilbronner Hütte in den Wirren des Ersten Weltkrieges in Südtirol für immer verloren ging Die Hütte hat 139 Schlafplätze und kann bequem in 2½ Stunden über die Verbella Alpe auf dem breiten Fahrweg vom Zeinisjoch aus erreicht werden. Bis hierher gelangt man auch mit dem Postbus von Galtür oder von Partenen über die Bielerhöhe. Mit der Erneuerung der Kläranlage war der Weg frei für den Erhalt des Umweltgütesiegels der Alpenvereine. Empfangen wird der Bergwanderer von den freundlichen Hüttenwirtsleuten Angelika und Fredi Immler, eigentlich heißt er ja Manfred, aber alle Welt nennt ihn »Fredi«. Im Hintergrund achtet seine Mutter Rosalinde dar-

Bild oben: Steinbockrudel am Georg-Prasser-Weg.

Bild unten: Über den Paul-Bantlin-Weg zur Kaltenberghütte

auf, dass der Betrieb zur Zufriedenheit aller abläuft. Bekannt ist die Hütte auch durch ihre besonderen Speisen. Einsame Klasse ist das »Montafoner Marend«. Wer es nicht kennt muss es einfach probieren, die Mischung aus Pellkartoffeln, Aufstrich, Speck und Käse von der Verbella Alpe. Natürlich beteiligen sich die »Immlers« auch an der Kampagne »So schmecken die Berge« und beziehen ihre Waren aus der Region. Nur beim Bier haben sie und die Sektionsleitung sich für ein Produkt aus der Sektionsheimat Heilbronn entschieden. So gesehen ist es auch ein regionales Produkt und man kann schon mal beide Augen zudrücken, es schmeckt ja auch gut. Die Berglandschaft um die Heilbronner Hütte ist geradezu ideal für Bergwanderer, haben doch einige Gaschurner zusammen mit Hüttenwirt Fredi in den letzten Jahren die umliegenden Berge mit Gipfelkreuzen versehen. Die attraktiven Wandervorschläge führen den Wanderer auf den Strittkopf, den Valschavielkopf, die Westliche Fluhspitze und die Versailspitze. Das sind Berge auf alpinen Routen, die von geübten Bergwanderern erstiegen werden können, und wer sich im leichten Fels sicher fühlt, erreicht auch das Gipfelkreuz der Westlichen Fluhspitze und des Valschavielkopfes. Aber auch für den Biker gibt es zahlreiche Tourenvorschläge mit Ausgangspunkt, Endpunkt oder Zwischenstopp auf der Heilbronner Hütte. Selbst die bei Bikern bekannte Fernroute »Transalp« von Oberstorf an den Gardasee führt von St. Anton herauf zur Konstanzer Hütte und weiter über die Heilbronner Hütte nach Ischgl ins Paznauntal. Ja, an manchen Tagen könnte man meinen, wenn man faulenzend in einem der Liegestühle auf der Sonnenterrasse »lümmelt«, dass das Fahrrad die Berge erobert hat. Wer nach dem Hüttenaufenthalt den Weiterweg in Richtung Osten einschlägt, wandert auf dem Friedrichshafener Weg über das Muttenjoch in das Arbeitsgebiet der Sektion Friedrichshafen und erreicht nach vier Stunden die Friedrichshafener Hütte, schön gelegen auf der Muttenalpe inmitten von Blumenwiesen, auf über zweitausend Meter, oberhalb von Galtür und Ischgl. Die über siebzig Schlafplätze sind auf zwei Häuser verteilt. Die Friedrichshafener Sektion kaufte die Hütte, die vormals Kathrein-Hütte hieß, 1922 von der Sektion Konstanz. Durch fortwährende Erneuerungen, Um-

Vom Georg-Prasser-Weg sieht man die Reste des Fasulferners.

Der Valschavielsee am Gaschurner Winterjöchle.

bauten und Erweiterungen konnten auch auf dem Sektor der Energieversorgung Verbesserungen erreicht werden, so dass die Sektion das »Umweltgütesiegel« der Alpenvereine erhielt. Wie viele Hütten im Verwall wurde auch die Friedrichshafener Hütte mit den Qualitätssiegeln »Mit Kindern auf Hütten« und »So schmecken die Berge« ausgezeichnet. Auf dem kleinen Bergsee können Kinder mit dem Schlauchboot fahren. Serafin und Margret Rudigier führen den Hüttenbetrieb alleine, nur an den Wochenenden oder wenn sich viele Bergwanderer angemeldet haben, holen sie sich Unterstützung für Küche und Wirtschaft aus dem Tal. Die Berge um die Friedrichshafener Hütte gehören mit Ausnahme der vielbesuchten Gaisspitze eher zu den einsamen. Die Gaisspitze kann leicht vom Muttenjoch aus erstiegen werden, als Sicherung hat die Sektion kurz unter dem Gipfel ein paar Haken eingebohrt und eine Kette zum Festhalten soll auch noch gespannt werden. Über den Georg-Prasser-Weg können auf gut bezeichneten Steigspuren die Hohen Köpfe, der Vertineskopf und der Vertinespleiskopf bis zum Schafbicheljoch begangen werden. Entweder steigt man hier wieder ab zur nahegelegenen Hütte, oder wer noch genug Kraftreserven hat, steigt weiter nach Osten um den Grauen Kopf herum und wandert zum Schluss über den Ludwig-Dürr-Weg zur Hütte zurück. Vom Vertinespleiskopf kann man auf die letzten Gletscherreste der Fasulberge blicken: eine wilde und einsame Landschaft öffnet sich dem Bergwanderer. Selbst die Steinböcke, die hier in Rudeln bis zu dreißig Tieren anzutreffen sind, lassen sich von den paar Bergsteigern nicht sonderlich beeindrucken. Über den Ludwig-Dürr-Weg verlässt der ausdauernde Bergsteiger die Friedrichshafener Hütte in Richtung Osten und wandert durch eine beeindruckende und wilde Berglandschaft über mehrere Joche und Grate und zuletzt über zwei kleine Gletscherreste zur Darmstädter Hütte. Hier ist die Sektion Darmstadt-Starkenburg mit ihrer Hütte beheimatet. Seit mehr als 120 Jahren ist sie ein wichtiger Stützpunkt an zentraler Stelle im Verwall. Mit ihren 78 Schlafplätzen bietet sie genügend Platz um dem sommerlichen Ansturm der Bergwanderer gewachsen zu sein. Die Hüttenwirtsfamilie Weiskopf betreut mit Andi und Irene Weiskopf bereits seit 53 Jahren die Hütte. Getreu dem alten Sprichwort »Ohne Knödel hat man nicht gegessen«, bieten die Wirtsleute vier Knödelvarianten mit entsprechenden Beilagen an. Immer wieder verblüffend ist die Tatsache, dass Hüttenwirt Andi seine Gäste alle mit Vornamen

Am Bruckmannweg mit Blick zum Patteriol.

kennt und auch so anspricht. Die Hütte wurde ebenfalls mit dem Umweltgütesiegel der Alpenvereine ausgezeichnet. Die Berge rund um die Darmstädter Hütte sind vorwiegend den Kletterern vorbehalten, die einfachsten Gipfelanstiege setzen in der Regel Klettertechniken im zweiten Schwierigkeitsgrad voraus. Nur der Scheibler bildet da eine Ausnahme, den beinahe Dreitausender kann man vom Kuchenjöchli über einen alpinen Steig gut erreichen. Damit man sich auf die großen Touren im Nahbereich der Hütte vorbereiten kann, wurden nicht weniger als sieben Klettergärten mit 72 Routen im direkten Umfeld der Hütte eingerichtet. Deshalb ist es nur schlüssig, dass die Darmstädter Hütte auch Ausbildungsstützpunkt des Deutschen Alpenvereins ist. Der Große Kuchenferner und der Große Küchelferner, alles Gletscher im Einzugsbereich der Hütte sind in den letzten Jahren stark zurückgegangen, so dass man als Bergwanderer eigentlich die Steigeisen zu Hause lassen könnte, wäre da nicht das kleine Eisfeld des Küchelferners, das ein Überqueren auf dem Ludwig-Dürr-Weg bei entsprechenden Verhältnissen schwierig werden lässt. Von der Darmstädter Hütte führen die Wege in Richtung Niederelbehütte entweder über den Kartellboden und das Seßladjoch oder über den Advokatenweg und das Schneidjöchli mit dem folgenden Hoppe-Seyler-Weg. Der Weg über das Schneidjöchli ist nur den leistungsstarken Bergwanderern angeraten. Die Niederelbehütte liegt im Gebiet der Seßladgruppe und unmittelbar am Seßsee. Eigentümer ist die Sektion Hamburg und Niederelbe und somit die von den Bergen am weitesten entfernt gelegene Sektion der Verwallgruppe. Mit Martha und Hubert Rudigier haben die Nordlichter bereits die Dritte Generation der Familie Rudigier auf ihrer Hütte. Siebzig Schlafplätze stehen den Gästen zur Verfügung. Auch diese Hütte hat die Auszeichnung mit dem »Umweltgütesiegel« erhalten. Steigt man von der Hütte über einen einfachen Bergweg die knapp einhundert Höhenmeter auf den Kappler Kopf, so erreicht man einen Aussichtsberg der besonderen Klasse. Von hier aus blickt man in das Samnaun und bis zu den Gletscherbergen der Silvretta. Wer es etwas anstrengender will, steigt über einen angelegten und markierten Steig auf die Kreuzjochspitze, den Hüttenberg der Niederelbehütte. Von dort hat man ebenfalls einen prächtigen Ausblick in das Herz der Verwallgruppe. Die Niederelbehütte ist von Kappl aus bequem auf gutem Weg zu erreichen. Wenn man die gastliche Niederelbehütte auf dem Kieler Weg und dem darauffolgenden Rifflerweg in Richtung Edmund-Graf-Hütte verlässt, wird zuerst das Skigebiet oberhalb der Alpe Dias gequert, das im Sommer durch seine zahlreichen Liftmasten den grenzenlosen Blick auf die fantastische Bergwelt ein wenig trübt. Den höchsten Punkt des Weges hat man an der Schmalzgrubenscharte erreicht. Von dort ist es nicht mehr weit zum idyllisch gelegenen Schmalzgrubensee, der im Sommer zu einem erfrischenden Bad einlädt. Kurz danach erblickt man auch schon den höchsten Berg der Verwallgruppe, den Hohen Riffler und an dessen Fuß die Edmund-Graf-Hütte. Die Hütte wurde von der österreichischen Alpenvereinssektion Touristenklub Innsbruck erbaut und liegt auf einem Aussichtsbalkon über dem Malfontal. Die neunzig Schlafplätze sind für die gut frequentierte Hütte nicht zu viel. Sie ist der ideale Stützpunkt zur Besteigung des Hohen Rifflers. Er ist mit dem Südgipfel der einzige Dreitausender im Verwall, der über einen Weg für konditionsstarke Bergwanderer gut zu erreichen ist. Wendet sich man dagegen dem Blankahorn zu, sind Kletterfähigkeiten im zweiten Schwierigkeitsgrad erforderlich. Die Edmund-Graf-Hütte kann ebenfalls mit der Auszeichnung »Umweltgütesiegel« punkten. Der kleine Hüttensee ist auch für Kinder geeignet, ein kleiner Kahn lädt zu einer Bootsfahrt geradezu ein. Mit Christine und Markus Lorenz hat der Bergwanderer stets freundliche und hilfsbereite Hüttenwirtsleute an seiner Seite. Die Hütte ist von Pettneu durch das Malfontal auf gutem Bergweg zu erreichen. Am westlichen Zipfel der Verwallgruppe oberhalb Schruns am Hochjochstock baute vor mehr als einhundert Jahren die Sektion Worms ihre Berghütte. Gut zu erreichen ist die Hütte allemal, sowohl im Sommer wie im Winter kann als Aufstiegshilfe die Hochjochbahn und die Sennigratbahn benutzt werden; und schon deshalb ist sie ein ideales Bergziel für Tagesgäste. Die Hütte hat 65 Schlafplätze und ist wegen des Skigebietes im Nahbereich auch im Winter geöffnet. Von der Bergstation Sennigrat kommt der restliche Weg zur Wormser Hütte einem Spaziergang gleich. Man wird freundlich aufgenommen von Manfred Zwischenbrugger und seinem Hüttenteam. Wenn die Stimmung gut ist, greift Manfred dann

Im Pfluntal mit Patteriol und Kuchenspitze.

Spätsommer im Montafon. Die Zamangspitze liegt hinter der Wandergruppe.

auch mal zur Gitarre und zeigt was er drauf hat. Doch wer nicht nur zum Ausspannen und Genießen auf die Hütte kommt, kann die Berge um die Hütte ohne Schwierigkeiten besteigen. Das Kreuzjoch, der Hausberg der Wormser Hütte, ist ein idealer Aussichtsplatz und leicht zu erreichen. Wer es etwas anstrengender braucht, wandert weiter zur Zamangspitze, dem Aussichtsbalkon über dem Montafon. Für diejenigen, die auch mal Hand an den Fels legen wollen und obendrein noch schwindelfrei und bergerfahren sind, ist das Hochjoch als Gipfelziel zu empfehlen. Aber auch die Weitwanderer kommen ab der Wormser Hütte zu ihrem Wohlempfinden. Der Wormser Höhenweg ist eine echte Herausforderung, insbesondere was die Weglänge anbelangt, von der alpinen Schwierigkeit her ist er als mittelschwerer Bergweg eingestuft. Diese großartige und abwechslungsreiche, aber sehr lange Tour wird nur ausdauernden Berggehern empfohlen. Es ist sehr einsam auf dem Wormser Weg, dafür kann man auch schon mal den Adler über sich kreisen sehen. Ein weiterer Stützpunkt für Bergwanderer und Bergsteiger in der Verwallgruppe ist die Neue Reutlinger Hütte (Walter-Schöllkopf-Hütte) in der Eisentälergruppe. Sie wurde 1970 von der Sektion Reutlingen am Hüttenplatz der 1953 abgebrannten und damals bewirtschafteten Reutlinger Hütte als Selbstversorgerhütte mit zehn Übernachtungsplätzen aufgebaut. Sie liegt auf der Wildebene und ist sowohl aus dem Klostertal als auch aus dem Silbertal gut zu erreichen. Die Berge um die Neue Reutlinger Hütte bleiben meist den Kletterern vorbehalten. Die Pflunspitzen sind neben dem Patteriol das klassische Klettergebiet im Verwall. Die Eisentalerspitzen sind auch für den erfahrenen Bergwanderer als Gipfelziel möglich. Die Reutlinger Hütte ist eine von zwei Selbstversorgerhütten im Verwall und ein echtes Kleinod. An den Wochenenden im Sommer ist in der Regel ein Hüttendienst der Sektion Reutlingen anwesend, ansonsten ist die Hütte nur mit dem AV-Schlüssel zugänglich. Mit der Kieler Wetterhütte steht dem Bergwanderer im östlichen Verwall, unweit der Niederelbehütte, eine weitere Selbstversorgerhütte mit drei Übernachtungsplätzen zur Verfügung. Die Hütte, die hauptsächlich als Notunterkunft dient, wurde von der Sektion Kiel an der oberen Fatlarscharte 1931 erbaut und in den letzten Jahren immer wieder verbessert. Für die Urlaubs- und Tourenplanung im Verwall wendet man sich am besten an die jeweiligen Tourismusverbände, an die Alpenvereinssektionen oder direkt an die Alpenvereinshütten.

Der Patteriol im Verwall
formschöner Berg zwischen Arlberg und Silvretta

VON INGO NICOLAY

Anfang Juli starten wir ins Verwall. Die Neue Heilbronner Hütte, zwischenzeitlich unsere zweite Heimat, ist Anlaufpunkt. In der Triangel zwischen Montafon, Silvretta und Arlberg wechseln sich weite Matten und schroffe Gipfel ab. Hier ist weniger vergletschert als drüben in der Silvretta. Das ist vielleicht einer der Gründe, warum gerade der Vorarlberger Teil so ursprünglich und unberührt blieb. Die Vorarlberger schützen ihren Teil sehr sorgfältig. Steinböcke, Murmel und viele seltene geschützte Pflanzen wie der Purpurne Enzian bestätigen, wie wirksam der Schutz ist.

Heute ist der Patteriol unser Ziel. Schroff ragt seine Spitze über die Dreitausendergrenze und das Fasultal. Seine Nord-Ost-Kante aus Gneis ist beeindruckend. Ein Plaisirberg ist das nicht. Dafür ist alles zu lang und groß. Das und die vor allem bei Nässe heiklen Zu- und Abstiege lassen ihn ein Dornröschendasein zwischen bekannteren Bergen führen. Erst vor wenigen Jahren hat die Bergrettung St. Anton die Nord-Ost-Kante mit Bohrhaken neu eingerichtet. Was bleibt, ist dennoch eine alpine Unternehmung, allein schon der Länge wegen.

Rassige fünfundzwanzig ausgesetzte Seillängen an einem Nord-Ost-Grat und über 1.100 Höhenmeter luftige Kletterei liegen vor uns. Alles ist lang, der Anmarsch, die Tour selbst und der Abstieg und wiederum der Weg zurück zur Hütte. Wir wären besser direkt von der Konstanzer Hütte gestartet, hätten bei Markus übernachtet. Das hätte uns Zeit gespart So kommt der weit längere Weg bis zum Einstieg noch hinzu. Wertvolle Zeit, wie wir später noch lernen und die uns fehlen wird.

Eine Kaltfront ist im Anzug. Dunkle Wolken ziehen vom Rätikon und Silvretta heran. Noch hält der Föhn an – und damit den Regen fern. Heute soll es noch halten, bis der Regen kommt. Schon beim Anmarsch, erst recht beim Zustieg machen wir Tempo und gewinnen wertvolle Zeit. So rasten wir auch nicht bei Markus, dem Hüttenwirt der Konstanzer Hütte.

Am Punkt 1880 im Fasultal zweigt der Weg ab. Steil hinauf schwingt sich der Nordostgrat und demütigt das Genick beim Blick nach oben. Die rund 1.120 Höhenmeter fordern Tribut in der Perspektive und lassen die Nackenwirbel knacken. Vor uns liegen 25 Seillängen mit fast 1.400 Meter Kletterstrecke. Ein wirklich schwieriger Berg ist es nicht. Meist schwingt man sich im 2. und 3. Grad nach oben. Lediglich eine Seillänge mit 4 und eine Stelle mit 4+ bremst etwas ab. Das macht uns keine Sorge. Eher das Wetter, denn immer dunklere föhnige Wolken schieben sich vom Süden über den Berg. Wie immer kribbelt es bei mir im Bauch vor dem Start. Fast so wie wenn man Hummeln verschluckt hätte.

Der Patteriol im Morgenlicht – vom Winterhaus der Heilbronner Hütte.

Treff.Punkt

Über Grashänge, zwischen Almrosen geht es steil und ausgesetzt hinauf. Auf dem Weg zum Einstieg Richtung Torstahlbügel steht plötzlich ein Steinbock vor uns. Keiner von uns beiden erschrickt oder bewegt sich. Wir beobachten einander still, genießen diesen magischen, ja fast ehrfürchtigen Moment. Schließlich ziehen wir beide weiter – er behände seitlich in die Erlen, wir schwer steil hinauf in die Wand.

Unterhalb und etwas rechts vom Schneefeld starten wir am Torstahlbügel zuerst in die Ostwand hinauf. Über Rippen, unterbrochen von Grasbändern gehen wir seilfrei, um Zeit zu gewinnen. An den Bohrhaken erkennen wir, wie schnell wir vorwärts kommen. Wie im schnell ablaufenden Film ziehen Platten, Rippen und Schrofenbänder an uns vorbei und verschwinden unter uns.

Berg.Mut

Alexis ist guter Dinge. Es ist seine erste derart lange alpine Bergfahrt. Schon längst klettert er weit besser als ich. So ist das, irgendwann wird der Sohn vom Lehrling zum Meister. Lässt man es zu, kann der Vater viel vom Filius lernen. Zunächst kommen jedoch viele Jahre alpine Erfahrung und Vorsprung von mir zum Tragen. Ich darf mal wieder vorsteigen. Zwischenzeitlich ziehen dunkle Wolken am Himmel auf. Regen würde die Tour enorm erschweren. Alles würde gefährlich rutschig und glatt. Wie bei so vielen Bergtouren schicken wir ein Stoßgebet nach oben und bitten um trockenen Fels. Je länger, je lieber. Wir werden erhört. Obwohl es auf den Bergen ringsum und im Tal regnet, bleibt unser Grat weiterhin trocken. Eine Erklärung haben wir bis heute nicht. Vielleicht hielt der Berg den Regen im Lee länger ab, vielleicht wurde einfach unser Gebet erhört. Später erst erfahren wir, wie sich Markus und Fredi Sorgen wegen des starken Regens bei ihnen auf den Hütten gemacht haben.

Tief.Blick

Tief unter uns liegt das Fasultal. Das große Schneefeld bleibt links unter uns zurück. Ausgesetzt arbeiten wir uns Richtung Grat weiter nach oben. Zwischendurch zischen Steine durch das Kar und zerplatzen tief unten am Wandfuß in tausend Stücke. Schwefelgeruch liegt in der Luft. Mit den dunklen, regenschwangeren Wolken über

Der Patteriol – im Vordergrund die Scheidseen an der Heilbronner Hütte.

Rechts oben im Bild der lange NO-Grat des Patteriol über 26 Seillängen.

Begegnungen unter Alpinisten – ein Steinbock begegnet uns kurz vor dem Einstieg am Torstahlbügel.

uns wird die Atmosphäre gespenstisch. Wir legen an Tempo zu, gerade so viel, wie wir sicher noch vertreten können.

Ab der Gratschulter auf 2600 Meter gehen wir überschlagen am Seil. Es verbindet uns und wird zum Symbol zwischen Alexis und mir. Der Fels ist herrlich fest und griffig und eine rassige Kletterei in unschwerem Gelände, wäre da nicht der wie ein Damoklesschwert über uns drohende Wetterumschwung.

Fall.Schutz

Vor dem Einstieg in den Zackengrat und plattigen Pfeiler machen wir kurz Rast. Es ist die erste Pause heute. Jetzt erst fällt mir auf, wie müde meine Arme und Beine sind. Wir machen Bilder. Vorsichtig, fast als Ritual geben wir uns Kamera, Schlingen und Sicherungsmaterial weiter. Bergsteiger müssen alles fast neurotisch sicher im Griff haben. Zu leicht bringt ein verlorener Gegenstand große Probleme. Das Fasultal liegt wie eine Spielzeuglandschaft unter uns. Der Weg führt als kleines graues Band hinab zur Konstanzer Hütte, die sich kuschelig zwischen die nun schon tropfnassen Nadelbäume duckt. Drüben auf der Arlberger Seite regnet es schon lange, und auf der anderen Seite ist das Fasultal hinauf klatschnass. Wie durch ein Wunder sitzen wir immer noch auf trockenem, rauhen und vor allem griffigem Fels.

Gipfel.Glück

Müde, aber unheimlich stolz kommen wir kurz nach acht Uhr abends am Gipfel an. Hinter uns liegt eine erfolgreiche erste Tour über fünfundzwanzig Seillängen. Lange hält das Glücksgefühl nicht an. Es dämmert bereits. Vor uns liegt ein langer, hochalpiner Abstieg über den Normalweg in der Südwand. Noch wäre es trocken. Doch der Normalweg ist schon bei Tag nicht leicht zu finden. Ganz zu schweigen bei Nacht und dem sicher bald einsetzenden Regen, wo alles schmierig glatt wird. Wir sind zu spät los und waren zu langsam. Was tun? Nach meiner alten Bergsteigerregel »Lieber schlecht biwakiert als gut abgestürzt!« bereiten wir uns auf die Nacht am Berg vor. Blöd nur, dass ich aus Gewichtsgründen den Biwaksack zurück ließ. Der Berg bestraft Dummheit, so auch meine. Aus guter Gewohnheit informieren wir Fredi auf der Heilbronner Hütte. Alles gut, wir bleiben

Fester, herrlich griffiger Fels am NO-Grat.

oben am Berg, keine Sorge! Zwischenzeitlich ist es fast dunkle Nacht.

Biwak.Nacht

Unsere Suche ist erfolgreich. Wir finden einen Biwakplatz zwischen Haupt- und Südgipfel. Zwischen zwei Gendarmen, zwei markante, einzeln stehende Felsen, gibt es in knapp dreitausend Meter Höhe etwas Schutz vor Wind und Wetter. Vor uns liegt eine lange Nacht. Die letzten Reste vom Vesper füllen den Bauch zumindest etwas und geben Wärme. In so einer Biwaknacht bin ich immer wieder erstaunt, wie leidensfähig ein Mensch ist. Auf dem Seil sitzend, die Knie herangezogen, Seit an Seit dicht aneinander gelehnt, reduzieren wir den Wärmeverlust des Körpers. Meinen Anorak und eine Rucksackhülle gebe ich Alexis. Später stellen wir die Füße in den Rucksack.

Gegen elf Uhr nachts kommt er dann doch – der Regen. Bis dahin konnte ich ganz gut schlafen. Die Grenze zwischen Wach- und Schlafwelt verwischt. Träume, Phasen tiefen Schlafs und grübelnde Momente wechseln einander ab. Interessant, was einem in so einer Nacht durch den Kopf geht. Vieles, was zuvor wichtig erschien, wird nichtig und klein. Anderes bauscht sich dunkel auf, drückt einem auf die Brust. Zuerst nieselt es noch ganz leicht, später sitzen wir in strömendem Regen. Es wird kalt, bitter kalt. Mit der Nässe kriecht uns die Kälte langsam und unaufhörlich in alle Glieder. Zu Beginn tauschen wir je nach Wind die Seiten. Dabei können wir zwischen einer schräg abfallenden Platte auf der einen Seite oder einem winzigen Band auf der anderen Seite entscheiden. Später lässt uns stoische Gelassenheit am gleichen Platz verharren.

Tiefblick ins Fasultal, fast 1.000 Meter unter uns.

Trotz der widrigen Umstände nicken wir immer wieder für kurze Momente ein. Alexis schlägt sich prächtig. Keine Selbstverständlichkeit für einen, der gerade sechzehn wurde. Sein optimistisches »Passt scho!« wärmt einen – selbst in einer so kalten Nacht. Fast erscheint es, als ob seine vielen Zeltfahrten und Biwaks ihn für diese eine Nacht vorbereitet hätten. Irgendwann weckt mich sein Ellenbogen in den Rippen, »ich solle endlich meine Jacke nehmen, bei meinem Gezittere könne ja kein Mensch schlafen!« Später lässt mich irgendwas etwas ief in mir drin von schönem Wetter beim Aufwachen träumen. Ist das nun ein Traum, Wunschdenken oder Eingebung?

Etwas Wärme vom Vesper vor einer langen, nassen und kalten Biwaknacht.

Topo Patteriol NO-Grat

Jede meiner Biwaknächte hat sich unwiderruflich ins Gedächtnis eingebrannt. So sehr man die Nacht verwünscht und den Morgen herbeisehnt, so sehr sind die Erinnerungen an solche Nächte wie Felsen im Meer unserer Erinnerungen. An tausend andere Nächte ist die Erinnerung verblasst. Diese Nächte bleiben, solide wie der Fels unter uns.

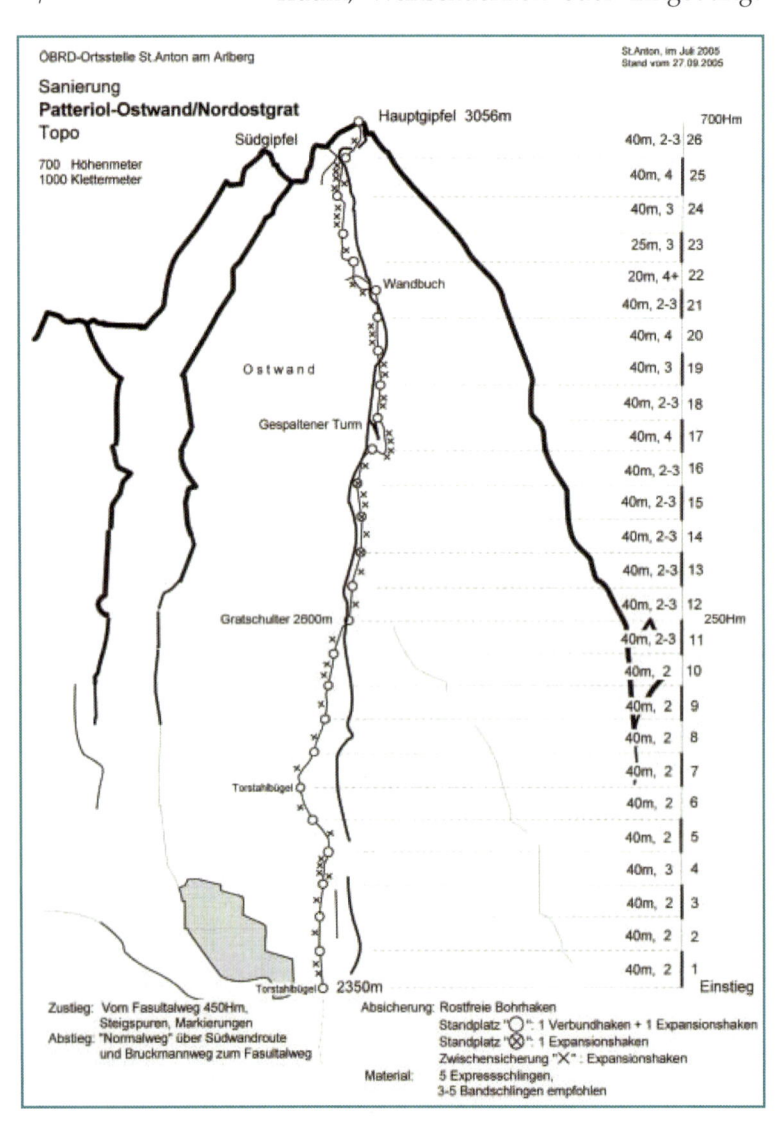

Morgen.Dämmerung

Selten schätzt man die Schönheit eines Morgens so sehr wie nach einer langen Biwaknacht. Langsam wärmen die ersten Sonnenstrahlen unsere kalten Glieder in fast 3.000 Metern Höhe. Wer nicht weiß, warum Naturvölker die Sonne verehren, versteht es spätestens nach solch einer Nacht. Erhaben sitzen wir über den Wolkenfetzen, die sich am Berg teilen. Irgend ein Vogel segelt an uns vorbei. So müsste man jetzt ins Tal hinab schweben. Wir hingegen machen uns steif und ungelenk von der Nacht auf den Abstieg durch die Südwand.

Ab.Wärts

Brüchiges Gelände erwartet uns. Jeder Tritt muss sorgfältig gesetzt werden, jeder Griff geprüft. Ohne Seilsicherung klettern wir ab. Wo wollte man in so brüchigem Gelände schon sichern. Wolken machen die Orientierung Richtung Südgipfel schwierig. Das Band westlich hinab muss gefunden werden. Manche Steinmänner sehen wir erst, wenn wir vor ihnen stehen, ja fast über sie stolpern. Westlich vom Südgipfel erreichen wir den Grat. Kurz reißt es auf und wir sehen die Trittspuren hinunter in Schuttfelder. Beim Abstieg in einer heiklen Passage kommt mir ein ganzes Wandstück entgegen, streift mich am Bein und nimmt mir den Stand. Krachend zersplittert es weiter unten. Die Hände hielten, das war knapp! Ich danke meinem Schutzengel.

Ein letzter Abstieg über den Schrund des Schnee- und Eisfeldes steht noch vor uns. Die letzten Meter zischen wir auf den Schuhsohlen wie etwas ungelenke Skifahrer hinab bis zum Wandfuß. Wir sind unten. Und wir sind glücklich – nach einer langen Tour.

Ein kurzer Blick auf den anderen – wir sehen verwegen aus. Alexis sieht älter, reifer aus, fast so, als ob er durch diese Nacht ein Stück mehr vom Jugendlichen zum Mann wurde. Wie schön die Welt ist. Wie schön es ist, wieder festen Boden unter den Füßen zu haben. Wie gut sich die Sonne auf der warmen Haut anfühlt. Wie eine Promenade gehen wir die ersten Schritte auf dem Bruckmannweg Richtung Süden. Wir teilen einen Zipfel Speck und mit den letzten Resten Brot und Tee und einem Stückchen Schokolade empfinden wir es als fürstliches Frühstück. Bergsteiger lernen Demut. Ein Wort, das heute keine Konjunktur mehr hat. Wer will schon weniger oder gar Verzicht üben. Doch meist träumen Bergsteiger schon wieder von der nächsten Fahrt.

Mit dem geheimnisvollen Grün eines Malachits empfängt uns der Wannensee. Uns beiden kommt es vor, als hätten wir nie zuvor intensivere Farben gesehen. Wie ein Edelstein liegt er vor uns, eingebettet von schroffen, Zacken.

Selten kam mir der Weg zurück so lange vor. Eine Biwaknacht auf 3.000 Metern zehrt an den Kräften. Endlich haben wir es geschafft! Mit den letzten Tropfen ›Sprit‹ erreichen wir müde und zufrieden die Heilbronner Hütte. Eine lange Tour ist zu Ende. Noch länger aber wird uns die Erinnerung an diese Tour begleiten und uns verbinden.

Der Autor – Ingo Nicolay, leidenschaftlicher Alpinist und Vater, alpinistisch am liebsten am Berg aktiv, wenn es die Zeit als »Verwaltungsbergsteiger« und Verantwortlicher für eine große Sektion zulässt.

Dieser Sommer und diese Tour auf den Patteriol ist eine Erinnerung an eine Zeit voll gemeinsamer Gipfelerlebnisse mit unserem Sohn Alexis. Als Vater und leidenschaftlicher Alpinist gibt es wohl nichts Schöneres auf der Welt als das Privileg, mit dem Sohn auf Tour zu gehen. Was bleibt, sind unauslöschliche Erinnerungen an wertvolle Stunden und Tage. Darüber bin ich glücklich und dankbar.

Der Normalweg zum Patteriol, vom Bruckmannweg aus betrachtet.

Der Wannensee, wie das grüne Auge eines Edelsteines vor uns liegend am Rande des Bruckmannwegs.

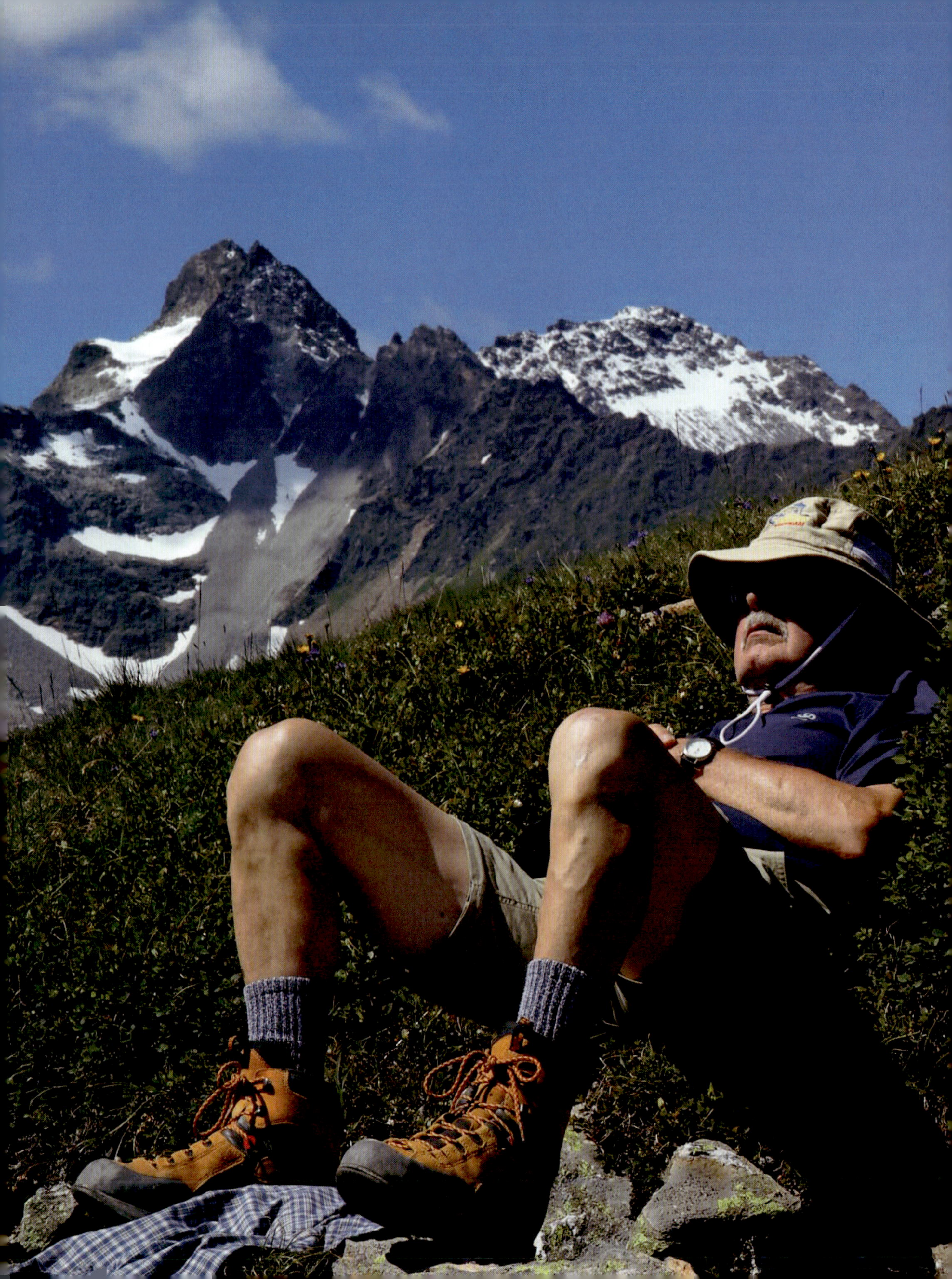

FORUM ALPENVEREIN

Martin Roos
Max Bolland
Claudia Kern
Petra Wiedemann
Walter Theil
Jürg Meyer

Windelträger im Gebirge
Möglichkeiten und Grenzen des Baby-am-Berg-Booms

VON MARTIN ROOS

Kinderaufnahmen, mit oder ohne abgebildete Mutter, vom Autor; Vater/Sohn-Motive von Magdalena Rafecas (Valencia). Fotos mit Vermerk Mair/Wolf von Martina Mair und Frank Wolf (Rum/Innsbruck).

Kinder bis zum Alter von zwei Jahren können Berge eher noch nicht aus eigener Kraft genießen. Trotzdem nehmen immer mehr Familien auch ihre Allerkleinsten mit ins Gebirge, sei es dass die Eltern ein Faible haben für alpine Aktivitäten oder dass sie als erlebnispädagogische »Überzeugungstäter« ihrem Nachwuchs Almbesuche oder Tollerei zwischen Fels und Föhren bescheren wollen. Viele touristische Zentren haben sich auf Kleinkinder eingestellt. Wie können sich Eltern darauf einstellen, dass aus einem Besuch in traumhafter Bergwelt kein Alptraum wird?

»Holen Sie ihn doch bitte, er ist gar nicht gut beieinander«, spricht Verena den Eltern ins Mobiltelefon. Er, das ist ein 15-Monatiger; Verena seine Babysitterin. Eben erst haben sich die Eltern auf eine kleine Wanderung begeben, aber der Anruf von Verena lotst sie zurück zum Hotel. Dort gebärdete sich der Kleine recht wild: »Weil er sich mehrmals übergab, wollte ich Sie doch lieber verständigen!« Für Verena, die als gelernte Kinderpflegerin das Spielzimmer im oberbayerischen Hotel St. Georg managt, sind solche Ausraster wegen Fremdelns nichts Ungewöhnliches. Der Grund: Immer mehr Eltern nehmen ihren Nachwuchs schon im Baby- oder Kleinkindalter mit in die Berge und setzen auf Kinderbetreuung, obwohl sich die Sprösslinge mit fremden Personen unmöglich spontan anfreunden können. Trotzdem boomt das Konzept der Kleinkindbetreuung. Wie sehr, davon gibt die Google-Quote eine Vorstellung: 287.000 Treffer beim Stichwort Babyhotel (s. Kasten S. 279). Das St. Georg gehört zudem zu den kleinkindfreundlichen Hotels, die sich auf einer der diversen Internetplattformen zum Thema »Reisen mit Babys« schnell finden lassen.

*Neugeborenes auf seinem ersten Bergausflug. Per definitionem gelten **Babys**, also Kinder im ersten Lebensjahr, während der ersten vier Wochen als **Neugeborene**. Für die Spanne vom ersten bis zum dritten Geburtstag ist die Bezeichnung **Kleinkind** gebräuchlich.*

1. Transport: Tragen, Ziehen, Schieben, Laufen

Ein Tragetuch garantiert Neugeborenen außer der entwicklungsgerechten Körperhaltung auch Geborgenheit und Sicherheit...; ...sodass dem Säugling im Extremfall selbst ein Schneesturm nichts anhaben kann (Pfeil: »Atemöffnung« und zusätzlicher Kapuzenschutz). Bei guter Sicherheits- und Temperaturkontrolle... ; ...lässt sich selbst ein Ausflug in dichtem Schneetreiben realisieren. Im Winter ermöglicht eine zur Pulka umgerüsteter Kindertransporter mannigfaltige Aktivitäten, sei es zu Fuß, zum Langlaufen, mit Schneeschuhen oder gar auf einer leichten Skitour. Der altbewährte Transport auf Kufen bietet ab dem »Sitzalter« mehr Interaktion mit der Umgebung. Bis zum Alter von wenigen Monaten schützt die Gesicht-zur-Brust-Position vor Reizüberflutung... ; ...und hat zudem den Vorteil, den Rücken für einen größeren Rucksack frei zu lassen. Längeres Bauchtragen wird obsolet, sobald das Baby rezeptiver und schwerer ist sowie sicher sitzen kann. Außer vielleicht im Hochwinter bietet die Rückentrage („Kraxe") Komfort und Sicherheit... ; ...wobei an heißen Tagen auf ausreichend Sonnenschutz zu achten ist. Ein geländetauglicher Wagen entlastet die Eltern merklich. Irgendwann ist andauerndes Sitzen zu langweilig: erste eigene Wanderschritte.

2. Anderes Ambiente, andere Anregungen
obere Reihe:
Unbequemlichkeiten und Improvisieren – wie hier zum Windelwechsel in einer Felsnische oder beim Baden im Feriendomizil – lohnen sich letztlich: In den Bergen finden sich diverse Stimuli für die weitere Entwicklung.
untere Reihe:
Gelegenheit zum Hochstemmen – auch wenn der Achtmonatige noch gar nicht laufen kann.
Erde – Naturspielzeug in seiner einfachsten Form.
Schneehaufen ohne Splitt oder Streusalz.
Gebanntes Lauschen auf die Akkordeonklänge – erste Bekanntschaft mit »Hüttenzauber«.

Kleinkinder auch auf AV-Hütten

Anders als in Süddeutschland, wo sich kinderfreundliche Beherbergungsbetriebe eher zufällig verteilen, bündelt man im benachbarten Tirol die touristischen Angebote: im Bergdorf Serfaus zum Beispiel unter der Marke »Murmli«, und mit einer Betreuung bereits im Babyalter, »Unser Jüngstes war drei Monate alt«, erinnert sich Ilona, eine von vier Mitarbeiterinnen der Serfauser »Murmlikrippe«, die auch stundenweise babysittet. So können sich die Eltern beispielsweise in der Wellness-Residenz Schalber einen Saunaaufguss mit Tiroler Schnaps oder eine Vitalmassage mit Kräuterstempeln gönnen, während der Nachwuchs in der Krippe vor der Siesta das Fläschchen bekommt. Allein in Tirol gibt es mittlerweile zwölf qualitätsgeprüfte Dörfer in Sachen Familienurlaub.

Serfaus gehört zu den Protagonisten, begann man doch schon vor über dreißig Jahren mit der ersten Kinderskischule. Ganz unbescheiden rühmt sich die Region, Familien winters wie sommers das beste Angebot in den Alpen zu bieten und weltweit als Referenzzentrum zu dienen: Murmlipark, Kinderland, buggygerechte Wanderrouten: Den Kinderwagen nimmt sogar die Gondelbahn mit.

Unweit der Bergstation, knapp unter der Zweitausendmeter-Höhenmarke, steht das Kölner Haus. Kindergeschrei tönt aus der Gaststube, aus einigen Babystühlen lugen breiverschmierte Gesichter hervor. Das Kölner Haus gehört zur Untergruppe der kindergerechten Alpenvereinshütten, die sich ab dem Babyalter anbieten. Deswegen gibt es Gitterbettchen und Gitter, die sich vor Stockbetten montieren lassen. »Ein sechs Monate junges Baby hatten wir hier schon zu Gast«, entsinnt sich Melanie, Tochter des Hüttenwirts. In Sachen kinderfreundliche Hütten hat Tirol die Nase vorn: Im drittgrößten Bundesland Österreichs liegen 35 von 91 Hütten, denen DAV, OeAV und AVS gemeinsam ihr Qualitätssiegel verleihen. Tirols Nachbarn Südtirol, Bayern und Vorarlberg warten mit 7, 10 bzw. 9 kinderfreundlichen Hütten auf.

Auch wenn, wie in Vorarlberg vielerorts, Wert auf Exklusivität und zahlkräftige Kundschaft gelegt wird, muss das kein Widerspruch sein zu einem durchweg kinderfreundlichen Ambiente. Das lässt sich zum Beispiel sehen im »Alpen Sport Ressort« Rote Wand, in Lech-Zug am Arlberg. Zur Hauptsaison tummeln sich dort bis zu siebzig Kinder aller Altersstufen, obwohl sich das Hotel bewusst gegen eine Etikettierung als »Babyhotel« entschieden hat – um kinderlose Stammkundschaft nicht zu vergraulen.

Selfness für die Eltern

Bewusst die Bedürfnisse als Eltern zu spüren und auszuleben – nicht ausschließlich in Bezug auf den Nachwuchs, sondern gerade für sich selbst: Dieser Trend breitet sich aus und wird touristisch aufgegriffen. Ein Beispiel stellt das jüngste Familienhotel der Schweiz dar, das Muntanella in Ardez. »Selfness« steht dort auf dem Programm. Hinter dieser Wortschöpfung steckt gleichsam eine urwüchsigere Variante des ausgetretenen Pfads der Wellness. Wie der Name Selfness suggeriert, geht es um das Selbst und die Kompetenz, das eigene Leben besser in den Griff zu bekommen. In Bezug auf kleine Kinder heißt das, ein gesundes Gleichgewicht zu erlangen in Arbeit und Leben, mit Partner und Kindern, für Emo-

---

Logis mit Kleinkind am Berg

Baby- und Kinderhotels richten sich gezielt an Familien mit Nachwuchs. Sie versprechen ein Mehr an Leistungen und Akzeptanz in Abgrenzung zu Beherbergungsbetrieben, die sich »lediglich« als kinder- oder **familienfreundlich** bezeichnen. Allerdings erweisen sich die Kriterien für **Baby- bzw. Kinderhotels** – beides sind keine geschützten Bezeichnungen – als von Ort zu Ort unterschiedlich.

Seit einigen Jahren weisen die Alpenvereine eine ganze Palette von Hütten als kinder- und mitunter sogar als babytauglich aus (s. S. 278 und Internethinweise).

Immer mehr Hotels legen darauf wert, dass auch die Kleinsten nicht zu kurz kommen.

Wer mehr Komfort und damit Gasthof oder Hotel braucht, freut sich unter Umständen über folgende »Extras«:

- Spielraum. Selbst wenn der Nachwuchs zu jung ist für eine vom Hotel geleistete Betreuung oder wenn die Öffnungszeiten zu eingeschränkt sind, bekommen Eltern in der Regel Zugang.
- Gitterbett, Wasserkocher, Flaschenwärmer und das »bébétel« auf dem Zimmer. Dieses Schweizer Spezialbabyfon lässt nach der Programmierung das eigene Handy klingeln, wenn es »brennt«. Ob das Kind ruft, weint oder gar brüllt, enthüllt die Lifeschaltung nach Annahme des Babyfonanrufs.
- Kinderkrippe oder Babysitting-Agentur im Ort.

Etwas überzogen erscheinen eigene Kinder-Wellness-Bereiche oder ein Betreuungsangebot schon ab dem siebten Lebenstag – Angebote, mit denen zum Beispiel Kärnten jüngst in einer Beilage des DAV-Magazins »Panorama« warb.

Oft lässt sich in Kinderkrippen eine stundenweise Betreuung vereinbaren, wobei idealerweise die Tagesstätte – hier die Serfauser »Murmli-Krippe« – auch über Außenanlagen verfügt.

tionen und Gesundheit. Dass gerade mit kleinen Kindern den Eltern die Zeit für sich selbst zu knapp wird, hat Infratest Sozialforschung bereits 1978 im Auftrag des Bundesfamilienministeriums festgestellt – also vor der heutigen Situation, wo sich die Schere zwischen beruflicher Aufopferung und familiärer Freizeitgestaltung oft bis zum Anschlag öffnet. Vom Wortstamm her scheint es allerdings nicht weit von Selfness bis zur Selfishness, von Ichzentrierung zum Egoismus. Heißt also Selfness in seiner Extremform, gerade im (Berg)urlaub weniger Zeit mit dem eigenen Nachwuchs verbringen zu dürfen oder sollen? Im Prinzip muss das ja nicht negativ sein. (Selbst)bewusste und entspannte Eltern können nach einer kleinen ichzentrierten Auszeit vielleicht umso liebevoller und gesünder mit ihrem Nachwuchs um- und gemeinsame Unternehmungen angehen.

Ins Erleben der Kleinen hineinversetzen
Damit wären wir bei der Frage anbelangt, was die Berge einem Kleinkind bringen – außer dem Nichtabreißen der geliebten sozialen Bindung. (Denn indem der Nachwuchs »berghungriger« Eltern mit ins Gebirge kommt, bleibt er gerade nicht einfach daheim »bei Oma«.) Berge bergen für Allerkleinste eine Reihe von Unbequemlichkeiten oder gar Gefahren – die vermeiden zu lernen die Eltern womöglich am Wohnort keine Gelegenheit haben: Im Gebirge treten oft extreme Temperaturen und Sonnenstrahlung auf, zudem im starken tageszeitlichen Wandel; je nach Transport- oder Schuhwerk können Durchblutung der Gliedmaßen und Füßchen oder eine gesunde Körperhaltung beeinträchtigt sein; dünnere, trockenere Luft in großen Höhen beansprucht Babyherzen- und lungen stärker als bei Erwachsenen. Umso mehr ist gefordert, sich in das Erleben des Kleinkindes hineinzuversetzen. Auf den Punkt bringt es Caroline Hellmeier, beim DAV zuständig für das Thema Familienbergsteigen: »Das Herangehen an eine Bergwanderung ist mit Kindern ein ganz anderes als ohne, nicht mehr das bergsteigerische Ziel steht im Vordergrund, sondern das psychische und physische Wohl des Kindes.« (s.a. Bild S. 282)

Getragene oder gefahrene Kleinkinder sollten regelmäßig kontrolliert werden: Fühlen sich Nacken und Torso kühl an,

---

Ausrüstung – Nützliches und Essenzielles
- extrem guter Sonnen-, Kälte-, aber auch Hitzeschutz – daneben natürlich eine komplette Reiseapotheke (s. Internethinweise)
- extrabreite Isolierkanne, in der sich Babynahrung entweder im Gläschen aufwärmen lässt oder in der die Nahrung direkt warm (oder kühl) gehalten wird
- kleine Zeltplane und/oder Decke mit beschichteter Unterseite
- Teleskopstöcke
- praktisch mit der Bauchtrage für optimalen Wind- und Wetterschutz des Trägers und des Getragenen: eine Outdoor-Jacke, die das Öffnen des Reißverschlusses von zwei Enden her ermöglicht (Hals-Brust-Bereich des Trägers schützbar/Bauchtrage hat in der Regel eigenen »Wetterbezug«)
- praktisch mit Bauch- oder Rückentrage: Regenschirm mit großem Radius
- praktisch für den Transport im abgedeckten/isolierten Kinderwagen: Thermometer (oft in kombinierten Höhenmessern/Uhren inbegriffen).

Wie einpacken? Kaum eine Frage stresst Eltern so sehr wie diejenige, ob es das Baby zu kalt oder zu warm haben könnte. Goldene Regel bleibt das altbewährte Zwiebelschalenprinzip.

3. Guter »Nährboden« auch im Gebirge
Bilder oben: Bisweilen unbequem für die Mutter, aber praktisch für den Säugling: Stillen unterwegs.
Bilder Mitte: Ob Säugling oder Kleinkind: Mit abgepumpter Muttermilch oder Pulver zum Anrühren kommt man(n) auch ohne Muttern über die Runden.
Bilder unten: Kann auch einmal mühselig sein: Füttern am Berg.

oder aber verschwitzt? Ist der Kopf eines Schläfers durch das Geruckel von Wagen oder Kraxe extrem »verrutscht«? Treffen Wind, Sonne oder Niederschlag das kleine Wesen irgendwo ungeschützt? Dass man sein Kleines keinesfalls länger als zwei Stunden in der Kindertrage auf dem Rücken oder Bauch tragen soll, steht nicht nur in fast allen Ratgebern, sondern darauf machen meist schon die Kraxenhersteller aufmerksam. Bestimmte Ausrüstungsfragen beantworten sich erst unterwegs – wie heiß zum Beispiel die Fläschchenmilch in eine Thermoskanne eingefüllt wird, damit sie einerseits nicht zu kalt wird unterwegs, andererseits aber auch nicht mit Kaltwasser zu stark verdünnt werden braucht.

Was liegt näher als Erfahrungen mit anderen zu teilen und von anderen Eltern zu lernen? Innerhalb des DAV stehen dazu die Signale auf Grün, denn die Zahl der sogenannten Familiengruppen wächst stetig: Mittlerweile finden sich bei rund zwei Dritteln der 354 DAV-Sektionen ein oder mehrere Familiengruppen. Bei »Oberland« geht es zum Beispiel unter dem Motto »Mit Kind und Kegel« ins Gebirge. Die neben Oberland größte Sektion München bietet speziell ein »Bergsteigen mit Babys« an, bei dem Wickeltechniken mit Tragetüchern erlernbar sind.

Anregendes Umfeld

Hand aufs Herz: Bis zu einem Alter von vielleicht sechs Monaten profitieren Babys sicher nicht direkt von Bergaufenthalten

Wer nach abenteuerlichem Ambiente und Adrenalinstößen strebt, braucht keine hochgesteckten Bergziele: Ein winterlicher Ausflug mit Baby – hier mit einem unter vier Monate altem – liefert garantiert beides. Eigenes Landschaftserleben und des Nachwuchses Wohlbefinden adeln bereits eine Skitour auf einen unscheinbaren Sattel statt auf den Gipfel.

Literatur
»Children in the mountains: High mountain trekking holidays are best avoided for the very young.« British Medical Journal 1998, Bd. 316, S. 874–5
Wandern mit Kind (Conrad Stein Verlag 2003)
Berge voller Abenteuer (Ernst Reinhard Verlag 2005)
Zwergerl-Touren (J. Berg Verlag 2009)
Erlebniswandern mit Kindern (Bergverlag Rother 2010).

– aber vielleicht die Eltern, im Sinne eines Auslebens von Selfness, und indirekt damit auch der Nachwuchs. Wenige Monate alte Sprösslinge sind relativ unkompliziert: Erstens schlafen junge Babys viel. Zweitens ernähren sie sich im Optimalfall noch (ausschließlich) von Mutters Brust, was das Thema der »Marschverpflegung« unglaublich vereinfachen kann. Zumindest für Vater und Kind, die sich ja nicht mit durchnässten Stilleinlagen und dem teilweise Entblößen auch bei widrigsten Wetterbedingungen herumschlagen brauchen.

Laut gängigen Ernährungsempfehlungen beginnt das Zufüttern mit Babynahrung etwa um den sechsten Lebensmonat. Nicht genug damit, dass damit das Beigepäck in Form von Gläschen oder Vorratsdosen nebst, je nach Jahreszeit, Aufwärm- oder Kühlhaltesystem anwächst: Bei manchen Kleinkindern gestaltet sich das Füttern daheim schon zu einem zeitaufwändigem und kleckerlastigem Abenteuer – was sich unterwegs und zumal in »aufregendem« Ambiente noch verstärken kann. Andererseits ist es gerade das Bergambiente, was selbst ab etwa einem halben Lebensjahr an schon eine Portion Freude und Stimulation bedeuten kann. Denn ab einem Alter von sechs Monaten werden Babys mobiler und interessieren sich manuell wie auch visuell immer mehr für ihre Umwelt. Kleinkindern bietet die Gebirgswelt ein abwechslungsreiches, vielleicht sogar gesundheitsförderndes Ambiente, das mannigfaltigen Kontakt zur Natur gestattet. Womöglich offerieren sich Stadtkindern erstmals Gelegenheiten zum freien Spielen außerhalb begrenzter Parkanlagen. Ob Steine, Wasser, Pflanzen – ein »motorisch anregendes Umfeld ist nötig zur Schaffung psychomotorischer Entwicklungsreize«, schreibt das Autorentrio im erlebnispädagogischen Ratgeber »Berge voller Abenteuer« (s. Literatur). Anders ausgedrückt: Möge das Kind seinem erwachenden Betätigungsdrang spielerisch folgen dürfen! Jede Winzigkeit am Wegrand kann auf Interesse stoßen, was allerdings das Fortkommen bisweilen lähmt – und die Zeitplanung eines Ausflugs gehörig durcheinander bringen kann.

Auch der Schlafrhythmus gerät bisweilen aus dem Lot: Womöglich wacht das Kind eine Stunde früher auf, weil sich der

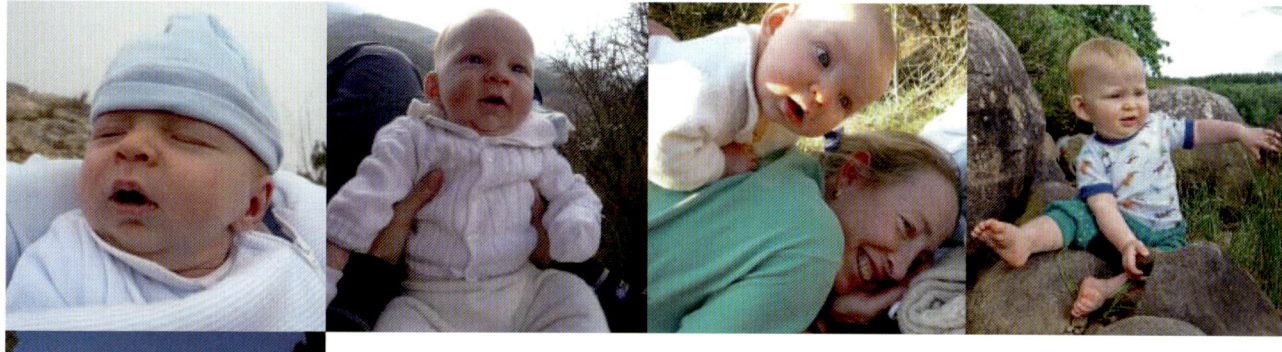

Heranwachsen und ins Berg-Erleben hereinwachsen
Kurze geometrische Folge der Altersstufen 1, 2, 4, 8 und 16 Monate
1. Monat. Besser so, dass er kaum etwas mitbekommt von Nebel und Nieseln.
2. Monat. Zunächst bleiben Aufmerksamkeit und Augen für Mama und Papa reserviert.
4. Monat. Da wird er allmählich mobiler.
8. Monat. Das Streben nach Eigenständigkeit beginnt.
16. Monat. Läuft sicher, rastet gerne und schenkt am liebsten Steine.

Schlafraum nicht so gut abdunkeln lässt wie zu Hause und die ersten Sonnenstrahlen hereinfallen. Unterwegs lässt das Kind vielleicht einen Tagesschlaf ausfallen, sei es durch Mangel an Bequemlichkeit oder Überfluss an Reizen. Dann müssen die Eltern abends Essen und Zubettbringen mit einem quengligen, übermüdeten Wesen absolvieren oder: Ein nicht mehr abzuwendender Abendschlaf hebelt den Nachtrhythmus gar völlig aus.

Warum das Thema Schlafen so wichtig ist? Weil von einer guten Nachtruhe der Sprösslinge auch Wohl und Tagesverfassung der Eltern abhängen – und damit die Sicherheit des Nachwuchses. Wer andauernd schlecht und wenig schläft, ist untertags todmüde, gereizt und wie benommen. Beständiger Schlafentzug wirkt wie Alkohol oder andere Drogen: Ausdauer und Konzentration nehmen ab, Fehler oder gar Fehltritte mehren sich. Was das im Gebirge für Folgen haben kann, braucht nicht näher erörtert zu werden.

Selbstredend verbietet sich die Mitnahme der Allerkleinsten, wenn die Gefahren von Fremdeinwirkung oder Naturereignissen uneinschätzbar sind, wie beim Skifahren, Felsklettern oder auf Hochtouren. Höhenkrank werden Kinder im Übrigen ebenso leicht wie Erwachsene, nur dass Infanten eben noch nicht Beschwerden und Schmerzen benennen können. »Kleinkinder in große Höhen mitzunehmen, ist kaum zu rechtfertigen«, resümieren Bergmediziner im renommierten Fachmagazin British Medical Journal (s. Literatur). Was die maximale Schlafhöhe anbelangt, so empfehlen die Experten für Kinder unter zwei Jahren, unter der Zweitausend-Meter-Marke zu bleiben.

Zimmer mit Aussicht

Ambitionierte Alpenplanungen mit Baby? Lieber nicht. Wer sich stark an bergsportliche Illusionen klammert, wird leicht desillusioniert. Schon kleine Unternehmungen können jäh scheitern, selbst wenn – oder gerade weil der Nachwuchs untertags in Betreuung gegeben wird. Das durfte der Autor selbst erfahren, als er sich einmal, statt auf Skitour, mit Gastroenteritis auf die Bettstatt des Hotelzimmers begab. Beim Kleinen war der Magen-Darm-Infekt, den er sich sicher in der Krippe geholt hatte, mild verlaufen; putzmunter tobte er wieder mit den Spielgefährten. Dafür war Papa krank. Immerhin hatte er ein Zimmer mit Aussicht.

Internethinweise
Angebote für Familien-Berg-Urlaub: www.familyaustria.at, speziell Tirol www.family.tirol.at; in Südtirol www.familienhotels.com; Schweiz www.myswitzerland.com -> »Unterkunft« ->»Kinderfreundliche Hotels« Infos zu Tourenplanung, Hütten für Kinder (DE/AT), Literatur unter www.alpenverein.de ->»Familie«; familienfreundliche SAC-Hütten unter www.sac-cas.ch -> »Hütten«.
Zu den Themen Reiseapotheke, Sonnenschutz usw.: www.kinderaerzte-im-netz.de -> »Kleinkinder« – >»Urlaub mit Kindern«
Für die Reportage besuchte Beherbungsbetriebe:
www.sanktgeorg.com (Bad Aibling/DE)
www.schalber.com, www.koelner-haus.at (Serfaus/AT)
www.rotewand.com (Lech-Zug/AT)
www.hotelmuntanella.ch (Ardez/CH)

Alpine Chronik 2009/10
Auf der Suche nach dem Besonderen

VON MAX BOLLAND

Die Bohrhaken nur noch Anachronismus – J. Ernst klettert die Teufelskralle 9+ clean.
Foto: Johannes Ernst

Bei den Recherchen nach den alpinen Glanzpunkten des letzten Jahres – genau gesagt handelt es sich um den Zeitraum von Mai 2009 bis Mai 2010 – wurde ein weiteres Mal versucht, eine Auswahl der alpinen Taten zu erstellen, die in irgendeiner Weise etwas Außergewöhnliches darstellen. Es liegt in der Wesenheit der Sportart Bergsteigen, dass hierbei nicht einzig und allein die nackten Zahlen als Auswahlkriterien dienen sollen, sondern auch und vor allem das »Wie« der erbrachten Taten, der Stil, der Geist, der hinter den Aktionen steht. Gleichwohl Wolfgang Güllich, Protagonist des Sportkletterns in den 1990er Jahren, seinerzeit dem Bergsport den Status entzog, mehr als nur ein Sport zu sein, bleibt unverkennbar, dass anders als in den meisten Sportarten alpine Leistungen nicht allein an einfachen Parametern wie Zeit, Ergebnis oder Schwierigkeitsgrad zu messen sind. Zudem gibt es im Alpinismus keine höher geordnete Instanz, einem Schiedsgericht gleich, die über den Wert erbrachter Leistungen entscheidet. Letztendlich bleibt es der Bergsteigerszene selbst überlassen, die Taten ihrer Vorreiter zu beurteilen und zu werten. Erschwerend kommt hinzu, dass in erster Linie die Akteure selbst von ihren Großtaten berichten, so dass es folgerichtig an objektiver Berichterstattung mangelt. Aufgabe dieser Chronik soll deshalb nicht sein, eine lückenlose Darstellung aller alpiner Höchstleistungen zu geben, sondern dem Facettenreichtum des Bergsports weitgehend gerecht zu werden.

Kleine Wände – Hohe Schwierigkeiten (mit und ohne Haken)

Sportklettern – Nicht allzu viel Neues gibt es aus der Welt der Mikrogriffe zu berichten. Ein weiteres Mal ließe sich allein mit den Highlights des Wunderkindes – wer wundert sich noch? – Adam Ondra (CZ) ganze Seiten füllen, doch das würde den Rahmen sprengen. Erwähnt werden muss aber sein 2hoch2 Onsight-Tag als Untermauerung der Potenzierung seines Kletterkönnens. An einem Tag glücken dem Ausnahmetalent je zwei Routen im Grad 8b+ und 8c im Onsight! Es ist nicht allzu lange her, dass man mit dem einmaligen Onsight einer Route dieser Schwierigkeit für Schlagzeilen sorgen konnte, bei Ondra gehört das schon längst zur Tagesordnung – business as usual! Auf seiner Tour durch die Klettergebiete Europas wiederholte Ondra einmal mehr die schwersten Touren schnell und scheinbar ohne große Mühe, unabhängig von Art der Kletterei und Beschaffenheit des Gesteins. In Spanien gelang ihm eine 9a im ersten Versuch. Einzig weil er die obere Hälfte der Tour schon zwei Jahre zuvor (!) geklettert war, konnte die Begehung nicht offiziell als flash oder onsight gewertet werden. Mit Golpe de Estado in Siurana bezwingt Ondra zudem eine der drei Sharma-Routen im neuen Highendbereich (9b). Die wichtigste Neuigkeit aus dem Hause Ondra jedoch dürfte sein, dass er sich nicht mehr nur mit der Wiederholung schwerster Routen zufrieden gibt, sondern selbst schwerste Linien kreiert. Mit »Marina Superstar« (9a+) in Sardinien setzte er ein erstes Ausrufezeichen. Die Zukunft wird zeigen, ob sich sein Klettertalent mit dem Blick für die »gerade-noch-kletterbare« Linie so fruchtbar vereint, dass er tatsächlich in eine neue Dimension des Sportkletterns vordringt. Chris Sharma hingegen ist schon seit Jahren als Schöpfer schwerster Kletterwege aktiv. Mit der Route »Neanderthal« in Santa Linya/Spanien gelang ihm der erfolgreiche Durchstieg seiner dritten Route im neuen Supergrad 9b. Doch nicht nur die Jungspunde Ondra und Sharma sind in den höchsten Graden unterwegs. Dani Andrada (HSP) bezwang mit »Picacho« im neuen Topklettergebiet Spaniens Rodellar 55 überhängende Meter durch die »Alibaba-Cave«. Die spezielle Mathematik des Sportkletterns führt zu einer Bewertung von 9b+ (=12/12+): »Picacho« 8b+boulder + »Ali baba« 8c route + »Hulk extension« 8c+ route = 9b+. Zu deutsch: Man klettere einen Einstiegsboulder im Grade Fb8b+ (das ist knapp unter dem momentanen Maximum im Bouldern), erhole sich in der darauffolgenden 8c(11-)soweit, um anschließend noch die 8c+ (11-/11) zum Umlenker hochzupowern. Gespannt darf man auf kommende Wiederholer und deren Einschätzung der Mathematik des Herrn Andradas harren. Hinter dieser absoluten Spitze des Sportkletterns wartet ein breites Feld hoffnungsvoller Talente und altbekannter Namen. Mit Enzo Oddo (FR) gedeiht ein weiteres Talent, mit seinen vierzehn Jahren hat er schon einige 9a's klettern können. Aus deutscher Sicht muss Daniel Jung (diverse Routen bis 9a+) erwähnt werden, sowie die »Oldies« Andreas (9a+) und Christian Bindhammer, der nimmermüde Franke Markus Bock und das Urgestein Toni Lamprecht. Dass auch in fortgeschrittenem Alter schwerste Routen realisierbar sind, bewiesen Stevie Haston (GB, 9a im Alter von 52 Jahren) und der legendäre Maurizio »il mago« Zanolla, genannt Manolo (I, 51 Jahre). Manolos Route »Eternit« in den Feltriner Dolomiten zeichnet sich nicht nur durch den Grad von 9a aus, sondern viel mehr dadurch, dass sie anders als die meisten anderen Toprouten nicht durch stark überhängendes Gelände zieht, sondern ein glatte, gerade mal senkrechte Platte überwindet. Mikroskopisch kleine Griffe und Tritte erlauben einzig das Höherkommen. Bei den Frauen weiß einmal mehr die Slowenin Maja Vidmar zu überzeugen und klettert mindestens so gut wie sie aussieht. Eine 8b+ gelingt ihr onsight und eine Route im Grade 8c+ kann sie Rotpunkt durchsteigen.

Tradclimbing – Nach dem recht ereignisreichem Jahr 2008, wartete die Saison 2009 im Bereich des Tradkletterns mit weniger spektakulären Ergebnissen auf. In erster Linie gingen Wiederholungen bereits bestehender Routen durch den alpinen Äther. Alex Luger konnte Beat Kammerlanders »Prinzip Hoffnung« (E9/E10) an der Bürser Platte wiederholen und dem Amerikaner Kevin Jorgeson gelang eine seltene Begehung von »The Groove« E10 im britischen Hardgrit. Altmeister Stevie Haston (GB) gelang Europas vermeintlich schwerster Riss, die Dachroute Greenspit 8b+, sogar im Flash. Wenngleich Haston davon profitierte, dass sich schon einige der nötigen Zwischensicherungen von einem gescheiterten Begehungsversuch seiner Lebenspartnerin Laurence Gossault in der Route befanden. Erfreulich ist der Ansatz der jungen Pfälzer Johannes Ernst und Felix Lehmann, die es sich zur Aufgabe machten, den Gedanken des Clean Climbing in die heimische Pfalz zu übertragen. Unter erfolgreichem Ignorieren der vorhandenen Bohrhaken kletterten die beiden die »Teufelskralle« (9+), bevor ihnen mit dem »Meisterjäger« (9+/10-) auch ihr Meisterstück gelang. Nach vorherigem Auschecken von oben und einigen Stürzen in Mikrokeile kletterten beide erfolgreich durch die Routen und brachten auch die Sicherungspunkte im Vorstieg an. Dieses Vorgehen aus vorherigem Einstudieren der Route und der Sicherungsmöglichkeiten ist das auch in England übliche Vorgehen bei schweren Erstbegehungen und ist als Headpointstil bekannt. Auf die in England übliche E-Bewertung übertragen dürften die Routen bei E8/E9 liegen und werden somit auch nach britischem Standard gehobenen Ansprüchen gerecht. Am obersten Limit des Tradclimbings unterwegs ist hingegen schon seit Jahren der Kanadier Sonnie Trotter. Im heimatlichen Granit von Squamish klettert er eine überhängende Kante im Grad 5.14 (10+/11-). Der Mantle der Schlüsselstelle liegt zwei Körperlängen über der letzten Zwischensicherung hinter einer laut Trotter etwas dubiosen Felsschuppe.

Freesolo – Erneut ist es der junge Alex Honnold, der im Bereich ungesicherter Alleingänge die Messlatte konstant nach oben schiebt. Im Red Rock Nationalpark (Nevada) reihte er schwerste Alleingänge aneinander, die an den Solomarathon des vor wenigen Jahren verunglückten Klettervirtuosen Derek Hersey erinnern. Hersey kletterte fast 1000 ungesicherte Meter am Diamond in Colorado bis zum achten Grad. Wobei er zwei Routen im Aufstieg und eine weitere im siebten Grad im Abstieg kletterte. Honnolds Enchainment von Solorouten in den Sandsteinwänden nahe Las Vegas liest sich noch beeindruckender: die 300 Meter der Originalroute an der Rainbowwall mit Schwierigkeiten bis zum unteren neunten Grad klettert Honnold quasi im onsight, da er sie zuletzt vor drei Jahren geklettert war. Nach kurzer Pause geht es an die 220m der klassischen »Prince of Darkness« im Black Velvet Canyon (bis 7+, onsight) mit anschließendem Abstieg über die benachbarte »Dream of Wild Turkeys« (220m, bis 7-). Auch der Südtiroler Manfred Stuffer sorgt mit einem Soloenchainement für Aufsehen. Insgesamt fünf Mal steigt er ungesichert durch die Nordwand des östlichen Meisulesturm in der Sellagruppe auf je fünf unterschiedlichen Wegen. Er überwindet Schwierigkeiten bis in den oberen siebten Grad und braucht für die insgesamt tausend Klettermeter gerade mal 3,5 Stunden. An dieser Stelle soll auch dem geistigen Vater des »freesolo« gedacht werden, John Bachar, der bedauerlicherweise im Sommer 2009 tödlich verunglückte. Bachar definierte als erster überhaupt den Stil des »freesolo«. Weder Seil, Gurt, noch Karabiner darf der Kletterer mitführen, einzig Kletterschuhe und Magnesiabeutel sind genehmigt. Bachar selbst war in den 1980er und 1990er Jahren die unangefochtene Nummer 1 dieses tollkühnen Stils. Mit Solos bis in den neunten Grad setzte er die Meßlatte weit nach oben. Unvergessen auch das Angebot des selbstbewussten Amerikaners, er böte jedem 10.000$, der ihm einen Tag lang auf seinen Solotouren begleite. Niemand nahm je diese Wette an. Bachar verunglückte auf seiner letzten Solotour.

Bouldern – Eine starke Saison hat der Junge US-Amerikaner Daniel Woods zu vermelden. Seine Topform nützte er zur Realisierung eines neuen Boulders im Highend Bereich: »The Game« im Bouldercanyon bewertete er erstmals mit dem Grad V16 (=Fb8c+). Selbst Zehnerkletterer würden wohl Griffe und Tritte von »The Game« als schlicht nicht existent beurteilen. Ob es sich dabei wirklich um die schwersten Klettermeter der Welt handelt, müssen die Wiederholer beurteilen. Ein potentieller Anwärter für Woods Neukreation könnte sein Landsmann Paul Robinson sein, dem mit »Lucid Dreaming« im Kultgebiet Buttermilks in Kalifornien ebenfalls ein Boulder im Grad V16 gelang. Im Prinzip handelt es sich nur um eine Sitzstart-Variante zum bestehenden Boulder »Rastaman Vibrations«, die allerdings hat es in sich: Robinson: »Allein an den ersten beiden Griffen tropfte ich über hundert Mal ab.« Dem geneigten Leser sei es selbst überlassen, ob er über so viel Hartnäckigkeit in Bewunderung oder Kopfschütteln verfällt. Jedenfalls hat sich nach einer längeren Phase der Konsolidierung in Sachen absoluter Schwierigkeit im Bouldern doch noch etwas getan.

Große Wände – k(l)eine Griffe!

Die höchsten Schwierigkeiten aus dem Sportklettern auf die hohen Felswände des Erdballs zu übertragen ist seit Aufkommen des Freiklettergedanken ein Anliegen der Protagonisten des Klettersports. An dieser Stelle folgt eine Auswahl der Höhepunkte des vergangenen Jahres, die von Meisterleistungen an den Wänden rund um den Globus berichtet. Robert Jasper und Roger Schäli besinnen sich an ihrem »Hausberg«, dem Eiger, auf die historischen Ursprünge des Freikletterns, ehemals technischen Routen frei zu durchsteigen ohne dabei künstliche Mittel wie Haken zur Fortbewegung zu verwenden. Das Duo rang der legendären Japaner-Direttissima die erste freie Begehung ab. 1969 eröffnete ein japanisches Team unter hohem Material- und Personalaufwand diese ganz dem Geist der Zeit folgende »Linie des fallenden Tropfens«. Vorwiegend technische Kletterei brachte die Japaner in gerader Linie durch die Wand auf den Gipfel des Eigers. Jasper und Schäli gelingt es letztendlich die komplette Wand in drei Tagen und ausschließlich freier Kletterei zu bezwingen, sie bewältigen Schwierigkeiten bis zum zehnten Grad und müssen sich mit viel brüchigem Fels, Steinschlag und heiklem Alpingelände rumschlagen. Anders als die Japaner Route am Eiger war die »Vogelfrei« an der Südwand der Schüsselkarspitze von ihren Erstbegehern Tom Dauer, Chris Semmel und Michi Wärthel von vornherein als Freikletterroute angedacht, konnte aber auch vom starken Wärthel nicht komplett frei begangen werden. Diesen Makel beseitigte nun der Tiroler Hans-Jörg Auer. Das Ergebnis seines zähen Ringens liegt bei 10/10+, womit die Route zu den schwersten Mehrseillängen Routen der Alpen gehören dürfte. Zwar einen guten Grad leichter, aber dafür absicherungstechnisch deutlich anspruchsvoller ist die Via della Cattedrale an der Südwand der Marmolada. 2004 konnte Pietro del Pra diese ehemals technische Route frei durchsteigen, der unterste zehnte Grad wurde erreicht und das ohne die Verwendung eines einzigen Bohrhakens auf über 800m Wandhöhe. Das Tiroler Dreamteam aus Hans-Jörg Auer und Much Maier konnte nun eben diese Route im besten aller Stile, frei und onsight, bewältigen. Ein weiterer beeindruckender Beweis der klettertechnischen und vor allem mentalen Stärke der beiden. Manolo´s (Maurizio Zanollo) Route am Vette Feltrine weist zwar Bohrhaken auf, wer jedoch den »Mago« kennt, weiß, dass er mit deren Einsatz in seiner Route »Solo per i vecchi guerreri« („Nur für alte Krieger«) eher gegeizt haben dürfte. Zudem gehört der Kletterweg mit 8c+/9a wohl zu den härtesten Brocken weltweit. Ungeachtet der Empfehlung im Routennamen nimmt die junge Kämpferin Jenny Lavarda zusammen mit ihrem Freund Marco Ronchi (beide Italien) die Herausforderung an. Beiden gelingt der erfolgreiche Durchstieg der Route. Jennys Leistung gehört somit unbestreitbar zu den beeindruckendsten Leistungen einer Frau im alpinen Sportklettern der letzten Jahre. Einzig die Spanierin Josune Bereziartu konnte ähnliche Schwierigkeiten in hohen Wänden realisieren. Spaniens Antwort auf die »Huaberbuam«, das Brüderpaar Iker und Eneko Pou gehört seit Jahren zur crème de la crème der Freikletterer hoher Wände. Rund um den Globus haben die zwei ihre Visitenkarte hinterlassen. In den heimatlichen Picos del Europa konnten sie mit »Orbayu« am »Naranjo de Bulnes« den heißesten Anwärter auf den Titel »Schwerster Bigwall der Welt« erstbegehen. Die härteste Länge fordert den 11.Grad (8c+/9a), hinzu kommen fünf Längen im unteren 10.Grad (8a), auch die Absicherung stellt hohe Anforderungen an das Nervenkostüm etwaiger Aspiranten. Stürze bis zu 20, 25 Meter müssen in Kauf genommen werden, und das auch in den schweren Längen. Die beiden bezeichnen ihre Kreation als das mit Abstand schwerste Unterfangen ihrer Karriere und an Vergleichsmöglichkeiten fehlt es den Brüdern wahrlich nicht.

Allein zu bedauern ist, dass sich so gut wie nie andere Kletterer der Weltspitze an den Naranjo de Bulnes verirren, so dass ein Austausch über bzw. eine Bestätigung der Schwierigkeiten wohl nicht stattfinden wird.

Ueli Steck beweist, dass er nicht nur in kombinierten Wänden und im Expeditionsbergsteigen zur Extraklasse gehört. Bei einem Aufenthalt in Yosemite gelingt ihm um ein Haar die erste Onsight-Begehung eines der großen Bigwalls am El Capitan. Er klettert alle Schlüssellängen der Golden Gate (10.Grad) onsight, bevor er in einer nassen Achterlänge doch noch stürzt. Im wahrsten Sinne des Wortes auf den Sprung in eine neue Dimension des Freikletterns von Bigwalls begeben sich Tommy Caldwell und Kevin Jorgeson (beide USA) in der New Dawn Wall des El Capitan. Wenn die Griffe nicht mehr nur klein, sondern schlicht nicht mehr vorhanden sind, wird das Projekt »Freiklettern« schnell unmöglich und die Passage muss technisch überwunden werden. Doch weder Caldwell noch Jorgeson wollen sich von zwei Quadratmeter aalglatten Granits die freie Begehung einer tausend Meter Route verderben lassen. »Jetzt musst du springen« heißt die Lösung. Ein waghalsiger Sprung zwei Meter horizontal nach links und einige hundert Meter über dem Talgrund könnte der Schlüssel für die ersehnte freie Begehung sein. Caldwells »Lebensprojekt«, die Befreiung der Technoroute »Mescalito«, ist zwar noch nicht zur Gänze realisiert, doch dies scheint nur noch eine Frage der Zeit zu sein. Über ein Jahrzehnt beschäftigte sich Caldwell mit der Idee einer freien Begehung durch die SO-Wand rechts der klassischen Nose, doch zu schwierig, zu aussichtslos und unmöglich schien ihm eine Realisierung. Motivation erhielt Caldwell jetzt durch das Engagement Jorgesons, der ebenfalls Interesse für das Projekt bekundete. Mit doppelter Energie stürzte sich das Team im Herbst in das Vorhaben und konnte nach eigenen Angaben gewaltige Fortschritte verbuchen. Man darf also gespannt bleiben auf ein weiteres Nonplusultra des Freikletterns.

In Eis und Fels – Kombiniertes aus aller Welt

Im Gegensatz zu den entlegenen Bergregionen des Himalajas, der Anden oder auch Alaskas bergen die Alpen nur noch geringes Potenzial für hochkarätige Erstbegehungen. Kaum eine Wand gibt es, die nicht schon von einem ganzen Netz an Routen durchzogen ist. Wer in den gut erschlossenen Kletterregionen unseres Erdballs noch Neuland finden will, muss sich zumeist auf diese Anstiege konzentrieren, die für seine Vorgänger entweder zu schwer und gefährlich oder die bislang einfach zu obskur, zu undenkbar waren. Eine kleine Auswahl der feinsten Erstbegehungen »vor der Haustür« findet sich im Anschluss. Der Schotte Dave McLeod hat definitiv das mentale Rüstzeug und die physische Stärke auch dort als erster hochzuklettern, wo bereits Generationen von Kletterern ihr persönliches »Unmöglich« gefunden haben, so auch an den Wandfluchten des Ben Nevis, dem traditionellen Eis- und Mixedklettergebiet des britischen Eilands. Mit der Winterbegehung seiner Route Anubis ist McLeod auch im Mixedklettern nach schottischer Tradition in eine neue Dimension vorgedrungen. Schon im Sommer, an trockenem Fels mit Kletterschuhen und Magnesia stellt »Anubis« mit einer Bewertung von E8 (entspricht einer nur schlecht abzusichernden Route im 10.Grad) einen harten Brocken dar, selbstlautend ist die Route mit Keilen und Friends selbst abzusichern. Zum Vergleich muss man wissen, dass die bisherigen Toprouten eine Sommerbewertung von maximal E4/E5 aufwiesen und ihre Schlüsselpassagen meist ganz gut abgesichert werden konnten. Allein daran lässt sich sehen, was es heißt, »Anubis« mit Steigeisen an den Füßen und den Eisgeräten in den Händen zu Leibe zu rücken. Dass McLeods Nervenkostüm etwas anders gestrickt ist als das der meisten anderen Menschen, lässt sich am besten an seiner eigenen Aussage erkennen: »Ein kleiner Sturz an der Einstiegswand, bei dem ich ein paar Zwischensicherungen heraus riss, half mir sehr viel meinen Körper zu entspannen.« Noch wollte McLeod keine konkrete Bewertung zu »Anubis« abgeben, allerdings bezeichnete er sie als härter als alles andere, was er bisher im Winter geklettert war. Seine bisherigen Toprouten reichen bis zum Grad XI auf der schottischen Skala.

Einige weitere Neutouren in der vergänglichen Materie des Eises sorgten für Schlagzeilen: Die Seilschaft Albert Leichtfried und Benedikt Purner fand in einem entlegenen Winkel des Zillertals eine Eisspur, die sie nach mehrmaligem Erkunden erfolgreich bewältigen konnten. »Moonwalk« ist eine Mischung aus anspruchsvollen Eis- und Mixedklettern und Nordwandbergsteigen. Die von den Erstbegehern als längster Eisfall Österreichs proklamierte Route erfordert nach Angaben von Wiederholern allerdings nur für 5-6 Längen Seilsicherung. Nach dieser eher alpinistisch interessanten Unternehmung wendet sich das Duo wieder dem härteren Eisklettern zu. Im Gasteinertal, in unmittelbarer Nachbarschaft zu den Superclassics »Mordor« und »Supervisor« finden sie eine Linie, die bislang noch keine Seilschaft bezwingen konnte. Leichtfried und Purner gelingt das Unterfangen, an der Schlüsselstelle im oberen siebten Eisgrad setzen sie einen Bohrhaken, ansonsten werden Friends und kurze Eisschrauben verwendet. »Centercourt« gehört somit zu den ganz wenigen Routen weltweit die den Grad WI7+ aufweisen. Es liegt in der Natur der Sache, dass beim Eisklettern die Schwierigkeiten nach oben begrenzt sind. Eis kann nun mal nicht überhängend wachsen, keine Dächer ausbilden, allenfalls kleinere Eiswülste, und eine gewisse Dicke ist einfach nötig, um daran Halt zu finden, die Eisgeräte verankern zu können. Folgerichtig wurde der obere siebte Eisgrad als das maximal Mögliche beim reinen Wasserfalleisklettern angesehen. Doch dann kam Will Gadd. Mit seiner aberwitzigen Bewertung von WI10 für seine Route »Spray on« schien er alles über den Haufen werfen zu wollen. Wäre diese Bewertung nicht aus dem berufenen Munde des kanadischen Eismeisters gekommen, kaum jemand hätte sie für ernst genommen. Die Auflösung des Rätsels liegt im kanadischen Bundesstaat British Columbia. In einer 45° überhängenden Grotte haben sich durch den nahen Wasserfall und etwas Wind Eisstalaktiten diverser Größe und Form gebildet. Gadd gelang es diese obskuren Eisgebilde zu einer Route zusammenzusetzen, deren Anforderung eine Art Mixedklettern an Eisgebilden darstellt, kein reines Hooken, sondern präzises und dosiertes Schlagen auf die fragilen Strukturen wird vom Kletterer gefordert. Dieser Umstand zwang Will Gadd nach eigenen Angaben zu der ungewöhnlichen Bewertung.

Von der Weite Kanadas zurück zum wohl bekanntesten Berg der Alpen, dem Matterhorn: hier wo Trubel und Menschenmassen das Bild am und unterhalb des Berges bestimmen, scheint nicht gerade der ideale Platz für Neulandsucher. Und dennoch gelingt der Seilschaft Marco und Herve Barmasse eine Neutour durch ein 1200m langes Couloir in der Südwand des Matterhorns. Brüchiger Fels und schlechte Sicherungsmöglichkeiten bilden den Rahmen für ein exklusives Abenteuer am sonst so überlaufenen Matterhorn.

Schöne Berge – Schlechtes Wetter: Patagonien, Baffin & Co

Hohe Freiklettereschwierigkeiten an den Wänden in den entlegenen Winkeln der Welt zu bezwingen, erfordert neben dem reinen Klettervermögen auch noch einiges an alpinen Allroundkönnen, Zähigkeit, logistischem Geschick und oft genug ein unerträgliches Maß an Geduld und Leidensfähigkeit von den Akteuren. Dass diese Fähigkeiten die Seilschaft Auer/Maier in sich vereint, wundert wohl niemanden mehr. Mehr verwundert den gewöhnlichen Patagonienbergsteiger da die Tatsache, dass kletterbare Witterungsbedingungen wohl eine reine Interpretationsfrage sind. Während in der unfern gelegenen Fitz-Roy-Gruppe keinerlei Aktionen zu verzeichnen sind, legt die Tiroler Seilschaft eine Erstbegehung der Extraklasse am Central Tower der Painegruppe hin. Ihre Route »Warten auf Godot« zieht durch die Ostwand des Berges und überwindet auf 750m in durchwegs freier Kletterei Schwierigkeiten von 7b/M6. Die Route wurde im Bigwallstil in 6 Tagen in der Wand begangen, es kamen vier Bohrhaken und drei Normalhaken als Zwischensicherung zur Anwendung. Die Saison rund um Cerro Torre verlief hingegen vergleichsweise unspektakulär. Einzig David Lama mit seinem Filmtross sorgte für – jedoch negative – Schlagzeilen und Verärgerung bei den Locals. Über Monate wurde die Kompressor-Route von seinem Team mit Fixseilen belagert und sogar mit zusätzlichen Bohrhaken versehen (zu den über 300 schon vorhanden Bolts des Erstbegehers Cesare Maestris). Leider blieben die Fixseile auch nach der Abreise Lamas am Berg. Dieses Vorgehen in der sensiblen Natur des Nationalparks Los Glaciares ist mehr als bedenklich, ebenso wie das Vermarkten von Leistungen, bevor sie überhaupt erbracht wurden. Eine hingegen lupenreine Aktion vollbrachte die Seilschaft Simon Gietl (I) und Roger Schäli (CH). Im Alpinstil legten sie eine neue, 600m hohe Route durch die Nordwand des Cerro Poincenot, die beiden Bergsteiger bezwangen Freikletterschwierigkeiten bis 6c und M5, sowie heikle technische Kletterei an Cliffs A3. Ein spätsommerliches Wetterfenster Ende Februar konnte Dörte Pietron nützen. Zusammen mit der Argentinierin Milena Gomez gelang ihr eine seltene Wiederholung der Asfanieff-Route (6+,A2, über 1300m) auf der Westseite des Fitz Roys. Pietron konnte damit neben dem Cerro Torre (2008) auch den Fitz Roy als erste Deutsche besteigen. Das belgische Team aus Nicolas und Oliviere Favresse, Sean Villanueva und Stephanne Hanssens sorgte in den letzten Jahren immer wieder für Schlagzeilen mit freien Begehungen schwerer Routen in Patagonien und Pakistan. Diesmal trieb es die Belgier nach Baffin Island, mit an Bord die spanische Aidclimberin Silvia Vidal. Nach erfolgreichen Einklettern nimmt das Team ihr Hauptziel in Angriff: eine freie Begehung der »Bavarian Route« an der West-

Jörn Heller sichert Robert Jasper im Vorstieg. Die endlose Weite der Feuerländischen Kanäle (Inselmeer) ist zu erahnen. Foto: Ralf Gantzhorn

wand des Mount Asgard. Die Route wurde 1996 von einem bayerischen Team um Christian Schlesener und Markus Bruckbauer technisch erstbegangen. Bis auf einem Meter gelang den Belgiern ihr Projekt, wobei sie vielerorts die Originallinie verließen. Entstanden ist so die »Belgerian Route« mit Freikletterschwierigkeiten bis 5.13 (10-) und einer kurzen technischen Passage (A1). Einige der ehemals technischen Seillängen werden auch absicherungstechnisch höchsten Ansprüchen gerecht: Schon der Start im Britengrad E8 fordert neben Kletterkönnen große mentale Stärke. Das Team um Favresse rundete seinen erfolgreichen Trip mit einigen eleganten Erstbegehungen und schnellen, freien Wiederholungen der langen Felswände des Gebietes ab. Ines Papert (D) und Lisi Steurer (A) hingegen verschlug es in die Wildnis Kanadas, wo sie im »Cirque of the unclimbables« einen dreifachen Triumph feiern konnten. In dem einsamen Klettergebiet des Nort-West-Territories gelang den beiden eine Erstbegehung im neunten Grad durch die Südwand des Middle Huey Spire. Weiterhin ist eine freie Begehung des Lotus Flower Tower (7.Grad) und eine freie Begehung einer Route am East Huey Spire (9.Grad) zu vermelden. Trotz schwindender Vorräte schafften es die beiden, Kraft und Motivation für ihre sportlichen Ziele aufrecht zu halten, und Ines Papert konnte ein weiteres Mal ihr hohes alpines Allroundkönnen unter Beweis stellen. Robert Jasper gelang zusammen mit Jörn Heller und dem Fotografen Ralf Gantzhorn die vermutlich dritte Besteigung des Monte Sarmiento in Feuerland. Jede Menge senkrechter Anraum zwang das Team zu einer äußerst komplexen Routenwahl, in deren Folge sie jede Exposition bekletterten (bis WI4). Auf größtenteils neuer Linie schraubten sich – im wahrsten Sinne des Wortes – die drei auf den exklusiven Gipfel.

Hohe Berge (bis 7500m) – Harte Routen

Gerade an den »kleineren« Gipfeln wird beim Expeditionsbergsteigen das Credo des Alpinstils meist sehr konsequent beherzigt. Einer derer, die das schon länger tun, ist der Slowene Marko Prezelj. Auch letzte Saison gelang ihm mit seinen Landleuten, dem jungen und talentiertem Rok Blagus und Luca Lindic, eine lässige Aktion an den Baghirati-Türmen im indischen Teil des Himalaja. Je eine Erstbegehung an Baghirati II, III und IV (Gipfelhöhen bis ca. 6500m) ist die beeindruckende Ausbeute ihrer Expedition. Vor allem aber wurden die Ziele so gewählt, dass sie in schnellem und sauberem Stil, ohne Lager und Fixseile und in freier Kletterei bewältigt werden konnten. Es liegt wohl am hohen Kletterkönnen der drei, dass dabei auch in Sachen Schwierigkeit einiges geboten war (VIII, M8 & WI6+). Beeindruckend ist aber, mit welcher Konsequenz Prezelj dem knallharten Alpinstil treu bleibt. Dies gilt gleichermaßen für die französische Seilschaft Christian Trommsdorff und Yannik Graziani. Auch sie konnten mit der Erstbegehung des 2400 Meter hohen, formschönen Südpfeilers am Nemjung in Nepal einen tollen Erfolg einfahren. Nach fünftägiger Kletterei (ED+) hatten sie den Pfeiler bezwungen und verzichteten auf den nur hundert Meter höher gelegenen Gipfel (7140m). Diesen hingegen erreichte ein japanisches Team über die bislang unbestiegene Westwand. Osamu Tanabe, Yasuhiro Hanatani, Michihiro Kadoya und Nobusuke Oki überwanden die tausend eisigen Meter ihrer Route in zwei Tagen im Alpinstil. Ihren Landsleuten hingegen, den furiosen Giri-Giri-Boys Fumitaka Ichimura und Genki Narumi gelang eine aufregende Route durch die jungfräuliche Nordwand des 6501 Meter hohen Tawoche (Nepal). Das Team, das durch spektakuläre Enchainments in Alaska von sich reden gemacht hat, kletterte in drei Tagen und leichtem Alpinstil durch die Wand. Einiges an Eisschlag und viele nicht abzusichernde Seillängen sorgten für den nötigen Thrill. »Wir sind sehr froh, dass wir die Wand durchsteigen konnten und unbeschadet zurückgekommen sind, so dass wir weitere Klettereien unternehmen können.« Das Schweizer Brüderpaar Simon und Samuel Anthamatten bezwingt zusammen mit Michael Lerjen die Südwand des Jasemba (7350m) in Nepal. Eine Felsbarriere (M5) auf 7000 Meter und zahllose Schneepilze stellen die Hauptschwierigkeiten dar. Da die drei im Alpinstil unterwegs sind, bleibt auch der Abstieg über die eben bezwungene Wand spannend, neben dem kompletten Haken- und Klemmkeilmaterial muss auch ein Teleskopstock und ein Eispickel zum Einrichten der Abseilstellen herhalten. Eines der ganz großen Wandprobleme im Himalaja konnte das britische Duo Nick Bullock und Andy Houseman lösen. Im Alpinstil – wie sollte es bei britischen Bergsteigern auch anders sein – bezwangen sie in drei Tagen die Nordwand des Chang Himal (6750m): 1800 Meter hoch mit Schwierigkeiten von ED+ und M6. Eine der herausragendsten Alpinstilbegehungen der letzten Jahre kommentierte Nick Bullock in typischen Understatement folgendermaßen: »Diese Wand bedeutet weder den Tod noch die ultimative Herausforderung; diese Wand ist nicht die beste, nicht die größte, nicht die höchste, sie ist auch nicht die kühnste aller Wände. Es war und ist ein Schritt ins Ungewisse, eine Herausforderung, die andere Herausforderungen am Berg, denen wir begegneten, in den Schatten stellt. Es war ein Schritt hinein in die größte Wand, die Houseman und ich jemals in Angriff nehmen wollten und bei der wir auch wirklich die Eier in der Hose hatten, zum Einstieg zu gehen und sie anzupacken.« Für ihren Entdeckungsgeist in der Xuelian Region im chinesischen Teil des Himalaja wurde das schottisch-amerikanische Team aus Bruce Normand, Kyle Dempster und Jed Brown mit dem Piolet d′Or geehrt. Ihnen gelang die erste Besteigung des Xuelian West, den sie Snow Lotus Peak tauften. Über die mehr als 2000 Meter aufragende Nordwand stiegen die drei im Alpinstil. Sie waren die ersten Bergsteiger überhaupt, die in dieser Region alpinistisch aktiv wurden. Im Vergleich dazu gleichen das Baltoro und das Hushevalley in Pakistan geradezu dem Inbegriff von Zivilisation. Das tut aber den Erfolgen der Gebrüder Huber am Nameless Tower und dem des italienischen Teams um Rolando Larcher am K7 keinen

Nach erfolgreicher Durchsteigung des NW-Grates: Jähn und Stacheder am Gipfel des Cholatses. Foto: Stacheder/Jähn

Abbruch. Alexander und Thomas Huber konnten mit der ersten Rotpunktbegehung der Route »Eternal Flame« am Nameless Tower (6251m) eine Herausforderung des Freikletterns in großen Höhen lösen, die schon einige starke Seilschaften wie zum Beispiel die Gebrüder Pou in die Steinwüsten Pakistans gelockt hatte. Unter der Prämisse »Rotpunkt an den Weltbergen« eröffnete der unvergessene Wolfgang Güllich zusammen mit Kurt Albert, Milan Sykora und Christoph Stiegler diese 1100m lange Linie und sie kletterten erstmals in solcher Höhe Schwierigkeiten bis zum 9.Grad. Nur vier der insgesamt 31 Seillängen mussten in technischer Kletterei überwunden werden. Den Hubers gelang es nun sämtliche Seillängen zu punkten, wobei sie stellenweise von der Orginallinie abwichen und Schwierigkeiten bis 9+ überwanden. Die beiden kletterten im Bigwallstil und verwendeten teils Fixseile. Ähnlich hohe Freikletterschwierigkeiten überwanden Rolando Larcher, Fabio Leoni, Michele Cagol und Elio Orlandi (alle I) bei ihrer Neutour an einem Granitpfeiler in den gewaltigen Wandfluchten des K7. Über 1100m schweren Fels bis 7b, A2 und 400 Meter Schnee- und Eisgelände erreichte das Team den 5700m hohen Pfeilergipfel. Dass der Gipfel des K7 nochmals über 1000 Meter höher aufragt, mag einen guten Eindruck über die Dimensionen der K7 Westflanke geben. Ein weiteres italienisches Team legte zwei blitzsaubere Erstbegehungen in schwerem kombinierten Gelände und alpinem Stil hin. Enrico Bonino, Nicolas Meli und Francesco Cantu legten eine neue Linie durch die Nordwand des Hama Yomjuma sowie durch die Ostwand des Kyjo Ri (6186m), nahe des ungleich bekannteren Cholatse im Khumbu (Nepal). An eben dieser Wand des Kyjo Ri musste die deutsche Seilschaft aus Michael Stacheder und Johannes Jähn ihren Erstbegehungsversuch auf einer Höhe von 5800m auf Grund des aufziehenden Schlechtwetters aufgeben. Die beiden hatten vorher schon mit einer Alpinstilbegehung des Nordwestgrats des Cholatse einen tollen Erfolg eingeheimst. In drei Tagen kletterten die beiden über den anspruchsvollen Grat (6, M5, WI4) zum Gipfel des Cholatse (6440m), der bislang erst einmal begangen werden konnte. Im Gegensatz zu den beiden jungen Deutschen gehören die Russen Vitaly Gorelik und Gleb Sokolov schon zur Altherrenriege, was sie in keinster Weise darin hindert, im Alpinstil eine harte und gefährliche Route durch die Nordwand des Pik Pobeda (7439m) im Tien-Shan-Gebirge zu legen. Bei ihrer 2400 Meter langen Neutour wurden die beiden ständig von kleineren und größeren Lawinen bedroht, kein Grund für die beiden nervös zu werden. Ihnen gelingt der Ausstieg auf den Grat zwischen Haupt- und Westgipfel (6918m), den sie im Abstieg noch überschreiten. Gorelik ist 42 und Sokolov ganze 56 Jahre alt!

Man sieht also, dass sich die Idee des Alpinstils, die Idee, mit nichts als dem Rucksack auf dem Rücken schwere Wände in einem Zug zu durchsteigen, sich zunehmend durchsetzt – zumindest an den 6000ern und 7000ern der Erde.

An den 8000ern

Etwas anders zeigt sich die Lage an den 14 Achttausendern des Himalaja und des Karakorums. Obwohl Peter Habeler und Reinhold Messner bereits vor über 30 Jahren bewiesen, dass der Everest ohne künstlichen Sauerstoff zu bezwingen ist, greifen die meisten Gipfelaspiranten zur Sauerstoffflasche und Atemmaske. Gleichwohl seit über dreißig Jahren diese beiden, aber auch viele andere Bergsteiger bewiesen haben, dass die Riesen der Bergwelt auch über anspruchsvolle Routen und ohne Fixseil- und Lagerketten zu besteigen sind, schart sich das Grand der Bergsteiger an den Normalwegen, die hemmungslos mit Fixseilen verschandelt werden. Dies gilt auch für die Südkoreanerin Oh Eun-Sun, die als erste Frau der Welt auf allen Achttausendern stand. Auch Edurne Pasaban, die nur zwei Wochen später ihre Sammlung komplimentierte, griff bei Everest und teils auch am K2 auf das »O2-Doping« zurück. Gerlinde Kaltenbrunner (A) könnte also weiterhin die erste Frau sein, die ohne künstlichen Sauerstoff auf jedem der Riesen stand, auch wenn sie des öfteren auf Fixseile zurückgreift und vornehmlich an den Nor-

malwegen unterwegs ist. Zusammen mit Ehemann Ralf Dumjovits und David Göttler gelang ihr mit dem Lhotse ihr 12. Achttausender. Für Dumjovits war es sogar sein 14. Er ist somit der erste Deutsche, dem dieses Kunststück gelang – einzig mit dem Makel behaftet, dass er seinerzeit für den Everest zu Sauerstoffflasche griff. Es spricht sehr für Dumjovits, dass er diesen Schönheitsfehler korrigieren will und seiner Frau nochmals an den Everest folgte. Gerlinde gelang die Besteigung des höchsten Punktes der Erde über den Normalweg von Norden und damit Nummer 13 in ihrer Sammlung. Dumjovits musste krankheitsbedingt auf über 8000 Meter passen. Auch der Kasache Denis Urubko stand mittlerweile auf allen 8000ern. Weitaus beeindruckender als diese Tatsache ist das Wie seiner Gipfelbesteigungen. Urubko agierte bei allen seinen Expeditionen im Kleinteam und bestieg selbstredend ohne künstlichen Sauerstoff die Gipfel im Alpinstil. Oft genug wählte er dafür noch nicht begangene Routen und Wände, oder stieg den Riesen sogar im Winter aufs Haupt. So auch bei seiner vorerst letzten Großtat: Mit Boris Dedeshko kletterte er durch die 2600m hohe Südostwand auf den Cho Oyu. Insgesamt zehn Tage brauchten die beiden für die kühne Linie und die sichere Rückkehr ins Basislager. Eine weitere harte Erstbegehung für Urubko, die völlig zu Recht mit dem Piolet d´Or ausgezeichnet wurde. Sein 8000er –Tourenbuch dürfte das vielleicht beeindruckendste Zeugnis menschlicher Leistungsfähigkeit, Abenteuerlust und des Sportsgeistes an den Weltbergen sein. Gespannt darf man in Zukunft auf Ueli Steck und seine Aktionen schauen. Sein ehrgeiziges Vorhaben, allein über den Makalu-Westpfeiler zu steigen, scheiterte leider. Am Ende musste er sich mit einer Besteigung über die Normalroute »begnügen«. Doch beweist er erneut, dass er bereit ist, die Herausforderung anzunehmen, die imposantesten Linien im Himalaja, zu denen der Makalu-Westpfeiler zweifelsohne zählt, in minimalistischem Stil zu durchsteigen.

Informationen, Korrekturen und Anregungen bitte an
max.bolland@gmx.de

Der letzte Pionier – die Reisen eines Rentners

31 Expeditionen in die wilde Bergwelt des Himalajas im Laufe der letzten zwanzig Jahre! Nein die Rede ist nicht von den bekannten Namen des Alpinismus, die Rede ist nicht von den Prezlejs, Dumjovits oder Fowlers des Expeditionsbergsteigens. Vielmehr handelt es sich um einen graumelierten, japanischen Herren gesetzten Alters, sein Name: Tamotsu Nakamura, geboren 1934 in der japanischen Metropole Tokyo! Jüngst erst ist Nakamura von seiner letzten Expedition in das Grenzland zwischen Osttibet und China zurückgekehrt. Einer Gegend, die auf den gleichermaßen geheimnisvollen wie unaussprechlichen Namen Nyainaqentaglha East hört. Der rüstige Rentner legte auf dieser Reise 5000 km per Jeep und Motorrad, zu Fuß und zu Pferde zurück, über holprige Straßen, unwegsame Pfade und schneebedeckte Pässe. Nakamura bereiste vier kaum frequentierte Täler. Eines davon wurde abgesehen von einigen Briten Anfang des 20. Jahrhunderts noch nie von Fremden betreten, ein weiteres betraten er und seine Crew sogar als erste Ausländer überhaupt. Nakamuras Expeditionen führten ihn über die Jahre durch eine atemberaubende Bergwelt aus strahlend weißen Gletscherbergen, bewaldeten Tälern, wilden Schluchten, türkisfarbenen Bächen, Flüssen und Seen. Eine Landschaft, die in gewisser Weise den Alpen ähnelt bevor diese vom Menschen erschlossen wurden, und aus diesem Grunde von Nakamura »Die Alpen Tibets« getauft wurde. In dem gleichnamigen Bildband Nakamuras erhält man einen hervorragenden Eindruck dieser grandiosen Bergwelt und ihrer Bewohner. Nakamura fand mit 18 Jahren über den Japanischen Alpenverein zum Bergsteigen, erste Expeditionen führten nach Peru und Bolivien, wo auch so manche Erstbesteigung gelang. Doch ganz dem Klischee des Japaners entsprechend, verschwand Nakamura für die nächsten Jahrzehnte in der Arbeitsmaschinerie. Als Salesman und Projektmanager für eine große japanische Firma in der Schwerindustrie war er immer wieder für Jahre im Ausland. Pakistan, Mexiko, Neuseeland und zuletzt Hongkong sind die Stationen dieses Weges. Als Nakamura 1990 von Hongkong aus die Qonglan Berge in Sichuan bereist, ist er von den leuchtenden Schneebergen und der Kultur der ethnischen Minderheiten stark beeindruckend. Der Keim ist gepflanzt für eine nunmehr zwei Jahrzehnte andauernde Leidenschaft, die ihn immer wieder zu den unerforschten Regionen Osttibets führt. Mindestens einmal jährlich stellt er eine Expedition auf die Beine, erkundet systematisch neue Gegenden und Täler, kartiert Berge und Seen. Seit 1998 ist er von seiner Arbeit pensioniert und kann sich nun ausschließlich seiner Leidenschaft widmen. Doch er reist nicht nur, er dokumentiert seine Reisen auch in Wort und Bild, hält Vorträge und Lesungen. Dies ist für Nakamura unabdingbar Teil seiner Forschungsreisen und stellt den kontemplativen Ausgleich zu seinen Abenteuern dar. Auch von den zahlreichen bürokratischen Hürden der chinesischen Behörden lässt sich Nakamura von seinen Reisen, die mitunter in für Ausländer verbotene Gebiete vordringen, nicht abhalten. Nachdem er und sein Teamkollege 1999 auf Grund einer solchen illegalen Betretung von den Behörden kurzzeitig inhaftiert wurden, erfährt Nakamura, mittlerweile nach Japan zurückgekehrt, dass sein Name auf einer schwarzen Liste der chinesischen Behörden steht. Es droht das Ende all seiner zukünftigen Forschungsreisen! Das Aus für seine Träume! Doch gute Beziehungen und 12.000$ ermöglichen die Streichung von der schwarzen Liste, seitdem stieß Nakamura nie wieder auf Probleme mit Permits. Nakamuras Abenteuer sind Expeditionen im ureigensten Sinn. Sie dienen der Entdeckung und Erforschung unbekannter Regionen, Berge, Pässe, Schluchten und nicht zuletzt dem Studium der Bräuche und Lebensweise ihrer Volksstämme. Seine Entdeckungen unbekannter Berge – zumeist zwischen 5000 und 7000m hoch – waren aber auch die Wegbereiter einiger bergsteigerischer Expeditionen in die Region. Als Beispiel seien hier Mick Fowler's Besteigungen des Manamacho und Kajaqiao erwähnt. Wer also glaubt, es gäbe keine weißen Flecken mehr auf der Landkarte, der wird mit einem Blick auf das Lebenswerk Tamotsu Nakamuras schnell eines Besseren belehrt. Niemand anders als der japanische Meister selbst kann dies besser zum Ausdruck bringen: »So mancher redet sich selbst eine, dass unbekannte Berge in den großem Gebieten eine Erfahrung der Vergangenheit sind, aber ich würde sagen, dass Osttibet eine unglaublich weite und komplexe Topographie hat, die zahllose unbestiegene Gipfel bereit hält, und eine lebenslange Suche befriedigt. Die Berge dort sind überwältigend und großartig, und viele davon werden Rätsel für Generationen von Bergsteigern bleiben.« In weiser Selbsterkenntnis des eigenen fortgeschrittenen Alters gründete Nakamura die Expeditionsgruppe »Silver turtels«: Ein Club graumelierter Herren, der ganz gegen den Zeitgeist des Speedbergsteigens in schildkrötenhafter Langsamkeit und Ausdauer die wohl beeindruckendsten Expeditionsergebnisse der Gegenwart vorweisen kann. Auch dieses Jahr wird sich Nakamura nach Tibet aufmachen, unbekannte Regionen erforschen und Bilder mit nach Hause bringen, die so manches Bergsteigerherz höher schlagen lassen werden.

MS on the rocks
Klettern mit Multiple Sklerose – Unmögliches möglich machen

VON CLAUDIA KERN

Die Anstrengung ist Markus, 48 Jahre alt, ins Gesicht geschrieben. Zentimeter um Zentimeter kämpft er sich die senkrechte Wand hoch. Fünf Meter hat er geschafft und das ist schon ein kleines Wunder, denn sein rechtes Bein ist fast steif. Seit 1986 hat er Multiple Sklerose (MS), eine Krankheit, die die Nerven angreift. In Deutschland sind ca. 122.000 Menschen davon betroffen, jährlich kommen ungefähr 2.500 Neuerkrankte dazu. Es handelt sich um eine Entzündung im Zentralen Nervensystem. Die Funktionsstörungen sind vielfältig – je nach Lokalisation der Entzündungsherde. Mit Hilfe einer Beinschlaufe und viel Anstrengung kann Markus den Fuß trotzdem auf den nächsten Tritt setzen, doch er rutscht ab. Aufgeben? Nein, auch wenn es nicht gleich beim ersten Mal klappt. Markus ist im Alltag auf den Rollstuhl angewiesen und erinnert sich: »Als ich das erste Mal die Kletterwand gesehen habe, war mein Gedanke ›da komme ich nie rauf‹. Und jetzt, nach 5 Jahren Training, klettere ich bis ganz nach oben. Das motiviert mich immer wieder aufs Neue!«

Markus steigt in die Wand ein und klettert mit Hilfe einer Beinschlaufe. Foto: Archiv KTU

Klettern und Multiple Sklerose, wie passt das zusammen?

Jeder der klettert, kennt die Herausforderungen, die an der Kletterwand auf einen warten. Mut, Sicherheit und Vertrauen sind dabei ebenso wichtig wie Koordination, Kraft und Gleichgewicht. Ist das Klettern mit seiner Vielseitigkeit überhaupt geeignet, Menschen mit unterschiedlichen Behinderungen zu helfen? Kann das Therapeutische Klettern dazu beitragen, Patienten wieder mehr Kraft und Mut zu geben? Lässt sich das Gelernte in den Alltag übertragen?

Die Idee, das Therapeutische Klettern mit MS-Betroffenen auszuprobieren, entstand im Rahmen einer Pilotstudie an der Technischen Universität München. Fragende Gesichter und große Augen von Seiten der MS-Betroffenen ließen die Schwierigkeiten des Projektes erahnen. Multiple Sklerose wird auch die Krankheit der tausend Gesichter genannt und ist die zweithäufigste neurologische Erkrankung im jungen Erwachsenenalter. So unterschiedlich wie ihre Symptome kann auch der Verlauf sein.

Ein Hauptziel der langfristigen Therapie ist eine Steigerung der Lebensqualität und eine Verbesserung der Alltagsaktivität. Gerade hier kann der Sport, insbesondere das Therapeutische Klettern, ansetzen. Die Erfahrungen der Gruppe »MS on the rocks« bestätigen dies nun seit 5 Jahren. Einmal pro Woche wagen sich hier Menschen mit MS an die 13 Meter hohe Kletterwand am TUM Campus im Olympiapark.

☐ Aber warum hilft das Klettern eigentlich auf so vielfältige Art und Weise?

Die Mitglieder der Gruppe »MS on the rocks« berichten über deutliche Symptom-Änderungen ihrer Erkrankung. Diese Veränderungen sind jedoch sehr unterschiedlich. Einige stürzen im Alltag weniger und fühlen sich sicherer beim Gehen, Stehen oder Straßenbahn fahren. Für einige ist es schlichtweg der Spaß an der Bewegung. Andere haben wieder mehr Kraft, Koordination, Mut und Lebensfreude. Es ist ein Stückchen Normalität, zum »Sport« statt zur Therapie zu gehen. Faszinierend und beeindruckend sind neben den physischen und psychischen Veränderungen vor allem der große Zusammenhalt und die positive Ausstrahlung der Gruppe. Jeder Neuling wird begeistert aufgenommen und erst einmal mit alten Seilresten zum »Knoten üben« versorgt. Ein primäres Anliegen der Gruppe ist es, das Therapeutische Klettern mit seinen positiven Wirkungen bekannter zu machen, so dass auch andere MS-Betroffene davon profitieren können. Zusätzlich zum wöchentlichen Klettertermin, nehmen die »Rocker« – wie sie sich selbst nennen – an verschiedenen Aktivitäten teil: von Benefizveranstaltungen (jährliche Global Dinner Party der Deutschen Multiple Sklerose Gesellschaft, Patientenveranstaltungen, Welt-MS-Tag) bis hin zum Integrationstag von Behinderten und Nichtbehinderten der Stadt München.

Auch ein Klettertermin am Felsen in der Natur wird regelmäßig seit 3 Jahren realisiert. Der Aufwand ist zwar etwas größer, und nicht viele Kletterfelsen um München sind für Rollstuhlfahrer zugängig, aber die Erfahrungen in der Natur sind einzigartig. Corinna zum Beispiel, die älteste Rockerin mit 69 Jahren, konnte es nicht fassen, die Berge noch mal so hautnah zu erleben und war beim ersten Ausflug überglücklich. Und Markus hat seine ganz eigenen Erfahrungen in der Natur gemacht: die vom offiziellen Schwierigkeitsgrad leichtere Route mit treppenähnlichen Absätzen fiel ihm deutlich schwerer als die steilere Route. Dort konnte er sein Bein leichter heben und höher hinauf gelangen.

☐ Konzeptidee

Die Pilotstudie, mit der alles begann, umfasste insgesamt 6 Trainingseinheiten einmal pro Woche von 2,5 Stunden. Die spontane Begeisterung der Teilnehmer und die positiven Ergebnisse mittels Fragebögen, vor allem in den Bereichen Lebensqualität, Selbstwert und Mobilität, machten schnell klar, dass es weitergehen soll. Um ein kontinuierliches Training zu gewährleisten, konnte die Gruppe »MS on the rocks« in das Angebot des ›Kuratoriums für Prävention und Rehabilitation der Technischen Universität München e.V.‹ integriert werden. Seit dieser Zeit klettert eine beständig wachsende Anzahl MS-Betroffener regelmäßig an der Kletterwand am TUM-Campus im Olympiapark München.

Aus diesen Erfahrungen heraus haben wir ein Konzept entwickelt, welches sich größtenteils auch auf andere Kletterhallen und Vereine übertragen lässt. Zur Zeit wird das Konzept im Rahmen einer weiteren Studie ›TKMS – Therapeutisches Klettern mit

»Gemeinsam Sport – Gemeinsam Spaß« beim Integrationstag der Stadt München auf dem Marienplatz.
Foto: Archiv KTU

MS‹ am Lehrstuhl für Sport und Gesundheitsförderung der TU München erprobt. Ziel ist es, die möglichen Veränderungen durch das Therapeutische Klettern mit Hilfe von ärztlichen Untersuchungen, Fragebögen und sportmotorischen Tests zu erfassen. Neben Gleichgewicht, Feinmotorik, Kraft und dem Gangbild werden Parameter zu Lebensqualität, Selbstwirksamkeit, Kognition und Fatigue (Ermüdbarkeit) erhoben. Die Teilnehmer der neuen Studie wurden per Losverfahren in eine Kletter- und eine Kontrollgruppe unterteilt. Die Klettergruppe kletterte dabei über ein halbes Jahr einmal pro Woche für 2,5 Stunden. Mittels einer Eingangs- und Abschlussuntersuchung und begleitenden Fragebögen wurden motorische und psychische Veränderungen in diesem Zeitraum erhoben. Die Ergebnisse der statistischen Auswertung stehen zwar noch aus, aber die Begeisterung und die subjektiven Beobachtungen der Teilnehmer lassen Positives erahnen. Und die Nachfrage, das Klettern im Anschluss an die Studie fortzusetzen, zeigt, wie motiviert die Teilnehmer sind.

Ein Grundsatz unseres Konzepts ist die Sicherheit, so dass nur ausgebildete Übungsleiter (mindestens DAV-Kletterbetreuer und eine abgeschlossene Ausbildung in der (Sport-)Therapie mit Erfahrungen in der Neurologie) die Gruppe leiten. Da die Teilnehmer sich nicht gegenseitig sichern, sondern eine Route immer nur von einem Gesunden gesichert werden kann, ist der personelle Aufwand hoch. Die Verantwortung aufgrund der neurologischen Defizite wie Standunsicherheiten, Sensibilitätsstörungen und Kraftverlust ist für ein selbstständiges Sichern – auch mit GriGri oder Eddy – in der Gruppe zu groß (das muss jedoch nicht unbedingt auf Einzelne zutreffen). Durch die Einbindung in die universitäre Ausbildung von Sportstudierenden des Bereichs Prävention und Rehabilitation und zusätzliche ehrenamtliche Helfer, kann eine gute Betreuung trotz hohem Personalbedarf zu niedrigen Kosten für die Teilnehmer realisiert werden. Die Anzahl der Sichernden richtet sich nach der Gruppengröße und dem Schweregrad der Behinderung. In der Praxis hat sich gezeigt, dass ein intensives Training bei 2-4 Patienten pro 1 Betreuer möglich ist. Chronische Krankheiten bedürfen einer regelmäßigen Therapie. Um das Therapeutische Klettern als Ergänzung auch langfristig in den Therapiealltag integrieren zu können, bietet sich ein Training einmal pro Woche von 2-3 Stunden an. Durch die Krankheit dauern Alltagsaktivitäten meist länger und bedürfen mehr Zeit. Auch wenn ein direkter Trainingseffekt bei einer Häufigkeit von 2-3 Mal größer wäre, würde es die Patienten mit ihren verschiedenen Therapiemaßnahmen (Krankengymnastik, Ergotherapie, usw.) wahrscheinlich überfordern und die Regelmäßigkeit des Klettertrainings würde leiden.

▫ Wie sollen Betroffene, die häufig sogar im Rollstuhl sitzen, klettern können?

Durch die Vielzahl der Beeinträchtigungen hat jeder MS-Betroffene seine eigene Herausforderung zu bewältigen. Beim Klettern kommt der eine bis zum Ende der Route und übt dabei an seiner Technik, während bei dem anderen die Bewältigung des ersten Drittels ohne fremde Hilfe schon das Ziel sein kann. Die Seilsicherung von oben ist dabei ein essenzieller Bestandteil der Therapie und ermöglicht auch Rollstuhlfahrern die Bewältigung einer Kletterroute. In dem Konzept für »MS on the rocks« wurden drei »Sicherungsstufen« erarbeitet, die den Patienten nach individuellem Bedarf sichern. In Stufe 1 wird ganz normal, also »locker, aber aufmerksam« gesichert,

Gemeinsames Erarbeiten des Anseilknotens.
Foto: G. Bresser
Archiv KTU

so wie es jeder vom Toprope-Sichern kennt. Stufe 2 sorgt für eine sehr straffe Sicherung, so dass der Patient die nötige Sicherheit und Unterstützung hat, um sich ganz auf die Route und seinen Körper konzentrieren zu können, ohne dabei unnötige Hilfe zu erfahren. In Stufe 3 wird sehr straff mit körperlichem Einsatz bzw. Hilfe gesichert, so dass der Patient für ihn unmögliche Stellen trotzdem überwinden kann. Die jeweilige Art des Sicherns passt sich an die Zielsetzung und den körperlichen Zustand des Patienten an. Es kann fließend zwischen den einzelnen Stufen gewechselt werden. Somit kann der Therapeut mit der Art des Sicherns auch von unten maßgeblich auf die »Kletterleistung« des Patienten einwirken. Das Therapeutische Klettern bietet also gerade für MS-Betroffenen mit ihren unterschiedlichen Symptomen ideale Möglichkeiten individuell und trotzdem mit Gleichgesinnten Sport zu treiben. Geschult werden Gleichgewicht, Orientierungsfähigkeit und Koordination, die sich z.B. entscheidend auf die Gangsicherheit und somit die Selbständigkeit und Alltagsaktivität der Betroffenen auswirken können. Ein weiterer Vorteil der Klettertherapie ist, dass MS-Betroffene durch den Sport eine gewisse Normalität erleben und ganz »nebenbei« an ihrer individuellen Krankheitssymptomatik arbeiten. Im Vordergrund steht das gemeinsame Sporterlebnis, auch wenn die Defizite der Krankheit das Trainingsziel bestimmen. Die Freude am Klettern, der Spaß in der Gruppe, das gemeinsame Ziel und der Verbesserung der Alltagsfunktionen stehen hierbei im Vordergrund. Das Therapeutische Klettern ist für MS-Betroffene aber immer als Ergänzung zur klassischen Basistherapie zu sehen.

▪ Therapeutisches Klettern als solches
Entwickelt hat sich das Therapeutische Klettern aus dem klassischen Sportklettern heraus. Es ist ein ganzheitliches Training mit hoher individueller Ausprägung und dadurch mittlerweile auch wichtiger Bestandteil in der Bewegungstherapie. Eingesetzt wird es sowohl in der Prävention als auch in der Rehabilitation. Einschränkungen gibt es nur wenige. Körperlicher Art stehen akute Entzündungen, nicht abgeklärte oder kontrollierbare Erkrankungen, fortgeschrittene Osteoporose und akute Tumorerkrankungen dem Therapeutischen Klettern entgegen. Eine medizinische Begleitung ist nur dann erforderlich, wenn

Die Hand hilft dem Bein.
Foto: Archiv KTU

Ganz oben angekommen.
Foto: G. Bresser
Archiv KTU

Leichter Überhang mit großen Griffen.
Foto: G. Bresser
Archiv KTU

die Erkrankung ein schnelles Handeln notwendig macht. Beispielsweise bei Kindern mit angeborenem Herzfehler, bei denen die Gefahr einer Herzrhythmusstörung oder Überlastung besteht. Um eine qualifizierte Therapie durchführen zu können, erfordert das Therapeutische Klettern eine Ausbildung in zwei Bereichen, der Therapie und dem Klettern. Nur so können die Sicherheitsstandards gewährleistet und zielgerichtet therapiert werden. Durch die verschiedenen Bereiche, wie psychische oder neurologische Erkrankungen, chronisch-degenerative oder orthopädische Veränderungen, körperliche und geistige Behinderungen sind unterschiedliche Konzepte im Therapeutischen Klettern entstanden. Ihnen gemeinsam ist, dass diese Art des Trainings erheblich zur psychischen und physischen Veränderung bei den Teilnehmern beiträgt.

Die Hauptaufgabe des Therapeutischen Kletterns ist der Transfer einzelner Bewegungselemente oder komplexer Bewegungen aus dem Klettern in die Trainingstherapie unter indikationsspezifischer Zielsetzung. Abbildung 1 zeigt die Wirkungsbereiche des Therapeutischen Kletterns. Über die ganzheitliche Bewegungsausführung werden dreidimensionale Bewegungsmuster mit abwechselnd statischer und dynamischer Muskelarbeit abgerufen. Trainiert werden auf der körperlichen Ebene Gleichgewicht, Koordination, Ausdauer und Kraft mit speziell entwickelten Übungen. Auf der psychischen und emotionalen Ebene werden Konzentrationsfähigkeit, Mut, Selbstvertrauen und Verantwortung geschult.

Eine Bestandsaufnahme 2009 über das Therapeutische Klettern am Lehrstuhl für Sport und Gesundheitsförderung der TU München hat ergeben, dass in der Untersuchung überwiegend orthopädische und neurologische Erkrankungen, seltener psychische und am wenigsten kardiovaskuläre Erkrankungen mit dem Therapeutischen Klettern behandelt werden. Wer kann also davon profitieren? Einen Versuch lohnt sich für jeden. Ohne den Zugang zur Bewegung oder die Offenheit das Klettern ausprobieren zu wollen, wird der Patient allerdings auch in der Therapie keine Freude daran haben. Entscheiden, ob ihm das Therapeutische Klettern weiterhilft, muss deshalb jeder für sich selbst.

Neuropsychologisch und evolutionsbiologisch ist der Mensch darauf angelegt, Handeln als positives Prinzip zu erkennen. Das Lösen von offenen Aufgaben und Bewältigen von Problemen (hier der Kletterroute) hilft, Kompetenzen zu erlangen, die für ein erfolgreiches Leben benötigt werden. Der Erfolg einer geschafften Route oder auch nur eines kleinen Stückes in der Route, sind Motivation genug. Das Konzept zielt auf die Entstehung und Erhaltung von Gesundheit, die hier als ein Prozess zu verstehen ist. Dabei wird nicht, wie häufig, nur auf pathologische Verhaltensmuster sondern auf salutogenetische Ressourcen

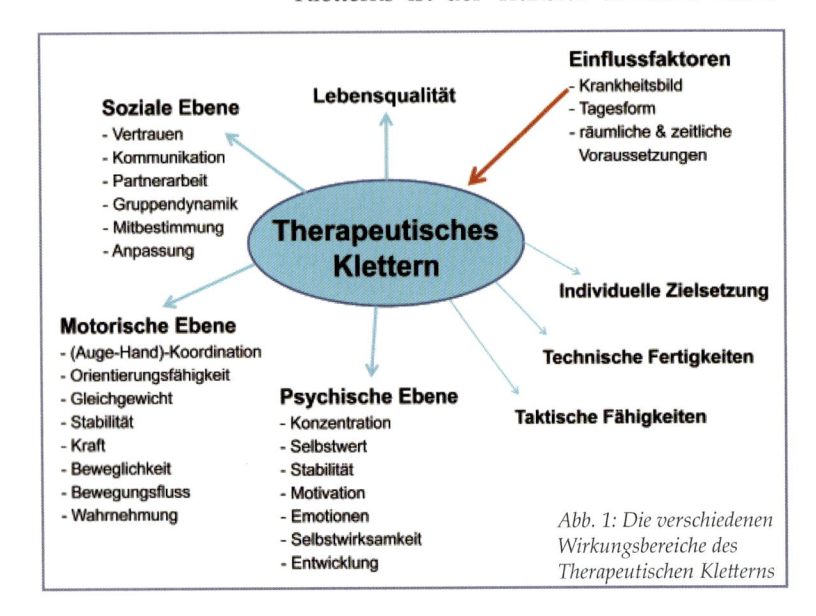

Abb. 1: Die verschiedenen Wirkungsbereiche des Therapeutischen Kletterns

geachtet (Modell Antonovsky, 1979). Dies ist ein essenzieller Baustein in der Therapie mit chronisch kranken Menschen. Beim Therapeutischen Klettern lernt der Patient, sich und seine Leistungsfähigkeit richtig einzuschätzen und erfährt Sicherheit an der Kletterwand. Dadurch können Selbstwertgefühl, Selbstvertrauen und das Selbstkonzept positiv beeinflusst werden.

Setting

Geklettert wird normalerweise indoor. Entweder an einer Boulderwand oder an einer hohen Kletterwand (Toprope oder Vorstieg). Das Klettern an der Boulderwand ermöglicht die fließenden Bewegungen und die Herausforderung der Kletteraufgabe mit kontrollierten Übungen zu verbinden. Die Griffe und Tritte haben in der Regel Sprossenwandniveau und können dem Therapieziel entsprechend angeordnet werden. Mit Hilfe von Farben und unterschiedlichen Abständen kann der Therapeut durch die vorgegebene Griffabfolge bestimmte Bewegungen anbahnen. Das heißt zum Beispiel, dass der betroffene Arm nach einer Schulterverletzung den Griff in der korrekten Ausgangsstellung stabilisieren muss, während die andere Hand zum nächsten Griff weitergreift. Die Zentrierung der Schulter unter Belastung spielt hier eine entscheidende Rolle. Eine individuelle Kontrolle durch den Therapeuten und wiederholtes Üben sind sehr gut möglich. Die Boulderwand wird in der Therapie überwiegend bei orthopädischen und neurologischen Erkrankungen sowie Kindern eingesetzt.

Das Klettern über eine Seilsicherung von oben ermöglicht das besondere Erleben der Höhe. Dies spielt für den psychischen und sozialen Bereich eine große Rolle. Auch hier gelten die allgemeingültigen Standards – Sicherheit hat oberste Priorität. Die Einhaltung klarer Verhaltensregeln, Partnerkontrolle und ein verantwortungsvoller Umgang mit dem Material sind Grundvoraussetzungen – im Klettern wie in der Klettertherapie. Das Toprope-Klettern eröffnet dem Therapeuten die Möglichkeit den Patienten in unterschiedlichem Maß zu unterstützen. Der Therapeut kann genau auf ihn eingehen und dort ansetzen, wo die Defizite und Einschränkungen des Einzelnen liegen, gleichzeitig aber auch seine Stärken nutzen. Zusätzlich kann der Patient jederzeit eine längere Pause in der Wand einlegen oder die Route sofort beenden.

In der Therapie sind das Vorsteigen und das Klettern am Felsen wenig verbreitet und es wird hauptsächlich an Boulder- oder Kunstwänden trainiert. Dies zeigt sich auch in der Bestandsaufnahme von 2009. Grundsätzlich kommen aber als Klettergelände Naturfelsen (Boulderblock, Felswand), Kletterhallen (Kunstwand, Therapeutische Wand) oder Turnhallen (Sprossenwand, Gitterwand, Seile) in Frage.

Maximales Strecken der Wirbelsäule, um zum nächsten Griff zu kommen.
Foto: Archiv KTU

Literatur
1. Scharler D./Nepper H.U.: Klettern im Rahmen der Trainingstherapie. In: Gesundheitssport und Sporttherapie 2, 1996, S. 4
2. Lazik D., et al: Therapeutisches Klettern. Thieme Verlag, Stuttgart, 2008
3. Winter S.: Sportklettern mit Kindern und Jugendlichen. blv, München, 2000
4. Bayas A, R.P.: Multiple Sklerose, in Neurologie, Psychiatrie und Sport., B.A. Reimers CD, Editor. 2003, Thieme Verlag, Stuttgart, S. 101-106
5. Lamprecht S.: NeuroReha bei Multipler Sklerose. Thieme Verlag, Stuttgart, 2008
6. Stuke Kristin, et al: MS-Register in Deutschland 2008 – Symptomatik der MS, Deutsche Multiple Sklerose Gesellschaft, 2008
In Vorbereitung
7. Trinks S, Kern C, Peters C.: Therapeutisches Klettern in der Rehabilitation – ein Realitycheck. Praxis Physiotherapie, 2010
8. www.dmsg.de

Markus hebt sein rechtes Bein mit Hilfe einer Schlaufe.
Foto: Archiv KTU

▫ Therapeutisches Klettern jetzt etwas konkreter:

Jemand hat Angst, traut sich selbst viel zu wenig zu und kann auch anderen nicht vertrauen. Das kann sich in Form von Essstörungen, Depressionen, Angstzuständen oder psychosomatischen Beschwerden äußern. Über das Toprope-Klettern kann der Betroffene gezielt daran arbeiten, zuerst einmal dem Material und dem Partner zu vertrauen. Der Therapeut kann ihn langsam dahin führen, dass er, mit den entsprechenden Kenntnissen und der Eigenverantwortung, sich selbst besser einzuschätzen lernt. Das Bewältigen einer Route macht stolz auf die eigenen Leistungen und neue Ziele können fokussiert werden. Andere, auch mal etwas schwierigere Routen können beispielsweise erarbeitet werden. Im nächsten Schritt folgt die Übertragung auf den Alltag. Der Betroffene lernt, sich wieder mehr zuzutrauen und übernimmt die Verantwortung für einfache Aufgaben im alltäglichen Geschehen. Dies ist aber nur möglich, wenn der Therapeut die Begleitung und nötige Übertragungshilfe leistet.

Angenommen, das Hauptproblem eines Patienten liegt in einer eingeschränkten Gleichgewichtsfähigkeit und Rumpfstabilität sowie die Aufrichtung sind gestört. Hier kann der Patient verstärkt an einer leicht geneigten Wand auf Reibung klettern, wobei nach und nach die Tritte immer kleiner werden. Mit Hilfe von weiten Zügen, unter bewusster Verlagerung des Körpergewichtes oder einer Route mit leichtem Überhang und sehr großen Griffen kann speziell dieser Bereich trainiert werden.

Oder ein Patient sitzt im Rollstuhl, hat Koordinationsstörungen und kann seine Beine nur eingeschränkt bewegen. Durch verschiedene Maßnahmen (eine Beinschlaufe zum Hochheben des Beines; ein Handschuh für die ataktische Hand; taktile Hilfe des Therapeuten, um eine Spastik zu lösen, usw.) kann er gezielt an einer ausgewählten Route klettern und seine vorhandenen Fähigkeiten (Rumpfstabilität, verstärkter Einsatz der Arme oder dosierter Einsatz der Beine) nutzen. Über die oben beschriebenen Sicherungsstufen ist es dem Therapeuten möglich, genau so viel Unterstützung zu geben, wie der Patient benötigt. Mit der eigenen Leistung etwas zu bewältigen, was auch für viele Gesunde eine Herausforderung ist, erfüllt den Kletterer mit Zufriedenheit und motiviert zu neuen Taten. Die an der Wand gewonnenen Fähigkeiten wie Kraft, Gleichgewicht, Mut, Vertrauen und Selbstbewusstsein können die Lebensqualität positiv beeinflussen.

Die eigenen Grenzen zu verschieben – egal auf welchem Niveau – ist in dieser Kombination von Therapie und Sport einzigartig.

▫ Erfahrungen mit »MS on the rocks«

Evi lebt mit der Diagnose MS seit 22 Jahren und braucht zum Gehen über längere Strecken einen Rollator oder zwei Stöcke. Ihre häufigsten Symptome sind: Sensibilitäts- und Gleichgewichtsstörungen verbun-

Evi klettert einen Überhang nach ganz oben. Gemeinsam freut sie sich mit einer anderen MS-Kletterin.
Foto: Archiv KTU

Sylvia, 44 Jahre alt, ist neu beim Klettern. Sie ist Teilnehmerin der Studie TKMS und war begeistert von der Idee. Sie ist im Alltag sehr stark auf die Hilfe von anderen angewiesen, da sie im Rollstuhl sitzt und eine starke Ataxie der Arme hat. Selbst einfache Tätigkeiten wie Essen und Trinken sind aufwändig. Trotzdem ist sie hochmotiviert und nimmt an der Studie teil. Da die Rumpfstabilität bei ihr nicht ausreicht, klettert sie mit einem Brustgurt. Für ihre ataktische Hand hat sich ein Handschuh als hilfreich erwiesen. Dadurch bekommt sie den Griff etwas besser zu fassen. Diese zusätzliche Hilfe und ihre Ausdauer ermöglicht ihr nach einiger Zeit, die Route auch ohne zusätzliche fremde Unterstützung von außen zu bewältigen. Es klappt nicht immer, dass sie ganz nach oben kommt. Dann ist sie manchmal etwas unzufrieden mit sich selbst. Aber jedes Mal ganz nach oben zu klettern, egal mit wie viel Hilfe, ist nicht das primäre Ziel in der Klettertherapie. Das lernt sie gerade. Ihr wichtigster Erfolg ist, die Anerkennung der eigenen Leistung – selbstständig und ohne fremde Hilfe.

Die Erfahrungen der Gruppe MS on the rocks und die Begeisterung der Studienteilnehmer verdeutlicht das Potenzial des Therapeutischen Kletterns.

So wird – zumindest hier – aus einem Traum eine zusätzliche Therapieoption für Menschen mit MS.

Informationen zu der Rehabilitationssportgruppe »MS on the rocks«:
www.ms-ontherocks.de oder www.ktu.vo.tum.de

den mit Gangunsicherheiten und Stürzen, Blasenstörung, Kraftlosigkeit, Fatigue und eine leichte Spastik. Vor drei Jahren als sie anfing zu klettern, schaffte sie fünf Meter in einer leichten Route der Schwierigkeitsstufe UIAA 4. Ihr Ziel war eine senkrechte Route dieser Schwierigkeitsstufe alleine zu bewältigen. Der Erfolg kam nach etwa einem Jahr regelmäßigem Training, als sie es das erste Mal ohne fremde Hilfe bis ganz nach oben schaffte. Mittlerweile klettert sie leichte Überhänge und Routen der Schwierigkeitsstufe UIAA 5. Sie hat die Erfahrung gemacht, dass sie im Alltag viel weniger stürzt und deutlich weitere Strecken zu Fuß zurück legt, seit sie klettert. Evi berichtet: »Ich weiß nicht, ob ich ohne das Klettern noch so fit und gut drauf wäre. Ich traue mir im Alltag wieder viel mehr zu und unternehme mehr. Es ist wie eine Psychotherapie. Ich bin mutiger geworden und meine Gehstrecke hat sich verlängert. Körperlich bin ich kräftiger, ich stürze fast gar nicht mehr und hatte, seitdem ich klettere, keinen Schub mehr.«

Ein Handschuh unterstützt die ataktische linke Hand von Sylvia.
Foto: Archiv KTU

JDAV – Jugendliche und Ehrenamt
Im Wandel oder doch alles beim Alten?

VON PETRA WIEDEMANN

„Trotz des geringen politischen Interesses sind viele Jugendliche in ihrem Lebensumfeld gesellschaftlich aktiv. Einsatz für die Gesellschaft und für andere Menschen gehört ganz selbstverständlich zum persönlichen Lebensstil dazu. Jugendliche heute haben ein hohes Maß an Bewusstsein für die großen Themen der Gesellschaft. Was auch auf sie zukommt – sie suchen eine Lösung.«

Auszug aus der Shell Jugendstudie 2006

Workshop auf dem JDAV Landesjugendleitertag Baden-Würtemberg.
Foto: Michael Knoll

Ist dieses Studienergebnis auch für die Jugendlichen im Deutschen Alpenverein repräsentativ? Gibt es noch Jugendliche, die sich für ein Ehrenamt in der Jugend des Deutschen Alpenvereins (JDAV) interessieren?

Ja, es gibt die jungen Engagierten, die als Jugendleiter und Jugendleiterinnen mit Kindern in den Bergen unterwegs sind oder ehrenamtliche Mandate in den Gremien der JDAV übernehmen. Letzteres wird im Jargon liebevoll »Verwaltungsbergsteigerei« genannt und stellt eine eigenständige Disziplin in der JDAV dar.

Als hauptamtliche pädagogische Fachkraft bei der JDAV, Bezirksverband München, begleite ich seit einigen Jahren die jugendlichen Mandatsträger vom Wahltag in die JDAV Bezirksjugendleitung bis zum Ausscheiden aus ihrem Amt. Im Sozialgesetzbuch (SGB VIII § 11) ist festgelegt, dass die Jugendverbandsarbeit junge Menschen selbstbestimmt zu gesellschaftlicher Mitverantwortung und zu sozialem Engagement anregen und hinführen soll. Es ist die Aufgabe des Hauptamtes den Jugendlichen mit der Einarbeitung in das Amt, das notwendige Wissen zur Vereinsführung zur Verfügung zu stellen. Gleichrangig neben der Beratung in verbands- und vereinspolitischen Fragestellungen steht auch das persönliche Coaching.

Was hat sich über die Jahre im Engagement der jugendlichen Ehrenamtlichen verändert? Hat sich überhaupt etwas verändert?

Die JDAV im Wachstum

Mit der Zahl der Mitglieder in der JDAV (jährliche Zuwachsraten von rund 7,5 %) steigt auch die Zahl der Jugendleiter und Jugendleiterinnen in den Sektionen. Das Verhältnis männlich:weiblich liegt seit Jahren nahezu unverändert bei 60:40. Nach wie vor können auch die Vorstandsämter in den Gremien der JDAV besetzt werden und es finden – wie nicht immer üblich – Wahlen mit mehreren Kandidaten statt.

Ehrenamt in Konkurrenz zu Verpflichtungen und vielfältigen Lebensgestaltungsmöglichkeiten

Die sich überwiegend in Schule, Studium und Ausbildung befindlichen Jugendlichen haben eine Fülle von Anforderungen zu bewältigen. G8, Ganztagsschule und zunehmender Leistungsdruck in Schule und Ausbildung lassen immer weniger Zeit für ehrenamtliches Engagement. Auch ist die Auswahl an Freizeitangeboten so umfangreich wie noch nie. Dennoch finden sich genügend Freiwillige, die an Wochenenden an Bundes-, Landesjugendleitertagen oder Tagungen teilnehmen.

Aktionsorientierte, zeitlich definierte Projekte mit Sinn

Neben der aktiven Jugendarbeit mit Kindern und Jugendlichen in den Sektionen sind insbesondere Initiativen im ökologischen und sozialen Bereich attraktiv. So werden Aktionen mit sozial benachteiligten Kindern und Jugendlichen oder Kindern mit Behinderungen organisiert bzw. Umweltbaustellen und Wegebaumaßnahmen durchgeführt. Die Jugend möchte etwas bewirken, etwas bewegen und sich sinnvoll engagieren. Deutlich im Vordergrund stehen praktische Interessen.

Anne Nagel
Landesjugendleiterin JDAV Bayern

Welches Ehrenamt mache ich?
Zuerst einmal bin ich seit 6 Jahren Jugendleiterin und bin seitdem immer wieder mit Kinder- und Jugendgruppen unterwegs. Vor 5 Jahren hab ich dann mit der politischen Gremienarbeit begonnen. Erst als stellvertretende Bezirksjugendleiterin Schwaben und danach in den verschiedenen Ämtern in der Landesjugendleitung Bayern. Seit zwei Jahren bin ich jetzt Landesjugendleiterin.

Warum mache ich diese Ehrenämter?
Die Arbeit mit den Kindern und Jugendlichen mache ich deshalb, weil ich diesen die gleiche glückliche und bereichernde Jugendgruppenzeit mitgeben möchte, wie ich sie in meiner Jugend erlebt habe. Viele Dinge in meinem Leben wurden durch diese Zeit (positiv) beeinflusst.

Die politische Gremienarbeit habe ich aus einer anderen Motivation begonnen. Ich wollte es nicht darauf beruhen lassen, Entscheidungen mitgeteilt zu bekommen, die meine Arbeit und mein Alpenvereinsleben betreffen. Nein, ich wollte mitdiskutieren und mitbestimmen. Durch einigen Zuspruch durch meine Vorgängerin Kathrin Schlank, habe ich mich auf das Terrain der Landesebene gewagt.

Heute hat meine Arbeit vor allem etwas mit Verantwortung gegenüber einer sehr großen Menge Menschen zu tun. Ich vertrete über 100:000 Kinder und Jugendliche in Bayern, über 1000 Jugendleiter und bin verantwortlich für 6 hauptamtliche Mitarbeiter. Hierbei kann ich nur froh sein, dass ich nicht alleine bin.

Was macht mir bei der politischen Gremienarbeit Spaß?
Spaß macht es zu verändern, zu formen und zu gestalten. Ein neues Projekt auf die Beine stellen, erfolgreich seine Interessen zu vertreten, neue Standpunkte kennen zu lernen, sich auszuprobieren. Spaß machen Dinge vor allem dann, wenn das Feedback stimmt, wenn Erfolg auch honoriert wird.

Was macht mir bei der politischen Gremienarbeit nicht so viel Spaß?
Wenns mal wieder länger dauert, sich die Diskussionen im Kreis drehen oder Dinge nicht so laufen, wie ich mir das vorgestellt habe. Es ist nicht immer einfach, bei Themen in denen Herzblut drinsteckt, einen Rückschlag hinnehmen zu müssen.

Wovon konnte ich bislang profitieren?
Die Erfahrungen in den Ehrenämtern haben mit Anteil daran, dass ich so bin, wie ich bin. Eine erfolgreiche Etatverhandlung macht selbstbewusster, eine Präsentation vor 100 Personen lässt einen souveräner werden. Ein Bewerbungsgespräch als Arbeitgeber zu führen ist eine vollkommen neue Erfahrung. Auch mal einen Misserfolg zu verarbeiten prägt die Persönlichkeit. Verschiedene Standpunkte zu einem Thema zu beleuchten schult das Auge.

Und nicht zu vergessen, viele Menschen werden zu Wegbegleitern und Freunden, mit denen gemeinsam an einem Strang gezogen wird.

Britta Wörndle
Ehemalige Stellvertretende Vorsitzende des JDAV Bezirksverbandes München

Welche Ehrenämter hatte ich inne?
Ich war stellvertretende Vorsitzende des JDAV Bezirksverbandes München und Schulungsreferentin (zuständig für die Erfassung und Weiterleitung der Schulungswünsche Jugendleiter/innen).

Warum mache ich diese Ehrenämter?
Ehrlich gesagt, war der Vorstandsposten gerade frei und ich wurde dazu »überredet«. Der Posten als Schulungsreferent hat mich interessiert, da ich in dieser Zeit Sozialpädagogik studiert habe.

Was machte mir Spaß?
.. zu merken, wie man gemeinsam was auf die Beine stellen kann und natürlich liebe Leute treffen. Ok, und auch der »Machtaspekt« (als Vorstand gefragt zu werden, zu merken, dass die Stimme Gewicht hat und einfach sagen zu können: ich bin im Vorstand) war nicht schlecht.

Was machte mir weniger Spaß?
Wenn Entscheidungen ewig dauern oder die Realisierung eines Vorhabens sich zieht und einen langen Atem erfordert – oder es aus anderen Gründen doch nicht realisiert wird. Beispiel waren die Überlegungen zu Jugendräumen im Kletterzentrum Thalkirchen, die dann doch nicht gebaut wurden.

Wovon konnte ich profitieren?
Insgesamt von sehr vielen Dingen, z.B.: Wie funktioniert ein Jugendverband? Wie sieht dort Demokratie ganz praktisch aus? Was motiviert Ehrenamtliche und was stört? Wie kann verbandliche Jugendarbeit finanziert werden? Wie geht Öffentlichkeitsarbeit? … und, und, und …
Ich arbeite inzwischen als Dipl. Sozialpädagogin hauptamtlich in einem anderen Jugendverband und greife oft auf die Erfahrungen aus der JDAV Vorstandsarbeit zurück.

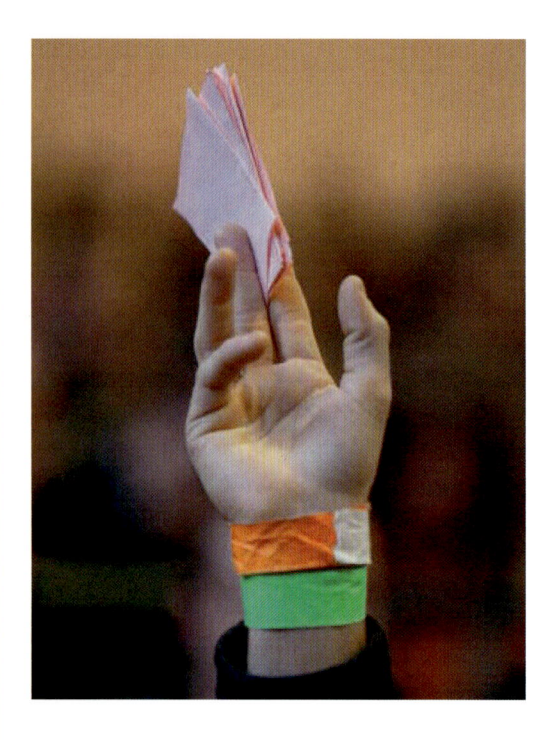

Deutlich erkennbar ist der Trend zu kürzeren Zeiten des ehrenamtlichen Engagements. Abschreckend hingegen wirken lange Amtszeiten mit einem hohen Maß an Verbindlichkeiten. Unverändert verläuft die aktive ehrenamtliche Zeit in der JDAV parallel zu Schule, Ausbildung und Studium. Häufig finden sich die jungen Ehrenamtlichen dann als Familiengruppenleiter, Tourenleiter oder in der Vorstandschaft der Alpenvereinssektion wieder. Somit fungiert die JDAV als Kaderschmiede für zukünftige Vorstandsämter.

Neue Medien im Dienste der Jugend
Grundlegend geändert hat sich die Form der Kommunikation. Email, Newsletter, Facebook, Homepage, YouTube und Twitter haben schon lange den Infobrief abgelöst. Damit wurden vielfältige und schnellere Informations- und Austauschmöglichkeiten geschaffen.

Bild oben:
»Die Schule der Demokratie« Wahlen am Bundesjugendleitertag 2009.
Foto: Christoph Schernhammer
Bild unten:
Sitzung des Bezirksverbandes München.
Foto: JDAV Bezirk München

Plenum Bundesjugendleitertag 2009 in Ulm.
Foto: Christoph Schernhammer

Geht es auch etwas schneller?

Was die Jugend nach wie vor auszeichnet ist die gebündelte Energie und das Tempo mit dem Projekte und Vorhaben angegangen werden. Den kreativen Ideen wird mitunter auch mit provokativen Methoden wie Streiks, Postkartenaktionen etc. Nachdruck verliehen.

Spaß muss sein!

Über allem stehen die Freude und der Spaß am freiwilligen Engagement. Außenstehende könnten in den Besprechungen und Tagungen der Jugend die notwendige Ernsthaftigkeit vermissen. Trotz den womöglich chaotisch erscheinenden Entwicklungsprozessen weisen die jugendlichen Gremien sehr innovative Ergebnisse vor.

Einsatz für die Gesellschaft im freiwilligen, selbstbestimmten Tun

Das Ehrenamt in der JDAV bietet den jungen Heranwachsenden eine Fülle von Aktionsfeldern, in denen persönliche Fähigkeiten, Ideen und Vorstellungen eingebracht und ausprobiert werden können. Selbstbestimmt wird (gesellschaftliche) Mitverantwortung übernommen – sei es bei einer Bergtour mit Kindern oder als Mandatsträger auf einer Sitzung.

Kompetenzerwerb ist mehr als Wissenserwerb

Die JDAV ist ein Lernort für die, insbesondere in der heutigen Zeit notwendigen Schlüsselkompetenzen. Das nichtformelle außerschulische Bildungsangebot in den Jugendverbänden ermöglicht die Entwicklung von komplexen Fähigkeiten und Fer-

---

Fabienne Kleinknecht
Jugendleiterin und Jugendreferentin der Sektion MTV des DAV
Welche Ehrenämter mache ich?
Ich bin Jugendreferentin, Jugendleiterin und trainiere eine Klettergruppe bei der Sektion MTV-München.
Warum mache ich diese Ehrenämter?
Ich organisiere gerne und habe große Freude im Umgang mit Jugendlichen und Kindern.
Was macht mir Spaß?
Beim Klettertraining ist es toll, wenn die Kinder und Jugendlichen Fortschritte machen und ich feststelle, dass sie das, was ich ihnen beibringe, umsetzen. Als Jugendreferentin gestalte ich gerne das Jugendprogramm mit diversen Wanderungen, Kletterausflügen, Zeltlager etc.
Was macht mir weniger Spaß?
Manchmal ist es wirklich viel Büro-«Kram», der zu erledigen ist.
Wovon konnte ich bislang profitieren?
Man lernt vor vielen Leuten zu reden, mit Menschen zu arbeiten und zu kommunizieren, Gruppenprozesse zu erkennen, Kontakte zu knüpfen, sich Ziele zu stecken und zu verwirklichen.

> **Mauno Gerritzen**
> Stv. Landesjugendleiter JDAV Bayern
> Jugendleiter der Jugend B, Sektion München
>
> **Welches Ehrenamt mache ich?**
> Ich bin stellvertretender Landesjugendleiter in der JDAV Bayern und seit über drei Jahren bin ich Gruppenleiter einer Jugendgruppe der Sektion München.
>
> **Warum mache ich dieses Ehrenamt?**
> Als Jugendlicher bin ich selber in eine Jugendgruppe der Sektion München gegangen. Dort habe ich nicht nur meine Liebe zu den Bergen und gute Freunde fürs Leben gefunden, sondern hatte unglaubliche Erlebnisse und habe selbständiges Handeln und Führen im alpinen Gelände erfahren und gelernt.
> Diese nachhaltigen Erfahrungen haben mich dazu bewegt, mein erlerntes Wissen und Können an Andere weiterzugeben und ihnen hierdurch auch die Möglichkeit zu geben, in einer Alpenvereinsjugendgruppe groß zu werden.
> Im Laufe der Zeit sieht man nun die Gruppe zu einem harten Kern zusammenwachsen und ist erstaunt und gespannt auf die Entwicklung und Veränderungen, die die Kindern oder die Gruppe durchmachen. Man wird eine wichtige Person für die Kinder, als Ansprechpartner, manchmal als Seelsorger.
>
> **Was macht mir Spaß?**
> Am meisten freut es mich, in die strahlenden Gesichter der Kinder zu schauen – das gelingt manchmal mit erstaunlich wenig Aufwand. Spaß macht es, mit Kindern die Natur und die Berge zu erleben, zu sehen, wie sie immer wieder neue Aufgaben meistern, sie bei ihren Erfahrungen zu unterstützen und manchmal einfach wieder wie ein Kind im Schnee zu toben.
>
> **Was macht mir weniger Spaß?**
> Mühsam sind die vielen bürokratischen Aufgaben, die mittlerweile zu dem Führen einer Gruppe dazugehören. Das ist jedoch meistens sinnvoll und somit nachvollziehbar.
> Oft verzweifelt man auch an der Zusammenarbeit mit den Eltern. Die kann zwar sehr gut sein, jedoch passiert es immer öfter, dass Eltern den Jugendleiter als reinen Dienstleister sehen. Es werden oft Ansprüche gestellt und Forderungen laut, die ein ehrenamtlicher Jugendleiter nicht leisten kann.
>
> **Wovon konnte ich bisher profitieren?**
> Als Jugendleiter lernt man zu organisieren und zu planen, Verantwortung zu tragen und in schwierigen Situationen einen klaren Kopf zu bewahren.
> Hilfreich ist das Feedback der Kinder und auch der Eltern, besonders freut natürlich ein Lob/ positive Anerkennung.
> Man kann sagen, dass es wie schon als Grüppling den Prozess des Erwachsenwerdens beschleunigt.

Bild oben: Fortbildung für ehrenamtliche Leitungskräfte der JDAV.
Foto: Andreas Weber
Bild unten: Aktive Mitbestimmung.
Foto: Christoph Schernhammer

tigkeiten für Lebensführung und Lebensbewältigung.

Die Rahmenbedingungen müssen stimmen
Es ist an der Zeit, dass die Gesellschaft diese Potenziale der Jugendarbeit erkennt und förderliche Rahmenbedingungen gestaltet. Möglich ist dies u.a. durch

- die Anerkennung von Kompetenznachweisen für ehrenamtliche Betätigung bei der Bewerbung um einen Studien- oder Arbeitsplatz,
- die Bereitstellung der personellen und finanziellen Rahmenbedingungen für die Jugendarbeit aber auch durch
- die Umgestaltung der Bildungslandschaft (G8-Gymnasium, Ganztagsschule, Studiengebühren), damit Jugendliche Zeit finden sich ehrenamtlich zu engagieren.

Gleiches gilt für die Sektionen im Alpenverein. Sie könnten in ähnlicher Weise den jungen Ehrenamtlichen die finanzielle (Jugendetat, Aufwandsentschädigungen) sowie ideelle Unterstützung zur Verfügung stellen und sich somit wegbereitend für die (verbandliche) Jugendarbeit einsetzen.

Anerkennung ist wichtig – »Wo Vertrauen herrscht genügen wenig Worte«

Neben diesen formellen Rahmenbedingungen ist selbstverständlich die vertrauensvolle und partnerschaftliche Zusammenarbeit zwischen Ehrenamt und Hauptamt unverzichtbar. Die wertschätzende Anerkennung des ehrenamtlichen Tuns und deren Wahrnehmung in der Öffentlichkeit ist ein nicht unerheblicher Motivationsfaktor.

Flexibilität und Sensibilität ist gefragt

Wichtig in der Zusammenarbeit mit Jugendlichen ist es, sich flexibel auf deren Lebenssituation einzulassen und auf deren Bedürfnisse zu reagieren. Dabei gilt es aber auch bei Vereinbarungen und Abmachungen deren verbindliche Erledigung einzufordern. Es geht darum zu vermitteln, was es heißt Verantwortung zu übernehmen. Somit besteht die Aufgabe für hauptamtliche pädagogische Fachkräfte darin, die Balance zwischen größtmöglicher Freiheit und verbindlicher Übernahme von Verantwortung anzustreben.

Wandel oder alles beim Alten?

Betrachtet man die gesellschaftlichen Rahmenbedingungen, die Kommunikationsformen, die Zeitdauer des Engagements und die Interessenfelder so unterliegt auch das Engagement in der JDAV dem Wandel.

Beim »Alten« geblieben ist der Einsatz für gesellschaftlich wichtige Themen, das Bedürfnis sich selbst bestimmt auszuprobieren und die von Erwachsenen gesetzten Grenzen zu hinterfragen. Es ist (also) alles wie es war, aber trotzdem irgendwie anders! oder It is the same but different!

Diesem Artikel würde etwas fehlen, würde man die eigentlichen Hauptdarsteller der JDAV nicht zu Wort kommen lassen. Ergänzt durch die Betrachtungen aus der Sicht einzelner Mandatsträger zeigt sich die Vielfalt des »Typ« Ehrenamtlicher in der JDAV. So mancher ehemalige JDAVler wird sich womöglich daran erinnert fühlen!

Vorstellung der zur Wahl stehenden Kandidaten am Bundesjugendleitertag 1009.
Foto: Christian Schernhammer

Korbinian Ballweg
Stellvertretender Vorsitzender des JDAV Bezirksverbandes München
Jugendleiter der Sektion Oberland

Welche Ehrenämter mache ich?
Ich bin stellvertretender Bezirksjugendleiter München, Jugendleiter in der Sektion Oberland bei den Gruppen Almdoodler und Vertical Unlimited und arbeite bei einigen Arbeitsgebieten der JDAV Bayern (Olympia 2018, Bezirksjugendring Oberbayern) mit.

Warum mache ich diese Ehrenämter?
Meine größte Motivation ziehe ich daraus, mit anderen netten Leuten zusammenzuarbeiten. Pläne schmieden, Projekte umsetzen, Ratschen und zusammen Spaß haben. Außerdem ist es ein cooles Gefühl, zu merken, wenn Projekte oder Aufgaben gerade im richtigen Sinne Gas geben, sich entwickeln und auch klappen.

Was macht mir Spaß?
Spaß macht mir, wenn ich sehe, dass sich etwas bewegt und wenn ich in gemütlicher Runde mit netten Leuten zusammen Pläne schmieden und verwirklichen kann. Viel Spaß macht es auch Visionen »hinterherzujagen« und Zielen näherzukommen. Bei den Jugendgruppen macht es mir am meisten Spaß zu sehen, das die Jugendlichen was gecheckt haben, oder dass sie nachdenken. Und natürlich immer wieder gemütliches Ratschen.

Was macht mir weniger Spaß?
Wenig Spaß machen mir sich im Kreis drehende Diskussionen, Null Bock Phasen bei mir oder bei den Jugendlichen in der Gruppe, und wenn man viel Organisationsaufwand in ein Projekt reinsteckt und es dann wegen irgendwelchem Blödsinn ausfällt.

Wovon konnte ich bislang profitieren?
Das ist schwer zu beantworten. Ich habe durch die Gesamtheit der Arbeit unheimlich viel gelernt. Zum Beispiel reflektierter und zielorientiert zu arbeiten. Profitiert habe ich aber natürlich auch davon, dass ich viele Freunde und Leute kennengelernt habe.

Herausforderung Klimawandel
Alpinismustagung vom 30.4. bis 2.5.2010 in Bad Boll

VON WALTER THEIL

"Herausforderung Klimawandel – Bergsport mit Verantwortung" – das Leitthema der Alpinismustagung im April 2010 stieß auf großes Interesse. Bei einer vorab bei DAV-Mitgliedern durchgeführten online-Umfrage stimmten rund 90% dafür, dass sich der Verband des Themas annehmen soll und etwa 200 Besucher hatten sich dann auch persönlich auf den Weg in die Evangelische Akademie nach Bad Boll gemacht.

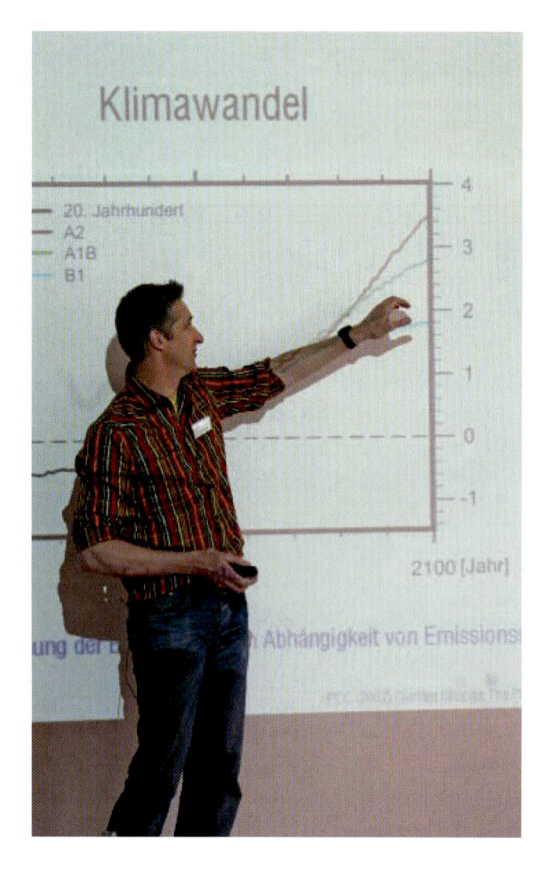

Einführungsreferate:
Winfried Hermann: Politische Zu-Mutungen und Erwartungen an den DAV;
Prof. Dr. Gerhard Berz: Der Klimawandel – was wir wissen, was uns erwartet;
Dr. Bruno Abegg: Auswirkungen des Klimawandels auf den Tourismus im Alpenraum;
Dr. Stephan Gruber: Wie stabil sind die Alpen?
Stefan Baumeister: So funktioniert die CO_2-Kompensation.

Input-Referate von Fachleuten, intensive Gesprächsrunden und engagierte Gruppenarbeiten sorgten für eine breite Diskussionsbasis. Wissenschaftliche Hypothesen, politische Forderungen und persönliche Einschätzungen bestimmten die Debatte und das Ringen um konkrete Ergebnisse, während draußen der auf Island Aschewolken speiende Vulkan Eyjafjallajökull den europäischen Luftverkehr lahm legte und anschaulich demonstrierte, wie anfällig unsere hoch zivilisierte Gesellschaft schon auf einfache Naturereignisse reagiert.

Klimawandel ist etwas anderes als Wetterkapriolen, Wetter kann ich fühlen, über das Klima muss ich mich informieren. Und so wundert es nicht, dass die »Strategie des Bezweifelns«, ob überhaupt ein Klimawandel stattfindet, immer wieder Nahrung findet (Winfried Hermann in seinem Eingangsreferat). Für viele Menschen haben die klimatischen Veränderungen keine oder nur wenig spürbare Auswirkungen auf die eigene Lebens- und Erfahrungssituation. Und sich widersprechende Expertenmeinungen, gegenläufige Wettersituationen und Statistiken, die mit kleinsten Zahlen und riesigen Zeiträumen arbeiten, unterstützen diese Haltung.

Zweifel bekommt man aber auch, wenn man die Maßnahmen zum Klimaschutz betrachtet. Einerseits wird gefordert, den Temperaturanstieg auf 2° Grad zu beschränken und die CO_2-Emission bis 2020 um 40% zu reduzieren, und gleichzeitig muss man feststellen, dass der Hauptverursacher des CO_2, der Verkehr, die höchsten Zuwachsraten verzeichnet. Unter dem Aspekt der Klimagerechtigkeit – jede Person darf den gleichen Anteil CO_2 verbrauchen, das wären im Schnitt 1-1,5 to – wird die Sache richtig schmerzhaft: Der Europäer verbraucht derzeit rund 10 to, der US-Amerikaner gar ca. 20 to. Die Folgenlosigkeit der bisherigen Abkommen und Konferenzen zum Thema Klimaschutz lässt nicht gerade den Schluss zu, dass wir der Lösung des Problems oberste Priorität einräumen.

Aber wir müssen handeln, ansonsten werden wir Ende des Jahrhunderts ein Klima haben, das wir noch nie hatten (Prof. Dr. Berz), das jenseits aller bisherigen Klimaschwankungen liegt. Sind bestimmte »tipping elements« (Kipppunkte) erreicht, treten Veränderungen ein, die zu ungewissen, unkalkulierbaren Konsequenzen führen. Die Naturkatastrophen sind bereits jetzt auf das 3fache gestiegen. Aber was hinterlassen wir unseren Enkeln: wir leben gegenwärtig ein Viertel des Jahres auf Kosten der zukünftigen Generation, d.h. wir verbrauchen ab September jeden Jahres Ressourcen, die nicht nachwachsen.

Wenn Gletscher verschwinden, der Schnee ausbleibt und der auftauende Permafrost die Berge brüchig werden lässt, wird der Klimawandel – vor allem für den Bergsteiger und Skifahrer – zur persönlichen Angelegenheit. Bereits bei einem Anstieg um 1° Grad wird ein Viertel der heutigen Skigebiete in den Alpen wegfallen, bei 4° Grad wird nur ein Viertel überleben (Dr. B. Abegg). Es lässt sich erahnen, welch finanzieller Aufwand (Wasserverbrauch) nötig wäre, um dieser Entwicklung gegenzusteuern. Und ist das sinnvoll? Wir können Schnee machen, aber keinen Winter!

Was wir können und was wir sollen, darüber wurde in den Arbeitsgruppen heftig diskutiert. »Wir können die Welt nicht retten« und »Wir leben deutlich über unsere Verhältnisse, deshalb steht es uns gut an, vorauszugehen«, so lassen sich die Positionen gegenüberstellen. Der schwierige Schritt vom Wissen zum Handeln prägte auch die Debatten der Tagungsteilnehmer. Der eine plädiert für kurzfristige Aktionen mit raschen Ergebnissen, der andere verlangt einen Bewusstseinswandel und langfristige Strategien. Und beide tun sich schwer, wenn die praktische Konsequenz persönlicher Verzicht und individuelle Verhaltensänderung heißt.

Auch wenn die Tagungsergebnisse – wie Dr. Jürg Meyer in seiner Rückschau zeigt – nicht ganz den hoch gesteckten Zielen gerecht wurden, so darf doch vermutet werden, dass der Satz »viele Mitglieder glauben, es geht einfach so weiter« zumindest für die Tagungsteilnehmer nicht mehr zutreffen dürfte.

Alle Fotos: Georg Hohenester

Angst vor dem eigenen Mut?
Wie der DAV die Klimathematik anpacken will

VON JÜRG MEYER

Hoch gesteckte Ziele...

An der Berg.Schau von 2008 in Dresden hat sich der DAV erstmals ernsthaft mit dem Klimawandel auseinander gesetzt. Resultat war ein umfangreicher Katalog von Massnahmenvorschlägen. Dann trat der DAV der breit abgestützten Klima-Allianz bei (www.die-klima-allianz.de), die konkrete Klimamassnahmen fordert, u.a. eine Reduktion der Treibhausgasproduktion in Deutschland bis 2020 um 40% gegenüber 1990.

Mit der Tagung in Bad Boll 2010 wollte der DAV vom »Reden zum Tun« kommen und konkrete Handlungsempfehlungen erarbeiten, sichten, diskutieren und in die Entscheidprozesse einspeisen.

...und eine gewisse Ernüchterung

Um es vorweg zu nehmen: Viele Teilnehmer waren etwas enttäuscht, wie die Verbandsleitung am Schlusspodium die vielen Vorschläge aus den vier Arbeitsgruppen aufnahm. Sie erwarteten mehr konkrete Zusagen, mehr Schwung, mehr Verpflichtung. Sie gingen mit dem Gefühl nach Hause, dass man nach wie vor im Reden steckt und das Handeln noch recht weit weg ist. Haben die Verantwortlichen Angst bekommen vor dem eigenen Mut, mit dem sie sich verbal für einen griffigen Klimaschutz einsetzten, etwa mit der Unterzeichnung der Klima-Allianz durch den DAV?

Der DAV soll!

In den drei präventiv ausgerichteten Arbeitsgruppen Mobilität, Alpintourismus, Natur im Alpenraum gab es aus dem jeweiligen Blickwinkel heraus beträchtliche Konvergenzen auf wichtige Punkte:

- Der Klimawandel muss vom DAV nun wirklich angegangen werden, er muss Chefsache sein, und der Dachverband muss Ressourcen dafür bereit stellen. Es braucht eine klare Klimastrategie und eine eigentliche Kampagne.
- Der Klimawandel muss in der Kommunikation nach innen und aussen prominent werden, sei es auf der Webseite, im Panorama oder in der Medienarbeit, und zwar bis auf Sektionsstufe.
- Neben Best-Practice-Beispielen, die von den Sektionen erarbeitet werden sollen, braucht es auch Anreize und Bonussysteme zur Förderung einer weniger CO_2-intensiven Mobilität auf den Sektionstouren.
- Die Klimathematik muss in die Ausbildung möglichst rasch integriert werden. Es wurden eigene »Fachübungsleiter Natur-Umweltschutz« gefordert.
- Die Vorzüge von öV-Anreise, von Überschreitungen, von Entschleunigung, von umweltverträglichem Verhalten generell, müssen überzeugend vermittelt und vorgelebt werden.

Die vierte AG, Infrastrukturen, diskutierte vor allem Anpassungsmassnahmen, welche ohnehin anfallen werden. Diese sind im Wesentlichen unumstritten – die Trinkwasserversorgung der Hütten muss gesichert werden, das Wegenetz muss überprüft und überwacht werden, und im Rahmen einer langfristigen Strategie ist auch die Aufgabe einzelner hochalpiner Hütten, Wege und Routen kein Tabu mehr.

Der DAV ist keine Insel….

Immer wieder kam auch eine gewisse Hilflosigkeit auf, Individuum und DAV könnten allein kaum etwas klimamässig Relevantes ausrichten, solange die gesellschaftlichen und politischen Rahmenbedingungen nicht geändert seien. Daraus ergaben sich Forderungen nach einem verstärkten klimapolitischen Engagement des DAV. Er müsse sich bei Bahn und andern Mobilitätsanbietern für attraktive Bergsport-Angebote einsetzen, vor allem aber müsse er von der Politik klare klimapolitische Entscheide und Massnahmen fordern, etwa

- Ausbau und Förderung des öffentlichen Verkehrs
- Anreizsysteme (z.B. verbrauchsabhängige KFZ-Steuer) für klimaschonende Mobilität
- Massnahmen zur Beruhigung und Reduktion des KFZ-Verkehrs (Tempolimit, Mautstrecken, Zeitbegrenzungen etc)
- Förderung langfristig nachhaltiger und ressourcenschonender Tourismusformen, keine Förderung von Beschneiungsanlagen.

Die heissen Kartoffeln

An der Podiumsdiskussion vom Sonntag wurden die vier Exponenten mit den zentralen Forderungen konfrontiert, und der Podiumsleiter stellte dazu noch die konkrete Forderung der Klima-Allianz nach einer Reduktion des Treibhausgasausstosses um 40% bis 2020 dazu. Es zeigte sich rasch, welches die heissen Kartoffeln sind, wo die Verbandsverantwortlichen aus ihren Erfahrungen im DAV Vorbehalte hatten.

Eine Verpflichtung auf eine konkrete Emissions-Reduktion um 40% bei den DAV-Aktivitäten sei unrealistisch, weil erstens die Messbarkeit infrage stehe und zweitens der DAV solches nicht im Alleingang ohne entsprechende politische Rahmenbedingungen für die gesamte Gesellschaft erreichen könne.

Ebenso umstritten war die konsequente Kompensation der gesamten im DAV produzierten Mobilität. Die Erfahrungen aus dem Summit Club zeigten, dass die Bereitschaft dazu noch sehr wenig entwickelt sei.

Die Einführung von konkreten (finanziellen) Anreizen und Bonussystem für klima-schonende Sektionstouren wurde zwar grundsätzlich durchaus positiv beurteilt, für die praktische Umsetzung jedoch mit vielen Wenn und Aber infrage gestellt.

Ferner wurde immer wieder darauf hingewiesen, dass man die Sektionen zu gar nichts zwingen könne, man könne sie höchstens motivieren – mit oder ohne finanzielle Anreize.

Schlussgedanke

Die Treibhausgehalte in der Atmosphäre nehmen unerbittlich zu. Wir beschleunigen so die globale Klimamaschine weiter. Ein, zwei Grad mehr mögen wir handhaben, mehr wird uns sehr, sehr teuer zu stehen kommen. Nein, nicht uns, sondern unseren Kindern und Kindeskindern. Darin liegt das Problem: Es tut heute noch zu wenig weh, als dass wir uns aufraffen müssten, rasch zu handeln. Und ein grosser Verband wie der DAV hat seine Strukturen und Entscheidwege, das kann man nicht alles über den Haufen werfen. Gut Ding will Weile haben. Haben wir sie noch?

Sanierung klassischer Routen
»Wenn Plaisir auf Klassik trifft« – Gesprächs-Notizen

VON WALTER THEIL

»Sanierung klassischer Routen« – ein harmloser, konfliktfrei scheinender Arbeitstitel, wäre da nicht das gegenwärtige Unbehagen an dem Begriff ›Sanierung‹. Man denke nur an die Sanierung der Staatsfinanzen, die Sanierung von Großunternehmen oder gar die Sanierung der Bildung. Es fällt zunehmend schwer, überhaupt noch den Wortstamm »heilen« mit diesen Vorgängen in Verbindung zu bringen, als vielmehr die Angst zu verspüren, dass das Ergebnis der Sanierung nicht nur anders aussehen wird als erhofft, sondern in der Regel weitaus schlimmer als befürchtet. Und dazu gesellt sich noch die als überholt, nicht mehr zeitgemäß, und in jedem Fall als dringend modernisierungsbedürftig geltende Bezeichnung »klassisch«. – Also doch ein Streitthema?

Im Gespräch mit dem Spitzenalpinisten Alexander Huber und dem ehemaligen Präsidenten des DAV, Prof. Dr. Heinz Röhle, geht es um diese Frage und darum, herauszufinden, was mit »Sanierung klassischer Routen« gemeint ist, welche unterschiedlichen Interessen damit verbunden sind und welche Zielsetzungen und Lösungsstrategien notwendig bzw. wünschenswert wären.

Das Grundproblem ist schnell skizziert. Wo die frühen Erstbegeher sich mit Holzkeilen, Bohrmeißel und selbstgefertigten Haken in die Wand wagen mussten, verspricht der Bohrhaken dem heutigen Alpinkletterer ein Höchstmaß an Sicherheit. Er erlaubt – wenn in ausreichendem Maße vorhanden – auch dem alpin weniger Erfahrenen Routen zu klettern, die er sich sonst nicht zutrauen würde. Der erkennbare Routenverlauf und das Vorhandensein optimaler Sicherungspunkte macht die Klettertour zu einer rein sportlichen Herausforderung. Alpine Kenntnisse und Erfahrung sind weitgehend verzichtbar, die Überwindung von Kletterschwierigkeiten steht im Vordergrund. Diese Entwicklung hat das alpine Klettern massiv beeinflusst, Sportklettern boomt und in den letzten Jahren ist eine große Zahl gut gesicherter Bohrhakenrouten alpenweit installiert worden. Konfliktpotential entsteht nun im Besonderen, wenn diese ›Plaisirrouten‹ nicht mehr nur an unerschlossenen oder bisher ungenutzten Wänden eingebohrt werden, sondern klassische Felsrouten tangieren, auf ihnen verlaufen oder sie gar ersetzen: wenn Plaisir auf Klassik trifft.

Versuchen wir erst die Frage zu klären: »Was sind denn überhaupt klassische Routen?«

»*Von klassischen Routen spricht man bis zu den siebziger Jahren, bevor sich die Gedanken des Freikletterns durchgesetzt haben…natürlich spricht man heute auch von Klassikern, vom ›Weg durch den Fisch‹ in der Marmolada-Südwand beispielsweise, aber eigentlich ist das kein Klassiker, denn er ist mit modernen Sicherungsgeräten begangen worden, auch die ›Pumprisse‹ gehören, aus diesem Blickwinkel gesehen, nicht in diese Kategorie, denn es wurden dort ebenfalls Klemmkeile verwendet.*« Und Alexander Huber präzisiert weiter: »*In den eigentlichen Klassikern wurden überwiegend Haken benutzt, welche die Eigenschaft haben zu rosten – und deshalb wird dort eine Routensanierung überhaupt notwendig. In den modernen Klassikern wie den ›Pumprissen‹ ist die Problemstellung eine völlig andere, weil man dort keine Haken findet.*«

Heinz Röhle fasst die Definition weiter: »*Klassiker ist jede Route, die in einem bestimmten*

Alexander Huber (oben) und Prof. Dr. Heinz Röhle (unten).
Foto: Archiv Huber (oben); Archiv Röhle (unten)

Gebiet Alpingeschichte geschrieben hat und vielleicht derzeit sogar noch Alpingeschichte schreibt und deshalb gehören die ›Pumprisse‹ selbstverständlich zu den alpinen Klassikern. Denn es könnte ja sein, dass jemand auf den Gedanken kommt, die ›Pumprisse‹ einzubohren und damit für jedermann zugänglich zu machen – und das wollen wir nicht: Das gilt für alle klassischen Routen im Alpenbereich, vom Freneypfeiler im Montblanc, übers Matterhorn bis zur Watzmann-Ostwand. Diese wichtigen Routen sollten so erhalten bleiben, wie sie die Erstbesteiger zu ihrer Zeit bei der Erstbegehung ausgestattet haben.«

Damit ergeben sich zwei Problembereiche: Zum einen stellt sich die Frage, wer darüber entscheidet, welcher Kletterroute überhaupt der Status ›klassisch‹ verliehen wird, und zum andern, in welchem Umfange eine Kletterroute grundsätzlich ›saniert‹ werden darf, im Besonderen eine als Klassiker geadelte Schlüsselroute.

Für Alexander Huber ist die Sache klar: »*Die klassischen Touren sind eben auch die schönsten Touren ihrer Zeit, denn die Kletterer haben immer schon das Attraktive mit dem gerade noch Möglichen kombiniert und so hat jede Klettergeneration ihren ›state of the art‹ definiert.*« Und Heinz Röhle ergänzt: »*Es ist nicht jede Route aus den 1930er, 1950er oder 1960er Jahren automatisch ein Klassiker, aber die Meilensteine der Klettergeschichte, wie z.B. die Fleischbank-Ostwand im Kaiser, sind welche.*«

Es dürfte wohl nicht allzu schwer sein, sich im Kreise der Könner und Kenner, und der mit diesem Thema befassten Verbände, Organisationen und Institutionen, auf eine Liste dieser als Meilensteine geltenden klassischen Felstouren zu einigen. Schwieriger wird sich die daran anschließende Frage klären lassen, in welcher Art und Weise die Sanierung eines solchen Klassikers durchzuführen ist.

Das Ersetzen verrosteter und altersschwacher herkömmlicher Haken ist für Alexander Huber die eigentliche Kernfrage beim Thema ›Sanierung‹, und das angestrebte Ziel sollte sein, den Charakter der Route weitestgehend zu erhalten. Auch wenn er persönlich der Meinung ist, dass »*man in allen klassischen Routen bis 1977 nicht nur die Seillängen zwischen den Standplätzen gut mit Keilen absichern kann, sondern auch die Standplätze*«, bekennt er sich dennoch zu dem in der Tiroldeklaration getroffenen Kompromiss, dass Standplätze und besonders neuralgische Sicherungspunkte mit Klebehaken ausgestattet werden können. Ein für ihn nachvollziehbares Zugeständnis an das Sicherheitsbedürfnis der Kletterer und die Verantwortung der Alpenvereine.

Das grundsätzliche Problem ist aber nicht, dass es sich bei klassischen Routen um Harakiri-Routen oder schlecht abgesicherte Routen handelt, sondern um solche, bei denen der Kletterer selbstverantwortlich denken und handeln muss. Auch eine Plaisirroute ist nicht ohne Gefahr, selbst die Kletterhalle garantiert nicht risikoloses Klettern. Es gilt, was Alexander Huber folgendermaßen in Worte fasst: »*Auch bei alpinen Plaisirrouten braucht man ein Wissen, bei alpinen Klassikern braucht man mehr Wissen und für alpine Abenteuerrouten braucht man noch mehr Wissen.*«

Und diese unterschiedlichen Spielformen sollten nicht auf eine, nur die sportliche Leistungsfähigkeit fordernde Version heruntergebrochen werden, sondern in ihrer Vielfalt kommuniziert und akzeptiert werden, damit – wie Heinz Röhle ergänzt – »*das Problem der Routenfindung, der Entschlüsselung der optimalen Tritt- und Griffabfolge und das Erlernen der eigenverantwortlichen Absicherung auch für die nachfolgenden Generationen erlebbar bleibt.*«

Dass das Problem der Routensanierung so an Aktualität und Schärfe gewonnen hat, liegt nicht nur an der Tatsache, dass es sich um die ›schönsten‹ klassischen Touren handelt, sondern auch daran, dass eine neue Generation von Kletterern mit einer neuen Klettereinstellung in den Bergen aktiv geworden ist. Der Plaisierkletterer, verwöhnt durch ein Optimum an Sicherheit und gleichzeitig durch die Halle mit hohen Kletterschwierigkeiten vertraut, verlangt nach dem gewohnten Standard der Sportkletterrouten. Und warum sollten dann eben nicht auch die attraktivsten klassischen Routen entsprechend zugänglich gemacht werden?

Den provokanten Einwurf, ob es sich hierbei nicht um ein Luxusproblem für Extremkletterer handelt, die Angst um ihre Spielplätze haben, kontert Alexander Huber mit dem einleuchtenden Argument, dass »*das Potenzial der Plaisierkletterer im 5. bis 7. Grad liegt*«, also jenseits der Bereiche, die für den Spitzenkletterer von heute und erst recht von morgen gelten. Die »Abenteuerrouten« im 9. und 10. Schwierigkeitsbereich geraten in der derzeitigen Diskussion kaum in den Fokus der Plaisirkletterer und Alexander Huber hofft, dass es in 50 Jahren – wenn es möglicherweise um seine eigenen Klassiker geht – »*auch noch Kletterer geben wird, die dafür kämpfen, dass die Abenteuerrouten so bleiben wie sie sind.*«

Hier kreuzt sich das Sanierungsproblem der ›klassischen‹ Klassiker mit dem Einbohren neuer Plaisirrouten und dem Einrichten moderner Sportklettergebiete. Ist es bei der Sanierung hauptsächlich das »Wie«, über das zu diskutieren ist, so ist es bei den Plaisir- und Sportkletterrouten das »Wo«. Gilt es im ersten Fall, den Charakter vorhandener Routen zu erhalten, muss im zweiten Fall darüber nachgedacht werden, wie bestimmte Gebiete verändert bzw. entwickelt werden. Sowenig es sinnvoll erscheint, klassische Routen »*unter dem Deckmantel der Sanierung einzubohren*« (Huber), so wenig zukunftsweisend wäre »*eine rein technisch machbare Zurverfügungstellung der gesamten Alpen als Klettergebiet für Plaisirrouten*« (Röhle). Was Not tut, ist die Schaffung und Umsetzung einer auch bergsportlichen Raumordnung oder salopper formuliert: Was wollen wir in den Alpen wo und wie zulassen oder fördern oder verhindern?

»*Den klassischen Kletterer musst du mir zeigen, der etwas gegen Plaisirrouten hat …. bloß einfach dort, wo sie hingehören.*« Und wo sie für Alexander Huber nicht hingehören, macht er deutlich: »*Wir fahren übermorgen zur Großen Zinne, wo wir das letzte Drittel noch abräumen, von der Plaisirroute, die vor drei, vier Wochen von ein paar Franzosen eröffnet worden ist.*« Und er erinnert an die Einbohrung der Direkten Gelben Mauer in den Berchtesgadener Alpen, die dank der Unterstützung der Erstbegeher wieder in den ursprünglichen Stand zurück versetzt wurde, aber bis heute für Konfliktstoff sorgt. Aber Alexander Huber macht auch klar, dass solche Aktionen in Zukunft die Aufgabe der Alpenvereine sein müssen und nicht der Initiative von ein paar engagierten Kletterern überlassen werden dürfen. Auch, weil in den allermeisten Fällen, die Erstbegeher klassischer Routen nicht mehr am Leben sind und selbst nicht mehr für den Erhalt ihrer Routen eintreten können.

Wir haben eine »*Riesenaufgabe vor uns im Verein*«, weiß Heinz Röhle, denn es geht darum, den klassischen Kletterer nicht gegen den Plaisirkletterer auszuspielen, sondern darum, »*wie sich verschiedene Spielformen des Bergsteigens, des Kletterns, nebeneinander entwickeln können.*« Als früherer Naturschutzreferent des DAV und in solchen, gerade den Klettersport betreffenden kontroversen Diskussionen erfahren, ist er sich im Klaren, dass eine möglichst große Akzeptanz in den Reihen der Kletterer notwendig sein wird. Nur dann lässt sich ein Grabenkrieg vermeiden und nur dann ist man in der Lage gemeinsam mit anderen betroffenen Verbänden und Institutionen ein tragfähiges Konzept zu entwickeln. Es gilt, Verständnis für einander und für notwendige, gemeinsam aufgestellte Regeln aufzubringen, um szenefremde, administrative Ge- und Verbotsszenarien zu verhindern.

Alexander Huber appelliert mit Nachdruck an die großen Alpenvereinsverbände, sich stärker diesem Thema zu widmen, denn einerseits arbeiten die bestehenden Sanierungskreise mit recht unterschiedlichen Praktiken immer weiter, zum anderen ist die Bereitschaft der Spitzenkletterer sich für klassische Routen einzusetzen eher marginal, denn eigentlich geht es ja um Touren, die nicht im Fokus der heutigen Highendkletterer liegen. Aber der dadurch entstehende »Wildwuchs«, wie Heinz Röhle formuliert, fördert das Konfliktpotential und verhärtet die Frontstellungen. Auch Alexander Huber sieht dadurch den »Pluralismus« des Bergsteigens, des Kletterns, gefährdet. Und Instrumente wie der Alpenplan, die Ausweisung von Naturschutzgebieten oder die Kletterabkommen in den Mittelgebirgen sind eindrückliche Beispiele für die Langwierigkeit bei der Umsetzung solcher Pläne.

Man sollte nicht weitere Zeit ungenützt verstreichen lassen, es sind konkrete Schritte zu unternehmen:
1. Schaffung bzw. Wiederbelebung geeigneter Gremien, die über die Klassifizierung von Kletterrouten nachdenken und entscheiden.
2. Aufstellung einer Liste erhaltenswerter klassischer Routen in den Alpen und den Mittelgebirgen.
3. Erarbeitung konkreter Sanierungsmethoden und –maßnahmen, die für alle Sanierungskreise Gültigkeit haben.
4. Dokumentierung und Veröffentlichung der getroffenen Maßnahmen.
5. Aufklärung und Information über die unterschiedlichen Anforderungen von klassischen, Plaisir- und Abenteuerrouten vor allem in den einschlägigen Kletterführern.

Alexander Huber hat während des Gesprächs im Alpenvereinshaus auf der Praterinsel auf die Bücher der alpinen Klassiker gedeutet und gemeint: »...da stehen sie im Regal, Fritz Schmitt, Paul Preuß und so weiter, es kann doch nicht sein, dass man diese Sachen irgendwann nur noch im Buch sieht.«

Der Schwerpunkt dieses Jahrbuchs versucht aufzuzeigen, dass das Museum ein Ort ist, der Erinnerung bewahrt, der mit Hilfe von wirklichen Gegenständen versucht, den Menschen mit seiner Geschichte und Vergangenheit kommunizieren zu lassen.

Die Schuhe von Hermann Buhl, das gerissene Seil von Whymper, ein Eispickel mit Holzschaft nötigen uns – wenn wir für das Thema sensibel sind – Respekt und Achtung vor der Leistung unserer Vorfahren ab. Aber diese mehr oder weniger zufälligen Ausstellungsstücke sind ja in der Regel nur Hilfsmittel bei der Schaffung des eigentlichen Meisterwerks gewesen. Warum achten und anerkennen wir nicht das, was diese Männer und Frauen vor allem auszeichnet und was ihnen alpine Meriten eingebracht hat: ihre Erstbegehungen. Jene Linien und Routen, die sie als erste gewagt haben, wo sie Neuland betraten, ihre Grenzen ausreizten, sich dem ›Unmöglichen‹ aussetzten. Nur weil diese Werke nicht hinter Glas stehen und in Schaukästen zu bewundern sind?

Jeder Maler, jeder Künstler wird anhand seiner Werke gemessen und verehrt – und nicht wegen irgendwelcher Pinselhaare und Notenständer. Und jedem Meisterwerk wird das Recht auf Originalität zugestanden, das dort endet, wo der Charakter substantiell verändert wird. Vielleicht sollte man diese Gedanken im Hinterkopf behalten, wenn man sich die Sanierung alpiner Klassiker zum Thema macht.

Ob Plaisir oder Abenteuer. Jeder kann seinen eigenen Weg finden.
Foto: Philipp Theil

Autoren

Max Bolland, geb. 1976 in Rosenheim, Dipl. Sportwissenschaftler, staatl. geprüfter Berg- und Skiführer, wohnhaft in Rohrdorf, arbeitet hauptberuflich als Bergführer in der eigenen Bergschule »Erlebnis Berg« und als Mitglied des DAV-Lehrteams.

Thomas Bucher ist Ressortleiter für Presse- und Öffentlichkeitsarbeit beim Deutschen Alpenverein. Zuvor war der gelernte Soziologe und Journalist verantwortlicher Redakteur der Zeitschrift CLIMB! und Redakteur bei der Zeitschrift Bergsteiger.

Dennis Cramer, geb. 1970, studierte Deutsch, Ev. Theologie und Sport an der PH Ludwigsburg. Ist heute als Realschulrektor und Schulbuchautor tätig. Er lebt mit seiner Frau und seinen drei Kindern bei Schwäbisch Hall. Publiziert seit 1994 Reisereportagen und literarische Miniaturen zu alpinen Themen.

Dr. phil. Gottfried Fliedl, studierte Kunstgeschichte und Archäologie an der Uni Wien und Kunstgeschichte, Archäologie, Neuere Deutsche Literatur und Volkskunde an der Uni Marburg, verschiedene Lehrtätigkeiten in Österreich, der Schweiz und der BRD, leitete bis März 2010 die Museumsakademie Joanneum.

Gaby Funk, geb. 1957 in Eybach, Schwäb. Alb. Studium Germanistik/Romanistik, später Journalismus, Produktmanagerin, Leiterin Marketing und Presse bei Reiseveranstaltern, Tourguide in Alaska/Kanada, Redakteurin/Textchefin bei Alpin und Outdoor. Lebt seit 2005 in Oy-Mittelberg im Allgäu als freie Bergsport- und Reise-Journalistin, Buchautorin sowei Übersetzerin französischer und englischer Bergbücher.

Monika Gärtner, geb. 1966, Studium der Geografie und Geschichte, seit 1990 Projektmitarbeiterin bei der Natur- und Kulturvermittlung im Ausstellungswesen, seit 1998 Leiterin des ALPENVEREIN-MUSEUM Innsbruck des OeAV.

Dr. phil. M.A. Stephanie Geiger, geb. 1977 in Murnau, studierte an der Ludwig-Maximilians-Universität in München, promovierte an der Uni Passau. Schreibt heute für die FAZ und deren Sonntagszeitung, Welt am Sonntag, Neue Zürcher Zeitung, Die Presse und andere. Lebt und arbeitet in der Nähe von Garmisch-Partenkirchen und in Berlin.

Prof. Dr. Josef Goldberger, geb. 1919 in Bad Hall (OÖ), 1965-75 Hydrolog. Dekade (Bestimmung des Massenhaushalts des Hochkönniggletschers, 1979 Habilitaton Uni Salzburg, Ehrenmitglied der Österr. Geograf. Gesellschaft.

Dr. Mag. Christoph Höbenreich, geb. 1968 in Innsbruck, Studium Geographie und Sportwissenschaften, staatlich geprüfter Berg- & Skiführer, Autor, Expeditionsfotograf. Leitet mit Vorliebe Polarreisen wie Nordpol, Trans-Grönland, Franz Josef Land, Queen Maud Land, Vinson Massiv (leitete auch die US-Basis Vinson Basecamp). Mitarbeiter der Sportabteilung im Amt der Tiroler Landesregierung. Lebt mit Jolanda und den beiden Söhnen in Thaur.

Robert Jasper, geb. 1968, staatl. geprüfter Berg- u. Skiführer, Bergführerausbilder und Sportlehrer, zählt zu den führenden Extrembergsteigern weltweit. 2003 vom Klettermagazin »Klettern« als der weltweit erfolgreichste Mixedkletterer gewählt, 2005 für den ›Piolet d'Or‹, den »Oscar des Alpinismus« nominiert.

Friederike Kaiser, M.A., geb. 1965, studierte Kunstgeschichte, Neuere Deutsche Literatur und Theaterwissenschaft. Sie ist Leiterin der Abteilung Kultur des Deutschen Alpenvereins. Neben eigenen Bergsportaktivitäten interessieren sie an den Alpen insbesonderer kultur- und sozialgeschichtliche Aspekte.

Claudia Kern, Physiotherapeutin und Dipl.-Sportwissenschaftlerin, Lehrstuhl Sport und Gesundheitsförderung, Fakultät für Sport und Gesundheitswissenschaft, TU München (claudia.kern@tum.de)

Albrecht Kittler, geb. 1968, Dipl.-Ing. Seit frühester Kindheit im Iser- und Riesengebirge unterwegs. Mitglied der Allgemeinen Klettervereinigung Dresden und des Sächsischen Bergsteigerbundes. Autor diverser Kletterführer. 2008 erschien sein 340seitiger Band über Rudolf Kauschka und den Reichenberger Alpenverein. Diverse Aufsätze zum Thema Bergsport.

Helmut Kober, 1948 in Reutlingen geboren. Pensionierter Feuerwehrbeamter und begeisterter Bergsteiger und Bergwanderer. Seit 30 Jahren in den Alpen unterwegs, insbesondere in den Ostalpen. Seit 9 Jahren Erster Vorsitzender der Sektion Reutlingen und ausgebildeter Wanderleiter und Schneeschuhbergsteiger.

Christine Kopp (1967) arbeitet als Übersetzerin und Autorin im Bereich Alpinismus und wohnt in Bern und am Comersee. 1994-2007 Redaktorin Alpinismus der Neuen Zürcher Zeitung, hat 12 Bergbücher – u. a. von Loretan, Bonatti und Cassin – übersetzt. Mit Christoph Frutiger, Stephan Siegrist und Thomas Ulrich hat sie drei Filme und mit letzterem zwei Bücher realisiert.

Hannes Künkel, geb. 1981, Dipl. Geogr. und Hochgebirgsforscher, promoviert in Göttingen über Wegesysteme im Nepal-Himalaya. Freiberuflich kombiniert er Hochgebirgsforschung, Expeditionen & Spezialreisen mit modernen Medien und Dokumentationen.

Iris Kürschner, geb. 1965 in Baden in der Schweiz, sieht sich als Nomadin der Berge. Die Mehrheit des Jahres ist sie zu Fuß durch alpine Gebirgsregionen unterwegs, am liebsten auf Pfaden abseits des Mainstreams. Regelmäßige Reportagen in einschlägigen Bergmagazinen, sowie zahlreiche Buchveröffentlichungen.

Dr. phil. nat. Jürg Meyer, Geologe, Dipl. Bergführer, Alpen-, Umwelt- und Kommunikationsfachmann. 1983-1996 Teilzeit-Geologe an der Universität Bern sowie freiberuflicher Bergführer. 1996-2007 Bereichsleiter Umwelt beim SAC. Seit 2008 selbständig: www.juerg-meyer.ch.

Ingo Nicolay 49 Jahre ist verheiratet, hat einen Sohn mit 18 Jahren. Seit 2007 ist er Erster Vorsitzender der Sektion Heilbronn des Deutschen Alpenvereins mit knapp 10.000 Mitgliedern. Seit Juli 2010 ist er Executive Director des weltweiten Bergsteigerverbandes UIAA – der Union Internationale des Associations d'Alpinisme mit Sitz in Bern. Sein Credo: Die Führung einer Organisation ist wie Bergsteigen: am Ende zählt nicht nur, aber meistens der Gipfel oder im übertragenen Sinne die Resultate. Dafür braucht es das aus dem Rätoromanischen stammende ›passiun‹: Fleiß, Leidenschaft und Einsatzbereitschaft

Freia Oliv, 1965 geb. in Bayern. Studium der Kunstgeschichte (M.A.), Germanistik und Völkerkunde. Volontariat und Redakteurin beim Münchner Merkur. Seit 1992 freiberufl. Autorin und Kritikerin. Seit 1996 Referentin in Sachen Kunst, Journalismus und Sport. Seit 2005 Reiseleiterin, u.a. für den DAV Summit Club. (www.freia-oliv.com)

Veronika Raich, geb. 1961 in Stilfs, am Fuße des Ortlers. Studium der Erziehungswissenschaften an der Universität Innsbruck. Lebt in Innsbruck und arbeitet im Alpenverein-Museum, Besucherservice Ausstellung: Berge, eine unverständliche Leidenschaft; www.bergeleidenschaft.at

Christian Rauch, Jahrgang 1975, Dipl.-Ingenieur und Stiftungsvorstand. Seit fünf Jahren schreibt und publiziert Christian Rauch über Kulturwandern, Bergsport und Künstlerspuren.

Martin Roos, geb. 1967, ursprünglich Biochemiker, heute Wissenschaftsjournalist, bekam das Thema »Windelträger« 2008 förmlich in die Wiege gelegt. Sein Sohn begleitet ihn regelmäßig bei Familien- und Berufsaufenthalten im Gebirge (www.genuancen.net).

Ingrid Runggaldier Moroder, geb. 1963 in Bozen, aufgewachsen in Gröden. Germanistik und Anglistikstudium in Innsbruck. Übersetzerin in der Landesverwaltung der Provinz Bozen Südtirol, freie Mitarbeiterin für verschiedene Zeitschriften, Radio und Fernsehen. Verschiedene Filmdokumentationen. Kulturreferentin beim AVS und Mitglied des Verwaltungsrates des Internat. Bergfilmfestivals der Stadt Trient.

Hans Schafranek, geb.1951, ist Historiker in Wien und Mitarbeiter des Dokumentationsarchivs des Österreichischen Widerstands.

Martin Scharfe, geb. 1936 in Waiblingen (Württemberg), Dr. phil.habil., Volkskundler, Uni-Prof. für Europäische Ethnologie/Kulturwissenschaft, lebt und arbeitet in Marburg a.d.Lahn. Letzte umfangreiche Veröffentlichung (2007): Berg-Sucht. Eine Kulturgeschichte des frühen Alpinismus 1750-1850.

Mag. Dr. Ingeborg Schmid-Mummert, geb. 1973 in Innsbruck, Studium Europäische Ethnologie/Volkskunde und Italienisch in Innsbruck und Rom, Dissertation über tödliche Bergunfälle, freie Kulturwissenschafterin und Autorin, Mitarbeiterin bei Alpenvereins-Projekten.

Thorsten Schüller, geb. 1964 in Kiel ist seit Jahrzehnten leidenschaftlicher Bergsteiger. Er hat bereits mehrere Sechs- und Siebentausender sowie den 8000er

Cho Oyu bestiegen. Darüberhinaus ist der gelernte Journalist, der im Südosten von München wohnt, regelmäßig in den Alpen unterwegs. 2007 erschien von ihm im Verlag wt-BuchTeam der alpine Reportageband »Canasta im Schneesturm«.

Rollo Steffens, geb. 1955 in Hamburg. Lebt als freier Journalist in München. Seit fast 30 Jahren beim DAV, Mitglied beim ÖAK in Wien. Extremer Kletterer und Allroundbergsteiger in den achtziger und neunziger Jahren, war ab 1984 mehrfach im Karakorum, Pamir, Tien Shan und im Kun Lun.

Karin Steinbach Tarnutzer, 1966 geboren und bei München aufgewachsen, Fachübungsleiterin Hochtouren im DAV. Die Literatur- und Kommunikationswissenschaftlerin arbeitete in fünfzehn Verlagsjahren in München und Zürich mit zahlreichen Alpinisten und Bergbuchautoren zusammen. Sie lebt als freie Lektorin und Autorin in St. Gallen.

Robert Steiner, geb. 1976, lebt in Calw/Baden-Württemberg. Lehrer und Schriftsteller (»Selig, wer in Träumen stirbt«, »Stoneman«), Bergsteiger (u.a. dreifacher Besteiger des Khan Tengri, sanierte 2007 die Westgratroute mit Bohrhaken).

Johanna Stöckl, geb. 1965 in Leogang, wohnhaft in München. Die freiberufliche Sport-Journalistin berichtet u.a. regelmäßig über Alpinisten und Expeditionen in Tageszeitungen und Special Interest Magazinen.

Walter Theil, geb. 1952, seit vielen Jahren in verantwortlicher Position im alpinen und touristischen Verlagsbereich tätig, selbständig seit 2000 (wt buchteam)

Florian Trojer, geb. 1975 in Bozen, Studium der Geschichte in Innsbruck, seit 2006 Mitarbeit an verschiedenen Alpenvereinsprojekten im Bereich Archiv und Kultur, seit 2010 Sachbearbeiter im Referat Kultur des Alpenverein Südtirol.

Barbara Weiß, geb. 1972, Journalistin, arbeitet für den Hörfunk des Bayerischen Rundfunks – u.a. für die Bergsteigersendung »Rucksackradio«. Sie lebt mit ihrer Familie in München.

Petra Wiedemann, geb. 1968 in Donauwörth, Dipl. Sozialpädagogin und Sozialbetriebswirtin, hauptamtliche Mitarbeiterin der JDAV, Landesverband Bayern. Dort tätig in der Jugendverbandsarbeit als Referentin für den ehrenamtlichen Vorstand des JDAV Bezirksverbandes München. Trainerin C Sportklettern.

Jürgen Winkler erlernte das Fotografenhandwerk und arbeitete einige Jahre in der Industrie- und Werbefotografie. Dann freischaffender Fotograf mit dem Schwerpunkt Fotografie im Gebirge. 1970 Teilnehmer der Nanga-Parbat-Expedition zur Rupalwand, seit 1974 staatlich geprüfter Berg- und Skiführer. Er ist berufenes Mitglied der Deutschen Gesellschaft für Photografie und national und international mehrfach ausgezeichnet. Diverse Ausstellungen im In- und Ausland.

Impressum

ISSN 0179-1419

ISBN: 978-3-937530-56-7 (Mitgliederausgabe)

ISBN: 978-3-937530-57-4 (Buchhandelsausgabe)

ISBN: 978-3-937530-54-3 (beiliegende AV-Karte)

Nachdrucke von Beiträgen, auch auszugsweise, oder Bildern aus diesem Jahrbuch sind nur mit vorheriger Genehmigung durch die Herausgeber gestattet. Alle Rechte, auch bezüglich der Beilagen und Übersetzungen, bleiben vorbehalten. Die Verfasser tragen die Verantwortung für Form und Inhalt ihrer Angaben.

Text- u. Bildredaktion: Karin Straßer, Walter Theil
Konzeption u. Layout: wt-BuchTeam Walter Theil, Garching/Alz
Umschlaggestaltung: Norbert Freudenthaler
Reprographische Arbeiten: Siegfried Garnweidner, Baierbrunn
Gesamtherstellung: Gebr. Geiselberger GmbH, Altötting

Alleinvertrieb für Wiederverkäufer:
in Deutschland: GeoCenter, Postfach 800330, 70508 Stuttgart
in Österreich: Freytag-Berndt u. Artaria, Brunner Str. 69, 1231 Wien

Bildnachweis (Kapitelseiten):
Bild S. 10: Seil, Hanf, 1920-1950 – Alpenverein-Museum Innsbruck, OeAV Sachgut 2.95. Foto: FotoWest Wörgl
Bild S. 94: Die Tari II auf dem Beagle-Kanal (Feuerland), Monte Sarmientoexpedition 2010 von Robert Jasper und Jörn Heller. Foto: Ralf Gantzhorn
Bild S. 158: Cho Oyu, Großer Serac.
Foto: Thorsten Schüller
Bild S. 212: Österreichische Wachmannschaft am Pasquale-Sattel (3455m) mit Blick zum Cevedale, 1918.
Foto: Rudolf Kauschka
Bild S. 252: Die Wanderer haben die Friedrichshafener Hütte hinter sich gelassen und steigen zum Muttenjoch hinauf.
Foto: Helmut Kober
Bild S. 274: Siesta am Kieler Weg. Foto: Helmut Kober